Auxiliando a humanidade a encontrar a Verdade

As Vidas de Alcyone

A HISTÓRIA DA RAÇA ARIANA

C. W. Leadbeater
Annie Besant

AS VIDAS DE ALCYONE

A HISTÓRIA DA RAÇA ARIANA

Tradução:
Mariléa de Castro

© 2008 – Conhecimento Editorial Ltda

Título do original:
The Lives of Alcyone

As Vidas de Alcyone
A história da raça ariana
C. W. Leadbeater
Annie Besant

Todos os direitos desta edição reservados à
CONHECIMENTO EDITORIAL LTDA.
Caixa Postal 404 – CEP 13480-970 – Limeira / SP
Fone/Fax: 19 3451-5440
www.edconhecimento.com.br
conhecimento@edconhecimento.com.br

Nos termos da lei que resguarda os direitos autorais, é proibida a reprodução total ou parcial, de qualquer forma ou por qualquer meio – eletrônico ou mecânico, inclusive por processos xerográficos, de fotocópia e de gravação —, sem permissão por escrito do editor.

Tradução: Marilea de Castro
Revisão: Ideale Assessoria em Comunicação
Projeto gráfico: Sérgio Carvalho
Ilustração da capa: Adriana de Carvalho Ungaretti

ISBN 85-7618-140-8 – 1ª EDIÇÃO – 2008

• Impresso no Brasil • Presita en Brazilo

Produzido no Departamento Gráfico da
CONHECIMENTO EDITORIAL LTDA
Rua Prof. Paulo Chaves, 276 – CEP 13485-150
Fone/Fax: 19 3451-5440 – Limeira – SP
grafica@edconhecimento.com.br

Dados Internacionais de Catalogação na Publicação (CIP)
(Câmara Brasileira do Livro, SP, Brasil)

Leadbeater, C.W.
   As Vidas de Alcyone : A história da raça ariana / C.W. Leadbeater, Annie Besant ; tradução Mariléa de Castro – 1. ed. – Limeira, SP : Editora do Conhecimento, 2008.

   Título original: *The Lives of Alcyone*
   ISBN 85-7618-140-8

   1. Teosofia 2. Reencarnação I. Besant, Annie, 1847-1933 II. Título.

08-08304   CDD – 299.934

Índice para catálogo sistemático:
1. Teosofia : Religião 299.934

C. W. Leadbeater
Annie Besant

AS VIDAS DE ALCYONE
A HISTÓRIA DA RAÇA ARIANA

Tradução:
Mariléa de Castro

1ª edição – 2008

EDITORA DO
CONHECIMENTO

Sumário

Apresentação 11

Genealogia das línguas Indo-européias 14

Introdução 15

Os personagens 18

Vida I (70000 a.C. – Gobi) 19

Vida II (70.000 a.C. – Gobi) 23

Vida III (60000 a.C. – Manoa) 27

Vida IV (60000 a.C. – Manoa) 34

Vida V (40000 a.C. – Manoa/Arábia) 42

Vida VI (38.000 a.C. – África) 52

Vida VII (32064 a.C. – Manoa) 72

Vida VIII (31139 a.C. – Manoa) 92

Vida IX (30375 a.C. – Pérsia) 104

Vida X (29700 a.C. – Pérsia) 109

Vida XI (Ano 28804 a.C. – Pérsia) 116

Vida XII (Ano 28129 a.C. – Manoa) 126

Vida XIII (Ano 27527 a.C. – Irlanda) 129

Vida XIV (26801 a.C. – Manoa) 147

Vida XV (26116 a.C. – China) 158

Vida XVI (25528 a.C. – Nova Zelândia) 161

Vida XVII (24700 a.C. – México) 164

Vida XVIII (23081 a.C. – América do Norte) 173

Vida XIX (22662 a.C. – América do Norte) 178

Vida XX (21759 a.C. – Birmânia) 191

Vida XXI 21467 a.C. – Sul da Índia 193

Vida XXII (20574 a.C. – Sul da Índia) 200

Vida XXIII (19554 a.C. – China) 205

Vida XXIV (18885 a.C. – Manoa) 212

Vida XXV (18209 a.C. – África) 225

Vida XXVI (17464 a.C. – Manoa) 234

Vida XXVII (16876 a.C. – Atlântida) 240

Vida XXVIII (15995 a.C. – Manoa) 256

Vida XXIX (15402 a .C – Oudh, Índia) 269

Vida XXX (14551 a.C. – Oudh, Índia) 279

Vida XXXI (13651 a.C. – Atlântida) 287

Vida XXXII (12877 a.C. – Índia) 299

Vida XXXIII (12093 a.C. – Peru) 304

Vida XXXIV (11.182 a.C. – Índia) 310

Vida XXXV (10429 a.C. – Índia) 317

Vida XXXVI (9.672 a.C. – Poseidônis) 333

Vida XXXVII (8775 a.C. – Índia) 341

Vida XXXVIII (7852 a.C. – Índia) 349

Vida XXXIX (6986 a.C. – Egito) 352

Vida XL (5964 a.C. – Índia) 355

Vida XLI (5635 a.C. – Índia) 356

Vida XLII (4970 a.C. – Índia) 360

Vida XLIII (4035 a.C. – Egito) 365

Vida XLIV (3059 a.C. – Índia) 371

Vida XLV (2180 a.C. – Índia) 374

Vida XLVI (1528 a.C. – Pérsia) 380

Vida XLVII (630 a.C. – Índia) 389

Vida XLVIII (624 d.C. – Índia) 399

A sabedoria milenar do Bhagavad Gita

Assim como a alma, vestindo este corpo material, passa pelos estados de infância, mocidade, virilidade e velhice, assim, no tempo devido, ela passa a um outro corpo, e em outras encarnações viverá outra vez. Os que possuem a sabedoria da doutrina esotérica (interior) sabem isso e não se deixam influenciar pelas mudanças a que está sujeito este mundo exterior. (II-13)

* * *

Estes corpos transitórios, que servem como envoltórios para as almas que os ocupam, são coisas finitas, coisas do momento, e não são o verdadeiro homem real. Eles perecem, como todas as coisas finitas; deixa-os perecer, ó príncipe de Pându, e sabendo isto, prepara-te para o combate. (II-18)

* * *

Conhece esta verdade, ó príncipe! O Homem real, isto é, o Espírito do homem, não nasce nem morre. Inato, imortal, perpétuo e eterno, sempre existiu e sempre existirá. O corpo pode morrer ou ser morto e destruído; porém aquele que ocupou o corpo, permanece depois da morte deste. (II-20)

* * *

Quem conhece a verdade de que o Homem real é eterno, indestrutível, superior ao tempo, à mudança e aos acidentes, não pode cometer a estultice de pensar que pode matar ou ser morto. (II-21)

* * *

Como a gente tira do corpo as roupas usadas e as substitui por novas e melhores, assim também o habitante do corpo (que é o Espírito), tendo abandonado a velha morada mortal, entra em outra, nova e recém-preparada para ele. (II-22)[1]

---

1 O **Bhagavad Gita**, "A Sublime Canção", também chamado de "o evangelho de Krishna" é o mais amado dos textos sagrados indianos. É um episódio da grande e antiga epopéia hindu – o Mahabharata. É uma das obras mais importantes do mundo, altamente prezado pelos budistas e venerado como escritura sagrada pelos hinduístas. Tem a forma de um diálogo entre Krishna, o ser divino e Arjuna, o homem que evolui. Seus ensinamentos constituem a essência da Sabedoria Sagrada, milenar e atemporal. Entendemos oportuno acrescentar estas citações no limiar da obra. Os editores.

Apresentação

Esta obra, fruto da pesquisa psíquica de dois famosos clarividentes, pilares da Sociedade Teosófica – Charles W. Leadbeater e Annie Besant – cobre um extenso período, de cerca de 70000 a.c. até pouco depois de 624 d.c., e recupera de forma notável 48 encarnações de um espírito aqui chamado de Alcyone. Trata-se daquele que teve, em sua encarnação no século XX, o nome bem conhecido de J. Krishnamurthi.

Só por esse fato, já ocuparia uma posição inigualada até hoje na extensa literatura que trata da recordação e registro de vidas passadas.

Quarenta e oito vidas em mais de 70.000 anos, com um grupo de personagens bem identificados seguindo ao longo delas em torno da figura central, já é um feito notável de resgate do passado. Além disso, o conteúdo esclarecedor dos mecanismos cármicos e da progressão consciencial de uma alma, até colocar os pés na Senda da Sabedoria, e receber a iniciação que o transforma em *discípulo aceito* e depois *filho do Mestre*, atribui uma relevância especial a esse relato.

Mas além disso – o que lhe confere um atrativo e significado tão importantes quanto o da trajetória de Alcyone – ele se constitui no registro (o único circunstanciado e autêntico que se possui até hoje) dos episódios épicos da formação da Quinta Raça-Raiz do planeta – a raça ária ou ariana.

A História oficial os detectou tardiamente, quando esses árias, já consolidados como raça – com um biótipo, uma cultura, crenças e costumes estabelecidos – surgem como grupos de invasores que apareceram desde o III° milênio a.C. no noroeste da Índia, no início do II° milênio na Ásia Menor (hititas) e na Grécia (aqueus), e depois no planalto iraniano (medas e persas), vindos "ao que parece", da Ásia Central. Esse conjunto de povos, que se denomina também de indo-europeus, são a raça branca ou caucasiana, que povoou a Europa, seu cenário por excelência.[1]

---

1 Sua língua – esse indo-europeu de que se postulou a existência a partir do estudo

Mas de onde exatamente, como e de que origem provinham, esses misteriosos árias que traziam, junto com a coragem, a tez clara e o culto da Luz – simbolizado no Sol e no fogo – a nossa História ignora. Para resgatar a verdadeira trajetória ancestral da formação dessa raça, só o olhar clarividente, que pode pesquisar nos registros indeléveis da memória da natureza – os registros akáshicos.

Somente espíritos que tivessem participado desde seus primórdios dessa epopéia, como Leadbeater e Besant, poderiam retirar das sombras multimilenares as lutas ingentes e a inabalável determinação com que o Manu Vaivasvata,[2] o espírito dirigente da raça, modelou, com a paciência de quem sabe e pode, a partir de um punhado de egressos da Quarta Raça (atlante), por ele escolhidos e conduzidos, os protótipos de uma nova raça planetária.

Esse precioso levantamento, sem paralelo na literatura ocultista, faz desta obra, singelamente rotulada de *As Vidas de Alcyone*, um painel épico que bem poderia denominar-se *A história da formação da raça ariana* – pois é o que realmente é.

Neste momento em que um grande ciclo planetário vai se encerrando, e a Quinta Raça aparentemente já produziu quase todo o bem e o mal que podia, com o desenvolvimento do intelecto – sua tarefa particular – levado às últimas conseqüências (quase literalmente, no que tange à sobrevivência da espécie), é particularmente oportuno desvelarmos assim as suas raízes.

Esse grande plano, conduzido pelo Manu, ilustra de forma esclarecedora a atuação dos Dirigentes Planetários – a hierarquia oculta dos seres que têm nas mãos os destinos do mundo, e o conduzem silenciosa e sabiamente, como o grande projeto pedagógico que é – uma oficina de formação de consciências em trajeto para a Consciência Cósmica.

Reafirma a certeza de que, por trás e acima dos desacertos dos insipientes egos humanos, há mãos poderosas que guiam os destinos planetários, e que os desatinos e a aparentemente ilimitada ignorância desta raça humana são monitorados permanentemente por Aqueles que podem decretar a qualquer momento o *nec plus ultra* – ou seja, um basta à nossa insensatez coletiva, quando no limiar da destruição irreversível. E

---

comparativo das línguas a que deu origem – foi a raiz do sânscrito e demais línguas do tronco indo-europeu, uma extensa família que inclui línguas aparentemente tão diversas como o húngaro, o dinamarquês e o grego – e as chamadas neo latinas, como o português.

2 Cada Raça-Raiz tem o seu Manu, ou dirigente. O da Quinta-Raça é conhecido como o Manu Vaivasvata.

o têm feito vezes sem conta, para garantir a sobrevivência e a evolução de seus tutelados, desde a caverna – que seria o destino provável de retorno desta nossa belicosa raça, se estivesse entregue apenas a si mesma.

Por fim, há que se observar a peculiaridade de que Alcyone, como seus companheiros próximos deste Grupo de Servidores, eram egos já adiantados no caminho evolutivo, colaboradores diretos do Manu, e portanto, características como intervalos reencarnatórios de 700 anos ou mais não podem ser generalizados para o comum das pessoas – o que, aliás, outras obras e relatos reencarnatórios diversos têm demonstrado.

Mariléa de Castro

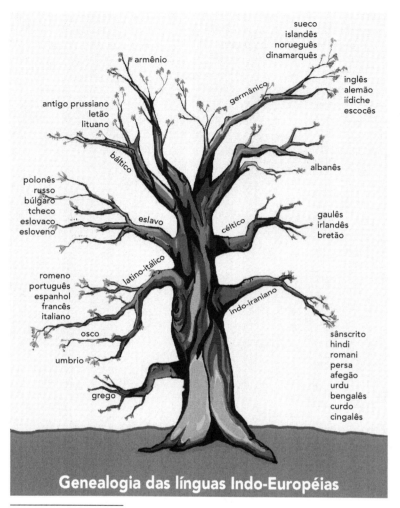

Genealogia das línguas Indo-Européias

"Convencionou-se denominar indo-europeu, indo-germânico ou ariano, a língua pré-histórica, falada com relativa unidade, há cerca de três mil anos antes de Cristo, numa região incerta da Europa Oriental (...) Não obstante as divergências da origem e o emprego de termos diferentes para designar o povo que falava essa língua, o certo é que ela realmente existiu. Atestam-no as línguas desprendidas da proto-língua (pelo método comparativo), o estudo das religiões comparadas, a geografia lingüística e a Antropologia. A certa altura de sua história, por razões ainda não satisfatoriamente esclarecidas, entregou-se o povo indo-europeu a grandes migrações, espalhando-se por uma parte da Ásia e uma grande parte da Europa. A evolução lingüística, de par com o contato com povos de diferentes línguas, determinou uma intensa diferencição em múltiplas línguas cognatas." — João Bittencourt de Oliveira, *Contribuição do Método Comparativo para a Determinação da Existência do Indo-Europeu*.

Introdução

O herói deste conjunto de vidas que colocamos diante do leitor, e a quem demos o nome da estrela Alcyone, pertence a um tipo ou família de egos que reencarna com intervalos médios de cerca de 800 anos. Não renasce numa sucessão regular nas várias sub-raças, mas se liga principalmente à primeira sub-raça da quinta raça-raiz (ariana) – inicialmente em seu lar de origem do Mar de Gobi, depois participando de várias migrações dela para as planícies da Índia, e mais tarde encarnando sempre que possível naquela terra ancestral bela e misteriosa. Uma proporção considerável das existências que examinamos foi vivida em terras da Índia; como elas o conduziram ao portal da Senda da Iluminação, é óbvio que sua ligação a uma pátria não lhe prejudicou a evolução.

Que possam estas vidas ser estudadas e seus passos seguidos; que nelas o leitor possa ver as qualidades que são necessárias para atingir a Senda, para que possa por sua vez entrar no caminho como Alcyone fez, e contar-se entre aqueles que já estão libertos para sempre – cujo destino é dedicar-se ao serviço da humanidade.

Podemos perceber nestas encarnações o desenvolvimento de determinadas qualidades, o fortalecimento de certas relações, e isso deve ser visto como avanços em direção à meta proposta a ele pela mônada.[1] Qualidades e relações semelhantes precisam ser desenvolvidas por cada um de nós – por alguns mais cedo porque começaram antes, por outros mais tarde porque começaram depois.[2] Poderá ser útil a algumas pessoas para compreenderem que hoje é como outrora, que a porta continua aberta como antes, e que a Senda é trilhada da mesma forma. Os que amaram, apoiaram, lutaram lado a lado com Alcyone no passado ainda estão junto dele, alguns para auxiliar, outros para serem auxiliados.

1 A centelha divina, que se projeta em nosso Eu Superior (N. do T.).
2 A idade sideral do espírito (N. do T.).

Talvez devamos dizer algo dos métodos de pesquisa utilizados para investigar essas vidas passadas. O comum é utilizarmos as faculdades do corpo causal e simplesmente ler os registros.[3] Dessa forma, toda a existência investigada pode ser repassada mais ou menos rapidamente, conforme se deseje. Geralmente é melhor passar rapidamente toda a vida, escolhendo os acontecimentos que terão conseqüências mais amplas, e depois voltar e descrevê-los com mais detalhes. Como os pesquisadores tomaram parte em muitas dessas histórias passadas, muitas vezes um segundo método de pesquisa foi oferecido a eles – sintonizar com as personalidades daquele passado distante, e "viver" novamente aquelas existências movimentadas – sentindo novamente o que sentiram milhares de anos atrás, olhando o mundo do ponto de vista totalmente diverso de um asceta indiano, um nobre atlante ou um invasor ariano.[4] Dessa maneira, as histórias se tornam, para os autores, intensamente vívidas e dramáticas; eles desejariam possuir os talentos descritivos dos grandes escritores de ficção, para que situações tão impressionantes fossem pintadas adequadamente.

Quando se trata de vidas passadas, as pessoas muitas vezes perguntam como é possível, a tão grande distância no tempo, indicar datas precisas. Isso foi feito mediante exaustivo trabalho e cálculos cansativos, começando em geral de um ponto previamente determinado; e sempre que possível, os resultados obtidos foram verificados por meio de dados cruzados ou observações astronômicas. Naturalmente, podem ter ocorrido alguns erros de cálculo, mas a margem para tal é pequena, e não poupamos esforços para chegar à exatidão.

Estes relatos do passado não são publicados apenas para serem boas histórias – o que muitas vezes são –, mas como lições sobre a atuação do carma, vida após vida, cheias de ensinamentos para o estudante e úteis para a compreensão da continuidade da vida. Deve-se recordar, contudo, ao lê-las, que as causas mais profundas jazem ocultas, e que ao se descrever uma existência dessas inevitavelmente há muitos acontecimentos, e poucos pensamentos e sentimentos. No entanto, o pensamento e o sentimento são muito mais poderosos para a criação de causas cármicas do que nossas ações, pois as ações são a materialização de pensamentos e sentimentos anteriores

---

3 Os registros akáshicos, ou a memória da natureza, que conservam a gravação de todos os acontecimentos planetários (N. do T.).

4 Neste caso, a sintonia é feita com a própria memória milenar indestrutível do pesquisador, simplesmente como um deslocamento de faixa de sua consciência; e essa memória obviamente é a de todos os registros emocionais, também (N. do T.).

– antes de serem geradores de futuras conseqüências. O motivo da ação é muito mais amplo do que a própria ação, mas acha-se geralmente oculto, enquanto a ação salta aos olhos.

A despeito disso, pode-se aprender muito sobre a atuação do carma pelo estudo de uma série de reencarnações: vemos as relações dos indivíduos, as conseqüências das boas e más ações, as ligações que mantêm os egos juntos, as repulsas que os mantêm separados vida após vida. Vemos as épocas em que grandes grupos de egos afins se formam, sua dispersão durante séculos e milênios, sua reunião e novos distanciamentos. E de tudo isso resulta um sentimento de confiança, a constatação de que há uma condução permanente, uma Sabedoria que planeja tudo, um Poder que executa, e a realização de um grande propósito, com instrumentos escolhidos, testados, aceitos ou não, oportunidades oferecidas, aceitas ou rejeitadas, uma contínua evolução se realizando em meio à complexidade de idas e vindas.

Cada vida é contemplada em perspectiva, precedida e sucedida por muitas outras. Um sentimento de poder e dignidade cresce no íntimo do leitor quando pensa "Eu também tenho um longo passado atrás de mim, e um vasto futuro estendendo-se à minha frente". Os sofrimentos presentes perdem a importância quando contemplados à luz da imortalidade; sucessos e fracassos tornam-se incidentes passageiros num extenso panorama; nascimento e morte – quantas vezes os experimentamos! Compreende-se então a profunda verdade expressa por Sri Krishna, de que como o habitante do corpo pode pôr de lado os corpos gastos e revestir-se de novos, "portanto, ó filho de Kunti, não deves lamentar".[5]

Esse é o tipo de auxílio que acreditamos prestar a nossos leitores com a publicação desta série de vidas. Que possam encontrar nela um esteio seguro para os dias difíceis, e uma tocha que ilumine o emaranhado caminho da existência!

---

5 Do *Baghavad Gita* (N. do T.).

Os personagens

Uma história não pode ser composta sem nomes, e como a reencarnação é um fato, e portanto o reaparecimento do mesmo indivíduo através de muitas épocas também é um fato, com o ego desempenhando muitos papéis, com muitos nomes, colocamos nomes especiais em diversas individualidades, pelos quais podem ser reconhecidas ao longo dos enredos de que participaram.

Irving é o mesmo Irving para nós, seja como Macbeth, Ricardo III, Shylock, Carlos I, Fausto, Romeu, Matias; e em todos os acontecimentos de sua vida de ator ele é conhecido como Irving, seja qual for o papel que esteja fazendo; sua individualidade permanece a mesma. Assim o ser humano, na longa história em que as existências são como dias, desempenha centenas de papéis, mas permanece sempre ele mesmo – quer venha a ser homem ou mulher, camponês, príncipe ou sacerdote. A esse "eu" ou ego demos um nome específico, para que pudesse ser reconhecido sob todos os disfarces usados para encenar os papéis que lhe couberam. São na maioria nomes de constelações, estrelas ou deuses gregos. Por exemplo, demos a Julio César o nome de Corona; a Platão o de Palas, a Lao-Tsé o de Lira; dessa forma podemos ver quão diversas são as linhas de evolução, as vidas pregressas que produziram um César e um Platão. Isso confere um interesse humano à história, e ensina o estudante da reencarnação.

Vida I
(70000 a.C. – Gobi)

O trabalho do Grupo de Servidores talvez nunca tenha sido tão árduo quanto foi nas épocas iniciais da quinta raça-raiz. Os que leram *O Homem: de onde vem e para onde vai,* devem lembrar como o Manu, o grande Senhor Vaivasvata, conduziu um selecionado contingente para longe da Atlântida, antes da grande catástrofe de 75025 a.C., e levou-os de início para a Arábia, e após longo ensaio ali, para as margens do Mar de Gobi, na Ásia Central. Lenta, lentamente e de forma gradual, tomou suas providências, como é próprio de alguém que trabalha para um futuro distante, movimenta nações como peças num tabuleiro, e tem séculos à frente para suas combinações. Seu centro de atuação já era a Ilha Branca de Shamballa, embora a grande cidade, cujas avenidas se irradiavam dela como raios de uma roda, ainda fosse levar milhares de anos para ser construída.

À época em que começa nossa história – em números redondos, 70 mil anos antes de Cristo –, aquela comunidade contava talvez com sete ou oito mil pessoas, que viviam em diversas aldeias ao longo da margem Sul do mar interior. O Manu, que era o rei, vivia na ilha e raramente era visto no continente, que era governado em seu nome por seu filho Júpiter. A forma de governo era amplamente patriarcal, e os cinco filhos de Júpiter tomavam parte nele sob seu comando. O filho mais velho, Marte, governava uma das aldeias, e construíra para si, sobre uma pequena colina, uma casa grande e agradável, cercada de grandes árvores e amplos relvados, nos quais reunia os aldeãos quando desejava dirigir-se a eles ou promulgar suas leis.

Nessa vida patriarcal nasceu nosso herói, Alcyone – já ali, 70 mil anos atrás, estreitamente relacionado com aqueles que depois se tornariam os Grandes Mestres que iriam inspirar o Movimento Teosófico –, sendo então seu filho na matéria, como o é em espírito agora. Ao longo de todas essas vidas, desde então, ele nunca vacilou em sua imperturbável dedicação a eles, e como trilha a Senda que percorreram, aproxima-se do objetivo que eles já atingiram.

Nada sabia ele disso, quando brincava alegremente, há 70 mil anos atrás, no belo jardim que do alto contemplava o mar, com seu irmão Sirius e sua irmã Mizar – companheiros fiéis e verdadeiros, cujo amor por ele perdurou através das idades, sempre crescente, nunca diminuindo –, que ainda continuam a seu lado, e ali permanecerão até o fim.

Naquela época remota, ele era um belo menino, com nariz aquilino e olhos brilhantes, como os tipos mais aristocráticos entre os árabes. Vivia bastante ao ar livre, pois assim era o sábio costume de então – ainda não fora inventada a prática insana de amontoar uma massa de meninos em crescimento em salas de aula mal arejadas. Marte designara como preceptor e companheiro de seus filhos o personagem a quem demos o nome de Rosa – que era homem, naquela vida, embora o nome pareça feminino –, o estudioso e culto filho de Ronald, amigo de seu pai, Júpiter. Sempre que o tempo permitia (e tinha que ser um dia muito ruim para as crianças admitirem que não), as lições eram dadas durante as caminhadas pelo parque ao redor de sua casa, ou pelos bosques que cobriam as colinas próximas.

Dessa forma, os meninos cresciam saudáveis e felizes, e quando Alcyone alcançou a idade de casar, era um exímio cavaleiro, um ótimo nadador e um infatigável caminhante, assim como hábil declamador das estranhas lendas poéticas ancestrais e das invocações que constituíam a literatura popular da época.

Os meninos e meninas eram criados juntos, e praticavam os mesmos exercícios físicos, embora as meninas devessem aprender também algo dos labores domésticos – cozinhar, tecer e as artes curativas. A escolha do par para casar era livre, mas sujeita ao veto do Manu – o qual praticamente nunca se exercia. Os irmãos Sirius e Alcyone enamoraram-se de duas irmãs, Vega e Leo – ambas permaneceram amigas fiéis através dos tempos, e ainda se encontram ao lado deles com incansável amor e lealdade. Nessa vida que estamos examinando, as duas irmãs eram suas primas pelo lado materno, e netas do grande chefe Corona.

Tão grande era o palácio que Marte edificara que seus filhos não o abandonaram ao casar, e só passaram a ocupar novas partes dele, acrescentando um ou outro aposento se necessário. Eram uma família muito feliz, e Sirius e Alcyone, em especial, eram inseparáveis. Atuavam como auxiliares de seu pai nas muitas atividades, supervisionando o cultivo de suas vastas propriedades, e as melhorias que constantemente projetava. Nessa existência ativa, os anos se escoavam quase sem sentir, e uma numerosa família crescia em torno de cada um dos irmãos. Mizar, nesse ínterim, deixara o lar ancestral para se casar com o amado primo Hércules, e eles também tinham cinco filhos, mas as famílias mantinham relações constantes, pois suas aldeias distavam poucos quilômetros uma da outra.

O Manu já estava bastante idoso, e ele sabia que se aproximava o momento em que, para o bem da raça sob seu cuidado, deveria tomar um novo corpo, para recomeçar em um nível mais alto. Com esse fim, chamou seus chefes Júpiter, Corona, Marte e Vajra, e deu-lhes instruções, prevenindo-os do que estava por acontecer – a raça seria quase toda exterminada por nômades selvagens vindos do norte, e eles deveriam tomar providências para preservar algumas crianças escolhidas, por meio das quais a raça teria continuidade, com os mesmos egos retornando, mas em corpos um pouco mais adequados.

Assim, os chefes retornaram para o continente, encarregados de fazer uma seleção das crianças, e enviaram um número limitado delas para ficar em segurança na Ilha Branca, habitando nos templos dali, sob a própria aura dos grandes Kumaras e sua gloriosa corte de devas (os anjos dos elementos), os verdadeiros comandantes dos destinos do mundo.

Alcyone e Leo tinham, por essa época, quatro filhos, todos eles grandes almas que desde então tornaram-se Adeptos. Suas filhas eram Surya e Brihat, o filho mais velho era Urano, e o mais moço, Netuno. Os quatro foram escolhidos pelos patriarcas, mas dentre os filhos de Sirius e Vega somente a pequena Pearl foi levada. A pequena Heitor, a irmã mais moça de Aquiles, foi a única outra escolhida da grande família de Marte; mas Hércules e Mizar tiveram a honra de contribuir com dois filhos – o menino mais moço, Fides, e a menina mais moça, Píndaro. Os três meninos pequenos de Athena e Lyra foram levados, e também as três irmãs de Castor e Hélios. Elsa e Crux deram um filho, Polaris, e uma filha, Cygnus; e Electra, o único filho de Bee e Viola, foi acrescentada ao grupo. Todos eram muito jovens; três crianças mais velhas, porém, que pertenciam na

As Vidas de Alcyone

verdade a uma geração anterior, também foram escolhidas – Vulcano e Vênus, os gêmeos de Apolo e Osíris, e Palas, o irmão mais moço de Vega e Leo. Palas era um rapaz crescido, e quando teve uma suspeita sobre o motivo da seleção, rogou insistentemente que o deixassem ficar para lutar; mas foi firmemente contrariado, e disseram-lhe que devia ir para a ilha para cuidar de Vênus, que ele há muito adorava de longe. Não teve escolha senão obedecer, e recebeu uma recompensa com a permissão do Manu para desposar sua amada dentro de pouco tempo. Capella, a irmã mais moça de Hércules, que era pouco mais que uma criança, ficou encarregada do grupo, e em seguida tratou de dividir a responsabilidade casando-se com Vulcano, o mais velho dos rapazes.

Assim que as crianças se instalaram em segurança na ilha, a destruição que o Manu previra caiu sobre as aldeias. Hordas de turanianos[1] desceram em quantidade esmagadora sobre os arianos, e após uma brava e intensa resistência, massacraram toda a colônia. Por ordem do Manu, todos os objetos de valor tinham sido enterrados, e os selvagens não os puderam encontrar, e a vitória que lhes parecera tão valiosa acabou sendo infrutífera. Seu receio tradicional impediu-os de efetuar qualquer ataque à Ilha Branca. Quando uma escassa metade do exército, desanimada, sem pilhagens e amotinada, voltava para casa atravessando o deserto ao norte do Mar de Gobi, ergueu-se uma terrível tempestade de areia que sufocou regimentos inteiros, e dessa forma apenas um resto alquebrado e cheio de pânico do poderoso exército alcançou novamente as planícies da Tartária. Por alguns milhares de anos a lição salutar foi lembrada, e a colônia ariana foi deixada em paz.

É interessante observar como o Manu percebe tudo o que acontece apenas sob a perspectiva do plano como um todo. O massacre de sua nova raça não constituiu para ele, em absoluto, motivo de pesar; era uma etapa necessária do projeto, e assim o explicou a seus seguidores, de forma que consideraram uma honra cooperar na sua obra. Notamos, não apenas nessa mas em muitas outras ocasiões, que a morte física não é vista pelos Grandes Seres, em absoluto, como se costuma vê-la no mundo externo. Nossa tendência moderna é de considerá-la como o maior dos males, e de infligi-la como o último dos

---

1 A turaniana foi a quarta sub-raça atlante. "Os turanianos foram desde o início colonizadores, e um grande número deles migrou para as terras que ficavam a leste do continente atlante.. (...) Era uma raça turbulenta e sem lei, e também brutal e cruel. *Entre dois mundos – A história da Atlântida e da Lemúria perdida*, segunda parte, W. Scott-Elliot, **EDITORA DO CONHECIMENTO** (N. do T.).

castigos. Esses Dirigentes, que sabem tanto mais que nós, a consideram apenas como um incidente na obra que está sendo realizada, ou às vezes como uma recompensa por um trabalho bem executado. Seria muito bom que pudéssemos ter essa atitude dos Mestres de Sabedoria, se pudéssemos olhar com uma visão mais ampla e perceber a verdade que jaz atrás da ilusória aparência exterior. Então descansaríamos com maior confiança na sabedoria do Poder Divino.

Vida II
(70000 a.C. – Gobi)

Os arianos que tinham sido destruídos na incursão dos turanianos haviam encarado a morte com satisfação e até com alegria, pois o Manu lhes havia prometido que os que morressem pela nova raça iriam rapidamente renascer nela, em veículos melhores; em seguida começou a tomar providências para cumprir essa promessa. Assim que se instalaram na ilha, Vulcano e Capella se casaram, assim como Palas e Vênus; e no decurso de um ano outras crianças foram acrescentadas ao grupo sob a supervisão deles. Cerca de vinte e duas criaturinhas cresciam juntas e felizes, e quando chegavam à idade do casamento, formavam pares com naturalidade.

Quando o momento adequado chegou, o Manu abandonou seu corpo gasto e renasceu através de Saturno e Surya, doze anos após o massacre. Marte e Viraj o seguiram rapidamente, como irmão e irmã, enquanto Júpiter, Selene e Corona surgiram como filhos de Electra. Quando estes cresceram, por sua vez, novos casamentos deram oportunidade para a reencarnação de Alcyione, Mizar, Hércules, Sirius, Rama e Apolo, e logo os descendentes de Saturno e Surya tornaram-se um clã considerável, no qual aqueles que tinham perdido a vida no massacre reapareceram gradualmente, em corpos mais aperfeiçoados que aqueles que tinham abandonado. Trinta e dois anos após a ida para a ilha, nosso herói nasceu como o primogênito do Manu, e não muito tempo depois a jovem comunidade foi transferida novamente para o continente. O Manu decidiu consertar e ocupar a própria casa que Marte construíra na encarnação anterior, e assim Alcyone novamente cresceu com os mesmos companheiros. Seu tio Marte partilhou durante alguns anos a casa de seu pai, e assim seus primos Hércules e Mizar estavam sempre com ele; Apolo, que fora seu tio antes, agora era seu irmão mais moço; e Sirius e Rama, anteriormente seu irmão e uma tia, agora eram seus primos e vizinhos, portanto estavam sempre juntos.

Já nessa época remota o Manu concebera o plano da magnífica cidade que levaria o seu nome em época futura. A construção dela só começaria alguns milhares de anos depois, após um outro grande massacre; mas ele já tinha em mente o projeto das avenidas com 16 mil metros de extensão, irradiando-se do centro; de qualquer ponto a Ilha Branca poderia ser vista. Os prédios que iriam se enfileirar ao longo das avenidas ainda não iriam começar a ser levantados, mas sua direção foi estabelecida e, ao longe, no final de cada avenida, haveria um enorme trilito,[2] algo parecido com os de Stonehenge, e atrás de cada um deles um pequeno templo, pouco maior que um relicário. As avenidas, um dia, iriam se irradiar a partir da margem como as varetas de um leque; mas nessa época ainda não existiam – havia apenas sete caminhos que se abriam, subindo colinas e atravessando florestas, e ao final de cada um, as construções mencionadas. Os membros de nosso clã foram instruídos a visitar um desses santuários a cada dia consecutivo.

Ao amanhecer, eles se banhavam e faziam a primeira refeição; em seguida, todos se reuniam na casa do Manu e saíam em procissão por um dos caminhos. Enquanto andavam, cantavam poemas compostos para eles pelo Manu – basicamente invocações rogando para si e para seu futuro lar as bênçãos do espíritos da terra e do ar, da água e do fogo. Assim, andando e cantando, faziam a peregrinação ao santuário do dia. Ao chegarem, faziam determinadas preces, e o clã descansava um pouco antes de retomar a procissão festiva para o retorno. Quando chegavam em casa, era meio-dia ou mais, e a refeição do meio do dia era imediatamente preparada. Depois que partilhavam dela, era costume descansar um pouco, e depois o resto da tarde era empregado nas tarefas agrícolas requeridas para atender às singelas necessidades da comunidade, ou em outras atividades que os chefes entendessem necessárias.

Vê-se então que uma metade do dia era dedicada ao que podemos classificar de atividade religiosa, embora sob outro ponto de vista pudesse ser considerada recreação, já que todos gostavam muito disso, e qualquer um que fosse retido em casa por doença, acidente ou algum dever urgente, sentia-se muito desgostoso. As crianças pequenas reclamavam, pedindo para

---

2 Monumento megalítico composto de um lintel de pedra apoiado em dois suportes; entre os mais célebres estão os de Stonehenge (N. do T.).

ir junto, muito antes que tivessem forças suficientes para a caminhada de 30 quilômetros, e consideravam uma espécie de "marco de crescimento" o momento em que por fim recebiam permissão para participar da procissão. Alcyone, quando era bem pequeno, ficou muito popular entre os companheiros ao persuadir o pai a deixá-lo organizar um grupo de crianças que teriam permissão de andar até determinada distância com a procissão, ali ficando a brincar até reunir-se de novo a ela, no retorno – ele, como líder do grupo, seria responsável pela segurança e o bom comportamento dos participantes. Entretanto, era surpreendente ver com que pouca idade as crianças podiam percorrer a distância inteira sem se cansarem. Como faziam os percursos numa ordem, logicamente completavam as sete peregrinações em uma semana, visitando cada santuário uma vez a cada semana. O objetivo era a magnetização desses caminhos, que iriam constituir as avenidas num futuro distante. Essa caminhada diária de 30 quilômetros sem dúvida colaborava muito para manter a comunidade em boas condições, e aparentemente não tinham qualquer dificuldade para executar todo o trabalho necessário no restante do dia.

O Manu claramente atribuía grande importância aos resultados das invocações, dos cantos rítmicos regulares, e da atmosfera de alegria. As invocações sem dúvida tinham por efeito atrair certas ordens de anjos e espíritos da natureza; não apenas momentaneamente, mas criando uma espécie de via permanente de atração, talvez melhor dizendo uma via de menor resistência, ao longo da qual os anjos e espíritos da natureza que transitassem nas vizinhanças achassem fácil e natural passar – e isso naturalmente aumentaria a magnetização. O ritmo constante e os cânticos exerciam seu efeito, criando o que se pode chamar de uma vibração habitual no éter e na matéria astral e mental, por conseqüência tornando mais fáceis a ordem e a regularidade, e dificultando a desordem e a irregularidade, tornando-as menos prováveis, seja em pensamento, emoção ou ação, ao longo desses caminhos. O espírito de contentamento, ao qual se dava tanta ênfase, naturalmente tendia a se reproduzir, e conseqüentemente a recriar esse estado mental como uma base para os futuros habitantes.

À medida que Alcyone crescia, tornava-se cada vez mais capaz de participar do trabalho de seu pai, e por fim de retirar dos ombros deste uma grande parte das tarefas. Com 19 anos, ele desposou sua prima Osiris, e teve a grande alegria de receber como um de seus filhos Mercúrio, que tinha sido sua mãe na vida passada, e que estava associada a sua existência como ser humano, pois estava presente quando da individualização de Alcyone do reino animal. Outros amigos começaram a se reunir em torno dele, alguns como seus filhos e alguns das famílias de Sirius e Mizar, de Hércules e Aurora, de Apolo e Rama; quando ele deixou o plano físico, praticamente todo o Grupo de Servidores estava encarnado novamente.

Até então a comunidade ainda era pequena, e vivia mais como uma grande família que como uma tribo – uma vida simples, ao ar livre, em que todos trabalhavam fazendo o que precisava ser feito, e fabricando habilmente as ferramentas de que necessitavam; um bom número delas tinha sido enterrado antes do massacre por ordem do Manu, e assim estavam bem providos. Sua condição era praticamente a de pioneiros em uma nova terra, mas tinham a vantagem de possuir as casas e as estradas construídas antes do massacre; e também uma boa parte das terras circundantes tinham sido limpas e cultivadas, e embora tudo tivesse se tornado agreste de novo no intervalo daqueles anos, não era tão difícil de lidar como seria a floresta primitiva. Possuíam as tradições de uma nação altamente civilizada, e o Manu estabeleceu para eles elevados ideais, mostrando-lhes como obter os melhores resultados com os limitados recursos de que dispunham. Estavam em grande parte isolados do resto do mundo (o que aliás era o objetivo do Manu e um aspecto necessário do projeto), e isso tinha vantagens e desvantagens, pois lhes dava abundância de terras e de espaço para crescer, mas não lhes dava autoconfiança.

Quando o Manu chegou à idade de 70 anos, decidiu retirar-se das atividades de sua função, e passou as rédeas do governo a Alcyone, seu filho mais velho. Nosso herói tinha 50 anos então, e assumiu a posição de líder da pequena comunidade com honra e dignidade, até sua morte, à avançada idade de 84 anos, sendo sucedido por seu filho mais velho, Siwa, também já bem adiantado em anos.

Essa encarnação pode ser considerada importante para os que participaram dela, pois ali notamos uma intervenção explícita do Manu nos intervalos entre as vidas de seus seguidores – vemos que ele achou necessário trazê-los de volta quase imediatamente, para o bem da raça que ele se dedicava a fundar.

Vida III
(60000 a.C. – Manoa)

Não estamos, buscando, aqui, oferecer uma história seqüencial de nosso herói; apenas registramos seu aparecimento quando o encontramos no decurso de nossas investigações feitas com outros objetivos. Assim, saltaremos 10 mil anos dessa última vida descrita, e vamos para a que talvez possa ser considerada a etapa final da criação da quinta raça-raiz.

Mais de uma vez, anteriormente, ocorrera o que pareceu uma tentativa ou início abortado, e após alguns séculos de crescimento, a raça foi varrida da face da Terra por uma invasão selvagem, assim como um artista apaga um esboço para tentar de novo desenhar com maior perfeição. A cada vez, algumas das crianças mais promissoras foram salvas do massacre para constituírem as sementes da tentativa seguinte. De cada vez, o Manu reuniu seu Grupo de Servidores, para que eles, acostumados com seus métodos, encarnassem como seus descendentes, assim conduzindo a raça na direção que ele desejava. Não possuindo qualquer carma pessoal, ele criava para si, a cada vez, um corpo bastante aproximado do modelo dado para a raça pela Divindade Solar;[3] a única dificuldade para sua ação eram as limitações impostas a esse corpo pela hereditariedade, que, embora fosse a melhor disponível, ainda estava necessariamente longe da perfeição. Ele tinha que tomar uma esposa dentre a raça existente, e portanto seus filhos ficariam naturalmente um pouco abaixo de seu nível, com relação ao progresso específico do novo tipo racial; mas ele comumente encarnava várias vezes na linhagem de seus próprios descendentes, e a cada vez conduzia a raça para mais perto daquele tipo

O último desses massacres aconteceu por volta de 60000 a.C., e algumas crianças cuidadosamente escolhidas foram levadas para a ilha, como antes. Entre elas estava Júpiter, filha do Manu, e quando ela cresceu, casou-se, não com alguém de sua raça, mas com Marte, que era um príncipe tolteca de Poseidônis, e a quem o Manu fizera encarnar lá especialmente em razão desse casamento, pois achara desejável misturar, dessa forma, um pouco do mais nobre sangue tolteca com o seu próprio. O filho mais velho de Marte e Júpiter foi Viraj, e ele mais tarde

---

3 O Logos ou Cristo Solar, magnífica consciência oriunda de etapas anteriores da evolução cósmica, que abarca o sistema solar com sua aura e dá vida a todas as formas nele existentes; é o "transformador" e o canal da Luz Eterna para nosso sistema. Cada sistema solar é regido e evolui dentro da aura de seu próprio Logos (N. do T.).

casou-se com Saturno, uma prima sua, a mais bela entre as netas do Manu. Depois que este abençoou a união dos dois, abandonou seu corpo e renasceu como filho deles, possuindo assim um quarto de sangue tolteca e três quartos de ariano, cada um deles do tipo mais elevado de sua raça. Pela mesma época nasceu Surya, bisneta da encarnação anterior do Manu; e quando ambos atingiram a idade adequada, o Manu casou-se com ela, e desse nobre par derivou a gênese final da nova raça.

Notamos um aspecto peculiar relativo à família do Manu e a de seus filhos e filhas – o que dificilmente seria um acaso. Ele próprio teve 12 filhos, e cada um deles por sua vez teve uma família exatamente do mesmo tamanho. Observamos o mesmo fenômeno se repetindo na terceira geração, com vários de seus netos tendo também 12 filhos. Quase todos os membros já identificados de nosso Grupo de Servidores participaram desse esforço, e ainda há alguns que não conhecemos, embora provavelmente no futuro eles venham a entrar no trabalho teosófico.

Evidentemente o Manu, tendo providenciado para si um nascimento num corpo adequado, e decidido usá-lo como um início definido para sua raça, reuniu todas as forças a seu dispor, e transferiu-as para seus descendentes diretos, tão rápido quanto possível, assim que conseguisse as melhores condições para eles. Desse modo, o novo tipo racial foi rápida e firmemente definido, de forma que o molde ariano é inconfundível, e mesmo uma leve mistura dele se evidencia durante centenas de anos.

Assim que o Manu dispôs de um grupo suficiente de trabalhadores capazes, foi iniciada a construção da imensa capital de seu futuro império. Em vez de deixar que sua cidade crescesse gradativamente à medida que a população aumentasse, ele a estabeleceu desde o início como desejava que fosse, construindo as casas muito antes de haver moradores para elas, mas usando materiais tão resistentes que ficaram intactos através das idades. Nunca antes nem depois se viu uma cidade assim na história do mundo; foram necessários mil anos para ser construída, e ficou quase inalterada por 50 mil anos, até que a grande catástrofe do afundamento de Poseidônis a transformou em ruínas. Uma descrição completa de seu esplendor pode ser encontrada na obra *O Homem: de onde vem e para onde vai*, capítulos XV e XVI.

Mas estamos tratando não da cidade pronta, mas de sua construção, em que uma centena de homens assumiu um trabalho que poderia ter empregado 100 mil. Esses pioneiros tinham inicialmente que construir para si singelas moradias temporárias e precisavam cultivar a terra para ter alimentos; não obstante, começaram a escavar extensas pedreiras, de onde cortavam enormes blocos de pedra belamente coloridos, preparando-os para erigir os edifícios que mais tarde iriam maravilhar o mundo. Esses homens – nossos *eus* ancestrais – possuíam uma característica peculiar: estavam prontos e felizes para oferecer seu trabalho e energia para uma geração futura – geração essa que seria constituída em parte deles próprios, como provavelmente soubessem; mas deles em outros corpos, sem recordação dessa labuta anterior, assim como agora não tinham uma noção clara das glórias do futuro. E apesar disso o fizeram com satisfação, como um dever sagrado, porque o Grande Soberano lhes dissera que era um trabalho meritório, fazia parte da evolução do mundo, de um extraordinário plano cuja finalidade eles ainda não podiam compreender. Devagar, muito lentamente, o grande projeto se desenrolou; os caminhos que nossos Servidores tinham magnetizado com seu esforço persistente nas procissões de 10 mil anos antes agora estavam definidos como amplas e retas avenidas, como os raios de uma teia de aranha. Aos poucos a posição das ruas transversais foi marcada, e o projeto da cidade inteira começou a aparecer nas linhas abertas nas grandes florestas que antes cobriam o local. À medida que se sucediam as décadas, vastas construções começaram a se erguer, tanto na sagrada Ilha Branca como no continente.

A ilha continuava sendo o centro dos pensamentos e da adoração da nação em crescimento; de qualquer ponto das sete avenidas radiais se podia ver seus radiosos templos, e a grande cúpula central ao mesmo tempo dominava e simbolizava a vida da cidade. Porém estamos tratando de uma época mais simples, quando toda essa magnificência ainda era um sonho de um futuro distante; portanto, voltemos da cidade para a vida de nosso herói.

Filho primogênito do Manu e do Bodhisattva daquela raça-raiz, com um grupo decidido de nobres e afetuosos irmãos e irmãs crescendo junto dele, talvez ele nunca tenha tido condições mais favoráveis de existência. Sendo o mais velho – o primeiro da nova raça a nascer, o primeiro exemplar da nova corrente humana que estava brotando no planeta –, tinha a vantagem de receber a mais cuidadosa preparação das mãos de seu pai e sua mãe. Viviam quase totalmente ao ar livre, e dava-se grande atenção ao exercício e ao desenvolvimento físicos. Desde tenra idade o Manu manteve o filho junto de si, dia e noite, evidentemente dando ênfase à influência constante do magnetismo pessoal.

Pouco mais de um ano depois de seu nascimento, chegou uma irmãzinha, Hércules, e ao crescerem, uma forte afeição se desenvolveu entre eles – como sempre tinha acontecido através dos tempos. Estudavam, brincavam e trabalhavam juntos, pois sob a sábia tutela do Manu não se fazia diferença na educação dos dois sexos. Nessa época remota, de trabalho exaustivo, havia muito pouco do que hoje se considera *educação*, pois embora as crianças aprendessem a ler e escrever, os livros eram poucos e considerados como tesouros sagrados. Para esses nossos antepassados, o homem mais educado era aquele que podia fazer qualquer coisa com as mãos, que tinha habilidades e engenho, decisões e ação rápidas, capaz em todos os sentidos do termo e em todos os aspectos da vida. Assim, quando chegaram à adolescência, os corajosos filhos do Manu eram não apenas um grupo extraordinariamente belo de representantes da nova raça, mas também líderes competentes, sagazes e autoconfiantes para a comunidade que estava se desenvolvendo às margens do Mar de Gobi.

Devemos nos lembrar de que essa comunidade era constituída pelos descendentes das crianças salvas à época do último massacre – nessa ocasião, um grupo bastante numeroso –, mas que apenas os filhos do Manu, de sua última encarnação (quando desposara Surya) eram considerados da raça divina – os Filhos do Sol, como eram chamados –, e cada um dos doze era identificado com um dos signos do zodíaco.

Naturalmente esses 12 tinham que desposar pessoas de fora cuidadosamente escolhidas – ou seja, os melhores descendentes do Manu em sua encarnação anterior; mas quando os filhos deles, por sua vez, atingiram a idade de casar, ele expressou sua vontade de que, tanto quanto possível, escolhessem seus pares dentro da Família Solar. Essa recomendação foi seguida por todos os personagens que já identificamos.

É bastante claro, entretanto, que só conseguimos identificar menos de metade do Grupo de Servidores; embora sejamos capazes de reconhecer os 12 filhos do Manu e aqueles que desposaram, conhecemos apenas a metade de seus netos, pois identificamos por completo apenas quatro das 12 famílias, e podemos citar apenas quatro ou cinco crianças em cada uma das demais. Ao chegarmos à geração seguinte, reconhecemos praticamente só os descendentes de Alcyone, e mesmo entre eles apenas a metade; apenas três famílias completas. Seguindo para a próxima geração, encontramos alguns desgarrados tardios entre os netos do primogênito de Alcyone, Sirius, mas praticamente não encontramos ninguém que conhecêssemos de outro lugar. É o que seria de se esperar, pois a essa altura a nova raça já estava tão firmemente definida que não havia mais necessidade da atuação dos pioneiros, e outros egos, não tão intensamente dedicados ao serviço impessoal, podiam continuar levando à frente o povo, de forma mais comum. O número de filhos em cada família, nessa época, é variável, e torna-se evidente em vários sentidos que não é mais tão imperiosa a necessidade de regras definidas.

O Grupo de Servidores tinha realizado sua tarefa, e descansava na vida espiritual até que chegasse o momento de nova encarnação.

Quando Alcyone atingiu a idade própria, casou-se com sua prima Mercúrio, também neta de Viraj e Saturno, uma jovem de grandes qualidades e radiante beleza, a quem ele amava com profunda e reverente dedicação. Dentro de um ano tiveram gêmeos – Sirius e Mizar, que cresceram extremamente afeiçoados a ele, a Mercúrio e um ao outro, como já tinham sido através dos séculos. Um ano depois chegou um terceiro menino, Electra, e com certeza nunca houve três crianças melhores ou mais felizes. Outros irmãos e irmãs se seguiram em rápida sucessão, sendo amados e cuidados, mas esses três, quase da mesma idade, constituíram um subgrupo próprio. Eram de fisionomia curiosamente semelhante; ninguém, além de seus pais, conseguia distinguir os gêmeos um do outro, e Electra só era identificado quando estavam juntos, pelo fato de ser um nada menor. Desde que começaram a andar e falar tornaram-se inseparáveis: estavam sempre juntos, dia e noite, e quase sempre junto do pai, exceto quando o trabalho deste o conduzia a lugares aonde não podiam ir. Foram apelidados, de forma meio profana, de "a trindade", porque eram popularmente considerados três manifestações idênticas da mesma energia. De sua semelhança resultava toda sorte de equívocos singulares, e "a trindade" se divertia com eles e tinha prazer em provocá-los. Os estranhos à família consideravam essa semelhança absoluta algo fantástico, e como eram os três primeiros filhos de Alcyone, criou-se uma tradição de que todos os seus filhos seriam idênticos – tradição que foi só parcialmente quebrada com a chegada de mais um filho, Fides, dois anos depois, pois também tinha uma forte semelhança com os irmãos mais ve-

As Vidas de Alcyone

lhos. Aonde quer que fossem, os três eram tratados com grande reverência, como a esperança da raça e seus futuros dirigentes. Embora Sirius fosse mais velho alguns minutos, e portanto tecnicamente o herdeiro, ninguém jamais soube qual deles era ele, e portanto os três eram vistos como iguais.

Eles poderiam ter sido estragados pela adulação geral, se não fosse a sabedoria amável de sua mãe, Mercúrio, que sempre lhes ensinava que sua elevada posição trazia consigo deveres e responsabilidades imperiosos, e que como um sorriso e uma palavra amável deles significavam tanto para cada pessoa que encontrassem, esse sorriso e essa palavra nunca deviam ser esquecidos, não importando quão ocupados estivessem ou quão urgente fosse o seu trabalho.

Alcyone, nessa época, estava envolvido constantemente com seu pai, o Manu, supervisionando a construção do enorme semicírculo de palácios que devia constituir a face da futura cidade que dava para o mar. Como os três meninos tinham o mais profundo interesse por esse trabalho rogaram que lhes fosse permitido assumir a direção de algumas partes dele. O Manu concordou, sorrindo, e os meninos ficaram extremamente animados – sentindo-se ao mesmo tempo gratificados pela confiança depositada neles, e ansiosos para justificá-la com uma vigilância incansável. Os trabalhadores ficaram extremamente satisfeitos, porque era crença generalizada que "a trindade" trazia boa sorte e protegia de acidentes. É verdade que no curso de toda aquela tremenda tarefa, que incluía erguer e transportar enormes pesos, nunca houve incidentes de maior importância.

Assim, Alcyone levou uma vida de trabalho constante, cujos marcos principais eram o início e o término de uma ou outra construção. Seu maior desejo era que lhe fosse atribuída a construção do maravilhoso labirinto de templos que devia cobrir a Ilha Sagrada. Mas essa honra nunca lhe coube, pois foi decretado pelos Kumaras que uma certa extensão da cidade devia ser concluída antes de se iniciar esse trabalho.

Em raras ocasiões, o Manu era recebido em audiência pelo próprio Senhor, e certa vez, numa dessas ocasiões, recebeu instruções para que Alcyone e seus três filhos mais velhos comparecessem também, e assim tiveram eles o maravilhoso privilégio e bênção de se encontrar na presença do Governante do Planeta – uma experiência inesquecível.

O Manu viveu entre seu povo durante um século inteiro, e quando achou que devia deixá-los por algum tempo, reuniu

32   C. W. Leadbeater

seus filhos e netos e disse-lhes que confiava à dedicação deles a obra que tinha iniciado; que por algum tempo iria cuidar dela de um plano mais alto, mas poderia ser consultado, quando necessário, por quem estivesse no momento à testa da casa real; e que, quando julgasse necessário, voltaria a encarnar novamente, mas sempre naquela linhagem real, que deveria permanecer isenta de qualquer mistura de sangue estranho, exceto por sua determinação expressa.

Deixou então o corpo, e de acordo com seu desejo, este foi levado para o centro do Mar de Gobi e entregue às profundezas. Ele tinha ordenado que não houvesse lamentações por sua partida; Alcyone, seu filho (agora já um homem de 80 anos), passou a reinar em lugar dele, e o trabalho continuou tão intenso quanto antes. Em diversas ocasiões ele apareceu para Alcyone enquanto dormia, e deu-lhe orientações sobre a construção da cidade, mas em geral manifestou-se plenamente satisfeito com o que estava sendo feito.

Durante 10 anos Alcyone governou com sabedoria sua comunidade, agora bastante crescida; mas ao cabo desse tempo sua muito amada esposa Mercúrio se foi, e ele decidiu passar todas as tarefas para as mãos de seus filhos. Então, por sua vez, reuniu a família (por essa época seus bisnetos já estavam crescidos) e disse-lhes que dali em diante considerassem seu filho mais velho, Sirius, como rei, e acenou para que ele se aproximasse para ser solenemente entronizado. Mas Sirius ajoelhou-se diante dele e pediu permissão para fazer-lhe um último pedido antes que deixasse o poder; tendo a permissão, lembrou como, durante quase 70 anos, ele e seus irmãos Mizar e Electra haviam mantido estreita harmonia, trabalhando e deliberando juntos todos os dias, de tal forma que realmente pareciam ter um só coração e pensamento; e a graça que ele pedia era que essa afetuosa camaradagem continuasse inalterada até a morte – que os três pudessem usar o título de rei, sentando-se juntos em tronos iguais, e que se um dia divergissem de opinião, prevalecesse a decisão dos dois que concordassem; que quando um morresse os outros dois continuassem governando, e quando este partisse o último fosse o rei. Alcyone pensou um pouco, comunicando-se com os espíritos de seu pai e sua sábia mãe Mercúrio; por fim, deu sua autorização para essa combinação singular, com a condição de que, com a morte do último do triunvirato, a coroa passasse para Koli, o filho mais velho de Sirius, a fim de que não houvesse interferência na descendência direta de que o Manu fazia tanto questão. Três tronos foram providenciados, e Alcyone abençoou "a trindade" – ainda tão parecidos, os três, como nos dias de sua infância, tão caros um ao outro como sempre, embora cada um fosse pai de uma bela família.

O singular governo triplo funcionou admiravelmente bem, mas deu origem a uma incrível história que foi espalhada por viajantes até a distante Poseidônis – de que no meio dos desertos da Ásia Central existia uma grande cidade extraordinariamente rica e bela – tão vasta que metade de suas moradias não eram habitadas – que era governada por um rei cujos maravilhosos poderes mágicos lhe permitiam multiplicar-se, e que podia ser visto em três formas exatamente idênticas, sentando ao mesmo tempo em três tronos, quando administrava a justiça!

Após a abdicação, Alcyone viveu apenas dois anos, e abandonou tranqüilamente o corpo na avançada idade de 92 anos. Ele desejou que seu corpo fosse entregue às profundezas, como fora o de seu pai – e assim foi, numa cerimônia executada na presença dos três governantes e de seus outros filhos.

A comunidade cresceu, com pouca interferência do exterior. Seus membros viviam quase completamente isolados do resto do mundo, como haviam estado 10 mil anos antes. Seus únicos vizinhos eram algumas tribos meio atlantes, meio lemurianas, que moravam nos vales entre as montanhas, a uns 20 quilômetros para o interior – um povo pacífico, não totalmente inculto, talvez de certa forma na condição dos maoris quando foram descobertos pelos europeus. Mas eles permaneciam distantes, desconfiando das áreas abertas junto ao mar, de onde seus antepassados tinham sido expulsos séculos antes por incursões dos tártaros. Alguns mais corajosos iram até a colônia ariana, colocando-se ali como criados ou operários; e "a trindade", com um grupo de amigos, em vários ocasiões fez expedições às montanhas para ver as aldeias deles; mas não havia o que se pudesse chamar de relações entre as duas raças, sendo suas línguas e costumes totalmente diferentes.

Vida IV
(42000 a.C. – Manoa)

O próximo vislumbre que temos do destino de nosso herói situa-se após um lapso de cerca de 18 mil anos. A grande cidade de Manoa, cuja construção vimos ser iniciada no último capítulo, agora é de respeitável antigüidade, centro de uma vasta e esplêndida civilização, talvez já ultrapassando seu apogeu.

Nosso Grupo de Servidores volta apenas ocasionalmente em grandes e avançadas civilizações; o trabalho de seus membros é antes o de atuar como pioneiros, abrindo espaço para o advento de um novo tipo racial, desbravando a floresta e abrindo as estradas que permitam a outros avançar depois. Nessa época, o Manu precisou deles, porque entendeu que chegara o momento de iniciar a segunda subdivisão da grande raça ariana – aquela cujos remanescentes hoje chamamos de árabes. Era como o início anterior, repetindo-se em menor escala, mas sem a necessidade dos massacres, porque a mudança requerida dessa vez não era a diferença radical e essencial entre uma raça-raiz e outra, mas apenas a ênfase em características especiais que distinguiriam a nova sub-raça de seus antecessores. Mas o princípio geral foi o mesmo, e o Manu começou separando alguns de seus fiéis seguidores do resto do povo, enviando-os para civilizar um dos vales incultos que se erguiam entre as montanhas além da cidade. Durante a época de sua maior fama, a cidade crescera muito em extensão, mas o Manu cuidara para que crescesse sobretudo ao longo das margens do Mar de Gobi, e para o interior somente até o pé das montanhas a mais de 20 quilômetros dali, portanto os vales ainda eram de solo virgem ou de floresta primitiva. Agora, um deles seria usado para a finalidade para a qual fora destinado desde o princípio, e então o Manu começou a escolher seus instrumentos.

Ele próprio não estava encarnado naquela época, mas agiu através de seu representante, Júpiter, que era o sumo sacerdote naquele momento. Ao saber de seu desejo, Júpiter de imediato ofereceu seus próprios filhos para a tarefa, se eles concordassem. Ele tinha um filho, Corona, e duas filhas, Fomal e Beth. Corona prontamente aceitou a oportunidade oferecida, renunciou a sua esplêndida situação na cidade e mudou-se com sua mulher Theo, seus filhos casados Hércules e Pindaro e as respectivas famílias, para o vale escolhido, para assumir ali uma vida primitiva e patriarcal diferente – um grande contraste com sua forma de viver até então. Sua irmã Fomal tinha se casado com Demeter, e ambos foram de imediato contagiados pelo mesmo entusiasmo, e conseguiram contagiar os seis filhos. A outra irmã, Beth, também ficou entusiasmada, mas não teve tanto êxito para influenciar o marido, Calyx.

Calyx tem uma história bastante curiosa. Ele atravessara os séculos com uma companheira, Amal, à qual era extremamente ligado, e vida após vida eles se reencontravam e se

As Vidas de Alcyone

35

casavam, com extraordinária persistência. Nessa encarnação que estamos examinando, sucedeu que nasceram como irmão e irmã, e em conseqüência os costumes não permitiam que retomassem as relações habituais. Calyx casou-se com Beth, a filha mais moça de Júpiter, e Amal foi induzida pela mãe a desposar Laxa, um rico mercador, a quem ela de fato não amava. As duas famílias arrastavam-se, mais ou menos infelizes, e Laxa reclamava vivamente das freqüentes visitas de seu cunhado e de certas situações comprometedoras de que tivera conhecimento.

Quando Beth, desejando intensamente oferecer-se e a sua família em resposta ao chamado do Manu, insistentemente atormentou seu já semi-afastado marido para que (metaforicamente) tomasse sua cruz e fosse para um lugar agreste que não tinha nenhum atrativo para ele, isso teve o efeito de um golpe final como o que causa a precipitação numa solução saturada, ou de repente transforma em gelo um tanque de água que atingiu a temperatura logo abaixo do ponto de congelamento sem estar congelado. Ele abandonou a mulher (deixando uma carta onde explicava que nunca poderia ser feliz com ela, e portanto achava melhor deixá-la livre para seguir seus próprios planos) e fugiu com a irmã Amal para uma cidade distante. Laxa ficou furioso – não com a perda da mulher, mas com o escândalo que ele temia pudesse prejudicar seus negócios; declarou que nunca tinha confiado nela, há muito sabia que era infiel, e nunca, em circunstância alguma, a receberia de volta. Beth e seus filhos se refugiaram na casa da irmã, Fomal, que os recebeu de braços abertos, e assim todos os filhos de Júpiter puderam aproveitar a oportunidade que ele desejava tanto. Quanto aos amantes fugitivos, reapareceram alguns anos depois, esperando que sua fuga tivesse sido esquecida; mas a sociedade de Manoa não os quis receber, e eles se dirigiram à nova comunidade do vale. Não sendo melhor recebidos ali, voltaram para a longínqua cidade para onde haviam fugido, e assim desaparecem de nossa história.

A nova comunidade iniciou sua existência sob a direção de Corona, e era constituída por seus descendentes e os de suas duas irmãs. O filho mais velho de Corona era Hércules, já casado com Sirius, e tinha uma família grande – cujos membros reconhecemos todos como velhos amigos. Entre os filhos estavam nosso herói, Alcyone, e sua sempre amada companheira Mizar; também Selene, Urano e Aquiles; e entre as irmãs, temos Netuno e Orion. Assim, vemos que, embora sob relações

36   C. W. Leadbeater

diferentes, Alcyone, Mizar e Sirius estavam juntos outra vez; e embora à primeira vista o terceiro membro da "trindade" de 18 mil anos antes pareça ausente, ele foi descoberto na figura de uma prima.

A infância de Alcyone fora vivida entre os múltiplos prazeres da cidade, contudo ele apreciou a liberdade mais ampla da vida de pioneiro. Os emigrantes não estavam de forma alguma desprovidos de conforto, porque possuíam bastante recursos financeiros, e contratavam trabalhadores para lavrar e construir, e o trabalho de nosso grupo eram principalmente planejar e supervisionar. Os jovens assumiam isso com grande energia e perseverança; inicialmente foram construídos locais temporários de treinamento, e depois o terreno foi limpo e cultivado. Cavaram poços e localizaram cursos d'água, e foram construindo aos poucos casas permanentes em lugares adequados, com belos jardins ao redor.

Quase todos os personagens aparecem na comunidade do vale, à medida que as famílias aumentam rapidamente. Alguns poucos da geração mais velha permaneceram na cidade: Xanthos e Kos, Pepin e Obra, por serem idosos demais para se mudarem; mas alguns filhos deles foram. Xanthos e Kos tinham três filhos, e infelizmente houve muita discussão entre eles a propósito da migração. Os pais eram favoráveis a ela, e o filho Demurer a recebeu com entusiasmo, porém o filho mais velho, Castor (grande amante da moda e das convenções, e sempre convicto de que tinha razão em todos os assuntos da vida) não viu interesse nisso, então ele e sua mulher Rhea viraram as costas ao assunto. Tinham três filhos, e todos eles assumiram posições opostas, porque tinham casado com mulheres cujas famílias estavam emigrando, e preferiram seguir as respectivas esposas. Castor e Rhea, então, sentiram-se ofendidos e desertaram, como fizera o terceiro irmão, Laxa, de quem Amal tinha fugido. Porém Vale, filho de Laxa, ainda lhes restou, e com isso tornou-se o único herdeiro da riqueza das duas famílias.

A mudança para a vida no campo foi uma nítida vantagem para Alcyone, que se tornou alto e forte em decorrência do constante exercício ao ar livre. Acabou se casando com sua prima Perseu, e no devido tempo teve seis filhos, entre os quais encontramos Rama e Vulcano, enquanto Vênus e Osíris foram respectivamente seu genro e nora. Vários dos que hoje são Mestres de Sabedoria nasceram nessa geração; além dos já mencionados, entre os sobrinhos e sobrinhas de nosso herói estavam Surya, Marte e Mercúrio. O próprio Manu reapareceu como filho de Marte e Mercúrio, e tomou como esposa Koli, que era novamente neta de Alcyone, como na vida anterior, mas dessa vez era menina e não menino. Saturno e Viraj nasceram como primos do Manu, e na mesma geração Dhruva reapareceu novamente, portanto a nova sub-raça começou sob altos auspícios.

O vale era pitoresco, selvagem e agreste, coberto de florestas primitivas. Necessariamente grande parte delas teria que ser cortada, mas Corona desejava deixar o máximo que fosse possível, dentro de seu plano. O vale tinha mais de 10 quilômetros de comprimento, subindo uniformemente para as montanhas. Na extremidade mais alta havia um precipício, do qual caía uma magnífica cascata, formando um profundo lago em baixo, que alimentava um rio de águas rápidas que corria para o centro do vale. A idéia de Corona era construir terraços nas laterais do vale (que tinha cerca de três mil metros de largura), no sentido longitudinal, e com esse objetivo dividiu-o em 20 lotes. Começou a trabalhar em seis deles assim que as casas foram construídas, e deixou-os a cargo respectivamente de seu cunhado Demeter, seus dois filhos Hércules e Píndaro, e seus sobrinhos Vega, Mira e Aurora. Os sete filhos de Hércules trabalhavam todos junto com o pai, encarregando-se (quando tiveram idade suficiente) de vários departamentos. E Alcyone, embora fosse jovem, logo demonstrou ser um auxiliar capaz e confiável. Tinha especial preocupação por salvar as melhores árvores, e dedicou muito tempo e reflexão a vários planos engenhosos com essa finalidade. Sempre dizia que o feria dar ordem de destruir uma árvore – que isto lhe parecia igual a matar um amigo. Pensava tanto nisso que foi sucessivamente a todos os outros supervisores e persuadiu-os a adotar os esquemas que adotara nos lotes de seu pai; e como nenhum pôde contrariar o ansioso rapaz de olhos brilhantes, a parte do vale que foi limpa assumiu desde o início o aspecto de um parque. Em seguida ele se tornou autoridade na demarcação de estradas e propriedades, e os dirigentes de todos os lotes usaram seus talentos. Por enquanto apenas algumas residências dispunham das melhores condições; mas as ordens de Corona eram para planejar as ruas de uma futura cidade, que se estenderia às duas margens do rio, até a entrada do vale. Foi muito graças ao cuidado, à previsão e ao trabalho do jovem Alcyone quanto ao que acreditava ser sua missão que ela se tornou uma cidade-jardim, com ruas suficientemente largas para acomodar uma dupla fileira de árvores e dois cursos d'água.

Seus incansáveis esforços o fizeram ser notado por seu

soberbo avô Corona, que de imediato o casou com sua prima Perseu, como já foi dito. Perseu era uma bela e digna jovem, de rara beleza, e tornou-se dedicada esposa e mãe. Tanto Alcyone como Myzar tinham, desde cedo, gostado muito de outra prima e companheira de brincadeiras, Electra, mas o autocrático avô considerava seus descendentes peões de um jogo, e determinou que se casassem com outras, de acordo com alguma obscura teoria dele sobre a mescla de qualidades diferentes, o que não possibilitava que houvesse muito espaço para simples predileções pessoais. Suas decisões eram aceitas pelo povo como as do próprio destino, e assim, quando Electra casou com Pérola e Deneb com Mizar, não houve protestos visíveis, embora alguns dos participantes tivessem os corações pesados durantes as respectivas festas. Todos os jovens foram absolutamente fiéis a seus deveres, e à medida que as crianças cresciam junto deles suas vidas se tornaram razoavelmente felizes; na verdade, estavam ocupados demais para se permitirem queixas inúteis.

Contudo, ao final, por uma estranha volta da roda da fortuna, os sonhos infantis foram realizados. A brilhante mas caprichosa esposa de Mizar morreu três anos após o casamento, ao dar à luz uma filha, Cygnus; e menos de dois anos depois disso o marido de Electra, Pearl, que ela acabara por amar, caiu de uma ponte que estava construindo sobre o rio, foi levado pela correnteza rápida e se afogou. Era natural que Mizar, o amigo mais chegado de infância, a visitasse para tentar consolá-la da triste perda; e como o viúvo tinha apenas 24 anos, e a viúva, 23, era mais natural ainda que o amor que nunca se extinguira em seus corações agora reivindicasse seus direitos, e a jovem senhora consentisse em fazer feliz seu antigo amor, estipulando apenas que deviam esperar até depois do nascimento do filho póstumo de Pearl. Mizar receava que isso pudesse custar a vida de Electra, como sucedera com sua primeira mulher; mas esse prognóstico felizmente não se cumpriu, pois o pequeno entrou a salvo em cena, e revelou ser o nosso velho amigo Palas, que no devido tempo cresceu e casou-se com Vajra. Assim que Electra se recuperou, os fiéis enamorados se uniram; Corona não fez objeções, e ninguém que viu o intenso amor e confiança que brilhavam nos magníficos olhos da nobre esposa duvidou de que sua felicidade estivesse assegurada.

Electra, risonha, observou que poucos casais tinham a sorte de iniciar a vida conjugal já possuindo oito filhos! Felizmente ela amava muito as crianças, e seu instinto materno se desenvolveu muito, pois com o passar dos anos eles chegaram a mais do dobro da família inicial. Eram uma família alegre e muito unida, livre de desarmonias e infortúnios. Uma só vez uma nuvem escura apareceu no horizonte, mas uma ação rápida e enérgica a dissipou sem deixar conseqüências. Mencionamos que Vajra desposou Palas, e durante as visitas em função do enlace, as famílias de Mizar e Polaris se encontraram muito. Um irmão mais moço de Vajra, vistoso mas bastante vazio, chamado Pólux, conseguiu cativar o coração de Melpomene, e suas relações tornaram-se indevidamente íntimas. A descoberta desse fato foi um grande choque para Mizar e Electra, pois Melpomene até então era uma criança a seus olhos, e não tinham a menor suspeita de que ela corresse algum risco. Os pais de Pólux também ficaram muito tocados com o que aconteceu. Foi feita uma reunião apressada das famílias, e foi decidido que, embora os delinqüentes fossem muito jovens, seria melhor que se casassem de imediato, e todos se comprometeram a não revelar jamais o que sabiam. O casamento acabou bem, pois os jovens de fato se amavam. Pólux, embora indolente e egoísta, não era exigente; e Melpomene era um pouco poetisa e artista, e tinha muito com que ocupar o tempo.

Enquanto isso, Alcyone e sua digna esposa Perseu viviam uma vida feliz e útil, cada vez mais absorvidos, à medida que os anos se passavam, na tarefa bíblica de transformar uma terra agreste numa área fértil e unir os campos produtivos em nobres propriedades, moradias à altura das pessoas ilustres da grande cidade que deveria existir. Seus quatro vigorosos filhos foram muito dedicados a nisso, e suas duas filhas tiveram a sorte de casar com homens do mesmo tipo, que se dedicaram de corpo e alma ao grande plano que estava sendo rapidamente executado. Um desses esposos era Áquila, filho de Electra (de seu primeiro casamento), e o outro não era senão Vênus, o irmão mais moço do próprio Marte, que viria a ser o pai do Manu. Ao mesmo tempo que o Manu, praticamente todo o resto dos personagens reencarnou; depois disso, o árduo trabalho dos pioneiros terminou e a nova comunidade estava estabelecida, e assim o Grupo de Servidores não era mais necessário.

Corona, no devido tempo, reuniu-se a seus antepassados, e Hércules assumiu as rédeas do governo em seu lugar, agindo bem e sabiamente, e em todos os sentidos concretizando o projeto originalmente proposto.

Tanto Hércules como Sirius viveram até uma idade avançada, e seus filhos Aldebaran e Aquiles partiram antes deles, portanto foi às mãos de Alcyone que Hércules confiou o governo quando chegou a sua hora; ambos sabiam que ele seria transferido para o sobrinho de Hércules – o neto de Alcyone, o Manu, assim que ele decidisse assumi-lo. Alcyone tinha 62 anos quando se tornou chefe do clã, e era bem conhecido e amado por todos; cada dia de sua amável liderança só fez aumentar a afeição que o povo sentia por ele.

Cinco anos depois, o Manu assumiu a condução de sua nova sub-raça, e Alcyone teve o privilégio de recebê-lo solenemente, colocando-lhe a coroa na cabeça, e sendo o primeiro a ajoelhar-se para reverenciá-lo.

Alcyone viveu mais 17 anos, amado e honrado por todos; sua mulher, Perseu, o precedeu, e Mizar e Electra, talvez os mais próximos deles, partiram alguns meses antes dele, que sentia, como disse, que todos os seus companheiros de juventude já tinham partido, e que sentia mais atração pelo outro mundo que por este. E assim partiu tranqüilamente para lá, com a bênção do Manu, pronto para retornar à vida na matéria quando este necessitasse de seus serviços.

Os estudantes devem ter em mente que embora este Grupo de Servidores seja utilizado pelo Manu para um determinado tipo de trabalho, seus membros não ficam sempre envolvidos com ele, pela razão de que é feito somente a intervalos.

Não devemos supor que sua evolução individual fique esquecida, ou que seu carma pessoal deixe de produzir efeito; ocorre que, pelo fato de pertencerem a esse grupo singular, esses imperativos são atendidos de forma ligeiramente diversa das que geralmente são usadas. A maior ou menor soma de energia espiritual gerada numa existência resulta não em uma duração maior da vida no plano espiritual, mas em uma intensidade maior dela. Durante longos intervalos o grupo não é solicitado para trabalhos de natureza oculta, mas mesmo assim continua junto; seus membros não saem cada qual buscando a própria evolução, mas são colocados, tanto quanto pudemos constatar, onde se possa obter o maior bem para o maior número deles. Quando não estão sendo necessários para o trabalho externo, dá-se atenção à sua própria evolução; mas mesmo assim, não à dos indivíduos, mas à do grupo.

Na verdade, em certa medida, esse clã pode ser considerado um pequeno mundo. A maior parte do carma de seus membros é inevitavelmente gerada uns com os outros, e portanto tende a ser elaborado dentro do grupo, tornando seus laços mais fortes, e fazendo-os conhecerem profundamente uns aos outros, aprendendo a trabalhar juntos.

As Vidas de Alcyone

Vida V
(40000 a.C. – Manoa/Arábia)

Saltando uma ou duas existências, provavelmente vividas na mesma sub-raça, e sob a influência dos planos do Manu para ela, encontramos Alcyone renascido na família real de Manoa. Era o quarto filho de Júpiter, que era então o governante do império, e seus irmãos mais velhos eram o Manu, Marte e Aurora. Sua infância se passou novamente no esplendor da grande cidade de Manoa, embora fizesse muitas visitas ao vale entre as montanhas que na existência anterior tanto fizera para embelezar. Tinha uma irmã menor, Fides, que o adorava, e por sua vez ele era, claro, profundamente dedicado ao Manu e a Marte. Era também um dos prediletos de seu tio Vajra, cujo filho Mizar era seu "amigo do peito". A estreita camaradagem entre as duas famílias teve um resultado natural: quando teve idade para isso, Alcyone casou-se com a irmã de Mizar, Electra, e no mesmo dia Mizar desposou Fides. A vida conjugal dos dois casais era maravilhosamente feliz e harmoniosa, embora, como veremos a seguir, as exigências dos planos do Manu produzissem uma separação temporária dos maridos e mulheres, o que foi um grande teste para eles.

Tinham se passado cerca de dois mil anos desde a ocupação do vale, e o extraordinário projeto de Corona tinha se concretizado integralmente. Todo o vale, de um extremo ao outro, estava coberto de terraços, com a grande cascata num extremo, e uma série de cascatas menores a intervalos de dois a cinco quilômetros. Os lotes se erguiam em gigantescos degraus desde o rio até o nível das montanhas circundantes, e em locais estratégicos residências principescas, cercadas de belos jardins e árvores sobranceiras – o projeto de Alcyone fora mantido e todo o vale parecia um imenso parque, onde as árvores apareciam mais do que as casas. Até a magnífica cidade que ocupava a entrada do vale, quando contemplada de cima das montanhas, parecia antes um bosque com construções semeadas aqui e ali, em vez de a grande cidade que realmente era.

A comunidade que habitava esse vale encantador tinha se tornado grande e próspera, e era agora, na verdade, uma nação independente, capaz de sustentar um exército considerável e bem equipado. Continuava fazendo parte do grande império de Manoa, mas sempre teve um subgovernador próprio, que era normalmente o filho mais velho do rei, tal como na Inglaterra o filho mais velho do rei recebe o título de Príncipe de Gales –

porém em Manoa não era apenas um título; tratava-se de um regente, de fato.

Quando nossa história começa, o Manu, como primogênito de Júpiter, reinava mais uma vez no vale, e suas leis determinavam severas restrições aos casamentos de seus habitantes com os das grandes cidades à beira do mar. Os que leram *O Homem: de onde vem e para onde vai,* devem recordar que quando ele saiu inicialmente da Atlântida com o pequeno grupo de seguidores que escolhera como núcleo de sua quinta raça havia se estabelecido nas montanhas da Arábia. Depois de uma longa permanência ali, fez uma nova seleção entre o povo e transferiu-os para as margens do Mar de Gobi, deixando seus árabes a crescerem e se multiplicarem naquela região montanhosa. E agora, que tinha por objetivo realçar as características da segunda sub-raça, sem interferir na população do império de Manoa, ele naturalmente voltou-se para esses árabes como os que, fora dali, estariam mais perto, de modo geral, do tipo que ele desejava produzir. Seu plano era dirigir um exército cuidadosamente escolhido de sua nova sub-raça para a Arábia, estabelecer-se ali com o mínimo possível de luta, e gradualmente absorver em sua raça os descendentes de seus antigos seguidores.

Dedicou-se então a tomar providências para o envio e a manutenção de um considerável exército, selecionando seus integrantes com extremo cuidado. Somente os bem jovens e fortes seriam admitidos em suas fileiras. Na maioria eram solteiros, e dos casados escolhia os que tivessem poucos filhos. O número total de combatentes selecionados era de cerca de 150 mil; e as mulheres, crianças e não-combatentes de apoio somavam talvez mais 100 mil. Naturalmente a maioria do Grupo de Servidores estava incluída, sendo precisamente o tipo de trabalho pioneiro com o qual a essa altura já estavam acostumados.

O primeiro passo seria repartir a tarefa eqüitativamente entre os familiares. O comando geral do exército foi entregue ao irmão de Alcyone, Marte, até o momento em que ele próprio – o Manu – pudesse se reunir a ele. O terceiro irmão, Aurora, deveria tomar seu lugar como herdeiro do trono de Manoa e regente do vale; era intenção do Manu passar o governo do vale para ele assim que o exército estivesse pronto para partir, mas permanecer ele próprio por algum tempo para aconselhá-lo e orientá-lo, enquanto o exército se deslocasse lentamente através das nações amigas da Pérsia[4] e da Mesopotâmia – e então,

---

4 Deve-se entender estes persas como "habitantes, à época, da região que conhe-

viajando rapidamente, o encontraria e assumiria o comando antes que atingisse a Arábia.

Desejava também enviar uma embaixada à frente, para informar as tribos árabes de sua vinda, e para essa delicada missão escolheu um irmão ainda mais novo, o quarto filho de Júpiter, nosso herói Alcyone. O primo e cunhado deste, Mizar, deveria acompanhá-lo; e dois irmãos mais velhos de Mizar, Corona e Theodoro, seriam lugares-tenentes de Marte, encarregados das duas alas do exército.

A missão confiada a Alcyone e Mizar foi considerada por eles como uma grande honra e sinal de confiança; mas havia um aspecto doloroso: ela ia separá-los das esposas, a quem tanto amavam. Alcyone já tinha três filhos pequenos (sendo um bebê recém-nascido) e Mizar também. Embora estivesse acertado que as mulheres e filhos dos dois embaixadores os seguiriam junto com o exército, e durante a viagem ficariam sob o cuidado direto de Hércules, a mulher do general, era impossível não sentir a dor da separação, e uma certa angústia sobre a condição dos entes queridos. As mulheres, no entanto, estavam tão orgulhosas da confiança depositada nos maridos que passaram corajosamente pela cerimônia de despedida e até cantaram juntas uma espécie de hino de despedida, no alto de um lance de escadas, enquanto contemplavam o pequeno grupo a cavalo se distanciar.

A comitiva não era grande, pois, embora nossos amigos levassem uma guarda de honra, como cabia a sua condição, não desejavam ostentar nenhum poderio bélico, pois queriam convencer os árabes de que vinham em missão de paz.

Deve-se dizer que os trabalhos mais rudes do vale eram realizados principalmente por homens da raça mongol, pertencentes a uma tribo que vivia numa região quase inacessível das montanhas, acima da grande cascata. Havia muito tempo o Manu assumira como parte de sua tarefa o encargo de mandar enviados a essa tribo, e transmitir-lhes o quanto de civilização fossem capazes de assimilar. Isso teve por conseqüência o fato de que a maioria deles abandonou sua precária vida de caça-

---

cemos como Pérsia, atual Irã", e não, obviamente, como o povo que a História denomina de persa, e que surgiu naquele cenário aproximadamente no segundo milênio antes de Cristo, como uma corrente migratória de indo-europeus ou árias vindos provavelmente do Norte – já que esta parte do relato trata de uma época imensamente mais recuada: 40 mil anos antes de Cristo (cronologia que a História oficial desconhece, bem como a existência das raças ancestrais constantes dessa). O mesmo princípio vale para os "árabes arianos" dessa época antiqüíssima, que não são por evidência os mesmos hoje denominados de árabes, qualificados como semitas, e não árias (N. do T.).

dores e veio trabalhar como criados, jardineiros, operários e soldados na comunidade do vale – porém retornando sempre para as montanhas quando encerravam a vida ativa.

A guarda de honra que escoltava os jovens viajantes era, pois, composta de homens dessa tribo das montanhas – altos e fortes, bastante inteligentes e totalmente confiáveis em termos de coragem e fidelidade. O capitão deles era Iota, um personagem que só aparece raramente em nossa história, e é geralmente mais ligado a Órion que a Alcyone. Outro membro da mesma tribo montanhesa era Boreas, que tivera a sorte de arranjar um emprego no palácio quando era um rapazinho, e um dia, em que foi mandado cuidar de Alcyone (então bem pequeno) enquanto este brincava, tomou-se de uma afeição tão forte pela criança que a partir dali não a deixou mais, cuidando sempre dela como sua parte nos deveres da casa – ao que ninguém objetou, pois liberava os outros criados dessa responsabilidade. Quando Alcyone cresceu, Boreas tornou-se seu criado pessoal, e nessa expedição à Arábia distante ele desempenhava essa função para ele e Mizar, a quem era quase tão devotado quanto a seu próprio amo.

O grupo dirigiu-se primeiro a Manoa, para prestar homenagens a Júpiter, e depois voltaram-se para Oeste, e jornadearam por longo tempo na direção do poente. Durante um bom tempo a rota percorreu sua própria terra, onde eram bem conhecidos e recebidos com honrarias; mas por fim atravessaram a fronteira da Pérsia, a cujo rei levavam uma mensagem do Manu, solicitando permissão para a passagem do exército através de suas terras, e indicando uma rota que poderia percorrer para causar a menor perturbação possível à vida da população. Tinham recursos também para tomar providências visando ao abastecimento do exército em diversos pontos da marcha; e tudo isso cumpriram com êxito, mandando notícias para o Manu por emissários que haviam trazido com essa finalidade. O rei da Pérsia os recebeu com amabilidade, e afirmou estar pronto a fazer tudo que estivesse a seu alcance para colaborar com os planos do Manu. Desejava que eles permanecessem alguns meses na capital, e prometeu-lhes todo o tipo de diversão; mas Alcyone, agradecendo a amabilidade, disse que tinham pressa em sua missão, e que tinha o dever de prosseguir tão rápido quanto possível. Então o rei ofereceu uma guarda de honra adicional para acompanhá-los até a fronteira sudeste de seu território, e escoltá-los através de uma parte do deserto que se dizia infestada de ladrões.

As Vidas de Alcyone

Quando os soldados persas os deixaram, estavam próximos das mal-definidas fronteiras da Arábia, e pouco depois encontraram um grupo de cavaleiros mal-encarados que pertenciam a uma das tribos árabes mais ao Norte. Conversaram com eles, e lhes ofereceram uma recompensa se os levassem à presença de seu líder, Ursa, o que eles fizeram; nossos embaixadores, então, ofereceram-lhe diversos presentes em nome do Manu, e tentaram explicar-lhes os desejos e intenções do grande líder. Ursa ficou indiferente; não via que vantagem poderia ter com aquelas incursões dos estrangeiros; observou que ele e seu povo estavam muito bem do jeito que viviam, e deu a entender que esse projeto lhe parecia uma tentativa de anexá-los, sob outro rótulo. Finalmente, acabou sendo convencido a prometer que não se oporia à passagem do Manu através de determinada porção de seu território; mas disse que não poderia comprometer-se com mais nada até ver como as coisas ficariam.

Os dois primos foram encontrando vários outros chefes, e de modo geral foram recebidos de forma hospitaleira e tratados como visitantes distintos; mas nenhum daqueles com quem falaram estava inclinado a aceitar sem reservas a idéia do ingresso dos estrangeiros e da união das tribos num império ou confederação. Isto é, nenhum dos chefes, mas alguns dos nobres vieram a eles em particular e admitiram francamente que havia condições para grandes melhorias, e que eles pessoalmente acolheriam qualquer projeto que os levasse a uma condição melhor, e os transformassem em uma grande nação, como a Pérsia e o Egito.

Alcyone enviava relatórios periódicos ao Manu, através das caravanas que cruzavam o deserto até a Pérsia, e dali por emissários da capital persa até Manoa. Assim, o Manu compreendeu claramente que a recepção por parte dos semicivilizados remanescentes de sua seleção original podia não ser aquela que desejava. Contudo, apressou os preparativos quanto possível, e em cerca de 18 meses o exército iniciou sua longa jornada. Marte, Corona e Theodoro o conduziram com êxito através de seu próprio território até a Pérsia, e o Manu o encontrou, conforme combinado, exatamente quando começava a ingressar no grande deserto. Havia iniciado cuidadosamente Aurora em sua tarefa, despedira-se solenemente do pai e da mãe e agora estava pronto para dedicar o resto de sua existência à arianização da Arábia.[5]

---

5 Não se pode perder de vista que aqui se trata da *formação de uma grande raça-*

Electra e Fides viajavam junto com o exército, sob os cuidados de Hércules; embora avançassem lentamente, alegravam-se bastante porque cada dia as levava para mais perto dos esposos que tanto amavam. Com eles seguia um magnífico grupo de crianças – cinco meninos, todos fisicamente perfeitos e belos, mas muito mais que isso, pois todos eles hoje fazem parte da mais alta hierarquia[6] e um deles é o próprio Bodhisattva, instrutor do anjos e dos homens. Brincando com eles e partilhando os cuidados que lhes eram prodigalizados, seguiam os três filhos de Marte e Hércules – que dessa vez não eram todos meninos: havia duas meninas na família do general, e eram um grupo muito alegre de estrelinhas, que se divertiam muito com a constante mudança de cenário; e a vida ao ar livre os mantinha animados e saudáveis.

Enquanto isso, Alcyone e Mizar, tendo passado meses na corte de vários chefes tribais, fazendo o possível para fazer amizade com os desconfiados líderes, tinham retornado à primeira tribo que encontraram ao chegar, e esperavam com impaciência a chegada do Manu. Quando por fim ele chegou, seu exército não foi reconhecido; algum estulto oficial local tomou seus homens por persas, chegou à conclusão de que a Pérsia, por razões desconhecidas, estava invadindo a Arábia, e imediatamente mandou uma tropa de cavalaria para atacá-los. O Manu rechaçou-os sem dificuldade, e fez prisioneiros alguns dos oficiais; enviou-os então para explicar a seu chefe quem era ele, e pedir um encontro entre ambos. Ursa ficou irado com o contratempo, alarmado com o que ouviu sobre o tamanho e a magnífica aparência do exército, e inicialmente se recusou a ir, temendo uma armadilha. Alcyone fez tudo que pôde para tranqüilizá-lo, e finalmente o persuadiu a ir com ele ao encontro do irmão. Naquele estado de espírito desconfiado, levou muito tempo para convencer o chefe de que não pretendiam nenhuma agressão contra ele, que ficou naturalmente confuso com a presença de um exército tão formidável dentro de seu território. Alcyone, que já estava o suficiente ali para saber que esses pequenos chefes viviam constantemente em rixa uns com os outros, observou a ele que, se oferecesse hospitalidade ao exército

---

raiz, no caso a quinta raça, para a qual os dirigentes planetários aproveitam, como sempre, os recursos já preparados no planeta; não tem absolutamente nada a ver com pretensões racistas de integrantes da futura sub-raça a que hoje se costuma dar o nome de "raça branca" ou "ariana", que é na verdade a quinta sub-raça do grande tronco original (N. do T.).

6 A hierarquia do governo interno do planeta, da Grande Fraternidade Branca (N. do T.).

estrangeiro, ficaria protegido de ataques, e essa consideração evidentemente pesou; ele, por fim, decidiu fazer o que pudesse, e atravessou as montanhas com o Manu para lhe mostrar um extenso e desolado vale que decidiu colocar a seu dispor.

O Manu aceitou de imediato, e dirigiu-se para lá com o seu povo; e em poucos dias eles já tinham conseguido mudar bastante a aparência do local. Eles sabiam como recuperar um vale, e Corona e Alcyone estavam inteiramente à vontade nisso; tinham a seu dispor todo tipo de recursos com que os árabes nunca tinham sonhado, e dentro de um ano tinham transformado o deserto num jardim florescente. Assim que garantiram as colheitas necessárias para a comunidade, começaram a fazer no vale uma reprodução do seu amado lar que ficara distante. Naturalmente, as árvores cresciam devagar, e o clima era muito diferente; mas não demorou muito para se ver que aquele lugar estéril iria em breve se tornar um paraíso.

Vendo o notável progresso realizado, Ursa começou a lançar olhares cobiçosos para seu vale metamorfoseado. Seu filho mais velho, Pólux, uma criatura indolente e dissoluta, ficava insistindo com ele para que o invadisse e massacrasse os estrangeiros; mas ele sabia que isso, mesmo com a vantagem do ataque à traição, seria superior às suas forças. Ursa tinha uma velha rixa com Lacey, o chefe de uma tribo vizinha; e seu segundo filho, Tripos, o aconselhou a persuadir o Manu a atacar esse velho inimigo, observando que, quem quer que vencesse, a batalha acabaria favorecendo-o; se Lacey derrotasse o Manu, seria fácil vencer os abatidos remanescentes de seu exército. Mas, para desgosto deles, o Manu não aceitou a astuciosa sugestão; disse que se Ursa fosse atacado, o defenderia, mas que não via motivo para interferir em outra tribo que estava vivendo em paz.

Tripos então deu outra sugestão: que seu pai enviasse em segredo um representante a seu velho inimigo Lacey, para convencê-lo, com a promessa de uma rica pilhagem, a se unir a ele para exterminarem o odiado estrangeiro. Lacey aceitou, pensando que depois de vencerem provavelmente teria oportunidade de voltar-se contra Ursa e liquidar suas tropas, ou talvez pudesse, durante a luta, traí-lo e passar para o lado do Manu. Esses planos fracassaram porque o Manu, que ficou sabendo da conspiração, estava preparado: quando o atacaram, destruiu o exército dos dois, e como ambos os chefes foram mortos na batalha, proclamou-se governante de seus dois territórios. Pólux também foi morto, mas Tripos foi feito prisioneiro, assim como Capri, o filho de Lacey. Então o Manu chamou esses dois jovens, e declarou com firmeza que os dias de hostilidade feroz e anarquia tinham terminado, mas que se quisessem aceitar, sob seu governo, a condição de administradores de suas respectivas nações, lhes daria essa oportunidade. Humilhados e aterrorizados, ficaram perplexos com a clemência do vencedor, e aceitaram o oferecimento de incrível generosidade, receosos e tremendo. Aprenderam um pouco dos métodos do Manu, e por um bom tempo desempenharam bem a tarefa; mas nunca puderam superar sua tendência inata para a deslealdade. Quando foram descobertos num complô extremamente vil para assassinar o Manu e retomar o governo para si, este decidiu que era inútil continuar tentando, e os baniu de seus domínios. Eles foram refugiar-se junto de Alastor, o fanático líder religioso do Sul da Arábia.

Enquanto isso, o Manu consolidava o seu reino, e aos poucos ensinou a seu povo que a honestidade é o que funciona melhor, e que um governo justo é, a longo prazo, o mais vantajoso para todos.

A formação de um Estado forte e organizado como esse naturalmente atraiu muitas atenções na Arábia. Baseados na desconfiança inata dos estrangeiros, vários chefes vizinhos tentaram incursões no território do Manu; mas a rapidez e a eficiência com que foram vencidos aos poucos fizeram essas cabeças duras aprenderem que às vezes é melhor cuidar da própria vida. Na verdade, essas fracassadas tentativas geralmente terminavam com a anexação da tribo que atacava, a qual, depois que sua violência era contida e que adquiria alguns princípios elementares de lei e ordem, invariavelmente descobria que sua anexação tinha sido eminentemente benéfica, e em seguida começava a progredir de forma notável. Outras tribos contemplavam isso de fora com inveja, e alguns de seus líderes foram suficientemente sábios para submeter-se voluntariamente ao Manu, e nesse caso ele sempre os aceitava como suseranos, incorporava a tribo a seu império, mas conservava o chefe como vice-rei com plenos poderes. Indicava um membro de sua equipe para ser uma espécie de conselheiro político, ficando ali e mostrando o que deveria ser feito e como fazê-lo. Dessa forma, gradualmente, todo o planalto central da Arábia acabou pertencendo ao Manu, e a metade norte da costa também. Contudo, a pregação fanática de Alastor mantinha os árabes do Sul unidos na resistência à nova e nobre influência do Manu, e assim permaneceram por mais alguns séculos na sua velha condição semicivilizada de agitação sem lei.

As Vidas de Alcyone

49

A obra de arianização era feita gradualmente e com grande cuidado. Aqueles dos nossos personagens que pertenciam ao exército do Manu, eram praticamente todos jovens e casados, e quando, anos depois, os filhos deles cresceram, quase que invariavelmente casaram-se dentro da própria raça. Somente os netos dos imigrantes iniciais foram encorajados a casar com os árabes – havia uma geração de viúvas entre estes. Mas apenas sete de nossos personagens estavam entre os jovens solteiros que assim fizeram – Bootes, Vale, Able, Apis, Pomo, Laxa e Zephir.

Pode-se imaginar a felicidade de Alcyone e Mizar ao reencontrarem as mulheres e filhos, após dois anos de separação. Com o passar dos anos, mais três filhos e três filhas vieram acrescentar-se à família de Alcyone, sendo o primeiro deles Mercúrio, que é seu atual mestre. A família de Mizar aumentou de forma idêntica, e mais tarde todos cresceram e se casaram e tiveram suas próprias plantações de oliveiras. O Manu deu a todos os seus irmãos e primos províncias para governar sob sua direção, e também a Ajax, que casara com sua irmã Vega. Isso os ocupava intensamente, obrigando-os a viverem longe uns dos outros, o que lamentavam bastante, pois sempre tinham vivido próximos, mas sempre davam um jeito de encontrar-se com freqüência, e seus filhos faziam longas visitas uns aos outros.

Alcyone tomara parte em várias das pequenas guerras, e mais de uma vez se distinguira nas batalhas; mas à medida que o tempo passava, as guerras foram rareando, e o trabalho de reconstrução e administração exigia cada vez mais todo seu tempo e atenção. Assim anos se passaram, laboriosos mas de certo modo sem grandes acontecimentos, com uma sucessão de incidentes diversos e interessantes para os que deles participaram, mas sem nada de especial a salientar.

Um acontecimento que se destacou entre todos, na sua lembrança, foi uma visita do Mahaguru, que permaneceu por algum tempo na Arábia em seu trajeto para o Leste, depois de aparecer como Thot ou Hermes no Egito. Tinha passado alguns anos naquele grande império (que era então atlante, e estava no seu apogeu), ensinando aos sacerdotes e ao povo sobre os mistérios da Luz Oculta e do Trabalho Oculto, e explicando como essas grandes verdades se achavam simbolizadas em sua religião ancestral. Um resumo de seus ensinamentos de então se encontra em *Man: whence, how and whiter*.[7] E foi isso que ele repetiu ao atravessar uma após outra as províncias do reino árabe do Manu.

7 Páginas 284 a 287 do original. (N. do T.).

Entre todos que escutaram seu extraordinário ensinamento ninguém o absorveu com maior sinceridade que Alcyone e sua família. Mais do que a todos, causou impressão a seu terceiro filho, Surya, que era bem jovem; tocou-lhe a alma de tal modo que ele se dirigiu aos pais e pediu permissão para dedicar sua vida a isso, e seguir o Mahaguru aonde quer que fosse, servindo-o para sempre. Eles reconheceram o chamado divino, e prontamente concordaram; mas quando foram juntos falar com o Mahaguru, este sorriu e disse que não necessitava desse serviço pessoal, mas que Surya era realmente sábio ao querer dedicar sua vida a difundir a verdade, já que obtivera o direito a isso por serviços prestados em longínquas eras, cuja lembrança estava temporariamente apagada pelo véu da matéria. Levou-o então ao Manu, e pediu que ele, embora bem jovem, fosse nomeado sumo sacerdote, naquela terra, da nova religião que ele fundara. O Manu concordou imediatamente, e assim sucedeu que, no sacerdócio que se iniciou, a família de Alcyone teve um papel importante.

O próprio Alcyone, com o consentimento do Manu, entregou a direção de sua província nas mãos do filho mais velho, Viraj, um jovem muito capaz e ativo, e ingressou com entusiasmo no sacerdócio, feliz de prestar serviço sob a direção de seu talentoso filho Surya, através de quem o Mahaguru podia comunicar-se, mesmo estando fisicamente longe. Outros três filhos mais moços de Alcyone – Mercúrio, Sirius e Selene – sentiram o mesmo despertar da chama sagrada, e votaram-se solenemente ao seu serviço. Embora fossem bem jovens – Selene tinha apenas 16 anos – o Mahaguru aceitou seu compromisso sincero, pois conhecia seu passado e futuro, e aquele que lê nos corações do homens sabe bem em quem pode confiar. Assim, ordenou-os sacerdotes numa solene cerimônia, diante de todo o povo; e a multidão os aclamou com alegria.

Antes de deixar o país, o Mahaguru foi um dia à casa de Alcyone, reuniu este e os quatro filhos sacerdotes, e deu-lhes sua bênção de despedida, falando palavras que nenhum deles esqueceu. Voltando-se primeiro para Surya, e depois para os demais, disse:

– Salve, meu irmão de muitas eras! Meus futuros irmãos; vocês irão difundir o amor e a sabedoria divinos pelo mundo, de oceano a oceano. Muitos e grandes serão suas dificuldades e testes; porém maior ainda sua recompensa; milhares de anos devem labutar, preparando-se para a tarefa que poucos podem assumir, mas quando estiver concluída brilharão como as estrelas no firmamento, pois terão a bênção que é daqueles que conduzem a muitos para o caminho reto. Existe uma dinastia espiritual cujo trono nunca fica vago, cujo esplendor nunca diminui; seus membros formam uma corrente dourada cujos elos não podem ser jamais separados, pois eles fazem o mundo retornar a Deus, de quem ele veio. Para isso caminham, meus irmãos no Glorioso Mistério, pois através de vocês a Luz vai brilhar. Cada vez mais a Luz Oculta se tornará manifesta; cada vez mais o Trabalho Oculto será feito abertamente e compreendido pelos homens; e suas serão as mãos que levantarão o véu, e suas as vozes que proclamarão as alegres novas ao mundo. Portadores da liberdade, da luz e da alegria serão, e seus nomes serão benditos aos ouvidos de gerações ainda não nascidas. Adeus: não me verão mais neste corpo, mas não esqueçam de que em espírito estaremos sempre juntos.

Assim os deixou, e seguiu para Shamballa, não sendo visto mais pelos homens até que, 10 mil anos mais tarde, seus cinco sacerdotes o encontraram novamente, para aprender dele as mesmas grandes verdades sob nova forma, e passá-las para uma nova sub-raça. Mas Alcyone e seus filhos nunca o esqueceram, e muitas vezes tinham consciência de sua presença entre eles, quando transmitiam seus ensinamentos para o povo.

Assim, a vida de Alcyone, que começara na guerra e na diplomacia, terminou no serviço religioso; tinha 46 anos quando o Mahaguru os deixou, e depois disso ensinou por mais 30 anos. Sua mulher Electra morreu no mesmo ano que ele, conservando até idade avançada o ar distinto e a maravilhosa beleza. Alguns meses depois, Mizar e Fides também partiram. Desse grupo pode-se dizer, como de Saul e Jonas, que foram "cheios de graça e amáveis em sua vida, e na morte não se separaram".

Vida VI
(38000 a.C. – África)

Dois mil anos mais tarde, Alcyone ainda se encontrava na mesma sub-raça, mas desta vez num corpo feminino e em local completamente diferente. O império árabe havia se expandido em muitas direções; na verdade, exceto por uma faixa de território atlante na costa Oeste, a Arábia e o Egito praticamente dividiam entre eles o continente africano. Marte havia levado suas conquistas ao Sul até o rio Waal, e construíra ali um império para si, e para lá os árabes, que já eram uma superpopulação no território original, se dirigiam em número sempre crescente. Esse trabalho de criar um novo Estado é bastante típico de nosso Grupo de Servidores, e como eles sempre se reúnem em torno de Marte e Mercúrio, ambos encarnados nessa época e lugar, não é de se admirar que apenas alguns deles estivessem ausentes.

Nosso herói, Alcyone, era a filha mais velha de Hércules, que já governava uma província. Mercúrio era a irmã do imperador, casada com Dhruva, que à época era o sumo sacerdote e ministro da educação – uma posição de grande poder e importância, pois a tradição do posto conferido a Surya pelo Mahaguru (relatado no capítulo anterior) ainda continuava, e embora os sacerdotes não exercessem um papel direto no governo, sua autoridade em certos casos era suprema. Por exemplo: cabia a eles escolher o herdeiro do trono, e essa escolha nem sempre recaía no primogênito do monarca reinante, como se verá depois.

O Rei Marte e seu povo rapidamente construíram cidades e templos para si e introduziram em seu novo país todas as artes de sua civilização, de forma muito semelhante ao que acontecera na Arábia dois mil anos antes; mas não foi possível arianizar a população local. Os habitantes que os recémchegados encontraram eram de tribos negras descendentes de diversos ramos. Milhares de anos antes, eram lemurianos puros, mas tinham se misturado bastante com a sub-raça rmohal[8] e como a região tinha sido em certo momento conquistada pelos tlavatlis,[9] também havia uma pequena mistura desse sangue entre os chefes. Marte permitiu um certo número de casamentos interraciais, como experiência – na verdade, nunca os proibiu, realmente; mas os orgulhosos árabes não se misturaram. Alguns dos brancos (pois os árabes arianos eram quase brancos) casaram-se com mulheres negras, e entre eles notamos Phocea e Sirona, mas seus filhos mulatos constituíam praticamente uma raça separada. Alguns deles acabaram sendo absorvidos na classe dirigente, e introduziram nela algumas novas e curiosas características; outros casaram-se com negros e identificaram-se com essa população; mas a maioria ficou separada, casando-se entre si, e habitando à parte, como uma comunidade separada – e que, depois de séculos, transformou-se numa nação que ocupava um território próprio, e teve uma

---

8 Sub-raça da atlante, a quarta raça-raiz (N. do T.).
9 Idem (N. do T.).

longa e variada história que não vem ao caso agora.

Note-se, porém, que a arianização da raça local não tinha sido encorajada e recomendada como no caso da Arábia; embora um casamento misto em especial, feito por razões políticas, tenha tido influência na vida de alguns de nossos personagens principais, como se verá a seguir.

* * *

A religião da tribo negra era incomum: consistia na adoração de uma misteriosa deidade feminina, que diziam habitar um alto rochedo que se enxergava a quilômetros de distância. O sopé dele era cercado por uma floresta quase impenetrável, na qual diziam habitar (que dúvida!) todo tipo de temíveis demônios, mas não havia informações concretas, porque nenhum deles se atrevia a penetrar nas escuras e lúgubres clareiras. Dizia a tradição que, em vários casos, caçadores audazes tinham penetrado nos limites da floresta perseguindo animais, e nunca tinham retornado. Acreditavam que apenas o sumo sacerdote da deusa podia chegar incólume ao rochedo através de um caminho secreto, mantido em segredo por ele. E mesmo o sacerdote só devia ir em ocasiões determinadas, para fazer uma oferenda especial; era sabido que se não cumprisse o terrível compromisso ou não levasse a oferenda, perderia a vida. No dia da lua cheia, ele devia comparecer diante da tremenda divindade, acompanhado de um homem jovem e belo, destinado à duvidosa honra de casar com a deusa. O que acontecia então ninguém sabia, salvo o sacerdote, cujos lábios eram selados por um terrível juramento; mas a cada mês ele voltava sozinho, num estado de terror pânico, e nunca mais se ouvia nada dos noivos.

Havia um boato de que muitos anos antes, três jovens temerários, de temperamento audacioso e cético, amigos do noivo escolhido naquela ocasião, tinham ousado seguir em segredo o sacerdote e a vítima, à distância. Dois tinham voltado, ao que se dizia: um, dementado e com a fala enrolada, e que sobreviveu assim por muitos anos; o outro, exangue, totalmente exaurido de energias, nunca mais levantou a cabeça e morreu alguns dias depois. A história que esse último contou era horrível.

Os três imprudentes tinham seguido o sacerdote através da mata, vendo e ouvindo muita coisa que os apavorou, mas continuando com persistência até que o sacerdote e o amigo deles atingiram o sopé do rochedo. Então – contou o narrador, tremendo – os dois subiram até uma espécie de plataforma natural, além da qual o precipício se curvava em forma de ferradura. Ele, que observava, permaneceu embaixo, oculto por uma árvore, pois a claridade da luz cheia iluminava a plataforma, e tudo que havia ali era perfeitamente visível.

Então o sumo sacerdote iniciou um estranho canto selvagem de evocação; e de repente, enquanto cantava, surgiu uma enorme abertura na rocha, e uma horda de demônios saiu – criaturas que pareciam anões ou macacos horríveis, indescritivelmente tortos e horrendos, parecendo diabolicamente odientos, desesperados e com sede de vingança. Essas criaturas pavorosas cercaram o sacerdote e a vítima, querendo saltar sobre eles e dilacerá-los; mas o sacerdote os repeliu brutalmente com um gesto autoritário, e ergueu seu canto novamente. E de súbito, na larga abertura que se fizera de forma tão misteriosa no rochedo, apareceu uma enorme figura feminina nua; ao vê-la, o sacerdote e seu companheiro caíram de rostos no chão, enquanto a forma demoníaca dançava em torno deles com estranha e diabólica alegria.

A aterrorizada testemunha descreveu a figura da deusa como de estatura muito maior que a humana, mas bela, de uma beleza terrível e sombria que não era terrestre; e dizia emocionado que dentro daquele horror todo o pior era que, embora estivesse possuído de um terror como jamais experimentara, sentia-se ao mesmo tempo *atraído* para ela, de tal forma que se suas pernas não tivessem se recusado totalmente a obedecer à sua vontade, teria se arrastado até o pés da terrível figura, embora soubesse muito bem que ser descoberto significaria algo pior do que a morte.

Finalmente o sacerdote e o noivo se ergueram, e um sorriso sedutor e terrível surgiu no rosto da gigantesca figura, e ela estendeu os braços para o condenado, que caminhou devagar para ela, andando como em transe. Quando chegou a seu alcance, ela inclinou-se e o ergueu nos braços – ergueu facilmente o homem grande e forte, como se ergue um gatinho, e, voltando-se com ele, desapareceu nas trevas. Os demônios correram em tumulto atrás dela, e de repente o rochedo era apenas, de novo, uma parede lisa à luz do luar, e o sacerdote descia cambaleante da plataforma, como embriagado. Estava tão tomado pelo próprio pavor que não viu o rapaz escondido, embora passasse perto deles.

Os três o seguiram na carreira de volta pela floresta assombrada, do jeito que puderam. Mas a certa altura o perderam de vista, na escuridão, e perderam o rumo, caindo em um poço de

As Vidas de Alcyone

lama que parecia sem fundo, do qual apenas dois escaparam, com a maior dificuldade e após exaustivos esforços. A essa altura, já estavam perto da orla da floresta, e de algum modo os sobreviventes conseguiram sair dela, e voltar para casa; mas o único que conseguia falar disse que seria melhor se tivessem morrido no lamaçal. E quando o sumo sacerdote soube da história, deu um sorriso ameaçador, e disse que aqueles que tocassem os mistérios da deusa não escapariam de sua vingança.

Essa era a tradição conservada na tribo, e pode-se imaginar facilmente como essa história afetava a mente de um grupo de criaturas supersticiosas. Essa terrível religião era cercada de tanto mistério que só depois de muito tempo a nova raça governante ficou sabendo de algo concreto a respeito. Como os membros da tribo sempre faziam uma reverência na direção do rochedo toda vez que o enxergavam, imaginaram de início que o adoravam, e depois que o consideravam como o trono ou símbolo de alguma divindade. Porém a existência da suposta deusa e os sacrifícios periodicamente oferecidos a ela continuavam ignorados. O modo como o descobriram, e o que aconteceu em conseqüência, será visto no desenrolar de nossa história.

Para que se possa compreendê-la, precisamos antes descrever outro aspecto desse repulsivo culto – os benefícios que o povo acreditava receber de sua promíscua deusa poliândrica, em recompensa pelo pesado tributo de sacrifícios exigido por ela. Uma horrenda faceta da desagradável impressão que ela produzia em qualquer pessoa que pretendesse tê-la visto, além de seus sacerdotes, era o poder fatal daquela irresistível atração – aparentemente de natureza magnética. Dizia-se que ela podia conferir esse poder a seus devotos; que seus sacerdotes o possuíam em razão de seu ofício, e que o podiam conceder a outros se o quisessem – por alguma recompensa, é claro! Podia ser usado em pequena escala em coisas da vida quotidiana, ou em larga escala em assuntos da nação; por meio dele, um jovem guerreiro poderia obter o afeto da mulher que quisesse, um mercador poderia influenciar a mente do comprador para impor seu preço pelas mercadorias e um homem ao combater outro podia tornar o inimigo indefeso. Esse poder pode ser definido como um controle mesmérico transmissível, e através dele sem dúvida os sacerdotes conseguiram enriquecer consideravelmente.[10]

10 A tribo era originalmente lemuriana, e deve-se recordar que a tragédia dos últimos tempos da Lemúria foi a magia negra, cuja tradição naturalmente impregnou os remanescentes; pela seqüência da história, veremos que tem tudo a ver com isso. O fato de utilizar forças hipnóticas – ou de qualquer outro tipo – para se impor à

* * *

Marte e Dhruva tinham decidido não interferir de nenhum modo na religião da tribo negra. Iriam dar-lhes a oportunidade de falar amplamente da verdade, mas não despertariam oposições parecendo que os estavam forçando a ouvir. Sua orientação geral era de conciliação em todos os sentidos, e embora insistissem num governo justo e adequado, e mantivessem o poder de fato em suas mãos, deixavam aos chefes e aos sacerdotes negros toda a pompa e aparato exterior que desejassem. O chefe naquela época não é um de nossos personagens, mas seus dois filhos nos aparecem como Markab e Scorpio.

Quando o segundo ainda era pequeno, a atenção dos conquistadores foi atraída para aquela curiosa hipnose religiosa. O velho chefe desejava que seu filho mais velho, Markab, pudesse dar uma demonstração de grandeza como a sua, e para garantir sua posição, aconselhou-o a procurar uma esposa entre a classe dirigente. Chegou a dizer a Marte que seria uma combinação adequada Markab desposar Alcyone, que era então uma bela jovem de 14 anos. Marte declinou desse ingênuo oferecimento, e Markab consolou-se como o afeto de Abel, uma bela jovem árabe, de uma classe muito mais baixa. Desse casamento por razões políticas nasceu Pólux, que veio a causar muitos problemas mais tarde.

Com o louvável objetivo de concentrar em sua família todo o poder que estivesse a seu alcance, o velho chefe negociou com o sumo sacerdote, que não tinha filhos, para que seu segundo filho, Scorpio, o sucedesse na importante função; e em conseqüência, o rapaz estava recebendo a preparação necessária. O jovem Scorpio, assim como seu irmão mais velho, tinha pretensões quanto à bela Alcyone; e embora soubesse bem que nunca poderia obter legitimamente sua mão, achou que poderia colocá-la sob seu poder usando aquelas forças singulares que estava aprendendo a utilizar. Com esse objetivo, conseguiu ter acesso a ela, e praticou a impura arte da fascinação sobre ela – e teve algum efeito, porque ela se viu pensando constantemente nele, com um estranho misto de aversão e de incompreensível atração. Comentou isso com seu primo e camarada Sirius, que se tornara seu escudeiro e protetor; a gentil Alcyone achava que devia haver algo bom nele que causasse aquela meia atração.

Entretanto, a sua caridosa interpretação foi desfeita pelo

vontade de alguém e lograr vantagens configura inequivocamente um ato de magia negra (N. do T.).

As Vidas de Alcyone

que aconteceu dias depois. Encontrando Alcyone em uma parte deserta de um grande jardim junto do palácio, Scorpio usou toda a intensidade de seu semi-adquirido poder hipnótico, e tentou forçá-la a se submeter a seus abraços. Emoções até então desconhecidas começaram a se agitar dentro dela; embora experimentasse um forte sentimento de cólera e ultraje, não conseguia mover-se do lugar, e de certa forma uma parte dela não queria se mover. Felizmente, o fiel Sirius (que ficara por ali devido a uma tarefa a fazer para seu pai) a estava procurando, e chegou apressado exatamente quando Scorpio, com lascívia flamejando no olhar, estava prestes a tomar nos braços a figura submissa de Alcyone. Sirius jogou-o por terra, e voltou-se severamente para Alcyone, indagando como podia deixar uma criatura assim aproximar-se dela. Hesitante, ela explicou como sentira intensa repugnância dele, e ao mesmo tempo não conseguia se mover enquanto os olhos dele fitavam os seus; como uma odiosa fascinação fizera uma parte dela lutar com a outra, e como os olhos em fogo dele a tinham conspurcado e feito até sua alma sentir-se impura. Sirius, ouvindo isso, encolerizado, saiu de novo atrás do culpado, que se fora mancando e lançando imprecações; vendo que Sirius se aproximava, e percebendo que sua ira era perigosa, jogou-se no rio que atravessava o parque e escapou nadando para o outro lado. Sirius, tendo dito energicamente ao derrotado rapaz as coisas desagradáveis que faria com ele se jamais o pegasse por ali outra vez, voltou para consolar Alcyone.

Falaram exaustivamente do ocorrido, e como não sabiam absolutamente nada sobre hipnotismo, chegaram à conclusão de que devia se tratar de alguma terrível mágica aborígine, e Sirius levou imediatamente a perturbada Alcyone para a mãe dele, Mercúrio, que entendia desses assuntos. Ela ouviu a história, ficou solidária com a indignação deles, e tranqüilizou-os dizendo que já ouvira falar desse tipo de magia, e que o poder do olho, como o chamou, podia ser usado tanto para o bem como para o mal, embora os sacerdotes da Luz o usassem muito raramente, entendendo que não era correto anular a vontade de uma pessoa, mesmo com um fim nobre. Ensinou a Alcyone uma palavra sagrada que, repetida, poderia anular o encantamento, se Scorpio viesse a tentar outra vez. Sirius replicou calmamente que não achava que Scorpio o tentaria novamente, mas que se o fizesse, ele, Sirius, cuidaria dele de tal modo que não iria mais fazer encantamentos naquela encarnação. Mercúrio sorriu enigmaticamente, e despediu os dois reconfortados.

Sirius tinha razão: Scorpio aprendera a lição, e não fez mais nenhum avanço contra Alcyone. Alguns anos depois ele desposou Hesper, uma moça de sua raça, e acabou tornando-se sumo sacerdote, como seu astuto pai tinha pretendido.

Esse foi o primeiro acontecimento que atraiu a atenção da raça dirigente para os misteriosos poderes associados à religião da tribo negra; mas o assunto não foi analisado seriamente. Foi um acontecimento parecido, na mesma família, ocorrido 20 anos depois, que provocou uma investigação que resultou na descoberta de todo o iníquo assunto, e na derrocada do obsceno culto que tinha desgraçado o país por tanto tempo.

Como se esperaria, Sirius e Alcyone casaram-se mais tarde, e parecerá natural aos estudantes da reencarnação que Mizar fosse o seu primogênito, e Electra a filha mais velha, e que todos fossem unidos por laços de afeto incomuns. Outros filhos se seguiram, todos eles personagens bem conhecidos, e amados em vidas anteriores e futuras, tão caros agora como o foram então, embora alguns tenham alcançado a outra margem e detenham altas funções entre Aqueles que governam o mundo.

Mencionamos que Markab, o chefe da tribo negra, tinha desposado Abel; teve quatro filhos mulatos – dois meninos, Pólux e Tripos, irmãos novamente como já tinham sido dois mil anos antes na Arábia, e com muito das mesmas inclinações, e duas meninas, Alastor e Cetus, menos rudes em todos os sentidos que seus parentes masculinos.

* * *

Electra, desde criança, era famosa em todo o país por sua extraordinária beleza, e Pólux, sendo muito parecido com o que fora na Arábia, inflamou-se com o desejo de possuí-la para si. Sendo o filho mais velho do chefe, tinha o costume de tomar tudo que desejava, e pensou que nesse caso também bastava querer para obter, e ficou muito surpreso e aborrecido quando sua proposta foi polida mas definitivamente rejeitada, pois era uma verdadeira criança mimada, e não suportava ser contrariado ou que lhe negassem algo; assim, ficou de mau humor e martirizou-se até que realmente adoeceu com o desejo insatisfeito.

Markab amava realmente o filho mais velho, e considerava as suas ostensivas falhas de caráter um apanágio adequado de sua posição; também nunca perdoara Marte e Alcyone por terem rejeitado sua proposta de casamento com esta, assim como Scorpio não esquecera a amarga experiência que sofrera com o jovem Sirius. Portanto, essas honradas criaturas uniram-se e decidiram que não podiam deixar Pólux sofrendo de paixão, e que Electra devia ser raptada para ele – com isso, não só aliviando-lhe o sofrimento, mas também pagando velhas contas e satisfazendo um velho e ardente ódio.

Escolheram para concretizar seu plano nefando uma ocasião em que Sirius e Alcyone estavam longe de casa por um dia ou dois, atendendo aos deveres do sacerdócio em outra cidade. Com um bilhete forjado, fingindo ser de uma amiga, atraíram facilmente Electra, que de nada suspeitava, para fora da segurança de sua casa; Scorpio foi ao seu encontro exatamente onde outrora havia encontrado com sua mãe, e com o poder concentrado que possuía, após anos de prática, dominou a vontade dela e a induziu a acompanhá-lo sem resistência à casa de Markab. Ela nunca soubera da tentativa de Scorpio contra sua mãe, contudo instintivamente não gostava desse homem, temendo-o até; mas disse mais tarde que não teve escolha senão ir com ele – que (como sua mãe dissera) uma parte dela queria ir, enquanto a outra protestava com veemência. De qualquer forma, foi, e enquanto caminhavam Scorpio usou todas as suas artes para aumentar o poder sobre ela, levando na mão um talismã que usava e com ele invocando a deusa terrível para que lhe enviasse seu poder; recebeu em resposta um intenso cheiro de musgo, que era sempre um sinal da atenção e aprovação dela.

Electra o seguiu docilmente até a casa de Markab, e lá, para garantir sua total submissão, administrou-lhe uma poção bem conhecida em várias tribos, uma mistura de alguns repulsivos venenos secretos que anulavam a vontade, enfraquecendo e por fim destruindo a memória.

Tendo feito isso, trancou-a com segurança num dos quartos, enquanto ia chamar Pólux, que estava de cama, enfermo e febril por causa de seus desejos contrariados. As notícias que lhe deu o tio produziram uma cura imediata; ergueu-se rapidamente e começou a vestir-se com cuidado, para causar uma impressão favorável em sua vítima. Mas quando, ao completar a toalete, dirigiu-se apressado para o aposento onde esperava encontrar sua amada esperando por ele, a porta estava aberta e o pássaro fugira!

Foi uma surpresa que abalou os três vilões, pois sabiam muito bem que apenas a poção, para não falar da hipnose, impossibilitaria a vítima de fugir por si só; devia ter sido levada por alguém, mas por quem? Começaram a ficar extremamente amedrontados, porque isso lhes parecia sobrenatural; e mesmo que houvesse alguma explicação natural, não melhoraria nada, pois implicava a descoberta da vilania e uma terrível vingança dos árabes ultrajados.

Deixando-os um pouco em sua conversa apavorada, expliquemos o que tinha realmente acontecido. Um dos criados do chefe Markab era nosso velho conhecido, Boreas; ele vira Alcyone em diversas ocasiões, e tinha uma grande admiração por ela. Em função disso, tinha ido pesquisar a religião da Luz, e secretamente aderira a ela. Conhecia muito da depravação de seu amo e do execrável Scorpio; e quando viu este trazendo a jovem Electra para a infame moradia, suspeitou imediatamente de uma inimaginável torpeza. Bastou um olhar para o rosto dela para ver que estava sob o que chamaria de influência mágica, e decidiu imediatamente, por Alcyone, salvar sua filha de qualquer plano diabólico que se tramasse em torno dela. Assim que Scorpio foi para o quarto de Pólux, Boreas abriu a porta que acabara de fechar, e foi direto a Electra, que ergueu um rosto pálido e confuso para ele.

– Senhora – disse ele, grave e respeitosamente –, sou seu amigo, e vim salvá-la dos malvados; peço-lhe que volte comigo para casa imediatamente.

Mas ela não podia entendê-lo claramente, e apenas respondeu: – Como posso ir? Ele me mandou esperar aqui por ele.

Não havia tempo para discutir; pedindo que o desculpasse, ele a ergueu nos braços e carregou-a rapidamente para o jardim, e por um caminho secundário e através de alguns alpendres, para uma saída.

– Senhora – disse ele –, está correndo grande perigo; confie em mim, venha comigo, e eu a salvarei. Não posso carregá-la lá fora sem atrair muita atenção; precisa caminhar junto comigo, e eu a ajudarei.

Ela obedeceu automaticamente, porque a poção havia dissipado o efeito da ação hipnótica, mas também a enfraquecera fisicamente, e por isso caminhava em passos hesitantes. Ele a apressou a caminhar o mais que pôde, amparando-a e guiando-a, até que se achou fora do alcance imediato de uma perseguição; só então permitiu que ela caminhasse mais devagar. Sua intenção era conduzi-la de novo para casa sem ser notada, se possível; pois dava-se conta de que seu rapto por Scorpio e sua presença sozinha em uma casa de má reputação não deveriam ser levados ao conhecimento geral, até que tivesse explicado tudo a Alcyone e soubesse de sua vontade a respeito do caso. Portanto tomou um caminho menos freqüentado, e teve sorte de escapar quase totalmente sem problemas.

Chegando à casa de Sirius, pediu imediatamente para ver Alcyone, e ficou profundamente desapontado ao saber que ela e Sirius estavam ausentes; hesitou um instante e depois pediu para ver Mizar. Este ficou estarrecido ao ver a pálida e assustada face da irmã, e ainda mais ao ver que ela não podia falar normalmente: nem parecia entender o que ele dizia. Pediu explicações a Boreas, que contou tudo o que sabia, e finalmente rogou que lhe permitissem ficar como criado na casa de Sirius, pois nunca mais poderia voltar para a de Markab. Assegurando-lhe sua proteção, Mizar o fez repetir cuidadosamente o relato do que acontecera, e com algumas perguntas gentis e delicadas à pobre Electra tirou dela o suficiente para compreender a situação. Mandou chamar então sua irmã Fides e Saturno, deixou Electra sob seus cuidados e pediu que a colocassem na cama, se possível a dormir; então dirigiu-se com violenta ira à casa de Markab.

Lá chegando, entrou sem cerimônia ou hesitação, e achou os três velhacos assustados ainda numa medrosa conversa. Ele era pouco mais que um menino, mas era filho da raça dirigente, e manifestou sua opinião sobre o sumo sacerdote nos mais severos e desairosos termos. Não deu a menor atenção ao alardeado poder mesmérico do sacerdote, que na verdade estava com a mente tão perturbada que não conseguiria usá-lo. Concluiu sua acusação dizendo:

– Sabem muito bem que eu só preciso ir a meu avô, o rei, e contar essa história, e dentro de uma hora vocês estarão na prisão, de onde não sairão vivos; e sabem bem que é a sorte que merecem. Mas se fizesse isso, seu crime e a infelicidade de minha irmã seriam conhecidos de todo o reino, e não desejo que isso aconteça. Minha mãe está ausente; se ao voltar encontrar minha irmã nesse estado, ficará perturbada, e não quero isso. Portanto, em vez de entregá-los à justiça, concordarei em não denunciá-los com uma condição: que vão imediatamente retirar seu encantamento diabólico da mente de minha irmã, fazendo-a voltar ao estado normal. Se não fizeram isso, podem estar certos de que morrerão.

Markab de imediato respirou mais aliviado, e deu-se pressa em concordar, mas Scorpio ficou ainda mais perturbado e disse:

– Jovem senhor branco, eu certamente faria isso, se pudesse; mas o que pede é impossível. Se eu tivesse apenas lançado um encantamento sobre sua irmã, poderia retirá-lo; mas eu coloquei nela a maior das magias sob meu comando. Coloquei nela o feitiço da deusa, e a própria deusa o confirmou; apenas ela mesma poderia retirá-lo, se o desejasse. Mas ele nunca vai querer fazer isso.

– Nada sei de tua deusa – replicou Mizar severamente – e não a temo, porque adoro a Luz; mas se só ela pode retirar o encantamento, conduz-me imediatamente ao seu santuário, e eu falarei com ela face a face no poder da Luz, e a farei desfazer sua impura magia.

– Senhor, senhor – exclamou Scorpio em tom de pavor –, não sabe o que está dizendo: é a morte olhar a face da deusa, e nenhum homem pode confrontar o seu poder.

– Pode ser. – replicou Mizar – Mas não fugirei da morte, por minha mãe e minha irmã. Pelo menos encararei essa deusa e o encantamento será desfeito.

– Jovem senhor, é valente; embora odeie sua família, admiro sua coragem – disse Scorpio –, mas aviso-o de que é inútil.

– Leva-me a tua deusa, ou ambos morrerão – foi só o que Mizar respondeu.

– Leva-o a ela, irmão – disse Markab –; é melhor que ele morra do que nós.

– Venha então, se assim deseja – disse Scorpio –; mas que seu sangue recaia sobre sua cabeça. Nem sei se a deusa se mostrará num dia diferente do seu, que é o da lua cheia; e pode ser que ela nos mate por perturbar seu repouso. Mas venha, já que deseja ir. Quanto a mim, não me importo; posso ser morto de um jeito ou de outro, e penso que ela não irá matar seu sacerdote.

Assim, Mizar e Scorpio dirigiram-se à floresta assombrada, e o sacerdote revolvia na mente diversos planos para matar o companheiro, para evitar o risco de encolerizar a deusa. Mas Mizar estava em guarda, e fez com que Scorpio seguisse sempre à frente, e assim este não teve a oportunidade que esperava de empurrá-lo para um dos poços sem fundo do pântano.

Ignorado pelos dois, Boreas, que conhecia Scorpio o suficiente para suspeitar sempre dele, os seguia à distância, armado com uma pesada e mortífera adaga e firmemente decidido a usá-la em defesa de Mizar se percebesse o menor esboço de traição.

Finalmente chegaram à plataforma de rocha, e Scorpio mais uma vez rogou a Mizar que abandonasse seu propósito e voltasse sem tentar avistar a deusa, cuja visão trazia a morte para quem quer que fosse, fora de seu sacerdote. Mas Mizar,

As Vidas de Alcyone

impaciente, pediu-lhe que fizesse sua conjuração. Então, desesperado, ele ergueu o estranho e imemorial grito de evocação que nunca fora usado antes a não ser nas noites de lua cheia.

Teve o mesmo efeito fantástico à luz do sol que ao luar, pois em seguida houve os efeitos tradicionais: a porta do rochedo se abriu, a terrível horda de criaturas malignas saiu correndo, e imediatamente a gigantesca figura apareceu. Scorpio caiu com o rosto no chão, mas Mizar permaneceu em pé, olhando com intensa surpresa; sem sentir medo, tentou falar com a espantosa criatura, mas sua língua recusava-se a obedecer; tinha consciência de uma estranha sensação de redemoinho na cabeça, e um irresistível impulso para caminhar em frente; lutou para lembrar o objetivo de sua vinda, e o que tinha decidido fazer mas a capacidade de pensar o abandonara, e sentiu como se estivesse em poder de uma formidável força da natureza – um tornado, uma avalanche, um furacão. A espada que havia sacado caiu-lhe da mão, e a horrenda turba a tomou com um grito de triunfo, e rodeando-o, envolveram-no como uma maré que sobe, enquanto um estranho, lento e terrível sorriso se desenhou na face da deusa. Ela recuou quando a horda fervilhante se aproximou, e a abertura no rochedo se fechou novamente assim que desapareceram dentro dele. Então Scorpio se ergueu e levantou os braços acima da cabeça.

— Salve a grande e invencível deusa! – exclamou. – Que todos os seus inimigos sejam vencidos assim!

Voltou-se e deixou a plataforma, exultante; porém, mal tinha ultrapassado a primeira árvore quando Boreas saltou de trás dela e cravou-lhe a enorme adaga no coração. Assim Scorpio pereceu no instante de sua iníqua vitória, e Boreas voou pela floresta como se tivesse os mastins infernais atrás de si.

Quando, poucas horas depois, chegou à casa de Sirius e Alcyone, soube que eles tinham acabado de voltar da viagem. Ele se apresentou, e contou sua fantástica e angustiosa história. Por mais incrível que fosse, eles só podiam acreditar, ao ver o penoso estado a que a pobre Electra fora reduzida, e na verdade eles conseguiram alguma confirmação por parte dela, pois agora estava capaz de falar um pouco mais normalmente. Boreas, que entendia bastante dos feitiços da raça negra e de poções, havia dito a suas irmãs que lhe dessem uma infusão de certa planta que era um antídoto contra o veneno que fora forçada a ingerir.

Seus pais perceberam que era conveniente manter aquela história de mau gosto longe do conhecimento do povo, mas

64   C. W. Leadbeater

ao mesmo tempo Sirius dava-se conta de que estavam diante de um tremendo poder cujos recursos não conheciam. Assim, embora estivesse decidido a partir sem perda de tempo para o covil da impura deusa, para resgatar seu filho mais velho, primeiro chamou seu segundo filho, Viraj, contou-lhe toda a história, e mandou-o contar tudo em segredo a seu sogro, o rei, pedindo apenas que não a tornasse pública a não ser que ele também caísse em poder da vil criatura, e fosse necessário levar uma força militar para destruí-la. Mas esperava que isto não fosse necessário, pois sabia que pisavam um terreno delicado e que um ataque aberto a seu local sagrado poderia levar toda a raça negra a uma revolta, e ele sabia que Marte desejava vencer a hostilidade deles.

Nesse ponto, Alcyone adiantou-se e rogou a seu marido que a deixasse acompanhá-lo na perigosa empresa, declarando com veemência que Mizar era seu filho tanto quanto dele, e que tinha direito de auxiliar em seu resgate. Afirmava sentir uma forte e insistente intuição de que essa era uma tarefa para ela, que haveria alguma emergência em que a habilidade de uma mulher, potencializada pelo amor materno, valeria mais que a força e a coragem de um homem. A princípio Sirius, bastante surpreso com o pedido, não queria ouvir falar disso, mas ela foi tão insistente e firme que finalmente ele, que em outras vezes já tivera boas razões para respeitar sua intuição, concordou, meio contra a vontade. Então ela vestiu roupas de caça de seu filho Viraj, e armou-se de arco e flechas, que sabia usar com perícia, como muitas mulheres de sua raça. Chamaram Boreas para guiá-los, e saíram os três a cavalo à máxima velocidade. Logo atingiram a orla da floresta, e, amarrando os cavalos numa árvore, penetraram na profundeza sombria.

Enquanto seguiam apressados, discutiam seu plano de ação, embora tudo fosse tão impreciso que eles dificilmente podiam dizer que havia um plano. Não havia modo de forçar a entrada do rochedo, mas Boreas achava que podia imitar com sucesso o misterioso apelo do sumo sacerdote, esperando obter o resultado habitual. Mesmo assim, eles não tinham noção dos perigos que o abrir dessa porta podia liberar, nem do poder das forças diabólicas que ali se ocultavam. Sequer sabiam se a terrível e vampiresca deusa podia ser atingida por armas comuns, se podia ser tocada por um pedido humano, se poderia entender o anseio de um coração materno ou responder a sentimentos de amor ou piedade.

Durante o percurso, Boreas os informou de tudo que sabia do horrendo culto, e tudo que ouvira de suas escassas mas repulsivas tradições; nada que os pudesse animar. Boreas não sabia dizer com certeza a origem dessa estranha deusa; uma teoria a dava como pertencendo a uma misteriosa raça de criaturas meio humanas, meio animais, que diziam morar em vastas moradias nas entranhas da terra; outros diziam ser uma princesa de uma raça de gigantes que habitara a região havia muito tempo, e perecera ou fora expulsa dali – só ela tinha sobrevivido, porque descobrira o segredo da vida eterna. Havia um boato também de que ela tinha uma irmã gêmea, com quem havia partilhado o segredo; que essa irmã de início tinha vivido com ela, mas que haviam discutido por causa de uma vítima que ambas desejavam, e que a outra tinha se ido na direção do Leste, através do mar, para uma terra distante. E era incontestável que ela tinha poderes, que com freqüência se manifestavam por meio de seus sacerdotes, mas ninguém conhecia a natureza desses poderes, nem até onde iam. Boreas, no entanto, acreditava firmemente que a mesma adaga que havia matado o sumo sacerdote seria suficiente para livrar o mundo dela, e só queria uma oportunidade para provar isso.

Quando chegaram à plataforma, encontraram o corpo de Scorpio onde Boreas o deixara, sendo cortado em pedaços por enormes e repugnantes caranguejos, provavelmente saídos do pântano. Enxotando-os dali, examinaram o corpo e encontraram preso ao pescoço um curioso talismã – um disco de ouro com a imagem de uma mulher, evidentemente representando a deusa. Por uma confissão feita mais tarde por Câncer, a filha mais velha do feiticeiro, que sabia alguns dos seus segredos, soube-se que esse disco altamente magnetizado era um ponto de irradiação do poder da deusa, e quando, ao hipnotizar algum ser, o sumo sacerdote o segurasse na mão, a pessoa ficava em contato direto com a lúgubre divindade, e depois não podia ser libertada sem sua intervenção direta. Tinha sido o caso de Electra, e por isso Scorpio não podia retirar o feitiço.

O pequeno mas intrépido grupo subiu à plataforma, e Boreas ergueu a voz imitando o misterioso canto que ouvira o sacerdote morto emitir, esperando que do outro lado da rocha qualquer diferença de entonação não fosse percebida. Parece que a dama não era muito crítica, ou talvez não se importasse com que visitas receberia, confiante em seu poder de lidar com quem quer que aparecesse. O fato é que a abertura do rochedo surgiu como antes, e a horda de duendes disformes se jogou por ela. Um ou dois minutos depois perceberam a horrenda criatura a quem buscavam; ali na porta, ocupando de alto a baixo a abertura, uma enorme figura feminina, bem uns dois metros e quarenta, de vastas proporções, azul-escura – de cor sem dúvida azul-escura, e levemente luminosa no crepúsculo que caia. A terrível aparição estava totalmente despida, exceto por um colar de enormes pedras brilhantes; espalhava um forte e enjoativo odor de musgo, meio intoxicante; e na expressão de seu rosto havia crueldade, e uma estranha, insondável, inumana maldade – e ao mesmo tempo uma espécie de terrível fascinação.

Sirius, que se achava à frente, como líder do grupo, experimentou as mesmas sensações que tinham se apossado de Mizar antes, no mesmo dia; tentou falar e não conseguiu; sentiu uma influência irresistível tomando conta dele, vinda daqueles olhos vivos e inexoráveis; teria sido indubitavelmente subjugado pela bruxaria sobrenatural que o envolvia, se estivesse ali sozinho. Mas uma voz soou atrás dele como um clarim:

– Sirius, Sirius, ela o está dominando! Fique firme, e sustente a Luz!

E enquanto falava, Alcyone estirou seu arco até a ponta da flecha, e lançou-a certeira ao coração da monstruosa criatura. Quando a atingiu, a pavorosa figura caiu ao solo, com um grito inumano, de gelar o sangue, e ficou se contorcendo, com um esgar terrível no rosto. Em poucos minutos estava imóvel – morta; e todos se deram conta de uma curiosa mudança da atmosfera – uma sensação de intenso alívio, como se um peso tivesse desaparecido.

Enquanto estavam ali, entreolhando-se e refletindo, ouviram um grito alto vindo da caverna, e Mizar apareceu, correndo para fora e gritando:

— Estou livre! Estou livre!

Saltou sobre o corpo estendido, e correu para os pais, indagando perplexo como tinham chegado ali, e o que acontecera.

Mas talvez a mudança mais estranha fosse a da horda de criaturas que sempre surgiam primeiro quando a porta se abria. Pareciam atingidas por um raio; toda a sua diabólica maldade desaparecera, começaram a falar umas com as outras de modo hesitante. Algumas caíram ao chão, parecendo sem forças. Alcyone disse a Sirius:

– Vê! Não são demônios; são homens. Estavam sofrendo sob o efeito de algum terrível feitiço. Digam, irmãos, quem são, e se pudermos ajudá-los, nós o faremos.

Então um dos estranhos seres aproximou-se e disse, hesitante, como alguém desacostumado a falar:

As Vidas de Alcyone   67

– Princesa, há pouco tempo atrás eu era um soldado da guarda do palácio; falou comigo muitas vezes, mas não me admiro de que não me reconheça agora. Há três meses eu era jovem, forte e corajoso; agora meu cabelo está branco e estou velho e alquebrado, e não posso mais viver. Nem desejo viver mais, pois minha alma está totalmente conspurcada e impregnada de pecado. Eu fui escolhido pelo sumo sacerdote desse terrível demônio que matou, para ser seu esposo. Fui trazido por força do seu tremendo feitiço, e tudo que havia em mim de impuro e animal ela incitou a uma furiosa devassidão, como jamais poderia compreender, nem você e nem nenhum outro ser humano normal e são, pois há coisas tão horríveis que arrepiam só de pensar, e contá-las seria como exalar o ar pestilento da morte. Durante um mês inteiro servi a sua monstruosa lascívia, e pareceu um longo e louco turbilhão de prazer em que perdi a noção do tempo; mas enquanto isso ela me sugou toda a vida, e me deixou assim como vê. Na lua nova seguinte chegou uma nova vítima, e ela me jogou para o lado como uma roupa usada. Todos esses que vêem aqui são como eu; todos tiveram seu momento, e tiveram sua vitalidade sugada por esse terrível vampiro que jaz ali. Assim é que ela continuou viva por eras sem conta, alimentando-se da vida dos homens, pois suas vítimas foram milhares; na caverna há uma enorme pilha de seus ossos. Mas ela não nos deixava morrer logo; deixava-nos viver dessa maneira desnaturada, sem descanso, cheios de uma maldade e ciúme demoníacos, ansiosos para arrastar outros para sofrer o que nós tínhamos sofrido, e ao mesmo tempo invejando e odiando a todos. Nossos restos de vida têm sido um inferno, e cada dia parecia mil anos de agonia e desespero. Mas agora que a mataram tudo mudou; o terrível pesadelo se foi, e acho que poderemos morrer em paz – como vêem, alguns já estão morrendo.

Piedade e horror encheram os corações de Alcyone, Sirius e Mizar, ao ouvirem as assustadoras revelações. Sirius sentiu o coração arder dentro de si, e falou aos infelizes condenados o que lhe foi inspirado. Falou-lhes da luz que habitava em cada um deles, que ainda habitava ali, permanentemente, apesar de todos aqueles horrores; a luz que era um raio da Luz Eterna, da qual todos tinham vindo e à qual todos deveriam retornar. E assim, havia esperança e auxílio para todos, pois embora a Divina Centelha estivesse débil, por certo um dia se tornaria novamente uma chama; a escuridão iria se iluminar, até que um dia estivessem para sempre na plena luz. As pobres criaturas ouviram e acreditaram, e ficaram confortadas; e o sono, um sono normal que seus olhos não conheciam mais por meses, anos de exaustão, desceu suavemente sobre eles, e nesse sono muitos se foram em paz. Na verdade, nada mais se poderia desejar para eles, pois continuar a viver só significaria continuar sofrendo; estavam desfalecendo, encolhidos e fracos, encurvados de tal forma que, homens altos, eram agora como crianças deformadas e raquíticas, retorcidos e gangrenados, apodrecendo em vida.

Sirius e o filho foram olhar o cadáver da monstruosa criatura, superando seu horror, para verem que espécie de ser era aquele. Humano, sem dúvida, mas de uma raça felizmente extinta há muito; um terrível anacronismo, que se perpetuara somente devido ao repulsivo segredo das mortes por atacado; de fato, "algo para se temer, não para se ver". Sirius conteve sua repugnância o suficiente para abrir o colar de enormes pedras; mas o simples contato daquela carne azul era nauseante, pois era suberosa, como a de um polvo, inumana.

Mizar saltou sobre o corpo e chamou-os para olhar a caverna. Estremecendo, penetraram na profundeza sombria. Era de fato prodigiosa, com vastas salas se sucedendo umas às outras, até o centro do grande pico rochoso; se essas salas eram naturais ou artificiais ninguém poderia dizer. Em uma delas havia uma enorme pirâmide de ossos humanos – os restos de milhares de vítimas, como o soldado agonizante dissera. O lugar cheirava mal, como um cemitério, que parecia não só físico.

O grupo de exploradores saiu rapidamente para o ar puro, e assim que o fizeram foram surpreendidos pelo som de uma trompa, e vozes ansiosas chamando. Gritaram em resposta, e guiados por seus gritos apareceu o rei, juntamente com uma escolta escolhida – a fina flor de sua própria guarda. Ficou feliz ao ver sua irmã sã e salva, e estupefato ao ouvir a incrível história que lhe foi contada. Poderia ser inacreditável, não fora a irretorquível evidência – o cadáver da gigantesca lemuriana e dos homens que tinha vampirizado. Horrorizado com a descoberta dos terríveis fatos que se passavam junto da própria capital sem que ele soubesse, deu ordens severas e categóricas, com toda a sua autoridade real. Mandou que fizessem uma liteira de galhos, e nela o cadáver do monstro seria levado por todas as ruas da cidade, para que todos os negros soubessem que a horrenda deusa estava vencida, e seu culto sanguinário agora era algo do passado. A doutrina da Luz seria ensinada a eles em sua própria língua, mais completa, clara e amplamente do que

As Vidas de Alcyone

o fora, para que ninguém pudesse mais cair sob a influência de uma superstição estranha e repugnante como aquela. Seria montado um acampamento ali, oferecendo-se a ajuda possível às vítimas moribundas. A entrada das cavernas seria fechada e entulhada com grandes pilhas de pedras, para que ninguém jamais pudesse entrar ali de novo. O pântano seria drenado e seco, e uma larga estrada feita através da floresta. Além disso, ordenou que o pico negro que se erguia ali fosse pintado de branco, como se coberto de neve, e conservado assim para sempre, como um símbolo de que o reino das trevas terminara e a Luz triunfara sobre seus adversários. Todas as determinações foram cumpridas, e o pico que fora um símbolo de horror e medo tornou-se um lembrete constante da inevitável vitória da Luz, que ilumina a todos os que vêm ao mundo.

O exausto grupo voltou para casa, e a primeira coisa que indagaram foi do estado de Electra. Encontraram-na ainda pálida e fraca, mas fora isso, inteiramente recuperada, e suas irmãs contaram como de um momento para outro sua consciência voltara e ela tinha ficado livre da estranha opressão que lhe pesava terrivelmente; ninguém duvidou de que essa libertação ocorrera no instante da morte da lemuriana que a tinha enfeitiçado.

O choque dessa experiência sem paralelo fora grande para todos que a tinham partilhado, e passaram-se algumas semanas até que se recuperassem. A participação de Electra no ocorrido nunca se tornou pública, e foi confiada apenas a Corona, seu futuro marido.

Alguns dias depois, Sirius, Alcyone, Mizar e Electra foram ver a sábia mãe do primeiro, Mercúrio, e conversaram longa e francamente com ela sobre os estranhos acontecimentos. Mizar perguntou-lhe:

– Avó, como é que eu, que confio na Luz que adoramos, não pude resistir ao feitiço daquela terrível mulher, e até meu pai ficou indefeso diante dela, enquanto minha mãe não foi afetada e pôde matá-la?

E Mercúrio respondeu:

– Meu neto, a força da vontade do monstro era maior que a tua, e sim, maior até que a de teu pai; não era maior que a força da Luz, mas do que a sua expressão em vocês, por uma razão que vou explicar-te. O terrível mistério da força daquela criatura tem sua origem nesse outro mistério que é o sexo, e portanto podia ser usado melhor sobre alguém do sexo oposto. Recorda como, há muito tempo, Scorpio, mesmo sendo um garoto, domi-

70   C. W. Leadbeater

nou por meio dela Alcyone, mas foi imediatamente derrubado por Sirius, um garoto, sobre quem não exerceu nenhum efeito. E novamente Scorpio facilmente influenciou Electra, mas não pôde fazer nada contra ti, quando foste à casa dele e o acusaste abertamente. Mas quando foi uma mulher que o usou – quando te viste face a face com a criatura –, foste vencido, assim como teu pai, enquanto contra Alcyone, que era mulher, seus esforços foram inúteis. Como tua mãe estava vestida de homem, o monstro provavelmente se frustrou; o magnetismo que ela emitia era dirigido aos homens, e assim tua mãe não foi afetada. Também não teria sido atingido se a Luz se irradiasse de ti com absoluta pureza; mas como ainda não atingiste a perfeição, como és ainda humano, havia algo dentro de ti em que aquelas forças terríveis podiam agir. No poder da perfeita pureza, mesmo a vontade mais fraca não terá nada que possa ser conspurcado, nada que possa ser afetado; mas enquanto existir mesmo que um só germe de mal, ainda há perigo. E embora esse espírito maligno tenha podido dominar tua vontade e arrastar-te para sua caverna impura, conservando-te prisioneiro, ela não pôde dominar tua alma e submeter-te a seus malignos propósitos como fez com aqueles que se renderam voluntariamente a ela. Talvez pudesse ter tirado tua vida; mas não poderia tornar-te seu escravo. Sempre há limites ao poder do mal; só pode acontecer com cada um o que merecer.

Anos mais tarde, Sirius tornou-se sumo sacerdote no lugar de seu pai Dhruva, e com a suave e inteligente ajuda de Alcyone manteve-se no posto longa e dignamente; quando morreu foi sucedido por seu filho Mizar. Alcyone sobreviveu um ou dois anos apenas ao marido, e morreu muito honrada, com a idade de 76 anos. Com a morte do rei Marte, seu filho mais velho, Hércules, subiu ao trono; mas quando ele por sua vez se foi, a escolha recaiu em seu segundo filho, Corona, e assim a encantadora Electra assumiu a posição de primeira-dama do país. Com a morte de Corona, o sucessor foi seu segundo filho, Theodorus. Koli, a filha de Corona e Electra, casou-se com o filho de Mizar, Leto, e a eles foi concedida a honra de serem pais do Manu, que assim desceu ao Sul da África para confirmar a dinastia e enfatizar as características de sua segunda sub-raça; assim, naturalmente, o sacerdote o colocou no trono após a morte de Theodorus.

O fiel Boreas casou-se com Nu, uma criada branca da casa de Alcyone, e dedicou-se especialmente ao serviço de Mizar – uma dedicação que vinha de um passado esquecido. Seus filhos, por uma estranha volta da roda do destino, casaram-se com as filhas de seu antigo amo, o chefe negro Markab, e tornaram-se pessoas importantes na recém-estabelecida comunidade mulata.

Os dois filhos de Markab, porém, se casaram com as filhas negras de Scorpio, e assim Pólux ficou de posse da nada desprezível fortuna acumulada pelo último sumo sacerdote, assim como a de seu pai Markab. Esse casamento o levou de volta para a comunidade negra, mas por outro lado deu-lhe uma posição proeminente nela. Anos depois, ele se engajou num complô contra Hércules, e quando foi descoberto, seu povo o forçou a liderar uma rebelião aberta, mas foi prontamente vencido e morto por Corona.

Vida VII
(32064 a.C. – Manoa)

Nas vidas que acabamos de descrever vimos relances do trabalho que o Manu realizou com e através de sua segunda sub-raça. Acompanhando o destino de nosso herói, agora encontramo-nos em contato com os primórdios da terceira sub-raça. O projeto de preparação era o mesmo, embora num vale diferente – um vale com colinas arredondadas, que se prestava mais para pastagens que para a agricultura em larga escala. O próprio Manu estava, nessa ocasião, reinando na cidade de Manoa; tinha se casado com Mercúrio e tinham dois filhos, Osíris e Sirius. Este último desposara Mizar, filha de Marte e Siwa, e tinham sete filhos, sendo Alcyone o mais velho, dessa vez ocupando um corpo masculino.

Era uma criança sensível, sonhadora, que gostava da solidão, psíquica o bastante para sentir a presença dos espíritos da natureza e de pessoas desencarnadas, e enxergá-los, eventualmente. Às vezes lhe vinham relances de vidas passadas, em sonho; não sabia, à época, de onde vinham e do que se tratava, mas nós (que o acompanhamos ao longo delas) reconhecemos de imediato os grupos que caminhavam, cantando, por um longo caminho que ia do mar até as montanhas, séculos antes da construção da cidade; os embaixadores que tinham ido à corte do rei da Pérsia, e depois atravessaram o deserto da Arábia; os fatos misteriosos da última vida que descrevemos, em que ele, então num corpo feminino, tinha libertado um filho (que era agora sua mãe) dos horrores da magia lemuriana. Seis mil anos haviam transcorrido desde então, e ele deve ter tido sete ou oito vidas nesse meio tempo, mas nos sonhos isso aparecia tão claro como se tivesse sido ontem, e ele sentia novamente a curiosa mistura de emoções contraditórias – repulsão e atração, receio do desconhecido e certeza da vitória.

As teorias educacionais do Manu ainda eram as mesmas, e Sirius as seguia cuidadosamente, portanto Alcyone e seu irmão Apolo foram menos molestados e incompreendidos do que em geral são as crianças hoje em dia, e por isso conservaram pela vida afora uma parte de suas faculdades sensitivas.

Ele comentava muitas vezes os seus sonhos com o pai e a mãe, ansiosamente, mas eles não guardavam recordações disso, embora muitas vezes tivessem a impressão de estar a ponto de lembrar, quando escutavam as vívidas descrições do filho. Uma vez, quando Mizar estava levemente febril, ela teve uma visão clara de uma das cenas – endossando a precisão das lembranças dele, o que deixou Alcyone muito satisfeito. Ele descobriu também que quando contava um de seus sonhos na presença do irmão Apolo, este conseguia fazer contato com a imagem em sua mente, e depois desenhar o que ele descrevera, às vezes incluindo detalhes que ele próprio deixara de mencionar. O irmão mais moço tinha uma profunda admiração pelo mais velho, e quando eram jovens estavam sempre juntos, numa vida de grande felicidade e compreensão mutua.

Com o tempo, ambos se casaram. Isso deu novos rumos a suas vidas, e não podiam mais ser inseparáveis como antes, mas seu afeto não diminuiu. O casamento deles não teve nada de especial, mas o de sua irmã Órion causou bastante comoção na família.

Essa irmã nascera entre ambos – uma garota bonita e atraente, que os dois amavam muito – assim como diversos outros jovens. Um dos mais apaixonados era Gamma, filho de um vizinho de situação humilde, chamado Thetis, que era mal visto em conseqüência de uma atitude errada que tivera muitos anos antes.

Mizar tinha uma irmã, Hélios, que desde pequena tinha sido destinada a ser sacerdotisa do templo, e estava recebendo o rígido treinamento imposto às aspirantes a essa função. Thetis, que a conheceu, sucumbiu a uma paixão avassaladora por ela. Hélios rejeitou seus avanços com desdém; ele jurou vin-

As Vidas de Alcyone

gar-se, e tentou apoderar-se dela e submetê-la a sua vontade. Felizmente o plano foi descoberto e a desgraça, evitada; mas a história não deixou de se espalhar, e Thetis tornou-se um réprobo social em conseqüência disso. Mais tarde ele desposou uma mulher de casta mais baixa, e teve um filho, Gamma, que de certo modo herdou seu descontrole na mesma área. Órion e Gamma, quando crianças, às vezes brincavam juntos, sem objeções por parte de Sirius, que se inclinava a achar que a essa altura Thetis já havia expiado seu erro; mas por certo nem por um momento cogitaria a idéia de uma aliança tão incompatível para sua filha, e assim Gamma manteve seu intento em segredo, e mesmo Órion, embora sendo amável com ele, não levava isso a sério.

Por essa época, um jovem estrangeiro atraente chegou com uma caravana da Mesopotâmia, trazendo uma carta de apresentação para Sirius, que de imediato o recebeu como hóspede, colocando todas as facilidades ao seu dispor. Logo se tornou evidente que o belo estrangeiro fora cativado pela graça da filha de seu anfitrião, e por fim a atenta mãe dela, Mizar, sondou Órion a respeito; esta, corando, confessou que sua felicidade estava nas mãos do recém-chegado. Mizar contou isso a Sirius, que gostava muito do visitante – como seria de se esperar, já que este era Hércules, a quem o próprio Manu fizera encarnar especialmente no estrangeiro para que o mais nobre sangue acadiano fosse introduzido em sua projetada sub-raça. Mas em corpo físico nem Hércules nem Sirius sabiam disso, portanto este chamou com tristeza o seu hóspede, e falou-lhe com franqueza mas delicadamente sobre o assunto. Hércules admitiu imediatamente sua grande afeição por Órion, e detalhou a classe e as condições materiais de sua família para mostrar que, no que despendesse dessas condições, ele era um candidato aceitável. Sirius replicou:

– Tenho posição e riqueza suficientes para deixar minha filha inteiramente livre para escolher seu marido como quiser, e desejo acima de tudo que ela seja feliz, como vejo que sem dúvida seria com você. Na realidade, posso dizer com franqueza que nunca senti por um estrangeiro o que sinto por ti – nunca imaginei que pudesse sentir isso por alguém que não fosse de nosso sangue ariano; considero-te um irmão, e nada me faria mais feliz do que esse casamento, se fosse possível. Mas ele é inviável, porque a nossa é uma raça separada, uma raça sagrada que tem muitas restrições a seguir. Por isso, seria uma falta de reverência e patriotismo de minha parte se ouvisse, neste caso,

74   C. W. Leadbeater

o que me diz o coração, embora tu, eu e minha filha venhamos a sofrer muito com essa decisão. Não creias que eu seja insensível por isso; sei que devo parecer-te orgulhoso e cruel, mas tenta acreditar no que digo: muito me custa fazer isso; eu sei que é um dever religioso a ser cumprido.

Hércules, contudo, não se convenceu da necessidade de sua rejeição, nem Órion se consolou com a aura de heroísmo desse sacrifício que lhe era pedido; e os dois enamorados ficaram inconsoláveis.

Alcyone também considerava Hércules como um irmão, e além disso ele recentemente desposara Aquiles, que era a melhor amiga de Órion; e assim, os recém-casados tinham a maior simpatia pelos infelizes apaixonados, e desejavam muito achar alguma saída honrosa para conseguir a felicidade que parecia ao mesmo tempo tão próxima e tão inatingível para eles. Por fim Alcyone, com muita coragem, foi (sem dizer nada a ninguém) solicitar uma audiência privada com seu avô, e expôs-lhe o caso, dizendo que sabia bem da impossibilidade dessa união, mas que estavam em jogo a vida e a felicidade de sua querida irmã, e que achava que devia existir alguma solução. O Manu respondeu:

– Meu neto, fizeste bem em vir a mim trazendo o assunto. Tem bom ânimo, porque posso solucionar o impasse e trazer a felicidade a todos; vai e diz isso a tua irmã e ao nobre pretendente, e transmite a teu pai a ordem de que ele compareça diante de mim sem demora.

Ficaram todos tão felizes ao ouvir essas inesperadas e incríveis notícias, e tão ansiosos para saber o que poderiam significar, que todos se dirigiram imediatamente ao palácio, embora apenas Sirius comparecesse diante do rei. O Manu então revelou a seu filho parte do extraordinário plano – como pretendia criar agora uma nova sub-raça, e colocar as providências necessárias nas mãos de seu segundo filho, já que o mais velho teria que sucedê-lo no trono de Manoa; que, para efeitos daquela nova sub-raça, ele necessitava de uma pequena mistura de sangue estrangeiro; e como, para tal, ele próprio planejara e providenciara tudo que tinha acontecido, portanto o aparente estrangeiro não o era, na realidade, e sim um irmão de longas eras, a ser readmitido com regozijo no que era em verdade seu lar – o lar de sua alma, embora dessa vez não fosse o local de nascimento de seu corpo.

Sirius, cheio de alegria, compreendeu e obedeceu, e retirou sua objeção, e os dois enamorados foram trazidos à presença

As Vidas de Alcyone

do Manu, que repetiu-lhes as explicações que dera a Sirius. Voltando-se para Hércules, disse:

– Meu filho, tens me seguido através dos tempos, embora não o saibas agora; irá seguir-me novamente agora, abandonando por mim essa terra na qual nasceste desta vez, para assumir o trabalho que eu te darei?

Hércules acenou com a cabeça e prometeu que sim, sentindo que com isso voltava para sua verdadeira pátria, e aceitou essa tarefa sagrado ao mesmo tempo que uma vida de felicidade. Então o Manu os abençoou e deu-lhes permissão para se casarem. Mas, a fim de que sua lei não fosse quebrada, chamou seu filho mais velho, Osíris, e perguntou-lhe se queria adotar Hércules em sua família. Osíris concordou com satisfação, e a cerimônia de adoção foi em seguida realizada e devidamente registrada, para que se cumprissem as formalidades necessárias ao casamento. Todos que antes estavam tristes se alegraram muito, e todos os seus amigos também, pois Hércules tinha se tornado muito popular entre todos.

Naquela mesma noite, quando Hércules e Alcyone passeavam juntos no grande jardim da casa de Sirius, falando com reverência no que ocorrera e nos planos que o Manu lhes tinha revelado, de repente um homem saltou de trás de uma árvore e lançou-se furiosamente sobre Hércules com uma faca. Ele não estava olhando naquela direção, e teria sido uma presa fácil para o assassino, mas para chegar nele era preciso passar pela frente de Alcyone, o qual, vendo o reflexo da faca à luz das estrelas, lançou-se contra o homem e jogou-o no chão, de forma que Hércules sofreu apenas um leve arranhão.

Antes que o vilão pudesse erguer-se, os dois rapazes o seguraram, e Alcyone tirou-lhe a faca. Quando o arrastaram para a claridade, viram que era Gamma, que ficara alucinado com a idéia de que sua bem-amada seria levada por outro – que nem sequer era um ariano!

Foi levado à justiça, e o Manu o condenou a ser banido do império de Manoa, dizendo-lhe que tinha uma origem ruim, e não merecia o privilégio de ser um ariano. E assim foi enviado para o que os poetas arianos chamavam "as trevas exteriores", onde não se seguia a religião da Luz; e não se ouviu mais falar dele.

Sirius e seus filhos mudaram-se para o vale que foi escolhido, e a mesma história de 10 mil anos antes se repetiu. A mesma tarefa de resgatar a terra e cultivá-la, dividi-la em lotes e construir aos poucos casas de campo palacianas. Até o mesmo projeto de terraços que Corona adotara no outro vale foi seguido à risca, pois naturalmente todos que trabalhavam na empreitada o tinham estudado cuidadosamente, e tinham familiaridade com os resultados e com todos os melhoramentos que tinham se introduzido nos séculos subseqüentes. A natureza desse vale tornava necessárias certas alterações no projeto, mas a habilidade de Alcyone para esse trabalho não o abandonara, e logo começaram a aparecer os resultados. Hércules tinha acompanhado com satisfação o cunhado, e aplicou-se ao trabalho de pioneiro com sua dedicação característica.

Com o passar dos anos, filhos e filhas saudáveis vieram rodeá-los – muitos dos nossos velhos amigos reaparecendo com outras faces. Entre os 12 filhos de Alcyone encontramos Corona, pronto novamente, como sempre, para tornar-se um poderoso líder de povos, na guerra ou na paz; e também uma filha, Selene, destinada a viver uma curiosa aventura que iremos descrever, pois constitui talvez o mais notável incidente dessa vida de Alcyone.

Selene, como sua tia Órion, tinha dois pretendentes, mas neste caso ambos eram elegíveis, pois pertenciam às mais nobres famílias, e no tocante à coragem e capacidade não havia muita diferença entre eles. A decisão de Selene foi favorável a Viraj, e anunciou-se o noivado; mas como ela ainda era muito nova, acharam melhor adiar um pouco o casamento. O outro pretendente, Deneb, achou-se desconsiderado; declarou que, se Selene o conhecesse melhor, não o recusaria. Só queria uma oportunidade justa, disse, e condições iguais, e que de alguma forma ia tratar de obtê-las. Ninguém deu muita atenção a suas palavras, achando que eram apenas fruto da decepção, porém mais tarde lembraram-se delas.

O projeto que ele concebeu era bastante arcaico: seguir o costume de algumas tribos mongóis e carregar a força a futura esposa – não tendo a menor idéia de ofendê-la de qualquer forma, ou mesmo de obrigá-la a aceitá-lo, mas com a convicção de que só precisava de uma oportunidade de mostrar-lhe como realmente era, e ela sucumbiria a seus encantos. Um plano maluco, na verdade; mas o amor desprezado e um autoconceito vaidoso são maus conselheiros.

Articulou o plano do rapto de forma habilidosa, escolhendo uma ocasião em que Selene ia fazer uma longa visita a alguns amigos na cidade. Com pretextos diversos, ele conseguiu substituir os criados que iam escoltá-la, trocando-os pelos seus; e conseguiu enviar recados falsos nos dois sentidos – para sua família, dizendo que ela chegara bem, e para os amigos, di-

As Vidas de Alcyone

zendo que a visita fora adiada. Assim conseguiu uma semana de vantagem antes que sua traição fosse descoberta, e depois disso foi impossível encontrar algum rastro dele.

Viraj naturalmente ficou furioso e Alcyone e Mizar, extremamente angustiados; todos sabiam que Selene não iria fugir voluntariamente com Deneb, e não podiam entender o que tinha acontecido. Vários dias se passaram em exaustivas buscas, mas não obtiveram nenhuma informação confiável. Então Mizar teve a idéia de que sua irmã Hélios, a sacerdotisa, poderia ajudá-los, pois costumava entrar às vezes em transe e profetizar com palavras simbólicas. Foi visitá-la e pediu sua ajuda para descobrir para onde Selene fora levada.

Hélios ficou imediatamente interessada, e prometeu fazer o que pudesse por eles. Colocou-se num estado receptivo, e retornou com a tranqüilizadora informação de que a garota estava bem, e não corria nenhum perigo, mas que estava sendo levada para muito, muito longe, na direção do Sul, e que para ir ao encalço dela teriam que atravessar o grande mar antes de resgatá-la.

Com essa indicação um tanto vaga, Alcyone e Viraj dirigiram-se para o Sul com uma pequena escolta de criados fiéis. Perguntavam por toda parte se tinham visto um grupo como o que buscavam, mas por muito tempo não acharam rastro deles. Deneb tomara precauções especiais enquanto atravessava o território governado pelo Manu, mas diminuiu de certa forma a vigilância quando chegou aos estados tributários, e assim, ao cruzarem a fronteira, os perseguidores por fim souberam notícias deles, e confirmaram que estavam na pista certa. O caminho, porém, não era fácil, e várias semanas se passaram até que alcançassem o oceano. Ali novamente perderam algum tempo em pesquisas inúteis, mas finalmente confirmaram que os que buscavam tinham embarcado num navio que se dirigia às grandes ilhas do Sul – as que hoje chamamos de Índias Holandesas. Tomaram o navio seguinte que seguia naquela direção, e em cada porto de parada faziam cuidadosas indagações, e finalmente, num porto da ilha que hoje se chama Sumatra, souberam que seus predecessores tinham desembarcado e se dirigido às montanhas no interior da ilha.

As condições dessa ilha não eram muito diferentes, naquela época, do que são hoje; isto é, as costas eram habitadas e civilizadas, e residia ali uma raça sagaz de mercadores. Mas as montanhas do interior estavam em grande parte em poder de tribos selvagens, as quais, embora tivessem aprendido à custa da experiência a deixar a população da costa em paz, viviam freqüentemente em guerra umas com as outros; portanto, a região era decididamente insegura para os viajantes.

Contudo, não havia remédio senão prosseguir; então Alcyone arranjou um intérprete que conhecia as línguas das tribos, e internou-se corajosamente nas montanhas. Não havia sombra de estrada, e o grupo teve muitas dificuldades para atravessar o terreno acidentado. Perguntando sempre por um fugitivo branco, indicaram-lhes uma tribo em um local particularmente inacessível; mas quando chegaram mais perto e os boatos ficaram mais definidos, perceberam estar na pista errada, porque se tratava de um homem branco que chegara ali sozinho, muitos anos antes, e se estabelecera naquele vale. Assim, continuaram a procurar adiante, oferecendo uma boa recompensa por informações.

Ao prosseguirem ao redor da mesma montanha, mais abaixo, acabaram finalmente por obter notícias que pareciam inequivocamente se referir aos que procuravam: disseram-lhes que um pequeno grupo de homens brancos com uma senhora passara havia pouco tempo por ali, e fora atacado por uma tribo vizinha, mas tinha conseguido fazer amizade com o chefe dela. E agora estavam vivendo em segurança entre os membros dessa tribo, considerados entes semidivinos, ou grandes heróis, com um grande poder de combate. Mas disseram que a senhora ficava sempre separada deles, quase nunca falava e parecia muito triste, embora tratada por todos com a maior consideração.

Ao ouvir isso, o grupo subiu rapidamente na direção desse vale, mas na metade da subida foram recebidos por uma revoada de flechas, que mataram um criado e dois cavalos e causaram uma confusão momentânea. Enquanto rapidamente se preparavam para a luta, Deneb apareceu subitamente no alto de um rochedo acima, e disse-lhes para baixarem as armas e se retirarem. Se o fizessem, disse ele, não seriam atacados, mas se avançassem mais seriam mortos com certeza, pois havia disposto seus guerreiros com o engenho militar próprio dos arianos. Disse-lhes que Selene estava com boa saúde e absolutamente incólume, e que se pudesse decidir sozinha, tinha absoluta certeza de que agora o aceitaria como esposo; mas que fazia questão de condições justas e não aceitaria interferências.

Alcyone e Viraj não aceitaram isso: gritaram em resposta desafiando-o e ordenaram a seus homens que prosseguissem

As Vidas de Alcyone

79

para o vale. Isso foi feito, sob outra saraivada de flechas, e assim que chegaram perto dos nativos estes fugiram, porque não conseguiram resistir às armas mais aperfeiçoadas e à intrepidez deles. Mas embora não lutassem corpo-a-corpo, ocultaram-se atrás das rochas e das árvores e lançaram uma chuva de setas partas, e o pequeno grupo de arianos sofreu bastante até conseguir afugentá-los. Deneb tinha de início incitado os nativos, e alguns de seus criados arianos estavam entre eles tentando evitar que fugissem, mas quando ele desceu do rochedo onde estava e Alcyone saltou ao seu encontro, ele baixou a espada e disse:

– Amigos, eu quis enfrentá-los porque achei que não tinha sido tratado com justiça; porém sinto que não posso lutar junto com esses nativos contra um nobre de minha própria raça.

O indomável orgulho do sangue ariano reagiu assim na hora da crise; e Alcyone compreendeu e reconheceu esse sentimento, embora estivesse irado com a matança desnecessária de seu homens e dos nativos. E disse:

– Mas provocaste a morte de muitos; essa conduta é digna de um ariano? Não sabes que só por isso podias ser banido da sociedade?

– Eu sei – replicou Deneb – que isso é contra a moral, não é nosso costume; só aconteceu porque vocês me perseguiram até aqui, e não me deixaram em paz para realizar o meu plano.

Mas Viraj atalhou:

– É um plano maldoso, pois ninguém que seja digno do nome de ariano iria tentar coagir dessa forma uma mulher que não é escrava; sabes muito bem que teu pai, tua mãe e teus irmãos desaprovam isso e estão muito envergonhados por tua causa; sabes que tu mesmo ficarias encolerizado se alguém fizesse isso com tua irmã Aulus. Exijo que entregues imediatamente a moça a mim, a quem ela escolheu, e se não o fizeres eu te matarei aqui e agora.

– Não! – interpôs Alcyone.

– Não posso deixar que isso aconteça – replicou Deneb –, pois o que ele diz de minha irmã Aulus é verdade; eu não tinha pensado nisso. Eu só queria dar a Selene uma oportunidade de me conhecer bem; tinha certeza de que minha dedicação a conquistaria; mas se não for assim, de modo algum desejo a sua infelicidade. Aceitarei a decisão dela.

E assim, todos subiram juntos a montanha, chamando os nativos que tinham se dispersado, dizendo-lhes que tinham feito a paz. Mas estes reclamaram muito, dizendo que muitos deles tinham sido mortos, e que não tinham lucrado nada com isso.

A aldeia deles era um conjunto de choças de madeira de formas curiosas, cercado por uma proteção de arbustos com espinhos, em parte natural e em parte artificial, mas não muito eficaz; nosso grupo teve que passar por cima dela por uma frágil estrutura de bambu. O chefe veio ao encontro de Deneb um tanto mal-humorado, sem entender como ele acabara ficando amigo dos adversários, e (como seu povo) não vendo o que tinha ganho com o combate. Não entendia por que fazer tanto espalhafato por causa de uma mulher, e achava tudo aquilo incompreensível – mas se o estrangeiro branco lhe desse dinheiro para comprar armas, concordava com o sacrifício de alguns de seu povo.

Nossos amigos deram-lhe pouca atenção, porque Deneb os estava levando à choupana em que alojara Selene. Mas quando chamaram por ela, não houve resposta; não a puderam encontrar em parte alguma. Ansiosas indagações acabaram revelando que a mulher da tribo que guardava a choupana decidira ir olhar o combate no vale lá embaixo, e nesse meio tempo a prisioneira evidentemente escapara. O chefe de imediato propôs mandar decapitar a sentinela descuidada, e entendeu ainda menos os arianos quando eles rejeitaram a proposta com óbvio desgosto e horror.

Mas o problema era: para onde Selene podia ter ido? A única forma de se sair do vale era descendo, e ela não tinha passado por eles quando subiam; não havia onde ela pudesse se esconder, e as rochas acima e do lado do vale eram totalmente inacessíveis.

O chefe atribuiu o desaparecimento a uma intervenção diabólica, mas Alcyone, embora não totalmente incrédulo a respeito dessas misteriosas possibilidades, não tendia a aceitar essa alternativa, e procurou com persistência uma explicação mais simples. O fundo do vale era uma pequena área aberta, e não havia possibilidade aparente de escapar por ali, pois era cercado por uma parede abrupta de rocha de muitos metros de altura.

Como é comum em formações desse tipo, uma cascata caía do alto para o fundo do vale, formando ao pé dela uma lagoa em que os mais corajosos da tribo às vezes se banhavam, mas com cautela, porque segundo se contava uma criatura sinistra habitava o local, e em épocas remotas atacara dois rapazes e os levara consigo – ao menos era o que se dizia, porque os dois tinham ido banhar-se ali e nunca mais foram vistos, nem seus corpos encontrados. Nossos amigos ficaram sabendo que Sele-

As Vidas de Alcyone

ne, que gozava de inteira liberdade de andar pela aldeia, exceto quando houvesse alguma luta acontecendo, tinha gostado da lagoa e ia nadar nela diariamente, despertando a admiração dos nativos por sua coragem e habilidade.

Não se via nenhum rastro dela por ali, mas Viraj tinha obscuras suspeitas de que seu desaparecimento podia ter algo a ver com essa lagoa. Argumentou, com certa razão, que não havia absolutamente nenhum outro lugar no vale em que alguém pudesse se esconder; ele tinha estado em todas as choupanas da aldeia, que não tinham quaisquer móveis. Alcyone tinha suspeitas do chefe, mas não podia acusá-lo, pois era impossível levantar qualquer hipótese razoável do que ele pudesse ter feito com a jovem desaparecida.

Retornaram à cabana que fora destinada a Deneb e seu grupo, para discutir o mistério; Viraj, porém, retornava sem descanso à cascata e à lagoa, resmungando consigo mesmo que ela podia ter caído ali, numa tentativa arrojada de escalar as rochas (embora isso parecesse de todo impossível); que o monstro fabuloso poderia quem sabe existir, e poderia tê-la arrastado; que seu corpo podia estar preso em alguma vegetação; e sobretudo que simplesmente não havia nenhum outro lugar onde ela pudesse estar.

Ele levara consigo um homem de confiança, Boreas, um rapaz que era o criado pessoal de Alcyone; e se ofereceu para mergulhar na lagoa e examinar cuidadosamente o fundo, se pudesse alcançá-lo. Viraj concordou, e Boreas tirou a roupa e mergulhou. Finalmente reapareceu, dizendo que as paredes da lagoa eram íngremes, mas que não conseguia alcançar o fundo.

Tentou mais duas vezes, sem êxito, e Viraj disse que ele estava arriscando a vida inutilmente, tentando descer a profundidades além do alcance humano. Mas Boreas pediu para tentar mais uma vez, pois quando subia, na última, tinha notado uma curiosa formação rochosa que não entendera, e achou que podia haver ali uma saliência sob a qual podia se alojar um corpo. Depois de alguns minutos de descanso, mergulhou novamente, mas dessa vez não retornou como antes. Após aguardar uns cinco minutos, Viraj convenceu-se de que houvera algum acidente. e estava tirando as roupas para mergulhar, com uma vaga esperança de descobrir o que acontecera com o fiel companheiro, quando Boreas surgiu à superfície, não parecendo mal com o prolongado mergulho.

Viraj pediu-lhe ansioso uma explicação; e curiosa foi a que

ele deu. Boreas contou que tinha explorado a saliência, e viu que ela continuava, e que havia uma abertura atrás. Tivera muito medo de que fosse o covil do lendário monstro, mas apesar disso decidiu nadar e atravessá-la – a menos que o corpo que receava encontrar estivesse preso ali. Para sua grande surpresa, algumas braçadas no escuro o conduziram a um lugar onde se via uma fraca mas inegável claridade, e ele subiu à superfície e encontrou-se noutra lagoa, em uma espécie de caverna. A fraca claridade descia de muito alto, e tanto a caverna como a lagoa pareciam muito grandes. Boreas ficou bastante surpreso e amedrontado, achando que tinha encontrado a morada de um monstro feroz, mas, após alguns minutos olhando nervosamente, lembrou-se de que Viraj devia estar preocupado com ele, e então mergulhou de novo e voltou pela passagem, para a luz do dia – e para contar sua história.

Naturalmente Viraj quis ver de imediato esse local extraordinário, e voltou muito impressionado e convencido de que Selene sem dúvida devia ter descoberto esse estranho caminho de fuga ao se banhar, esperando por uma oportunidade para utilizá-lo. Voltou apressado à choupana onde Alcyone e Deneb ainda se ocupavam em inócuas especulações, e relatou sua descoberta (ou, antes, a de Boreas) e o que pensara, e anunciou sua intenção de seguir aquele importante indício e investigar a fundo a caverna, na qual achava provável que Selene estivesse escondida. Tinha chamado por ela e não obtivera resposta; mas a extensão da fenda era desconhecida, e por ali ao menos havia uma esperança e algo concreto a fazer.

Alcyone e Deneb concordaram com ele, e decidiram dividir o grupo, deixando uma boa parte dos homens sob o comando de um subordinado de confiança para cuidar dos cavalos e outros objetos, enquanto eles, com alguns homens que fossem bons nadadores, seguiriam a estranha pista, e ou encontrariam Selene ou comprovariam que ela não havia tomado aquele estranho caminho.

Deneb, horrorizado com o inexplicável desaparecimento de Selene, estava agora inteiramente ao lado de nossos amigos, e rogou que o deixassem acompanhá-los na aventura. Então Alcyone o aceitou, com plena convicção de que se mostraria um fiel companheiro. Só podiam carregar algumas roupas, mas foram bem armados, para o caso de o mítico monstro se mostrar desagradavelmente real. Não haviam compartilhado suas reais intenções com o chefe da tribo, dizendo-lhe apenas que iam deixar seus homens e cavalos acampados fora da aldeia

As Vidas de Alcyone

83

enquanto faziam novas explorações, mas alguns dos nativos sem dúvida viram a extraordinária cena dos guerreiros mergulhando um após outro na lagoa e desaparecendo totalmente de vista – o que pode ter dado origem a alguma fabulosa lenda nos séculos seguintes.

Viraj ia à frente, já conhecendo o caminho; Alcyone o seguia, depois Deneb e os outros, com Boreas à retaguarda. Alcyone esperou que todos emergissem na curiosa penumbra da caverna, e ordenou que nadassem para a frente; dessa forma, logo chegaram ao outro extremo da caverna, e saíram da água para uma rocha inclinada, num dos lados da qual um pequeno curso d'água mergulhava na lagoa. Alcyone decidiu seguir esse regato o quanto pudesse, pois assim evitaria cair em alguma fenda sem fundo – um perigo possível devido à pouca luz que descia da abertura muito acima. Finalmente até isso desapareceu, pois o regato corria por uma espécie de túnel, mas atravessando-o conseguiram sair a salvo, e depois do que pareceu um longo tempo emergiram noutra caverna, bem diferente, pouco maior que uma gruta, mas muito mais iluminada que a anterior. Dessa vez a abertura que clareava o local era visível, e Alcyone decidiu abandonar o pequeno regato amigo e tentar subir até ela. Vendo que a subida era possível, embora arriscada, mandou que o seguissem, e acabaram emergindo à luz do dia outra vez, no fundo de uma espécie de bacia situada entre rochedos.

Subindo até a borda dela, pelo único caminho que parecia viável, acharam-se numa pequena plataforma ao lado de uma rocha íngreme. Subir era claramente fora de cogitação; a descida era lisa como vidro, e dobrava-se num ângulo inquietante, mas só por uns seis metros, depois do que havia uma encosta pedregosa comum, perigosamente escarpada mas praticável. Como não havia alternativa, deixaram-se deslizar um por um, e todos acabaram entre os seixos sem problemas.

Não tinham a menor idéia de onde se achavam, mas tinham seguido o único caminho que parecia ter sido possível a Selene; de qualquer forma, como Viraj observou, eles não poderiam voltar por ali. Estavam na entrada de uma outra ravina, e quando olharam por entre as rochas, perceberam pessoas caminhando a alguma distância abaixo deles, e finalmente conseguiram descortinar uma aldeia, sem a habitual defesa de arbustos com espinhos. Mais tarde descobriram que essa aldeia, a que tinham chegado por aquela insuspeitada porta dos fundos, era considerada absolutamente inacessível, e por isso nunca fora atacada pelas tribos da região. O único caminho para chegar a ela era por uma trilha estreita e vertiginosa, ao longo de uma saliência que se projetava a meio sobre um tremendo precipício – uma trilha na qual só se podia avançar em fila indiana, que podia ser bloqueada instantaneamente por algumas pedras, e onde um único homem podia enfrentar um exército, só com as armas dos nativos. Os habitantes podiam dispensar, portanto, a sebe de espinhos, e como defesa única mantinham duas sentinelas vigiando dia e noite a extremidade da trilha.

Nossos amigos contemplaram, do alto de seu ninho rochoso, a atividade da aldeia lá embaixo, enquanto deliberavam como chegar a ela. Era óbvio que deveriam prosseguir, já que não podiam ficar ali e morrer de fome, nem podiam subir e voltar pela encosta lisa. Concluíram que Selene deveria ter seguido esse caminho, já que praticamente não havia outro. Poderia estar escondida em algum lugar da caverna, mas não havia razão para tal, e além disso tinham gritado a intervalos enquanto a atravessavam. Assim, a probabilidade era que estivesse na aldeia à frente. Mas como teria sido recebida pelos nativos? Devemos lembrar que muitas daquelas tribos tinham uma reputação decididamente ruim, e uma jovem perdida e em dificuldades poderia despertar neles emoções nada cavalheirescas. Ela desaparecera havia já algumas horas, portanto convinha agir sem demora. Parecia provável que, se descessem com cuidado entre as rochas, poderiam chegar bem mais perto da aldeia sem serem percebidos; então começaram a avançar cautelosamente.

Ninguém da tribo tinha a menor idéia de que eles pudessem ser atacados do alto – do céu, como diriam –, portanto não havia sentinelas naquela direção, e todas as choupanas eram voltadas para a ravina. Assim, o grupo, avançando com cautela, chegou sem ser visto a uma distância de pouco mais de 90 metros da última casa. Ali fizeram alto, e esperaram para ver se havia algum sinal de alarme – quando de repente ficaram perplexos ao ver um homem branco parado ao sol no meio da aldeia. Trazia insígnias de chefe, e obviamente não era um prisioneiro; portanto, Alcyone gritou alto em sua língua, e todo o grupo jogou-se para baixo tão rápido quanto o terreno permitia. Ao fazê-lo, perderam de vista o homem branco, mas tinham como certo que os receberia como amigos. Ouviram, porém, gritos de surpresa e alarme e a batida acelerada de um tambor, e deram-se conta de que talvez estivessem se precipitando, e ao pé do rochedo fizeram alto por um instante. Era

As Vidas de Alcyone

85

tempo, pois embora não pudessem enxergar ninguém, chegou da retaguarda das choupanas uma revoada de flechas – felizmente não os atingindo, porém mostrando que espécie de acolhida os aguardava.

Alcyone caminhou à frente, sozinho, com a mão erguida em sinal de paz, e dizendo alto, em sua língua, que era amigo; mas uma figura com um capuz branco na cabeça, com orifícios para os olhos, apareceu contornando uma choça e gritando na mesma língua:

– Amigo não; inimigo para sempre! Mas contigo eu terei minha vingança, e vou ter uma esposa!

Gritando outra ordem de comando que provocou nova chuva de flechas, e a carga da horda de guerreiros, correu para Alcyone e atacou-o furiosamente. Este percebeu de imediato que era um inimigo perigoso, e teve que usar toda a sua habilidade para defender-se do assalto violento. Um nativo a seu lado atacou-o com a espada, e quando ele saltou para trás para evitá-lo, o nativo, desequilibrando-se, deu um passo em falso entre os dois contendores. Com um empurrão e um giro rápidos, Alcyone o jogou contra o homem encapuzado, e com um golpe violento matou os dois.

Um feroz combate corpo-a-corpo se desencadeara ao redor dele; percebeu Deneb, à frente de um pequeno grupo de seus homens, abrindo caminho heroicamente entre a massa de nativos e encurralando-os contra o canto da cabana mais próxima.

A morte do homem encapuzado evidentemente desorientara os nativos, que começaram a fugir em todas as direções diante do avanço firme do grupo de arianos. Quando a debandada se tornou geral, e o maior número de choupanas estava nas mãos destes, Alcyone repetiu os gestos de paz. O intérprete tivera medo de mergulhar junto com o grupo, e portanto não tinha meios de se comunicar com eles diretamente; a maioria continuou escondida, mas pelo menos deixaram de oferecer resistência ao avanço dos arianos. Ouviram gritos à frente, e a princípio pensaram que o combate iria recomeçar; mas em instantes apareceu Deneb, conduzindo Selene pela mão. Trazendo-a para o pai, disse:

– Senhor, devolvo o que roubei, com muito arrependimento e desculpas; agora vejo que o que fiz foi errado, e que só pensei em mim e nos meus desejos, e não na vontade daquela a quem, apesar de tudo, amei verdadeira e lealmente.Ia dizer mais, porém a essa altura desmaiou, porque estava gravemente ferido, e sobre o seu corpo Selene foi apertada nos braços do pai. No instante seguinte, ele a entregou a Viraj, e ergueu o desmaiado Deneb. Fizeram uma bandagem no ferimento como foi possível e respingaram-lhe água no rosto, e finalmente ele voltou a si.

Descobriram que Selene, durante sua estadia forçada na aldeia, tinha aprendido algumas palavras na língua dos nativos, e sabia, entre outras coisas, o seu grito de paz. Dessa forma, conseguiu chamar alguns deles dos esconderijos, e explicar que não iriam fazer-lhes nenhum mal.

Eles conheciam uma planta que, mastigada, constituía excelente remédio para ferimentos; providenciaram uma espécie de cataplasma que colocaram em Deneb e num outro ferido e esvaziaram uma das cabanas maiores para ser usada como abrigo do sol, transformando-a em hospital provisório.

Alcyone estava curioso em relação a uma coisa, e foi ao corpo do homem que o atacara, e retirando-lhe o capuz descobriu que o líder branco da tribo era ninguém menos que Gamma, a quem impedira, muito tempo atrás, de matar seu cunhado Hércules.

Então Selene contou-lhes a história de seu rapto e toda sua indignação e desespero. Reconheceu que, exceto pela grave circunstância de a ter levado contra sua vontade, Deneb se portara com o maior cavalheirismo e fizera tudo a seu alcance para proporcionar-lhe conforto. No entanto, ela não queria saber dele, e estava sempre aguardando uma oportunidade de fugir. Deneb esperava ser perseguido, mas pensava que escondendo-se por algum tempo entre os nativos daquela ilha distante ficaria livre disso; assim que Selene tivesse decidido casar-se com ele, pretendia voltar para casa e obter o perdão por sua fuga. Para isso, tinha feito amizade com o chefe da primeira tribo, e combinado que ficaria ali por algum tempo e o ajudaria em suas pequenas guerras com as tribos vizinhas em troca da hospitalidade.

Selene, quando se banhava e mergulhava na lagoa, tinha descoberto a passagem para a caverna, naquele dia mesmo do ataque, e pretendia fazer uso dela uma noite, assim que estivesse de posse das jóias que usava ao ser raptada. Fugindo de noite, ela achava que teria uma boa vantagem, e confiava que ninguém descobriria como tinha fugido. Quando houve o ataque e todos estavam com a atenção nele, viu uma oportunidade de fugir e aproveitou-a. Não tinha certeza de que haveria uma outra saída da caverna, embora esperasse que sim; mas se não houvesse, tinha planos de ficar vivendo na caverna, saindo pela passagem durante a noite para conseguir alimento, até

As Vidas de Alcyone

87

que aparecesse uma oportunidade de escapar de vez do vale.

Tinha lhe ocorrido que a caverna pudesse conduzir a outra região no lado oposto na montanha, e não tardou a tirar proveito disso. Também tinha se deixado deslizar pela pedra lisa; e quando viu um chefe branco que falava sua língua imaginou que todas as suas dificuldades tinham terminado. Mas Gamma, embora a recebesse com todo o respeito, evidentemente pensava que a providência a tinha enviado como esposa para ele, e já começava a pensar em dar início a uma dinastia branca que conquistaria todas aquelas tribos e as unificaria num império.

De início, ficou perturbado ao saber de uma porta de trás que levava a seu vale inexpugnável, mas pensando bem, pediu a ela que guardasse segredo disso para seus liderados, porque viu que poderia usar essa informação para impressionar o povo, dando uma idéia de possuir poderes sobrenaturais. Selene viu que escapara de um persistente admirador só para cair nas mãos de outro ainda menos desejável, e sua situação teria se tornado muito difícil se não fosse pela oportuna chegada de seu pai.

Agora a questão era: como juntar as duas metades da expedição, e o que fazer com os dois feridos. Era óbvio que os dois não podiam ser carregados de volta pelo caminho que conheciam, mesmo que a construção de uma escada de bambu lhes permitisse ultrapassar o rochedo liso. Uma inspeção na única saída do vale convenceu Alcyone de que uma carga pesada como a de um homem inerte não podia ser transportada com segurança por trilha tão perigosa. Portanto, não havia alternativa senão ficarem ali até que os feridos se recuperassem, tentando trazer a outra parte do grupo de outra maneira.

Viraj ofereceu-se para voltar pelo túnel com um único companheiro, e trazer os cavalos e o resto do grupo circundando a parte mais baixa do vale em que se encontravam. Depois de muitos debates ansiosos, Alcyone decidiu que não havia nada melhor a fazer e aceitou a sugestão. Assim a escada foi feita, e os dois homens voltaram para o outro vale e reuniram-se aos companheiros que tinham ficado ali.

Mediante boa recompensa, convenceram dois homens daquela tribo a seguir com eles como guias para indicarem o caminho mais curto que circundasse a base da montanha. Mas o terreno era tão acidentado, e tiveram que fazer voltas tão grandes para evitar tribos hostis, que levou duas semanas inteiras até que as sentinelas de Alcyone no outro extremo da saliência de rocha anunciassem a aproximação de Viraj. Consideraram um risco muito grande tentar trazer os cavalos por aquela trilha perigosa, e então tiveram que fazer um acampamento no outro extremo. Como este ficaria naturalmente sujeito a ataques, acharam de bom alvitre empregar algum esforço para fortificá-lo. Mas ninguém os molestou, porque já começavam a circular entre os nativos curiosas histórias de seus estranhos poderes. Eles estavam naquele estágio evolutivo em que a bruxaria sempre parece a explicação para qualquer fato estranho.

Como a situação da tribo se desorganizara com a morte do chefe, Alcyone assumiu temporariamente esse posto, tentando aplicar a justiça da melhor forma que pôde. Gamma havia tido uma esposa da tribo, e tinha diversos filhos, sendo o mais velho um rapaz de 16 anos. Gamma ensinara aos filhos a língua ariana, e Alcyone se ofereceu para levá-los para Manoa, mas todos preferiram ficar com a tribo cuja vida e costumes conheciam. Alcyone então perguntou ao povo se aceitariam reconhecer o filho mais velho de Gamma como chefe quando ele se fosse, e todos concordaram, tendo muita reverência pelo homem branco, a quem consideravam particularmente favorecido pelos deuses. Tinham achado que Gamma era invulnerável, e mesmo agora acreditavam que ele só poderia ter sido morto por um outro homem branco – o qual, pensavam, viera misteriosamente do céu para executar alguma divina sentença sobre ele.

Então Alcyone levou o filho de Gamma para viver com ele durante sua estadia ali, e tentou dar-lhe alguma educação rudimentar ao estilo dos arianos, em especial mostrando princípios de justiça e bondade, enfatizando a responsabilidade do chefe pelo bem-estar e a felicidade de seu povo. O rapaz absorveu tudo avidamente, e prometeu observar fielmente esses ensinamentos durante toda a sua vida, e ensiná-los a seus filhos. Em relação a esse assunto da sucessão, o rapaz pediu ansiosamente a Alcyone que lhe enviasse de Manoa uma moça branca para ser sua esposa, porque sentia que lhe faltaria estímulo para seguir essas novas idéias se a sua família se tornasse como a dos nativos a quem iria governar. Alcyone explicou com gentileza que as condições de vida na distante Manoa eram tão inteiramente diferentes que nenhuma mulher concordaria em deixá-la para sempre em troca da condição de rainha em uma tribo daquela ilha distante. Mas, como descobriu que os costumes da tribo permitiam e até encorajavam o casamento entre irmãos, e como a filha mais velha de Gamma, que tinha um ano a menos que o irmão, também experimentava a mesma repulsa por aceitar um marido nativo, achou que seria um mal menor permitir que ambos seguissem os costumes da tribo, e assim perpetuassem uma dinastia mulata que poderia, assim esperava, continuar com os princípios que ele estava procurando implantar.

Assim foram as combinações finais, e quando, após alguns meses, Deneb ficou suficientemente forte para empreender a perigosa jornada pela trilha rochosa sem receios, o próprio Alcyone celebrou as núpcias dos dois jovens, e solenemente entronizou-os como rei e rainha da tribo, fazendo na ocasião um discurso (com o novo rei como intérprete) no qual deu ao povo diversos conselhos e prometeu bastante prosperidade se os seguisse. Antes disso, já os tinha exortado a abolir os ataques desnecessários às tribos vizinhas, e aproveitar ao máximo as vantagens naturais de que dispunham, cultivando totalmente o vale, que poderia então ser auto-suficiente.

E assim, com muitas despedidas do novo chefe e seus imediatos, os arianos finalmente partiram para a jornada de retorno, que se realizou sem maiores incidentes. Alcyone estivera fora por tanto tempo que era grande o interesse em torno de sua volta, e ele foi obrigado a dar notícias ao povo de sua viagem, o que praticamente levou a uma série de palestras. Sirius e Mizar ficaram felizes de reencontrar o filho, e o casamento de Viraj e Selene foi imediatamente realizado com muita pompa e alegria, e os atores principais tornaram-se figuras populares por conta de suas românticas aventuras. Enquanto se recuperava dos ferimentos, Deneb tinha aprendido a conformar-se com seu destino, e após um ou dois anos desposou Castor e acomodou-se no papel de bom esposo e pai.

Essa, pode-se dizer, foi a principal aventura dessa vida de Alcyone, que no mais seguiu um curso de felicidade e de trabalho. É curioso que nessa encarnação, tal como na última que examinamos, um incidente se sobreponha com tanta proeminência sobre o restante da vida, e que em ambos os casos esses incidentes digam respeito ao resgate de uma jovem em perigo. Electra, que tinha sido o centro e a causa daquela estranha aventura de seis mil anos antes, nascera desta vez como o sobrinho de Alcyone, filho de Hércules, para conseguir aquela infusão de sangue acadiano que o Manu desejava; casou-se com a filha de Alcyone, Euphra, e sentia-se em relação a ele como se pertencesse a sua família por nascimento.

Electra e Auphra tiveram um filho, Echo, que era um rapaz notavelmente bonito e muito promissor, mas extremamente nervoso. Infelizmente, sua sede de informação o levou a estudar em excesso, e sua saúde foi afetada, e tornou-se vítima de uma obscura moléstia nervosa. Prescreveram-lhe repouso absoluto, e vida inteiramente ao ar livre. Fazia parte de seu estado enfermiço perceber o reino dos espíritos da natureza, que ficaram extremamente atraídos por sua maravilhosa beleza, e ele penetrou intensamente e sem medida na vida deles, e perdeu o interesse pela humanidade. Tornou-se eterizado e espiritualizado da forma mais estranha, mas do ponto de vista físico ia perdendo as forças a cada dia, e aproximando-se de uma espécie de estranha eutanásia.

Euphra ficou desesperada por causa dele, e finalmente levou-o a seu pai, Alcyone, que era conhecido por fazer curas mesméricas. Alcyone interessou-se profundamente pelo estranho caso de seu neto, por quem nutria grande afeição. Levou o rapaz para morar com ele por algum tempo, e dedicou-se bastante a investigar aquela estranha perturbação. Não contrariou de forma alguma seu amor pelos bosques e pela companhia dos espíritos da natureza, mas procurou participar e acompanhá-lo, fazendo com que descrevesse e explicasse tudo a ele. Ao mesmo tempo, vigiava atentamente para detectar os menores sinais de interesse que pudesse manifestar pelo mundo humano. Um dia lhe pareceu descobrir algo quando sua netinha Ida veio fazer-lhe uma visita. Imediatamente pediu a sua mãe, Herminius, que a deixasse ficar para uma longa estada, e permitiu que as crianças ficassem sempre juntas.

Pouco a pouco, com sua sábia orientação, a influência de Ida foi substituindo a das fadas, e Echo gradualmente recuperou as forças físicas que quase o tinham abandonado. Alcyone teve muito trabalho para conseguir isso, com a plena adesão de todos os envolvidos, especialmente as fadas; se não fosse assim, se tivessem se afastado a contragosto do companheiro de brincadeiras, iriam sempre tentar levá-lo de volta, haveria um constante perigo de recaída e nutririam um ressentimento e hostilidade que com certeza trariam conseqüências desastrosas. Só depois de muitos meses Alcyone declarou-o completamente curado e devolveu-o aos pais, aconselhando-os a casá-lo com Ida (era o que ele mais desejava, e ela e os demais concordaram) assim que tivesse idade para tal. A sugestão foi seguida, e o jovem par foi extremamente feliz; todos os traços de nervosismo de Echo tinham desaparecido, e sua saúde estava restabelecida, embora um certo ar etéreo sempre permanecesse nele.

Quando o Manu deixou o corpo, Osíris subiu ao trono de Manoa; Sirius, seu irmão, governou a pequena comunidade do novo vale, e após a sua morte Alcyone assumiu o posto. Quan-

As Vidas de Alcyone   91

do ele também partiu, por sua vontade o governo passou a seu sobrinho Viraj, o companheiro de sua grande aventura de anos antes. Depois dele, seguiu-se seu filho Dhruva, que desposou Ajax; o Manu deu-lhes a honra de voltar como seu filho mais velho, e com sua reencarnação a nova sub-raça iniciou decididamente a sua trajetória.

Vida VIII
(31139 a.C. – Manoa)

A reencarnação seguinte de Alcyone, que se deu mais de 800 anos depois, pode ser considerada em muitos sentidos uma continuação da anterior. O Grupo de Servidores retornou ao mesmo vale, para continuar o desenvolvimento daquela sub-raça, agora completamente estabelecida, e que se tornara uma nação tributária. O Manu não achou necessário estar reencarnado nessa ocasião, mas seu discípulo Júpiter reinava no vale em nome dele, e Alcyone nasceu como seu filho mais velho. Tinha junto dele, como era comum nessas épocas recuadas, alguns dos egos que lhe eram mais afins; encontramos como seus irmãos Mizar, Hércules, Selene e Sirius, como irmãs dele Netuno e Vênus. Casou-se com Electra, e teve como filhos Apolo, Fides, Vulcano e Áquila, e como filhas Brihat, Euphora e Quies.

É evidente que esses encontros não são de forma alguma casuais, mas fazem parte de um plano definido, em que a proximidade física das famílias semipatriarcais era utilizada para atingir os objetivos necessários – assim como na época atual, de famílias semidistanciadas, utiliza-se outros meios bem diferentes, aproveitando a associação mental de sociedades e clubes de variados tipos. A eficácia dos métodos empregados se evidencia no caso de Alcyone. Desse grupo mencionado, apenas um, na presente vida do século 20, tem uma relação material com ele; no entanto, cada um dos componentes do grupo, ao encontrá-lo pela primeira vez – ao que supunham – reconheceu instantaneamente a ligação espiritual, que significa muito mais que os laços materiais. Muitos outros pertencem a seu grupo, mas mencionamos esses como exemplo. E o que vale para Alcyone e seu círculo mais próximo também vale para outros grupos do clã dos Servidores, e em dimensão menor para o clã como um todo. Há 40 ou 50 vidas vemos Alcyone dedicando-se a solidificar esses laços que acabamos de mencionar; mais tarde o veremos encontrar essas pessoas com freqüência, mas não tão intimamente ligado a elas, porque estava então se dedicando a criar outros laços – construindo algo cujos resultados talvez ainda estejam no futuro.

Como o verdadeiro objetivo das encarnações é criar esses laços, para que os membros do clã possam aprender a compreender e confiar uns nos outros, e assim aos poucos tornarem-se uma unidade flexível, confiável e inteligente que possa ser empregada como instrumento pelos Grandes Seres, é óbvio que não podemos medir a importância de uma vida pelos incidentes superficiais que representam o que podemos descrever nesta série de histórias. Fatos pitorescos às vezes dão ensejo a atuações heróicas, que repentinamente cristalizam e tornam visível o resultado do longo e demorado crescimento interior; mas uma vida isenta de aventuras pode ser frutífera pelo silencioso desenvolvimento das qualidades necessárias. Foi deste tipo esta oitava vida de nossa série – uma existência feliz, laboriosa, discreta e de agradável e tranqüilo progresso.

Na infância, Alcyone sofreu um pequeno acidente que poderia ter tido conseqüências fatais, mas felizmente escapou ileso. No entanto o fato não deixou de influenciar o sentido de seus estudos e interesses posteriores.

Quando menino, Alcyone gostava de ficar sozinho; muitas vezes escalava os rochedos atrás da casa de seu pai e vagueava em solitárias caminhadas entre as montanhas. Numa dessas ocasiões, quando tinha 12 anos, chegou a um pequeno e bonito vale que não se lembrava de ter visto antes, e desceu para explorá-lo. Em determinado lugar, um aspecto inusitado de uma rocha atraiu-lhe a atenção, e saltou dentro de um pequeno buraco para examiná-lo de perto. Com grande surpresa, sentiu o chão ceder embaixo dele; teve a sensação de uma enorme queda e um baque, e viu-se no meio da escuridão.

Não podia entender o que tinha acontecido, e ficou bastante assustado. Estava deitado em algo macio – algo que parecia vegetação, e que obviamente havia atenuado sua queda, e compreendeu que devia ter caído em uma espécie de caverna; não podia porém entender por que não enxergava o buraco pelo qual tinha caído, e por que se achava na mais completa escuridão. A queda o deixou atordoado por alguns momentos, mas assim que se recobrou ergueu-se e estendeu os braços para todos os lados, mas não sentiu nada. Com alguns passos cautelosos, chegou a uma parede lisa ao longo da qual seguiu por alguns minutos, mas que parecia continuar indefinidamente em linha reta. Estava totalmente confuso com a situação, e decididamente inquieto; mas refletiu que se tinha caído ali dentro, o melhor seria tentar subir de volta no mesmo lugar, se pudesse encontrá-lo. Voltou então ao longo da parede, até que lhe pareceu estar perto do lugar onde caíra, e após duas ou três tentativas tropeçou na mesma vegetação. Erguendo-se, olhou para cima, mas não conseguiu enxergar nada; esticou a mão, mas não tocou em nada. Então saltou o mais alto que pôde, mas só encontrou o vazio. Com certeza era o lugar onde tinha caído, mas não podia entender por que não via nem um sinal do buraco por onde certamente escorregara.

Nenhuma hipótese que pudesse imaginar explicava isso, e ele começou a suspeitar de alguma interferência sobrenatural e cogitar se não teria sido apanhado numa armadilha de misteriosos habitantes do mundo subterrâneo, que podiam enxergar no escuro – uma hipótese desagradável, que ele afastou rapidamente. Decidiu que, já que era impossível subir, ele poderia ao menos prosseguir ao longo da parede, como antes, para ao menos descobrir as dimensões de sua prisão. Não tinha certeza da direção a seguir, e por alguns momentos não conseguiu encontrar a parede. Quando finalmente a tocou, chegou obliquamente, em vez de em ângulo reto como antes. Ficou em dúvida se seria a mesma parede, ou o outro lado do calabouço; mas ao prosseguir ao longo dela, percebeu que parecia, como antes, estender-se indefinidamente. Já tinha estado em cavernas antes – muitas delas –, mas nenhuma parecida em nada com aquela.

Ficou impressionado ao sentir tanto a parede como o chão extraordinariamente lisos, assim como com o tamanho do lugar. Caminhava, com a mão na parede, com bastante cuidado, pois sabia que em cavernas às vezes se cai de repente em buracos e até poços de grande profundidade; mas ali o chão era liso como uma calçada, e veio-lhe à mente a idéia de que aquilo devia ser um subterrâneo artificial. Mas nunca ouvira falar de nada semelhante. Além disso, ele sabia que as cavernas de qualquer tamanho normalmente têm uma altura proporcional, o que esta não tinha, considerando a pequena altura de que tinha caído. Sabia que já havia caminhado ao longo da parede uma distância suficiente para atravessar metade da grande cidade; como podia uma caverna ter esse tamanho?

Era um enigma sem solução, mas não podia fazer nada senão continuar andando, embora começasse a ficar oprimido pelo medo de que houvesse algo misterioso naquilo tudo e que o pesadelo de caminhar na escuridão não terminasse nunca. A certa altura, considerou seriamente a idéia de que podia ter morrido na queda sem dar-se conta, e que agora estivesse vagando em algum misterioso mundo subterrâneo dos mortos! Mas havia um senão naquela hipótese: nesse meio tempo, ele já estava ficando fisicamente cansado, o que mostrava que ainda se achava em corpo físico. Continuava sempre andando, com passo mais rápido agora, pois acabara por confiar no chão invariavelmente liso; andava quase tão rápido como se estivesse na claridade, embora mantendo sempre uma das mãos na parede e a outra estendida à frente, para o caso de o incrível subterrâneo terminar de repente. Ao mesmo tempo, duas coisas o atemorizavam: a intensidade das trevas e o silêncio. Num aposento escuro, na terra, geralmente há algum raio de semiclaridade, uma escuridão menos total; mas ali era absoluta, parecia envolvê-lo como uma mortalha. E o silêncio não era o silêncio relativo da superfície, mas um silêncio absoluto que não parecia deste mundo. E todo o absurdo da situação! Talvez o melhor fosse não pensar, mas continuar maquinalmente.

Era um desafio pesado para um menino de 12 anos; mas felizmente ele já era determinado e perseverante. Continuou com firmeza, tentando manter a mente calma, mesmo quando lhe pareceu como se o tempo parasse e mergulhasse na eternidade. E então, de súbito, à frente apareceu um ponto de luz, como uma estrela – tão de repente que ele soltou uma exclamação. Não sabia a que distância podia estar aquele minúsculo ponto de intensa claridade, mas esqueceu o cansaço e prosseguiu apressado na direção dele, só então dando-se conta, pela extensão de seu alívio, de quão perto estivera de perder a esperança. Por algum tempo pareceu que não estava chegando mais perto, apesar da marcha apressada; depois de muito andar, porém, finalmente percebeu que estava maior – que em vez de um ponto, era uma abertura. Depois de mais algum tempo de marcha a escuridão começou a tornar-se menos intensa, e finalmente, na penumbra, ele descobriu outra parede paralela à sua, e um pouco depois um teto, talvez a uns dois metros acima de sua cabeça, e compreendeu que estivera andando por quilômetros dentro de um túnel indubitavelmente artificial, e teve esperança de que o ponto de luz à frente fosse a entrada dele.

E era, realmente; por fim, ele se viu de novo lá fora, na bendita luz do sol, que o cegou por alguns instantes. O túnel desembocava numa depressão em forma de taça numa encosta deserta de montanha que Alcyone nunca tinha visto antes e não tinha a menor idéia de onde se encontrava, o que não o preocupava muito, agora que estava livre da horrenda escuridão.

As Vidas de Alcyone

Antes de afastar-se do estranho túnel, voltou-se para examiná-lo com atenção, e seu olhar confirmou o que suas mãos já lhe tinham mostrado – a maravilhosa lisura das paredes e do piso. Mas o tato não pudera dizer-lhe que as paredes do túnel eram profusamente decoradas com desenhos, que não eram em absoluto mal feitos, num estilo tosco mas previsível. Esses desenhos se estendiam túnel adentro o quanto a luz da entrada lhe permitia ver; prometeu a si mesmo voltar e investigar melhor depois.

Pela altura do sol, calculou que não teria estado mais que três horas na escuridão, embora tivessem lhe parecido dias, e decidiu subir ao alto do monte para reconhecer os arredores. Precisava pensar um pouco, pois embora reconhecesse o perfil de alguns picos, os estava contemplando de uma perspectiva totalmente diferente. Levou algum tempo até dar-se conta de que viera atravessando o interior da montanha, e que para voltar teria que escalar a mesma ou contorná-la.

Agora que podia pensar nisso, viu que tinha fome, mas na encosta da montanha não havia nada que pudesse ser comido, portanto teve que prosseguir como pôde. Depois de subir um pouco, chegou a um regato e bebeu, o que lhe trouxe bastante alívio, pois dentro do túnel havia uma poeira fina, quase impalpável, que lhe dera muita sede. Quando chegou à crista do monte, conseguiu enxergar o caminho de retorno a seu vale, mas ainda teve que caminhar um pouco mais de três quilômetros. Já era o fim do dia quando chegou em casa, e seu pai já estava preocupado.

O relato da aventura despertou muito interesse nele, e no dia seguinte voltaram juntos ao local do acidente, levando consigo vários homens, uma corda e algumas tochas. Alcyone não teve dificuldade para achar de novo o vale no qual, como disse, a terra pareceu se abrir e engoli-lo. Mas a curiosa forma na rocha que inicialmente lhe atraíra a atenção não se via mais. O que ele tinha notado fora uma fenda de cerca de um metro de comprimento e alguns centímetros de largura, com beiras bem definidas, e quando saltou para examiná-la de perto teve a vaga impressão de que teria caído por ali, embora isso fosse impossível. Mas agora não se enxergava mais a fenda, e seu pai achou que ele não acertara o lugar. Alcyone tinha certeza de que era ali, mas não podia explicar a mudança.

Por fim, ele viu uma depressão estranhamente retangular na pedra, e olhando mais de perto viu que a rocha aparentemente sólida cedia quando ele colocava o pé nela. Por um instante,

96   C. W. Leadbeater

viu de novo a fenda da véspera, e quando recuou ela desapareceu de novo. Ficou muito surpreso, mas com um grito chamou o pai, e começaram a fazer uma cautelosa investigação.

Logo descobriram que havia um quadrado de rocha – uma espécie de laje – que cedia quando pressionado e se abria para baixo como a porta de um alçapão, voltando ao lugar quando se aliviava a pressão. Examinando melhor, perceberam que essa "laje" era operada por um sistema simples mas engenhoso de contrapeso, e que fechava contra uma borda que se projetava bastante sobre ela, o que impedia que penetrasse o menor raio de luz. Ficou evidente que de algum modo um fragmento de rocha ficara preso ali ao abrir-se a porta do alçapão, impedindo que se fechasse completamente. Através da fenda que ficara aberta – quem sabe por quantos anos! – a claridade e a chuva tinham entrado, e em conseqüência, uma fina camada de musgo gigante tinha crescido exatamente sob a abertura, e atenuara a queda de Alcyone. Quando ele tinha pisado na laje, ela cedera sob seu peso; o pedaço de rocha caiu, e então a pedra voltou e encaixou-se perfeitamente no lugar, impedindo completamente a entrada da luz.

Mas qual poderia ser a finalidade de tão estranha estrutura, e quem a teria feito? Que raça pré-histórica teria construído um túnel de quase 10 quilômetros através da rocha pura, e para quê?

Para responder a essas indagações era preciso investigar; com a ajuda da corda que tinham trazido, Júpiter e Alcyone, com alguns dos homens, desceram pela abertura e acenderam as tochas. Descobriram que nesse ponto as paredes também estavam cobertas de desenhos, e a princípio acharam que seriam assim ao longo de todo o túnel; descobriram depois que as figuras estavam agrupadas a grandes intervalos, parecendo provável que tivessem uma função vagamente semelhante à dos Passos do Calvário numa igreja católica.

Com as tochas eles podiam seguir rapidamente, e logo chegaram a um ponto onde o túnel se dividia, ou antes havia outro, mais largo, que saia dele em ângulo reto. Atraídos pelo aspecto desse túnel, entraram por ele e descobriram que conduzia a um amplo recinto, que pela aparência fora usado como um templo. No fundo havia uma estátua toscamente esculpida, de tamanho colossal e medonha aparência, e à frente dela uma plataforma que só poderia ser um altar, embora não de formato habitual. As paredes do templo eram cobertas de pinturas, algumas representando danças e orgias. Subindo no altar, Alcyo-

As Vidas de Alcyone

97

ne escapou por pouco de cair por outro alçapão feito exatamente como aquele que o trouxera para o subterrâneo.

Abrindo o alçapão e iluminando lá dentro com as tochas, conseguiram ver um recinto quadrado, ao qual Alcyone naturalmente insistiu que o deixassem descer. Fizeram-no descer até lá, e Júpiter foi atrás; encontrou-o examinando um recipiente de pedra ou sarcófago que ocupava um dos lados da câmara, vazio, mas que possivelmente fora um dia a tumba de algum alto sacerdote daquela religião esquecida, que celebrava seus mistérios nas entranhas da terra. No fundo da câmara, havia cavidades na parede pelas quais se podia subir, e ao fazê-lo, Alcyone achou-se dentro da grande estátua de pedra, podendo enxergar o templo através de orifícios habilmente colocados. Provavelmente era um recurso que permitia ao sacerdote falar através da boca da deusa; mas era curioso que a única entrada visível fosse através do alçapão do próprio altar. Alcyone sugeriu que talvez as oferendas colocadas ali pudessem cair e desaparecer como se fossem aceitas pela deusa; ou que, se fizessem uma fogueira no altar, o sacerdote ganharia prestígio por desaparecer misteriosamente por entre a fumaça.

Como o estoque de tochas estava terminando, julgaram mais prudente deixar o templo, e quando chegaram ao túnel mais estreito, continuaram por ele, para ver onde levava. Algum tempo depois acharam a saída, como acontecera com Alcyone na véspera, que dava numa pequena depressão em forma de taça, mas dessa vez rochas e terra tinham deslizado, e quase fechado a entrada, e tiveram alguma dificuldade para sair. Quando puderam olhar em torno, viram que estavam bem perto de casa – numa espécie de saliência na face de um rochedo, acima de seu próprio vale. O lugar era inacessível de baixo, mas pela aparência parecia provável que tivesse ocorrido um deslizamento de terra, em época remota, e que antes disso podia ter havido um caminho fácil para a entrada do túnel. Mas que raça o teria escavado e por que acharam necessário empreender um trabalho tão incrível eram duas perguntas que ficaram sem explicação.

Alcyone ficou muito interessado pelo local, e achava que tinha um certo direito de propriedade sobre ele, porque o tinha descoberto. Costumava visitá-lo freqüentemente com os amigos, e um deles, Albireo, fez cópias de todos os desenhos. Mediram os túneis, e fizeram um mapa de todo o subterrâneo, e juntaram os desenhos, mapas e escritos num tipo de livro, que foi levado ao rei de Manoa, e guardado no grande museu dali. Os desenhos

98   C. W. Leadbeater

sem dúvida indicavam as cerimônias que deveriam ser realizadas em determinados pontos do trajeto para o templo.

Esse curioso acidente teve bastante influência sobre Alcyone, atraindo intensamente o seu interesse para o estudo de povos pré-históricos e suas religiões e cultos. Em virtude disso, ele fez amizade com o curador do museu de Manoa, e instigou-o a escrever para um funcionário equivalente da Cidade das Portas de Ouro de Poseidônis, enviando uma descrição dos subterrâneos e da estátua, e cópias de alguns desenhos, perguntando se conheciam outros do mesmo tipo. Algum tempo depois, chegou a resposta do responsável pelo museu atlante, dizendo que existiam dois lugares em Poseidônis com subterrâneos do mesmo tipo (anexava plantas e desenhos deles) que eram relíquias de um curioso culto secreto da Deusa da Terra, que se julgava ter sido praticado por uma das últimas sub-raças lemurianas e copiados deles pelos rmoahal.[11]

Acreditava-se que o culto incluía ritos obscenos e até sacrifícios humanos, mas o curador atlante considerava essas acusações não comprovadas, e solicitava um conjunto completo de cópias de todos os desenhos dos subterrâneos, esperando que pudessem trazer alguma luz a suas teorias. O próprio Alcyone, embora tão jovem, iniciou uma correspondência com o cientista atlante, e indicou as diversas hipóteses que lhe tinham ocorrido sobre o que observara. Alcyone adquiriu muitas informações nessas eruditas cartas atlantes, e também estudou cuidadosamente tudo o que podia ser aprendido na área arqueológica no museu de Manoa, e assim, enquanto ainda bem jovem, tornou-se uma reconhecida autoridade nesses assuntos. As informações do curador de Poseidônis esclareceram bastante a religião e os hábitos da antiga raça que escavara os subterrâneos, mas nunca puderam definir de forma conclusiva a função da porta do alçapão pela qual Alcyone tinha caído. Uma estrutura semelhante fora descoberta em um dos túneis atlantes, mas sua entrada era no piso de um pequeno templo construído na superfície, enquanto que, se alguma construção jamais se tivesse erguido sobre o alçapão de Alcyone, não deixara vestígios. Podia ter servido para pegar incautos, para se livrarem em segredo de fiéis indesejáveis ou rebeldes, ou simplesmente para permitir que algum sacerdote que conhecesse o truque adquirisse prestígio por suas misteriosas desaparições. Nada ficara, nem nas figuras nem em tradições, que explicasse em definitivo o mistério.

11 Uma das sub-raças atlantes.

As Vidas de Alcyone

Nessa encarnação, os amigos mais chegados de Alcyone reuniram-se em torno dele numa falange cerrada. Entre seus irmãos estavam Mizar, Hércules, Sirius e Selene, e quando teve idade para casar desposou Electra, filha de Corona e Viraj. Teve uma vida útil e feliz, porque cercado daqueles a quem amava, e dedicou-se intensamente ao trabalho que devia executar – o governo e a melhoria do vale. Ficou sozinho na regência do vale após a partida de seu pai, Júpiter, mas antes disso fora encarregado de um distrito dele, o que ocupava a maior parte de sua energia, deixando pouco tempo para seus estudos arqueológicos.

Entre outras funções, Alcyone tinha que ser juiz, e era famoso pela perspicácia que demonstrava em casos difíceis. Um caso curioso de que tivemos conhecimento envolvia filhos de nossos personagens, e pode ser interessante relatar.

Existia, na cidade principal do vale, um homem chamado Homara, que acumulara grande fortuna no comércio e emprestando dinheiro, e tinha uma reputação de ávido e inescrupuloso; na verdade, embora muitos se socorressem dele nas emergências, poucos tinham algo de bom a dizer a seu respeito, e havia fortes suspeitas de que fazia chantagem, embora não houvesse provas. Certa noite, ele foi assassinado; o corpo foi encontrado na estrada, com a cabeça amassada como por efeito de furiosos golpes de um pesado porrete. A estrada em questão era uma das que circundavam o vale, e o local era exatamente abaixo de um terraço; de um lado havia um muro alto, que era a frente desse terraço elevado, com casas e jardim que chegavam até a beira dele; e no outro lado, uma fileira de casas, cada qual com seu jardim. Embora os portões destas se abrissem para a estrada, somente o fundo das casas era visível dela, pois os aposentos principais eram voltados para baixo, para o vale, por causa da vista. Em conseqüência, embora a estrada se situasse num bairro residencial populoso, com jardins e casas nos dois lados, era, apesar disso, relativamente deserta e pouco vigiada. Portanto, não houvera testemunhas do crime, embora parecesse que tinha sido cometido no início da noite.

A mulher de Homara informou às autoridades que seu marido tinha saído de casa ao anoitecer, dizendo ter um encontro com Clio. Este tinha pesados débitos com Homara, que o pressionava para que pagasse de imediato, o que poderia determinar a sua ruína; esse podia ser um motivo para o homicídio, e Clio foi preso de imediato. Ele admitiu que tinha um encontro marcado com o morto na mesma rua em que o corpo fora encontrado, mas declarou que Homara não tinha aparecido, e após aguardar algumas horas no local combinado voltou para casa.

Várias pessoas apareceram para testemunhar que ao passarem na estrada tinham visto Clio de tocaia ali, e que ele as tentou evitar. Duas delas declararam ter visto também o irmão de Clio, Theodorus, vagando de forma suspeita por ali. Foi dada ordem para sua prisão e descobriu-se que ele próprio tinha uma diferença com Homara, o qual estava apaixonado por Taurus, com quem Theodorus queria se casar. Como Homara tinha uma influência sobre o irmão mais velho dela, Stella, conseguia colocar obstáculos às pretensões de Theodorus.

Cada um dos dois irmãos, Clio e Theodorus, acreditava secretamente que o outro havia cometido o crime, e cada um atribuía ao outro razões semi-altruístas. Clio pensava que Theodorus fizera aquilo para salvar a família da ruína, e Theodorus achava que Clio fora levado pelo desejo de assegurar a felicidade do irmão mais moço. E assim, ambos decidiram sacrificar-se para salvar o outro, e portanto cada um se confessou culpado, para grande perplexidade do juiz. A conclusão natural era que tivessem conspirado juntos para tirar o incômodo de seu caminho, mas ambos negaram isso com veemência, e o testemunho de todos que os tinham visto era unânime: não estavam juntos. Alcyone inclinava-se a pensar que ambos eram culpados do desejo e da intenção de matar, mas não conseguia determinar qual dos dois teria dado o golpe fatal, especialmente porque não havia evidência de que qualquer deles estivesse carregando uma arma capaz de produzir tais ferimentos.

A essa altura do caso, Udor apresentou-se diante do juiz e solicitou permissão para depor. Ao lhe ser dada, declarou que tinha decidido calar-se, mas sua consciência não lhe permitia mais fazer isso: não podia deixar que homens inocentes pagassem pelo seu ato, e sentia-se obrigado a confessar que ele é quem tinha matado Homara, embora em sua própria defesa. Contou que seguia apressado por aquela estrada, tarde da noite em questão, quando um homem brandindo furiosamente uma arma jogou-se sobre ele. Perplexo com a inesperada e ameaçadora aparição, batera nele com força com uma bengala fina que carregava. O atacante caiu pesadamente, batendo a cabeça contra o muro, e ficou aparentemente inconsciente. Udor, angustiado pelo acontecimento, não esperou que ele se recuperasse, e foi rápido para casa, esperando não se envolver em complicações. Declarou que na ocasião não tinha a menor idéia de quem era o homem que agredira; quando soube que o

As Vidas de Alcyone

corpo de Homara fora encontrado, porém, achou que devia ter sido o seu agressor, e ficou horrorizado ao extremo ao se achar culpado de homicídio, embora sem intenção e até de forma desculpável. Mas não dissera nada, esperando que a morte de Homara permanecesse um mistério. Mas quando soube que, por um incompreensível acesso de generosidade ou por algum engano, outros estavam assumindo a culpa de seu ato, achou que tinha o dever de aparecer. Não conhecia Homara, e não tinha nenhuma idéia de por que o tinha atacado; na ocasião, tinha achado que o homem devia ser louco. Não tinha certeza do local da estrada em que o fato se dera, mas tinha a impressão de que não era no local onde o corpo fora encontrado, e não podia entender como um golpe como o que dera podia ter produzido tal efeito.

A curiosidade e o interesse de Alcyone ficaram extremamente aguçados por esse crime extraordinário, do qual três diferentes pessoas confessavam a autoria. Deixou o caso pendente, e foi pessoalmente verificar o local onde o corpo fora encontrado, desejando tirar suas próprias conclusões sob alguns pontos.

A primeira coisa que notou foi que existia uma vala ao pé do alto muro que mencionamos, e isso contradizia a história de Udor, pois se alguém caísse batendo a cabeça contra o muro, seu corpo não poderia ficar amontoado na estrada como acontecera: teria caído na vala. Inspecionando essa vala, sua atenção foi atraída por um pedaço grande de pedra talhada, e mandou que o trouxessem para ele. Examinando a pedra de perto, viu que a parte inferior estava manchada com um líquido escuro, evidentemente sangue, e aderidos a ela cabelos que pareciam do homem morto. Recuando um pouco e olhando para cima, viu que existia uma brecha correspondente a essa pedra na beira do muro que se erguia a uns seis metros acima, e quis saber de imediato quem morava na casa cujo jardim ficava ali. Ao saber que era um homem chamado Nabha, ordenou que o trouxessem à sua presença, e perguntou o que sabia sobre a pedra caída. Nabha hesitou um pouco e finalmente decidiu falar.

– Vou contar a verdade, senhor – disse. – Fui eu quem matou Homara, e não me arrependo, pois acho que fiz bem em livrar o mundo de um vilão desses. Apesar disso, não tive paz desde que o fiz, e talvez se confessar possa ter sossego. Esse homem, senhor, era um malfeitor, sem vergonha nem remorso; como eu tinha pedido dinheiro emprestado a ele, e estava em suas mãos, ele me forçou a entregar-lhe minha filha Suadhu, e, prometendo que me dava inteira quitação dos débitos, levou-a para servir a seus prazeres vis. E no entanto, depois disso, ele ainda veio fazer-me exigências, dizendo que possuía documentos que lhe permitiriam tomar minha casa e minha terra. Fiquei furioso com ele, e pensei em estrangulá-lo com minhas próprias mãos.

Naquela noite, enquanto eu caminhava pelo jardim, amaldiçoando-o e planejando uma forma de vingar-me dele, olhei para baixo, na estrada, e vi o próprio! Reconheci-o ao passar perto de uma lâmpada, e vi que os poderes do mal tinham escutado minhas rogativas e o entregavam nas minhas mãos. Fui até a pedra solta no alto do muro, e coloquei-a de forma que um simples toque a fizesse cair. Rapidamente, joguei lá embaixo um pequeno pedaço de pau, para determinar o lugar exato onde a pedra cairia, e quando ele estava quase chegando ali, empurrei-a e ela caiu. Meu cálculo estava certo: vi-o caído por terra e me alegrei, mas em seguida o terror me envolveu como um manto, e fiquei como enlouquecido. Saí de casa e desci para a rua lá embaixo, mas não conseguia olhar para o que fizera. Saí andando pela estrada, sem saber aonde ia. Enxerguei um homem que se aproximava, e achei que ia me deter. Eu levava um pau na mão, embora nem soubesse que o tinha pegado; eu o ataquei, e o desconhecido me acertou um golpe firme. Acho que fiquei inconsciente por algum tempo; quando despertei estava sozinho, e minha cabeça doía terrivelmente, mas a loucura tinha passado, então fui para casa e deitei-me. Foi uma morte merecida e eu o faria novamente, mas desde então não tive mais paz na consciência.

Alcyone sentiu que nessa quarta confissão estava a verdade, mas mandou chamar a jovem Suadhu na casa de Homara e ouviu suas declarações, que confirmaram o que seu pai tinha dito a seu respeito. Então chamou os prisioneiros a sua presença.

Dispensou Clio e Theodorus, fazendo uma preleção sobre as virtudes da verdade, e explicando que falsos testemunhos, mesmo que altruístas e ditados pela afeição, sempre impedem o curso da justiça. Udor também foi solto, e cumprimentou-o por ter ido voluntariamente depor contra si próprio, em favor da justiça, para salvar outros da culpa de um crime que já tinham confessado; acrescentou que seu mérito pela coragem não ficava diminuído pelo fato de seu depoimento não ser de fato correto, já que a pessoa de cujo ataque se defendera tinha sido Nabha e não Homara. A Nabha, disse:

– Livraste de fato o mundo de um vilão que sem dúvida merecia morrer, contudo fizeste mal, pois ao tirar a vida mes-

As Vidas de Alcyone   103

mo de um homem assim quebraste a magnânima lei de nosso pai o Manu, que determina que toda vida é sagrada, e que a vingança pessoal é inadmissível. Devias ter vindo a mim e contado tudo, confiando na justiça e no discernimento de teu soberano. Não vou aplicar a sentença normal de banimento perpétuo do império de Manoa, porque entendo que em teu caso houve circunstâncias atenuantes. Vais viver durante dois anos como eremita nas montanhas, para ter tempo de meditar e purificar-te da culpa desse sangue e serenar teu espírito perturbado sob a ação curadora da natureza.

Assim Alcyone viveu serenamente, cumprindo seu dever para com o povo, sempre absorvido em projetos para o seu bem-estar; e quando partiu, repleto de anos e de honra, foi sucedido no governo do vale pelo filho mais velho, Apolo, que procurou seguir-lhe os passos e manter a tradição.

Vida IX
(30375 a.C. – Pérsia)

Pela terceira vez encontramos Alcyone no vale da terceira sub-raça, nascido a tempo de tomar parte na grande migração para a qual as vidas anteriores os tinham preparado. O próprio Manu reinava nessa época, e abaixo dele seus filhos Orfeu e Surya, com os netos Marte, Corona, Vulcano, Theodorus e Vajra. Esses netos seriam os capitães de suas hostes, e os filhos deles, um grupo especial de ajudantes de campo. É nesse grupo que vamos encontrar nosso herói, que nascera 18 anos antes, filho de Vulcano e Vênus. Com ele estavam seu irmão Sirius, dois anos mais velho, e os dois gêmeos mais moços, Yajna e Aurora, de apenas 16 anos mas cheios de bravura e ansiosos para se distinguir no campo de batalha. O líder entre os jovens era Hércules, o filho de Marte, e outros companheiros eram Palas, Herminius, Rosa, Fons e Aletheia.

Dessa vez havia realmente um reino a ser conquistado, portanto a migração se deu em duas etapas. Primeiro, um poderoso exército, de 300 mil homens – e apenas uns quatro anos depois, quando o novo império persa estava totalmente estabelecido, é que as mulheres e crianças foram trazidas do vale natal para seu futuro lar. Feita a conquista, os jovens soldados escolheram esposas e estabeleceram-se para tratar da organização e da construção, a que as vidas anteriores os tinham habituado tão bem.

Alcyone escolheu como esposa Fides, por quem Hércules também tinha se enamorado. Este então, desgostoso, partiu para a guerra; liderou uma expedição punitiva para eliminar Tripos – um chefe nativo rebelado. Quando voltou, vitorioso, desposou Psyche, uma prima órfã que havia muito o amava de longe. O irmão mais velho, Sirius, casou-se com Aquiles, e os gêmeos Yajna e Aurora, agora bravos soldados com muitos atos de coragem a seu crédito, desposaram Alba e Dorado. Entre os filhos que tiveram, com o passar dos anos, estavam muitos de nossos personagens mais conhecidos. Para Alcyone vieram o próprio Mercúrio e Mizar, Apolo, Albireo, Hector, Leo – todos amigos leais; para Sirius vieram Saturno e Brihat, Vega, Rama e outros que conhecemos em nossas pesquisas.

Depois que o país foi colonizado, os lideres do exército assumiram o posto de governadores das diversas províncias e cidades. Durante 15 anos o Manu manteve o país oficialmente como parte de seu império, e por várias vezes fez uma espécie de vistoria real às províncias para verificar pessoalmente se tudo ia como ele desejava. Ao final desse tempo, sendo já de idade avançada, retirou-se da vida ativa e sucedeu-o seu neto Marte. Corona então foi feito rei da Pérsia, e sob ele Theodorus tornou-se rei da Mesopotâmia e da Babilônia, e assim o império persa independente iniciou sua longa trajetória.

Como o país em geral era um tanto estéril, e muitos rios tinham desaparecido sob a areia, o Manu tinha projetado um elaborado plano de irrigação, e começou a concretizá-lo assim que o governo civil substituiu o militar. Era um plano em escala tão grande que precisou do trabalho de várias gerações para realizá-lo completamente; mas já perto do fim o país tornou-se mais fértil e próspero. Tão importante foi essa obra que um dos títulos poéticos que a afeição do povo dava a seu rei era "O Doador da Água". Nem Corona nem Theodorus tinham filhos, e assim, após sua morte, foram sucedidos pelos sobrinhos Sirius e Alcyone, cuja forte afeição mútua lhes permitia manter da forma mais harmoniosa as complicadas relações das duas partes do reino.

Assim que Sirius assumiu as rédeas do governo, o império foi atacado por um povo feroz e belicoso da Armênia Maior, o montanhoso país situado a Noroeste, abaixo do Mar Cáspio e do Mar Negro. As tropas existentes ao Norte da Mesopotâmia tinham apenas a função de manter a ordem e repelir pequenas incursões no território, mas eram totalmente incapazes de fazer frente a uma grande invasão. Assim, Sirius e Alcyone reuniram

As Vidas de Alcyone

apressadamente todas as tropas possíveis, e convocaram todos os veteranos que tinham conquistado a região um quarto de século antes. Formaram um grande e poderoso exército, sob o comando de seu irmão Yajna, e o enviaram para expulsar a horda invasora. O exército ariano, mesmo assim, era numericamente muito inferior aos adversários; tinha porém a imensa vantagem da tradição de disciplina que lhes imprimira o Manu.

Yajna não era apenas um bravo guerreiro, mas um general extraordinariamente capaz para a época e versado nas estratégias e táticas que se usavam então – mas era uma tarefa difícil. Os montanheses já tinham penetrado até certa porção do império; a população ariana recuara rapidamente diante deles; duas cidades das recentemente criadas tinham sido destruídas e muitas terras, devastadas. O inimigo não era um exército disciplinado: cada homem lutava sozinho, mas eram muito audazes e de uma coragem temerária, cheios de orgulhosa confiança em si e desprezo por todos os demais. Sua especialidade maior era a irresistível carga – um ataque feroz de demônios gritando e saltando que nunca deixara de infundir o terror nos inimigos, semeando a confusão e lançando-os em precipitada fuga diante deles.

O plano que Yajna concebeu para enfrentar esse formidável e violento ataque era muito parecido com o famoso quadrado britânico preparado para enfrentar a cavalaria, exceto pelo fato de que ele dispôs seus homens em vários círculos e treinou seu exército para preparar-se em questão de minutos para adotar essa curiosa formação. O centro de cada círculo era um pelotão de arqueiros, cada qual servido por um auxiliar que carregava imenso feixe de setas e podia continuar atirando durante horas. O círculo externo era constituído por três filas de lanceiros, as de dentro com lanças compridas que deviam firmar no chão em determinados ângulos, e a fila exterior armada com lanças curtas e pesadas (cujo terço superior era de metal, como o *pilam* romano), e também com um curioso instrumento parecido com um tripé de fotógrafo, que se fechava como uma bengala para ser carregado, mas ao se abrir era um desagradável conjunto de pontas de metal.

Quando os vigias davam sinal de que o inimigo se dirigia contra eles, o exército instantaneamente recebia ordem de adotar essa formação em círculos. De imediato separavam-se nos grupos predeterminados; as filas exteriores, abrindo suas trípodes, as cravavam no chão à frente e as enganchavam umas nas outras, criando uma dianteira impenetrável da altura de cavalos de frisa, que continuava acima com as lanças das fileiras internas. Assim que o inimigo chegava ao alcance delas, era recebido com uma chuva de flechas dos arqueiros do centro, que eram instruídos para não desperdiçar setas, mas mirar com cuidado.

Os montanheses não usavam arqueiros na guerra (consideravam isso afeminado), apressando-se sempre a entrar em combate corpo-a-corpo com o inimigo. Na primeira tentativa usaram as táticas costumeiras, ignorando as setas arianas (que dizimaram o exército deles antes que atingisse os círculos), esperando levar tudo de roldão em sua louca disparada, e com toda tranqüilidade aguardavam o choque de seu assalto veloz. Foram recebidos por uma inesperada formação de pontas afiadas.

Em poucos instantes cada círculo estava cercado por um anel de montanheses mortos, e embora seus companheiros saltassem sobre eles e lutassem com temerária coragem, defrontavam-se com a dificuldade de atingir os inimigos, enquanto a permanente chuva de flechas os fazia cair sem cessar. Atacaram uma e outra vez, praticamente sem nenhum sucesso, e após cerca de duas horas metade de seu exército jazia morta e a outra metade aprendera por experiência a inutilidade de fazer carga contra aqueles círculos impenetráveis de onde a morte partia inevitavelmente.

Seus comandantes insistiam para que repetissem o ataque, mas os homens recusavam-se categoricamente. Enquanto estavam discutindo o caso, Yajna repentinamente desfez os círculos e investiu contra eles, tendo disposto seus homens em pequenos grupos em forma de cunha, ainda com as lanças curtas na frente e as longas atrás – e os arqueiros, nesse momento, guardavam os arcos às costas e tornavam-se lanceiros. Os homens da montanha estavam acostumados a fazer carga, mas não a recebê-la; foram derrotados diante do ataque inesperado. As cunhas humanas cuidadosamente planejadas de Yajna cortavam a turba como a proa de um navio corta a água, e após um bravo mas ineficiente combate os remanescentes do exército dito invencível fugiam atemorizados. Os arianos os perseguiram de perto, e como estavam muito menos cansados, pois tinham ficado parados enquanto os outros se exauriam em ataques inúteis, o morticínio foi grande, e apenas uma pequena parte do exército montanhês conseguiu voltar a suas bases.

Yajna enviou um mensageiro a Alcyone com notícias da vitória, pedindo que as transmitisse também a Sirius, na capital da Pérsia. Ao mesmo tempo informava que tinha intenção,

As Vidas de Alcyone

107

a menos que recebesse ordem em contrário, de levar adiante a vitória com uma invasão da região das montanhas, e pedia reforços para vigiar suas linhas de comunicação enquanto prosseguia. Concretizou seu plano, embora o terreno acidentado trouxesse grandes dificuldades para avançar. Sua fama de invencível o precedia, e metade das batalhas já estava ganha antes mesmo que os adversários o enxergassem. E assim foi tomando posse de vale após vale, procurando quando possível evitar o extermínio da população, tentando fazer com que, em vez disso, todos se rendessem. Quando o faziam, ele aceitava seu juramento de fidelidade a Alcyone, garantia-lhes a posse das terras, e fazia-os fornecer uma certa quantidade de alimentos para seu exército em vez dos impostos comuns pagos ao governo central.

Continuou com esse processo de anexação gradual durante dois anos, encerrando sua campanha com a captura incruenta do baluarte mais secreto dos chefes montanheses, um vale remoto e isolado, considerado absolutamente inacessível a não ser por uma trilha muito difícil. Porém Yajna conseguiu descobrir outro caminho, e sem que o inimigo soubesse concentrou os seus homens nas montanhas em torno do vale, e os chefes não puderam fazer nada senão constatar que o local estava à mercê dele. Então Yajna enviou seu filho Muni com uma delegação para perguntar-lhes se não seria mais sensato renderem-se incontinenti, evitando um morticínio inútil. As gestões diplomáticas de Muni tiveram êxito, e a última porção independente da Armênia foi pacificamente integrada no reino da Mesopotâmia.

Com a concordância de Sirius, Alcyone nomeou Yajna primeiro vice-rei daquela região que tinha conquistado, mas antes de assumir o posto ele conduziu de volta seu exército vitorioso, primeiro à capital da Mesopotâmia e depois à da Pérsia, recebendo entusiásticas ovações em ambas. Durante aquele ano, o próprio Alcyone fez uma visita real a sua nova província montanhesa, e tornou-se popular assim que os benefícios da anexação foram compreendidos.

A mulher de Yajna, Alba, orgulhava-se excessivamente pelo fato de ser a filha mais velha de Koli, que por sua vez era o neto mais velho do Manu, e baseada nisso, reclamou a sucessão do trono da Pérsia para seu filho Muni. Para acalmá-la, o marido finalmente prometeu levar sua reivindicação a Sirius e Alcyone, mas fez questão de ficar à parte, explicando que pessoalmente era a favor da herança de títulos só através dos descendentes masculinos. Sirius e Alcyone não aceitaram a reivindicação, mas como uma espécie de compensação conferiram a Yajna o título de rei, em vez de vice-rei da Armênia, e determinaram que este título seria herdado por seu filho Muni, e pelos herdeiros deste, para sempre, mantendo a mesma subordinação oficial à coroa da Mesopotâmia, assim como esta mantinha para com a da Pérsia. Foi determinado também que, em caso de guerra, o rei da Armênia seria o comandante em chefe dos exércitos unidos dos três países, pela genialidade que demonstrara em assuntos militares. A reputação que ele já tinha granjeado para o exército persa, contudo, evitou a necessidade de qualquer outra demonstração de força durante a vida de Alcyone. Os três irmãos foram mais tarde sucedidos por seus filhos mais velhos – Vega, Mizar e Muni –, e o desenvolvimento pacífico do império continuou firmemente, sob seus cuidados.

Vida X
(29700 a.C. – Pérsia)

Um intervalo anormalmente curto separa esta vida de nosso herói da anterior. O Grupo de Servidores estava empenhado dessa vez em participar da fundação não de uma raça mas de uma religião, pois o grande Mahaguru aparecera novamente para trazer a verdade eterna para seu povo, embora com novos símbolos. Deve-se concluir que ele considerou aquele momento adequado para a divulgação de seus ensinos no recém-formado império persa, e para esse fim encurtou a permanência no plano espiritual de seus servidores, e vamos encontrar o mesmo grupo de auxiliares esperando-o.

Dez mil anos antes, na Arábia, ele fizera Surya ser designado sumo sacerdote; agora Surya já estava ocupando essa elevada posição antes mesmo de sua chegada. O Mahaguru não nasceu de forma comum dentro daquela raça, mas tomou um corpo que tinha sido cuidadosamente preparado para ele – o corpo de Mercúrio, o segundo filho do rei Marte, que era à época o soberano da Pérsia. Sob seu cetro Corona, seu irmão, reinava na Mesopotâmia. Marte tinha sete filhos – quatro meninos e três meninas –, todos personagens que já conhecemos. O filho mais velho e herdeiro era Júpiter; depois vinham Mercúrio e nosso herói Alcyone; Orion era o mais moço. As filhas eram Electra, Rama e Fides; outros de nossos velhos amigos eram parentes próximos, da família do sumo sacerdote. Surya

As Vidas de Alcyone   109

tinha como filhos, entre outros, Mizar, Yajna e Selene, e entre as filhas Sirius. Todos eles brincavam, estudavam e cresciam juntos, e para todos os efeitos eram membros de uma só família; o afeto que existia entre eles, em conseqüência dos relacionamentos de outras épocas, tinha todas as condições para se manifestar e crescer.

Quando chegaram à adolescência, esse afeto assumiu novas formas, e por fim Júpiter desposou Leo, e Mizar casou-se com Electra, sua companheira naquela "trindade" de outrora. Mercúrio não se casou, pois toda a sua preocupação se voltava para a preparação da chegada do Mahaguru. Infelizmente, tanto Alcyone como Orion amavam a mesma jovem, Sirius, o que deu origem a tristes acontecimentos, como iremos relatar em seguida.

Nos 500 anos que haviam transcorrido desde a conquista da Pérsia, tinha havido bastante progresso e a capital tinha se tornado uma bela e bem-organizada cidade, com alguns magníficos exemplos de arquitetura. Muitas outras cidades e vilas tinham surgido, a população aumentara rapidamente e muito pouca terra estéril restava nas províncias centrais, pois o projeto de irrigação do Manu tinha sido totalmente concretizado; o país, outrora árido, tornara-se um dos mais férteis do mundo, e nele reinavam a prosperidade e a satisfação.

A magnífica cerimônia que marcou a ocupação do corpo de Mercúrio pelo Mahaguru foi belamente descrita pela sra. Besant em *Man: whence, how and whiter*, e a esse texto remetemos todos os que desejem ler uma descrição poética de um fenômeno oculto verdadeiramente maravilhoso – da esplêndida procissão por entre milhares de pessoas que aclamavam, do sermão do Mahaguru, do Bastão do Poder, do fogo que desceu do céu e da estrela fulgurante que trouxe a bênção do Senhor do Mundo. O ministério do Mahaguru é sem comparação a parte mais importante da décima vida de Alcyone; esta descrição, que necessariamente omite o que já foi escrito na obra acima mencionada, é por conseguinte incompleta, e precisa ser complementada pela leitura das páginas 298 a 302 daquela obra.

Foi logo depois da chegada do Mahaguru que Orion cometeu um erro com grandes conseqüências. Desde bem pequenos, ele e seu irmão mais velho, Alcyone, amavam sua prima Sirius. A jovem gostava muito de ambos e, tendo um coração sensível, não queria tomar uma decisão que pudesse causar profunda decepção em um deles. O assunto acabou sendo resolvido pelos pais deles, pois Marte e Surya discutiram a questão, e chamaram Alcyone para perguntar-lhe se gostaria de tomar como esposa sua prima Sirius. Ele respondeu que era exatamente o que desejava, e o pai de Sirius mandou chamá-la e disse:

– Nosso rei nos honra propondo uma segunda aliança entre nossas famílias, sugerindo que tu, minha filha, te tornes a mulher de seu filho Alcyone. Tua mãe e eu não poderíamos desejar nada melhor para ti; porém, como casar pessoas que não combinam é um terrível pecado, desejamos saber se desejas aceitar o príncipe, e se o amarias de todo o coração como se deve amar um esposo.

Sirius modestamente respondeu que sim, e o casamento foi de imediato combinado, fixando-se uma data próxima para a cerimônia. Surya abençoou-os solenemente, e os dois ficaram cheios de alegria. Mas, assim que saíram, Sirius murmurou para seu prometido:

– Este é o dia mais feliz de nossas vidas, mas será uma triste notícia para Orion.

Alcyone deteve-se, e retornou com ela à presença de seu pai, que ficou surpreso, e disse:

– Devo dizer, senhor, que meu irmão Orion também ama esta moça, e que este casamento será um grande golpe para ele.

– Oh! – exclamou o rei. – E qual dos dois preferes, minha jovem? Pareces muito feliz com o combinado.

Sirius enrubesceu e declarou que estava plenamente satisfeita, e que nem imaginava mudar as disposições do rei. Então Marte observou:

– Deixa estar; a moça não pode se casar com os dois, e é normal que o irmão mais velho se case antes. Vou falar com Orion e dizer-lhe que deve buscar outra esposa; ele ainda é jovem e tem muito tempo pela frente.

Mas quando Orion soube da notícia do noivado, ficou furioso, e jurou que o casamento não se realizaria – que antes disso ele mataria a ambos, Sirius e seu irmão. Mandou chamar Gamma, um rapaz de classe mais baixa que se ligara a ele como uma espécie de criado de confiança e bajulador; e Gamma insidiosamente atiçou seu orgulho e cólera, pensando que poderia lograr vantagens de uma séria contenda entre os dois príncipes.

Era ao anoitecer, e Gamma foi espionar os dois noivos; quando viu Alcyone sair, chamou rapidamente Orion para encontrá-lo. Mas quando este viu Alcyone chegando, com ar feliz e cantando baixinho uma conhecida canção de vitória do exército persa, sua raiva do irmão tornou-se uma ira cega. Saltou sobre ele e o apunhalou.

As Vidas de Alcyone

– Foi bem feito – exclamou Gamma. – Agora vamos achar rápido a moça e levá-la antes que dêem o alarme.

Protegidos pela noite, dirigiram-se rapidamente à parte do grande edifício onde vivia Surya, e aos aposentos de Sirius, que ambos conheciam. Tiveram a sorte de encontrá-la só com uma criada, a quem Gamma deixou sem sentidos. Sirius gritou por socorro, mas foi rapidamente dominada, amarrada e levada pelos dois, que conseguiram sair dos jardins sem serem vistos, para um enorme parque que àquela hora se achava quase deserto. Mas nesse ínterim a criada recobrara os sentidos e dera o alarme, e a guarda foi rapidamente chamada e saiu em perseguição deles. Um criado tinha visto dois homens correndo em direção ao parque levando algo grande, e estava justamente contando aos companheiros, pensando se não seriam ladrões, quando se deu o alarme; então os guardas ficaram sabendo aonde buscar, e a quem, pois a criada tinha reconhecido os dois.

A essa altura a lua apareceu, e com um regimento inteiro espalhando-se rapidamente pelo parque, logo chegaram ao rastro dos fugitivos. Orion estava encolerizado demais para refletir, mas Gamma tivera a idéia de ganharem o campo aberto e se esconderem. Mas a perseguição começara rapidamente e não lhe permitiu colocar a idéia em prática; cortaram-lhes a fuga naquela direção, e os grupos de perseguidores se espalharam tão bem que em pouco tempo só lhes restou uma única direção a tomar. Isso levou os raptores a um pequeno declive e logo os perseguidores conseguiram enxergá-los, e começaram a cercá-los. Chegaram de repente à beira de um penhasco que dava sobre um lago, e perceberam que estavam cercados, pois os soldados estavam pouco atrás e não havia possibilidade de ir nem para a esquerda nem para a direita. Gamma atirou-se na grama, soltando uma praga, mas Orion tomou Sirius nos braços e saltou do rochedo no lago lá embaixo.

Os perseguidores gritaram ao ver a presa escapar-lhes; correram para a crista e tentaram perceber algo, mas na escassa claridade não se podia ver bem. Só poderiam chegar à margem do lago dando uma longa volta, mas seus gritos e o som do mergulho tinham atraído a atenção de outro grupo de perseguidores lá embaixo, que tinha se dado conta do que acontecera. Não havia nenhuma praia com acesso ao lago, mas vários homens se jogaram n'água do ponto mais próximo que puderam, e nadaram rapidamente na direção dos dois corpos que boiavam.

Tanto Orion como Sirius sabiam nadar, e como felizmente tinham caído n'água quase na vertical, não se machucaram muito, embora tivessem ficado meio aturdidos com o choque. Vieram à tona separados, e Sirius, que estava amarrada com tiras de pano, só conseguiu boiar; como a superfície estava tranqüila, porém, foi o suficiente. Ela disse mais tarde que nunca perdeu a consciência, mas pareceu que Orion sim, embora seu corpo flutuasse. Assim, os homens os encontraram e lentamente os foram levando para a margem. Não havia barcos nessa ponta do lago, mas havia muita gente para ajudar, e conseguiram jogar n' água um tronco que auxiliou a sustentar os nadadores. Finalmente conseguiram retirar da água a infortunada dupla, com vida; colocaram neles roupas emprestadas e transportaram-nos para o palácio, onde uma boa noite de sono os deixou quase em condições normais. Gamma não tinha oferecido resistência quando os soldados o prenderam; não tinha desculpas a dar para sua participação no caso, e contou tudo sem pestanejar.

Enquanto isso, Alcyone fora encontrado, não muito depois de ter sido ferido. Levaram-no para seus aposentos, com exclamações iradas e promessas de vingança contra o autor da agressão – pois Alcyone era muito popular. Chamaram os médicos rapidamente; estes colocaram bandagens no ferimento e deram-lhe um remédio que o fez voltar temporariamente à consciência, e depois o fizeram dormir novamente, com esperança de cura se tudo corresse bem, embora estivesse extremamente fraco por ter perdido muito sangue. Ele não sabia quem o tinha atacado, nem, obviamente, do rapto de Sirius; embora a achasse pálida quando o visitou no dia seguinte, atribuiu isso ao receio e à ansiedade por sua situação. Os médicos proibiram que se cansasse falando, e só muitos dias depois é que ele ficou sabendo de tudo.

O Rei Marte foi tomado de uma cólera real ao saber da história, e mandou trazer Orion e Gamma à sua presença no dia seguinte, para julgá-los. Tinham pouco a dizer em seu favor. Orion admitiu que agira mal ao ferir Alcyone, e declarou-se satisfeito ao saber que não o tinha matado; disse que tinha ficado fora de si de fúria, e não se dera conta do que fazia, mas que ainda achava que se tivesse podido escapar com Sirius tudo teria se ajeitado. Marte falou com severidade da desgraça que recaía sobre a linhagem real quando o filho do rei quebrava assim as leis que deveria sustentar e da dura necessidade de pronunciar contra seu próprio filho a sentença de exílio, a mesma que seria dada ao mais humilde de seus súditos por um crime

As Vidas de Alcyone

113

igual. E assim desterrou Orion e Gamma do império persa, exortando-os a reparar alhures, com honestidade e trabalho, o grave erro cometido na terra natal.

Não permitiram a Orion despedir-se de Alcyone, que ainda não sabia de nada, e era óbvio que a comoção de saber lhe faria mal. Mas seu irmão Mercúrio – ou antes, o Mahaguru, que ocupava o corpo de Mercúrio – o mandou chamar antes da partida e falou-lhe grave mas bondosamente:

– Filho, agiste insensatamente. Fizeste muito mal, mas isso não é o mais sério, e sim o fato de que tu, que és um dos nossos, fosses capaz de fazê-lo. O egoísmo é sempre mau, e agora o foi duplamente, pois afetou a harmonia de nosso grupo justamente quando ele é necessário para um trabalho especial durante o curto espaço de tempo que posso ficar convosco. Só uma vez em milhares de anos surge uma oportunidade como a que te foi oferecida nesta vida – de ficar entre a vanguarda daqueles que irão ajudar a fundar e difundir uma religião mundial. Permitiste que o ciúme te colocasse fora do grupo de trabalhadores, e terás que percorrer uma longa e difícil jornada antes de obter o direito de pertencer a ele novamente. Vai, pois e aprende a lição, para que, quando meu sucessor vier, possas assumir tua parte no trabalho.

Dessa forma, Orion desaparecerá por um tempo de nossa narrativa – para reaparecer e merecer novamente seu lugar somente alguns milhares de anos depois.

Alcyone recuperou-se lentamente e por fim desposou Sirius; entre sua extensa família vamos encontrar vários líderes de nossos trabalhadores – todos necessários, pois essa seria uma vida de intenso labor. Júpiter, o filho mais velho do rei Marte, seria o seu sucessor, portanto Alcyone estava livre para devotar-se inteiramente à obra do Mahaguru e de Surya, e foi o mais dedicado dos servidores deles. A Religião do Fogo deveria não tanto suplantar como complementar a adoração do Sol e dos Anjos Estelares, que era a crença da época. Um pouco dos ensinamentos do Mahaguru pode ser encontrado em *O Homem, de onde veio...*, às págs. 300-301, e isso, com diversas variações e comentários, foi o que Alcyone e seus companheiros pregaram por toda a parte do grande império. Algum tempo depois, quando a nova crença estava firmemente estabelecida, o Mahaguru os deixou – de forma tão inusitada como chegara. Mas isso também foi narrado na obra que mencionamos, muito melhor do que eu jamais poderia fazer; portanto, apenas o menciono.

114   C. W. Leadbeater

Pode-se notar que nesta vida nossos personagens estão quase todos concentrados em duas gerações – a do Mahaguru e a imediatamente posterior. Nesse sentido, a encarnação que estamos analisando se parece com esta que estamos vivendo no século 20 – naquela, como agora, estamos todos ao mesmo tempo em corpo físico, pois o trabalho a ser feito consiste em dar um poderoso impulso, criar canais para uma força que possa depois continuar a fluir por eles durante séculos.

A vida de Alcyone dessa vez foi longa, e ele se conservou forte até o fim, viajando em geral durante metade do ano e passando a outra metade na capital, participando dos serviços dos diversos templos. Durante os primeiros anos do casamento, e mais tarde, quando as crianças cresceram, Sirius normalmente o acompanhava em suas viagens apostólicas; mas no período intermediário, quando havia muitas crianças pequenas, ela, com pesar, achou necessário ficar em casa para cuidar melhor deles. Nessas ocasiões Alcyone levava sempre algumas das crianças mais velhas com ele, pois acreditava firmemente no valor educativo das viagens, e desejava treiná-las desde pequenas para o trabalho especial que deveriam fazer. Em virtude disso, todos eles, desde pequenos, conheciam bem todos os rituais do fogo, e eram capazes de realizá-los com reverência e exatidão, e também de fazer ótimas pregações ao estilo de seu pai – e ele os fazia praticar constantemente as duas coisas. Fazia isso seguindo o conselho de seu sogro, Surya, que havia feito o mesmo com sua própria família; assim, uma das características dessa época inicial da nova Religião do Fogo foi que por todo o país ela era entusiasticamente pregada por rapazes na flor da juventude e da pureza. As crianças nascidas nas famílias dos sacerdotes durante a estada do Mahaguru foram todas trazidas para receber sua bênção especial; notou-se que em todos aqueles que tinham recebido essa honra brotara um poder especial que despertava em seus ouvintes o mais extraordinário entusiasmo.

Foi para Alcyone uma vida atarefada e útil até os últimos dias, que atravessou os reinados de três imperadores – seu pai Marte, seu irmão Júpiter e seu sobrinho e genro Capela, cuja mulher Ivy era considerada a beleza da família. Partiu serenamente, em casa, aos 85 anos, e o Mahaguru apareceu-lhe em seu leito de morte na conhecida forma de seu irmão Mercúrio – não idoso como este, mas jovem e radioso como o tinha visto da última vez na memorável ocasião de sua Ascensão –, e o felicitou pela vida empregada sem descanso a seu serviço,

As Vidas de Alcyone

chamando-o para um tempo de merecido descanso junto dele. Passou pelo mundo astral quase de imediato, e, durante os 800 anos de sua vida no plano mais elevado, o Mahaguru foi a figura principal onde estava, e na ventura de sua presença ele cresceu como uma flor que avidamente abre as pétalas para o sol.

Vida XI
(Ano 28804 a.C. – Pérsia)

Novamente nosso grupo reencarna na terceira sub-raça e no reino da Pérsia, onde já havia nessa época uma civilização antiga e bem-organizada. Uns quatorze séculos após a conquista da região pelo Manu, e cerca de nove séculos depois da visita do Mahaguru, vamos encontrar ainda as mesmas três divisões do reino. Netuno era nessa ocasião o ei da Pérsia, enquanto Sif reinava na Mesopotâmia, e Elsa na região montanhosa da Armênia. Cada uma delas tinha, nesse ínterim, progredido bastante; a Pérsia se estendera para o Leste, a Mesopotâmia, para o Sudeste, para a ponta do golfo, e a Armênia, para Oeste, até incluir parte da Ásia Menor. Nessa parte Oeste do reino a fronteira era mal demarcada, sem uma definição exata das prerrogativas dos chefes locais, que prestavam apenas uma vaga obediência ao poder central. Em muitas regiões havia fortalezas de montanha quase inacessíveis, e nelas ainda existiam tribos não conquistadas, vivendo isoladas e independentes.

Mercúrio, cujo corpo fora utilizado na encarnação anterior pelo Mahaguru, era nessa vida um dos sacerdotes da religião que fora iniciada através dele; e nosso herói Alcyone aparece como seu segundo filho.

Mercúrio era irmão da rainha, Hércules, e seus filhos estavam sempre juntos com os filhos do rei, e quando cresceram isso resultou em íntimas amizades e casamentos. Marte, o herdeiro do trono, desposou Vajra, irmã de Alcyone, e o segundo filho do rei, Electra, casou-se com Sirius, outra filha de Mercúrio. Mas muito antes disso, Alcyone e Electra já eram amigos íntimos, e um terceiro que fazia parte do grupo com freqüência era Saturno, primo de Alcyone, que mais tarde desposou Mizar.

Os três jovens, Alcyone, Saturno e Electra, viveram nessa época uma extraordinária aventura, que quase teve um desfecho fatal. Era hábito entre as famílias nobres da Pérsia, nessa época, que os rapazes completassem sua educação viajando, assim como os jovens ingleses do século 18 faziam pela Europa. Os menos abastados contentavam-se em visitar algumas cidades principais do império, mas a viagem mais atraente era para a grande capital da Ásia Central, Manoa. Os três amigos fizeram essa viagem, e ficaram profundamente impressionados com o que viram ali. Quando voltaram, não se sentiram muito atraídos por uma vida estática, e decidiram empreender nova expedição, primeiro às montanhas da Armênia, que nessa encarnação não conheciam, e depois em torno das costas da Ásia Menor, voltando pela Palestina e a Mesopotâmia. Essa viagem, embora não fosse comum, foi considerada segura, pois a maior parte da costa do Levante estava, à época, nas mãos de um soberano atlante, chamado Rahanuha (nosso velho amigo Tripos) – o qual, embora com a reputação de ser um tirano duro e implacável, era amigo da Pérsia, em função das relações de comércio existentes entre os dois países.

Os mercadores atlantes que muitos séculos antes tinham estabelecido colônias no extremo Oeste do Mediterrâneo eram principalmente da quarta sub-raça – negociantes sagazes, mas ao mesmo tempo homens corajosos e aventureiros. Onde existisse um porto qualquer logo surgia uma cidade deles, e logo iniciaram relações com a Pérsia por meio de caravanas, assim proporcionando aos mercadores dali um caminho para os países do Oeste e uma rota alternativa para o Egito, ao mesmo tempo em que introduziam na Pérsia as mercadorias da Atlântida.

Nos primeiros tempos, sofreram muito com os ataques das tribos do interior, e logo sentiram a necessidade de se unirem numa confederação para resistir a eles. Contudo, durante alguns séculos permaneceram como um aglomerado de cidades praticamente independentes, cada uma gradualmente submetendo a seu domínios maiores extensões da área em seu entorno. Essas cidades adotavam diversos sistemas de governo, mas o tipo mais comum era cada uma escolher, anualmente, um dos principais mercadores como governante.

Aconteceu, em diversos casos, que alguns que mostraram especial aptidão para o cargo eram eleitos de forma vitalícia.

Então apareceu em uma das cidades um jovem com habilidade militar, chamado Al-Hi (que nós conhecemos como Roxana). Sendo filho do governador, foi colocado à frente do exército, e organizou-o tão bem que, quando as tribos efetuaram um ataque, foi capaz de infligir-lhes uma derrota arrasadora. O chefe de uma das tribos vencidas jurou vingança, e levou vários anos visitando todas as outras e persuadindo-as a se unirem a ele numa invasão colossal que colocaria todas as

As Vidas de Alcyone   117

cidades da costa sob seu poder, permitindo-lhes exterminar os mercadores e se apoderarem de seu ouro.

Com essa ação combinada, três das cidades costeiras foram sitiadas ao mesmo tempo, e logo ficaram em sérias dificuldades, pois as hordas tribais caíram sobre elas como um bando de gafanhotos. Mas Roxana esteve à altura da situação. Havia treinado suas tropas e elaborado planos inteligentes com os quais enganou os inimigos e os destruiu, um a um. Quando liquidou completamente o exército atacante, marchou em auxílio da cidade mais próxima, que encontrou sitiada por outra massa ululante de guerreiros das tribos. Atacando-os no ponto mais próximo, forçou a entrada na cidade, cujos magnatas o aclamaram como libertador. Mas ele ofereceu auxílio sob determinadas condições: exigiu que a cidade reconhecesse seu pai como rei – caso contrário levaria seus homens de volta e os abandonaria à própria sorte. Eles estavam em situação desesperadora: sabiam ser impotentes diante de um ataque tão violento como aquele, e portanto decidiram aceitar as condições impostas por Roxana. Isso feito, ele imediatamente assumiu a ofensiva contra as tribos, e após um longo dia de combate expulsou-os completamente.

Após conceder um descanso a seus homens, rumou para a terceira cidade. Ali o inimigo já vencera todas as resistências e assaltara a cidade, e o massacre e a pilhagem estavam começando. Ele caiu imediatamente sobre eles, expulsou-os das ruas e casas e logo transformou a derrota em vitória. Como os homens mais importantes do lugar tinham sido mortos, ele não teve muita dificuldade para fazer a autoridade de seu pai aceita; então anunciou calmamente a este que colocara as duas cidades sob seu poder.

Seu pai, de início, ficou um tanto perturbado, mas Roxana em seguida o convenceu do que pretendia, e o fez convocar uma reunião de todos os mercadores mais importantes, aos quais ele próprio expôs as grandes vantagens que resultariam da união das três cidades em um único estado, e do estabelecimento de uma dinastia permanente de soberanos capazes. Sua força magnética conquistou toda a assistência, e seu pai foi aclamado rei.

Sabiamente, enquanto pequenas mudanças eram feitas na rotina quotidiana do governo, e assim que os cidadãos se acostumaram às alterações meramente formais, Roxana levou seu pai a visitar as outras cidades, e conseguiu tornar o novo regime popular ali também. Quando a nova estrutura já estava funcionando normalmente, o enérgico rapaz tratou de construir uma boa estrada ligando as três cidades, e ao mesmo tempo instituiu um efetivo controle sobre as regiões intermediárias. Quando o novo estado se achava firmemente estabelecido, foi apenas uma questão de tempo para que as outras cidades atlantes costa acima fossem absorvidas, e que gradualmente mais e mais porções do interior do país fossem sendo cultivadas. Após alguns anos, seu pai morreu, e Roxana assumiu o trono do reino que ele construíra. Ocupou-o por quase meio século, e nesse tempo fez dele um estado poderoso e próspero.

Infelizmente seus sucessores não possuíam nem sua capacidade de organização nem sua incansável dedicação ao bem-estar de seu povo, e quando seu bisneto Tripos subiu ao trono já havia uma forte hostilidade entre seus indóceis súditos. Tripos não tinha nenhum tato, e tentou a repressão ao invés da conciliação, e, embora nos primeiros anos de seu reinado tivesse êxito, acumulou contra si um violento ódio, que só podia acabar de forma brutal. Acabou vindo à tona na explosão de um massacre indiscriminado, no qual não apenas Tripos foi morto, mas todos aqueles que de qualquer forma se imaginasse terem algo a ver com ele ou com seu governo.

Infelizmente, essa explosão ocorreu quando nossos três viajantes estavam no país. Como estavam razoavelmente bem-vestidos, foram imediatamente detidos pelo primeiro grupo de rebeldes que encontraram, e quando, ao serem revistados, acharam com eles uma carta de apresentação para Tripos, concluíram que eram perigosos – aristocratas que mereciam morrer.

E assim, nossos viajantes foram detidos e colocados na prisão para aguardar um julgamento que não aconteceu, porque as autodenominadas autoridades que tinham assinado a ordem de prisão foram mortas também, antes que pudessem examinar os prisioneiros. Naturalmente nossos viajantes fizeram os mais indignados protestos, mas ninguém lhes deu atenção; ficaram detidos durante vários meses, recebendo a mais grosseira alimentação, e mesmo assim irregular e insuficiente. Por fim, conseguiram a liberdade não por qualquer julgamento, mas devido a outra irrupção de violência, quando ocorreu a algum vilão que assumiu o poder que poderia poupar dinheiro e aborrecimentos abrindo as prisões e executando os prisioneiros.

Porém aqueles três arianos eram jovens e audazes, combatentes bem treinados, mais fortes, corajosos e ágeis (mesmo após a longa detenção) que os atlantes, e quando as portas da

As Vidas de Alcyone   119

cela foram abertas, eles se apoderaram das armas dos outros, e virando as mesas sobre eles, lutaram até conseguirem abrir caminho e sair, no meio da confusão. Felizmente era noite, e sua aparência de estrangeiros não chamava tanta atenção como em pleno dia. Misturando-se com a turba que gritava ensandecida, e prudentemente escondendo-se na primeira esquina, conseguiram escapar.

Embora felizes por recuperar a liberdade, tinham que reconhecer que sua situação ainda era muito complicada. Seu dinheiro fora roubado, suas propriedades, confiscadas, e seu criado, morto. Não tinham mais que a roupa do corpo e as espadas que tinham surrupiado do inimigo; estavam no meio de uma cidade a braços com uma revolução, tendo que atravessar centenas de quilômetros de território possivelmente hostil antes de se acharem fora de perigo.

A primeira coisa a fazer era abandonar a cidade para evitar serem presos novamente; e a segunda, conseguir algum alimento. Não conheciam nada da cidade, pois tinham sido presos assim que chegaram. Não podiam seguir em linha reta em nenhuma direção, porque a toda hora tinham que desviar e voltar atrás para evitar grupos de homens armados, geralmente meio embriagados e brigando. Depois do que lhes pareceram horas escondendo-se, de repente se viram no limite da cidade, diante do mar, ao invés de na direção do interior, como desejavam.

Como várias pessoas andavam apressadas na estrada em que tinham desembocado, acharam melhor não hesitar e prosseguir como se tivessem algo a fazer no barco atracado no cais à frente. Como não enxergaram ninguém a bordo, acharam melhor prosseguir direto até ele, e aparentemente não despertaram suspeitas nos transeuntes. A princípio tiveram uma esperança de que pudessem pegar o barco e escapar com ele, mas perceberam homens se movimentando em outro barco ao lado, e viram que chamariam a atenção deles se tentassem algo tão estranho como sair com um barco à noite. Mas Alcyone notou um pequeno bote amarrado na popa, e achou que embora o barco maior não pudesse sair sem despertar curiosidade, um pequeno bote não ia chamar atenção. Sussurrou isso aos companheiros, que concordaram integralmente, mas Electra observou:

– Antes de ir, vamos ver se podemos achar algo de comer a bordo.

Procurando rápida e cautelosamente, acharam um estoque de alimentos: pães grosseiros, de curioso formato, e tâmaras e figos prensados em tabletes. Eram rações de marinheiro, mas nossos heróis, famintos, não as rejeitaram. Alcyone despiu rapidamente o manto, e fez com ele um saco que encheram de pães e frutas, enquanto Electra achou e se apropriou de um pouco de azeite de oliva.

Enquanto isso, Saturno, que examinava a parte de trás do barco, voltou de repente e disse, agitado, que havia um homem (provavelmente o vigia) dormindo sobre uma pilha de velas. Moveram-se cautelosamente para não acordá-lo e conseguiram embarcar a salvo no pequeno bote que mal tinha lugar para os três. Desamarraram-no silenciosamente, empurraram-no ao longo do costado do barco e foram remando com as mãos, sem fazer ruído, por uma boa distância. Havia dois remos no bote, mas só fizeram uso deles quando se acharam fora da vista dos barcos, temendo despertar atenção.

Prosseguindo com cautela, aos poucos chegaram à embocadura do pequeno porto, e acreditaram estar fora de alcance. Pararam de remar e atacaram com gratidão o seu embrulho de rudes provisões, fazendo a primeira refeição satisfatória em muitos meses. Revigorados por ela, discutiram o plano a seguir e decidiram que o melhor seria remar ao longo da costa por alguns quilômetros até chegarem a uma área deserta e então abandonar o bote e seguir na direção Leste, para uma região menos conturbada. Quando amanheceu, acharam-se frente a uma costa aparentemente deserta, e depois de procurar um pouco acharam um lugar onde podiam desembarcar – alguns metros de areia com uma pequena gruta no fundo. Arrastaram o bote para a gruta, para que ninguém o visse, tomaram um mais que necessário e refrescante banho e deitaram-se junto do bote para dormir algumas horas.

Felizmente para nossos andarilhos a loucura revolucionária que estava convulsionando as cidades levara para elas grande quantidade de camponeses, e assim puderam prosseguir sem serem vistos ou molestados. Durante o dia viram muitas casas que pareciam desabitadas, e ao chegar a noite arriscaram-se a entrar numa delas à procura de comida; só acharam algumas frutas, porém. Como estava visivelmente abandonada, decidiram passar a noite ali, e aproveitaram para lavar o que restava de suas roupas. Em um aposento interno acharam um baú com alguns trajes do tipo que os camponeses usavam àquela época, e na sua penosa condição acharam justificável apropriar-se de alguns, que deviam atrair menos atenção que os andrajos a que estavam reduzidas suas roupas de estrangeiros. Ainda tinham

As Vidas de Alcyone

as espadas de que tinham se apoderado, mas não tinham bainhas para elas, que portanto se tornavam incômodas.

Na manhã seguinte retomaram a jornada, ainda por uma região deserta, e após uma hora de caminhada tiveram a sorte de encontrar um rebanho de cabras, das quais conseguiram um pouco de leite. Perto do meio-dia avistaram um pequeno povoado, que acharam melhor evitar, pois perceberam por algumas bandeiras colocadas à frente das casas que a onda de inquietação já chegara até ali. Ao anoitecer estavam de novo com uma fome voraz, e decidiram procurar outra casa de fazenda. Subiram a um morro, e examinando os arredores descobriram uma habitação solitária, num vale isolado. Como havia fumaça, viram que estava habitada, e resolveram descer até lá e pedir alimento e abrigo, raciocinando que era pouco provável que as pessoas que viviam num lugar tão tranqüilo estivessem contaminadas pela loucura da cidade e que seriam capazes de defender-se contra qualquer ataque que ocorresse.

Descobriram que os donos da casa eram um ancião e sua mulher, que os receberam hospitaleiramente, mas falavam uma espécie de dialeto regional que não era fácil de compreender. Entenderam, porém, que o casal de velhos tinha vários filhos que tinham ido para a cidade na esperança de ganhar muito dinheiro com a revolução, mas que os velhos não confiavam nesse novo estado de coisas e pretendiam conservar a propriedade produzindo, como um refúgio para onde os filhos pudessem retornar quando a temporária loucura tivesse passado. Indagaram ansiosamente por notícias dos filhos, e nossos amigos com pesar tiveram que dizer que não sabiam de nada. Não conseguiram transmitir toda sua história para os amáveis anciãos, mas tentaram fazê-los compreender que eram viajantes que não tinham nada a ver com a revolução e só desejavam poder continuar seu caminho em paz; que tinham lhes roubado o dinheiro e os cavalos, e seu criado fora morto. O velho casal acenou polidamente, mas não se sabe o quanto teriam entendido de fato; ofereceram comida e bebida aos inesperados hóspedes, e deram-lhes um lugar confortável para dormir.

Na manhã seguinte o ancião fez questão de mostrar-lhes a fazenda; eles aceitaram e puderam retribuir a hospitalidade mostrando-lhes alguns dos métodos mais aperfeiçoados de cultivo dos arianos. Alcyone fez amizade com o pequeno grupo de netos deles, que o seguiam por toda parte. A boa senhora encheu-os de provisões para a viagem, e eles despediram-se dos bondosos amigos com muitas demonstrações de gratidão.

Achavam-se agora razoavelmente seguros, embora ainda estivessem em território atlante. Ainda estavam estavam longe da fronteira de seu país, e a região à frente era habitada aqui e ali por tribos semicivilizadas e de intenções imprevisíveis. Não encontraram mais fazendas, mas os alimentos que tinham ganhado duraram dois dias, junto com diversos tipos de frutas silvestres que encontraram. Depois disso, por um ou dois dias pouco acharam, mas depois acharam uma espécie de batata silvestre que forneceu excelente alimento. Não chegaram a comer gafanhotos, como faria João Batista milhares de anos depois, mas quando encontraram o outro ingrediente da dieta do profeta – mel silvestre, o ingeriram satisfeitos. Ainda tiveram 10 dias de pouca comida até que encontrassem outras pessoas.

Ao cabo desse tempo, depararam subitamente com um grupo de cavaleiros que os cercaram com evidente curiosidade e se dirigiram a eles numa língua desconhecida. Responderam na língua atlante que já sabiam falar há muito tempo, e aproximou-se um dos homens que entendia um pouco dela, mas tão pouco que a comunicação parecia impossível. Mas quando nossos amigos falaram entre si na língua usada na Pérsia, o rosto do chefe do grupo se iluminou, e ele respondeu com algumas palavras dela. Um dos membros do grupo sabia falar com fluência e disse que estivera duas vezes na Mesopotâmia com caravanas. Através dele os viajantes explicaram sua situação ao líder do grupo, que ficou bastante interessado por suas aventuras e se prontificou a lhes oferecer toda a ajuda possível. Mandou que lhes trouxessem o alimento disponível e depois que comeram providenciou cavalos para eles, redistribuindo a bagagem do grupo.

Com os novos amigos, Alcyone e os companheiros viajaram por dois dias, até chegarem à cidade da tribo – se é que se pode dar esse nome ao que na verdade era pouco mais que um acampamento permanente, contendo, dentro dos muros defendidos por espinheiros, mais tendas que choupanas. Nossos amigos foram apresentados ao chefe, que falava bem a sua língua e declarou-se muito satisfeito em poder servir a nobres filhos de uma raça que ele admirava muito. Convidou-os a ficarem descansando ali o quanto quisessem, e prometeu fornecer-lhes uma escolta até a cidade da tribo, a Leste dali, de onde não teriam dificuldade de atingir o seu país, pois havia caravanas saindo com freqüência para a Mesopotâmia. Colocou ao dispor deles o que possuía, pedindo-lhes que aceitassem três ótimos cavalos, um conjunto de finos trajes e um presente de ouro e

As Vidas de Alcyone

jóias. Eles agradeceram sinceramente pela bondade e manifestaram a esperança de poder retribuir-lhe quando chegassem a seu país.

Suas aventuras tinham chegado ao fim, e o resto da jornada foi feito em segurança, embora devagar. A ausência deles, embora um pouco mais longa que o previsto, não causara maiores apreensões, porque ainda não se sabia nada, na Pérsia, sobre a revolução nas cidades do Levante. Netuno ouviu com grande interesse a narrativa deles, e de imediato acedeu a seu pedido para que enviasse uma comitiva ao chefe que os acolhera tão amistosamente. Ida foi o encarregado da missão, levando ricos presentes para o chefe, uma carta de agradecimento do próprio Netuno e um oferecimento de ajuda especial a qualquer jovem da tribo que desejasse ir à Pérsia para estudar ou entrar para o serviço do rei. Um certo número de jovens aceitou o convite, e assim se estabeleceu uma tradição que durou séculos e se estendeu aos poucos a todas as tribos da Ásia Menor – a de que todos os jovens filhos de chefes e nobres fossem receber educação nas universidades da Pérsia. E, dessa forma, a aventura dos três amigos resultou na difusão da cultura ariana sobre uma vasta região.

Alcyone tinha feito uma solicitação especial para que se esforçassem para encontrar o velho fazendeiro daquele vale remoto que fora o primeiro a acolhê-los. Ida agregou então ao grupo alguns jovens do país do hospitaleiro chefe, e partiu para Oeste através das regiões desertas. Depois de procurar um pouco, chegarem ao vale e encontraram o casal de velhos em grande aflição. Um bando de revolucionários tinha estado ali e roubado tudo que tinham; seus três filhos tinham sido mortos nos tumultos da cidade, e eles ficaram na penúria, com três noras viúvas e oito ou dez netos. Ida ficou tão impressionado com o desamparo deles que os persuadiu a abandonar sua casa vazia e ir com ele para a Pérsia. Não sabia bem como Alcyone e Electra encarariam uma decisão tão radical, mas eles receberam os humildes velhos de braços abertos e os levaram à presença do rei Netuno, que de imediato lhes concedeu, de suas propriedades, uma fazenda maior e mais valiosa que aquela que tinham deixado. Para que não se sentissem deslocados por uma abrupta mudança para um lugar cheio de gente e alvoroço, escolheu um local entre as montanhas, longe da capital. Alcyone encarregou-se da educação de seus netos, e lhes conseguiu mais tarde colocação no templo ou no palácio, e que se casassem com esposas da raça persa. E dessa forma todos os membros daquela bondosa família de camponeses tiveram motivos para abençoar o dia em que acolheram três fugitivos famintos e os auxiliaram a seguir viagem.

Nesse ínterim, o herdeiro do trono, Marte, casou-se com a irmã de Alcyone, Yajna, e logo após o retorno de nossos andarilhos Electra concretizou uma combinação feita desde a infância e casou-se com outra irmã dele, Sirius; um ou dois anos depois o terceiro viajante, Saturno, desposou uma irmã mais nova, Mizar.

Quando tinham passado pela Mesopotâmia, Alcyone ficara bastante atraído por Apolo, filha de Sif, e como ela foi convidada a ir à capital para a festa do casamento de Electra, os dois jovens se reencontraram, e logo depois houve mais uma união a comemorar. Todos os jovens eram protegidos da Rainha Hércules, cujos valiosos conselhos nunca lhes faltaram, e ela exerceu grande influência em suas vidas; sobreviveu alguns anos a seu esposo Netuno e viu seu filho Marte firmemente estabelecido no trono.

Por essa época, Urano também assumira o lugar de seu pai, Mercúrio, como sumo sacerdote, e seu irmão Alcyone trabalhava como assistente dele. Foi depois nomeado representante do irmão na segunda cidade do reino – uma função que durante algum tempo separou a ele e seus filhos do resto de nossos personagens, embora se visitassem com freqüência. Embora seu filho mais velho, Viraj, tivesse nascido na capital, a maioria deles nasceu naquela cidade do Sul. De seus quatro filhos, Viraj e Corona escolheram a carreira política e militar, enquanto Orfeu e Norma ficaram satisfeitos em auxiliar nas tarefas administrativas e educacionais que faziam parte das atribuições sacerdotais.

Alcyone sempre teve grande amor pelas crianças e muito interesse em educação, e dedicou grande parte de seu tempo a implementar um projeto de treinamento para todas as crianças do país – um esquema semelhante ao dos escoteiros de hoje, só que incluía as meninas também. Muitos de nossos personagens se envolveram na concretização desse projeto, que Marte de imediato adaptou e estendeu a todo o reino, assim que lhe foi apresentado.

Quando completou 50 anos, Alcyone foi chamado de volta à capital e nomeado Ministro da Educação, uma função que exerceu com entusiasmo e eficiência até sua morte, com 74 anos.

As Vidas de Alcyone   125

Vida XII
(Ano 28129 a.C. – Manoa)

O próximo nascimento de nosso herói ocorreu novamente na grande capital de Manoa, na família real. Penso que dificilmente poderia haver melhores condições do que as que teve nessa encarnação, pois era filho de Marte e Hércules, tinha como irmãos Viraj e Brihat, casou-se com Mizar e, dentre sua família de oito filhos, apenas um, hoje, não se conta entre os adeptos.[12] Seu pai, Marte, tinha teorias próprias sobre os deveres reais, e Alcyone, como herdeiro, foi criado tendo em vista a posição que deveria assumir um dia.

Desde quando era bem jovem, o pai o chamava com freqüência para assistir aos momentos em que dispensava a justiça para o povo, e muitas vezes perguntava ao menino:

– Qual seria tua decisão se estivesses julgando esse caso?

Quando ele fez 14 anos, o pai o fez praticar diariamente a função de juiz, sem intervir no processo: ficava assistindo, em silêncio. Aos poucos, à medida que o filho crescia, o pai lhe ensinava as outras diversas atividades da função real. Eram bastante variadas, pois o pai supervisionava pessoalmente e de perto o trabalho dos ministros e tinha muitos planos de várias espécies que eles deviam estar prontos a executar.

O soberano era o chefe da Igreja, assim como do Estado, e uma de suas atividades era a extensão do ensino religioso. Correspondia em alguns aspectos ao que hoje chamaríamos de trabalho missionário, mas era muito mais liberal, mais tolerante e de concepção mais ampla. Em vez de tentar por métodos dúbios substituir uma superstição por outra, seus agentes se ocupavam principalmente de divulgar a doutrina da Luz Interna e explicar as imensas e amplas mudanças que essa crença trazia à vida cotidiana dos que a aceitavam. O que se pregava não era tanto a adoção de uma nova forma de religião, mas a sobreposição, a todos os tipos de crenças tradicionais, dos grandes princípios da paternidade de Deus e da irmandade de todos os homens e a conseqüente substituição da guerra pela paz e da competição pela cooperação. Ensinava-se que o nome pelo qual se chamava a divindade era imaterial, e que os ritos com que era adorada podiam variar de acordo com o temperamento do devoto. Qualquer forma de crença religiosa seria compatível com a crença na Luz, desde que reconhecesse a bondade de

---

12 Aqueles que atingiram o grau de Mestre após várias iniciações, passando a fazer parte da Hierarquia Oculta dos dirigentes planetários (N. do T.).

Deus; só eram consideradas inaceitáveis as que O vissem como um ser temível que exigia sacrifícios propiciatórios ou uma entidade malévola que se comprazia em torturar suas criaturas. As desse tipo eram chamadas "crenças das trevas", e as pessoas que as cultivavam eram olhadas com piedade e mesmo com um certo horror, porque negavam o amor de Deus.

Existia o que chamaríamos de "departamento de educação", mas era chamado de "departamento de treinamento dos cidadãos", e sua atividade diferia radicalmente de tudo que se faz atualmente. Os instrutores não procuravam encher a memória dos estudantes com fatos, mas ensiná-los a fazer as coisas – a construir, cozinhar, tecer, cultivar a terra, tratar ferimentos, curar doenças, consertar ossos quebrados, cavalgar, atirar, nadar, escalar –, todas as necessidades práticas de uma vida ao ar livre. Isso era ensinado a todos da mesma forma, meninos e meninas, junto com exercícios para o desenvolvimento do físico. As crianças que demonstrassem plenas habilidades nesses requisitos preliminares podiam escolher a atividade que desejavam seguir na vida, e eram então preparadas para tal. Todos aprendiam a ler e escrever, e também um conjunto de versos religiosos; a literatura do país, entretanto, só era estudada a fundo por aqueles que tinham especial inclinação por isso e o escolhiam como vocação. A maior tarefa do departamento de educação se constituía na descoberta das aptidões e méritos, e era considerado vergonhoso para seus funcionários se alguém fosse desempenhar uma atividade que não fosse adequada para si.

Numa região tão seca, é natural que o departamento de irrigação tivesse uma posição importante. A seu cargo estavam o represamento e o controle dos rios, e a abertura e manutenção de um vasto sistema de canais; mas sua atividade não se resumia a beneficiar o país em geral: também podia enviar funcionários para examinar áreas específicas e criar os sistemas de abastecimento de água mais convenientes. Era um dos deveres do governo fornecer água a todo seu povo, e para isso faziam projetos complexos e elaborados; como conseqüência, todo o país tornou-se extremamente fértil.

Existia também um departamento de agricultura, cujos funcionários instruíam o povo sobre a melhor utilização de certos solos, e fornecia todo o tipo de novas sementes e cultivos. Mantinha também representantes em lugares distantes do império e até em alguns países estrangeiros, que estavam sempre em busca de algo novo em matéria de árvores e plantas que pudessem ser úteis à nação. Dessa forma, muitas árvores e

As Vidas de Alcyone

vegetais estrangeiros foram introduzidos; alguns deles se mostraram tão úteis que se tornaram definitivos na Ásia.

Um outro departamento se ocupava do incentivo a produtos manufaturados de diversas espécies, e dedicava-se sobretudo a experimentos – de todos os tipos imagináveis, nas numerosas linhas de manufatura existentes no reino. Também mantinha representantes no estrangeiro, sempre buscando novas descobertas e novas e melhores técnicas. Havia, naturalmente, várias subdivisões: tecelagem, cerâmica, escultura, fundição de ferro e muitas outras, pois a civilização de Manoa atingira um elevado nível.

Outro setor de atividade do governo era a conservação de estradas e comunicações, a que se dava muita atenção. Uma de suas subdivisões se ocupava da abertura de novas rotas de comércio, fazendo com que caravanas regulares passassem a utilizá-las.

Cada um desses departamentos do governo tinha seus próprios dirigentes e especialistas, mas o rei tinha que entender de tudo e supervisionar todos; assim, como parte de sua formação, Alcyone passou algum tempo em cada um, estudando e observando cuidadosamente. Quando mais tarde subiu ao trono, manteve todos funcionando com alto nível de eficiência, e fazia-lhes freqüentes visitas de surpresa, auxiliando-os ele próprio. "Plagiava antecipadamente" os métodos do famoso Califa Harum-al-Raschid, pois muitas vezes misturava-se ao povo, disfarçado, para fazer justiça e descobrir o mérito das pessoas. Dessa forma encontrou entre a multidão de seus súditos alguns servidores honestos e inteligentes que de outra forma teriam permanecido ignorados. Algumas de suas aventuras durante essas curiosas incursões secretas lembram as do grande califa. Muitas vezes fazia-se acompanhar por seu irmão Viraj, e mais tarde por seu filho Mercúrio.

Os deveres de um monarca autocrático nessa época remota eram muitos e variados, e Alcyone desempenhou-os com esmero. Esquecia-se de si próprio a serviço de seu povo, e morreu relativamente cedo para ele, aos 62 anos – em grande parte vítima de um extremado senso de responsabilidade e de um sistema de excessiva centralização.

Sua irmã Yajna havia desposado Corona; quando, após a morte de Alcyone, seu filho Mercúrio o sucedeu no trono, os conselhos de Corona e sua notável capacidade de organização foram inestimáveis para o novo rei, que com o auxílio dele conseguiu dividir o trabalho de forma que tudo pudesse ser cumprido com eficiência, sem tornar a condição real demasiadamente pesada.

Nessa existência exaustiva, de muito trabalho, não há acontecimentos especiais que mereçam descrição, porém foi sem dúvida uma vida de treinamento para ele, em que fez progressos decisivos.

Vida XIII
(Ano 27527 a.C. – Irlanda)

A vida seguinte de nosso herói nos leva pela primeira vez a um território que hoje faz parte do Reino Unido, embora a região fosse tão diferente nessa época que só com dificuldade se pode identificar os lugares.

As Ilhas Britânicas não existiam; o Rio Tâmisa era um afluente do Reno, que desaguava num oceano ao Norte, perto das Ilhas Shetland; podia-se chegar por terra à Noruega, à Espanha ou à China, e os habitantes dali gozavam de todas as vantagens e desvantagens de pertencer a um grande continente.

Nossa atenção se dirige a uma região que é hoje a Irlanda. A maior parte dela era uma espécie de platô não maior do que na atualidade. A população, que era escassa, agrupava-se em torno das montanhas, ou melhor, em lugares abrigados no lado Sul de cada montanha. Isso resultava num aspecto curioso: cada monte com altura suficiente para oferecer abrigo tinha um pequeno distrito, construído nos moldes das modernas cidades-jardim: cada casa com seu próprio terreno, todas indefectivelmente voltadas para o Sul e abertas ao sol. As áreas desabrigadas entre os montes eram ocupadas por imensas florestas ou extensões desertas batidas pelo vento.

A raça dirigente, a que pertenciam todos os nossos personagens, revelava nos hábitos que viera de um clima meridional: seus membros tinham um insuperável amor pelo sol e a vida ao ar livre.

Eram um pequeno ramo daquela quinta sub-raça atlante da qual tinham sido escolhidos os que o Manu conduzira para a Ásia, para serem os ancestrais da raça ariana. Eles dividiam a região com uma raça mais antiga, de homens menores e mais escuros, com largas faces mongólicas, que viviam em aldeias de choupanas nas florestas e sobreviviam da caça e de uma agricultura bastante primitiva. Em outras épocas, essas aldeias viviam continuamente em guerra umas com as

As Vidas de Alcyone   129

outras, e havia ataques freqüentes, em que os rebanhos de cabras, que constituíam quase que a sua única forma de riqueza, eram levados como despojos de guerra pelos vencedores. Mas desde que a nova raça invadira a região, insistira em manter a paz, e obrigara os habitantes de cada aldeia a se restringirem a certos limites determinados, indicando entre eles um líder responsável por manter a ordem e por recolher deles um pequeno imposto anual como reconhecimento à soberania dos recém-chegados. Sob esse novo regime as aldeias daquela raça tornaram-se prósperas, e sua população e riqueza aumentaram rapidamente. Aceitaram o domínio dos estrangeiros brancos sem dificuldade, acreditando que eram uma raça semidivina, que recebia graças de seus ancestrais divinos, e os consideravam invencíveis nas batalhas.

Os homens brancos eram bondosos no trato com os nativos, mas não havia muitas relações entre as duas raças, e quase nenhum casamento inter-racial, embora nenhuma lei o proibisse. A região era fértil, embora úmida, e não era superpovoada; os gostos das duas raças eram simples, e assim viviam satisfeitos e com um conforto algo rústico.

A raça branca tinha vindo do Sul poucas décadas antes disso, assumindo essa situação dominante sobre a outra praticamente sem oposição. Seus líderes eram, como sempre, o rei e um sacerdote – que eram vistos como figuras à parte dos demais, e suas famílias preferiam casar-se entre si a buscar esposos entre as outras. Assim, duas grandes linhagens se tinham criado, e de seus ramos mais novos formou-se uma classe nobre. As duas funções eram hereditárias, e à época em que nossa história começa, seus detentores eram Marte e Surya.

O Rei Marte havia desposado Vesta, uma prima de Surya, mas Surya tinha ido buscar sua consorte muito mais longe, e fora levado até lá por uma estranha e fantástica visão.

Entre aquela raça, as visões eram comuns, e dava-se muita importância a elas; essa retornava constantemente, e se impôs como uma verdadeira mensagem dos deuses.

Surya tinha apenas 10 anos quando a teve, ou melhor, quando pôde recordá-la com clareza pela primeira vez. Enquanto dormia, viu-se flutuando bem alto, contemplando lá embaixo uma cidade de maravilhosa beleza – maior do que jamais tinha visto com seus olhos físicos, ou imaginado possível. Ficava à beira de um grande lago, no qual havia uma ilha coberta de magníficos prédios brancos, que parecia a seu olhar extasiado as próprias paragens celestiais.

Mas não foi atraído para a maravilhosa ilha, e sim para uma casa grande e baixa, situada dentro de um extenso parque, um pouco fora da cidade. Nesse parque, enxergou uma menina, com talvez uns oito anos de idade – uma garota de rara beleza, a quem ele de alguma forma sentiu que conhecia e amava com tal intensidade que o deixou estupefato. Ela estava sozinha, à beira de um tanque feito de grandes pedras, contemplando alguns peixes de cores brilhantes que ali nadavam; quando ele desceu para ver melhor o seu rosto, ela se inclinou demais, e, dando um grito, caiu n' água. Naturalmente não sabia nadar, e a parede do tanque erguia-se, perpendicular e lisa, muito acima de sua cabeça. Mas antes que ela mergulhasse novamente, Surya viu-se dentro d' água, junto dela, segurando-a e tentando nadar na direção de alguns degraus que desciam até o nível da água. Era um tremendo esforço, porque ela lhe rodeara o pescoço com os braços, cerceando-lhe os movimentos; na verdade, quase o afogou. Com um último e desesperado esforço, afinal sentiu seus pés tocarem os degraus. De algum modo conseguiram escalar os mesmos, e jogaram-se na grama; a menina, que não tinha soltado os braços de seu pescoço, olhou-o no fundo dos olhos e deu-lhe um longo e carinhoso beijo. E então ele despertou em sua cama, na Irlanda distante, sentindo ainda o beijo, e com as roupas encharcadas da água daquele tanque na Ásia Central!

As Vidas de Alcyone

Tão emocionado ficou com a aventura, e com tanta certeza de que era um fato real e não apenas uma visão, que correu imediatamente ao quarto dos pais e acordou-os para contar a história, mostrando as roupas encharcadas para provar. Eles ficaram bastante perplexos, sem poderem compreender como aquilo podia ter acontecido, mas não deixaram de acreditar, porque em sua raça havia uma tradição de fatos estranhos não muito diferentes daquele – de sacerdotes que tinham o poder de aparecer e desaparecer misteriosamente, de serem vistos à distância enquanto dormiam, e de salvar pessoas fisicamente distantes. E a mãe de Surya já estava predisposta a acreditar em coisas incríveis de seu nobre e destemido filho; assim, como uma outra mãe mais adiante nesta história, ela guardou e considerou todas essas coisas no coração.

Surya ficou muito intrigado com o fato de conhecer tão bem a menina, e amá-la tão intensamente, e mesmo sendo uma criança decidiu que só a ela dedicaria sua vida – que só ela, e nenhuma outra, seria sua esposa quando crescesse.

A lembrança de sua estranha aventura permaneceu viva e nítida em sua mente. Como tinha certa habilidade para o desenho, fez vários retratos da menina, e também um desenho do tanque e da casa que tinha visto. Não tinha idéia de em que parte do mundo se localizava esse lugar, e nem seu pai, o sumo sacerdote, pôde ajudá-lo, pois embora os sacerdotes fossem os principais depositários da sabedoria de seu povo, a Geografia não era o seu forte.

Embora não soubesse onde ela morava, Surya acreditava indiscutivelmente na existência da heroína da história, e decidiu que quando crescesse a encontraria. Ele costumava entregar-se muito a devaneios, e ela passou a participar deles; gostava de ficar sozinho, e passava horas muito satisfeito, caminhando ou deitado ao sol, imaginando intermináveis histórias nas quais ambos viviam toda espécie de movimentadas aventuras. Com isso alimentava cada vez mais a chama de seu amor, e por fim resolveu fazer um intenso esforço para deixar o corpo e encontrá-la novamente, com uma materialização deliberada. Havia muito já tinha indagado a seu pai da possibilidade de fazer isso, mas o sumo sacerdote o dissuadiu de tentar, dizendo que esse poder só podia ser obtido por um longo e severo treinamento, que só podia ser feito por um adulto com grande força de vontade, e não por um menino de pouca idade.

Mas por fim seu desejo tornou-se forte demais para suportar; assim, uma noite, após uma fervorosa prece à Divindade

132 C. W. Leadbeater

Solar, ele se recolheu ao leito e entregou-se à grande experiência, determinado a conseguir ou morrer na tentativa. Depois de muito esforço, pareceu-lhe que algo estalava, e de imediato viu-se livre do corpo e flutuando no ar. De início assustou-se, mas se recompôs rapidamente, e ao dirigir a vontade com força para o objetivo começou a se deslocar rapidamente. Mantinha suficiente autodomínio para dar-se conta da direção em que ia, orientando-se pelas estrelas, como tinha aprendido em corpo físico. Pareceu-lhe uma longa viagem, e antes que terminasse, as estrelas que mal estavam se erguendo no horizonte quando partira estavam bem além do zênite, indicando que devia ter percorrido um quarto da circunferência do globo. E então, de forma inesperada, viu-se em meio a uma aurora rosada, e na claridade suave viu a cidade e a ilha que conhecia.

Rapidamente localizou a comprida casa baixa, o jardim e o tanque; pousou ao lado deste, e ali ficou pensando no que fazer, desejando com intensidade que seu amor viesse a seu encontro. E isso aconteceu – ela veio correndo pelo jardim, dançando de leve sobre a relva, seguida a certa distância por uma dama de ar distinto mas amável, evidentemente sua mãe. Tinha ficado mais alta e mais bonita; quando o viu, deteve-se um instante, atônita, e depois, reconhecendo-o, correu para ele com uma exclamação alegre e rodeou-lhe o pescoço com os braços. Deixando transbordar o sentimento contido por tanto tempo, ele a apertou contra o peito, recompensado pela longa espera dos últimos quatro anos; pareceu-lhe que na Terra não haveria felicidade maior que se pudesse prolongar esse instante para sempre. Mas em seguida o momento terminou, porque a mãe dela chegou e ficou olhando para eles com uma expressão de perplexidade intensa, mas não hostil. Soltando-o do abraço, mas tomando-o pela mão, a menina começou a falar animadamente, numa língua totalmente desconhecida para ele, e a mãe, sorrindo, abraçou-o e beijou-o com carinho. Ele se dirigiu a ela com uma saudação respeitosa, como aprendera a fazer com as grandes damas de sua terra, mas era evidente que suas novas amigas não entendiam sua língua mais do que ele a delas. A mãe dirigiu-se a ele tentando várias línguas, mas nenhuma delas lhe disse nada. Vendo isso, ela o tomou pela mão e o levou na direção da casa, com a filha pendurada ao braço dele no outro lado.

Embora tomada pela mais profunda felicidade, Surya tinha uma aguda consciência do fato de que estava usando apenas um singelo traje de dormir, enquanto suas companheiras usavam roupas de ricos tecidos que, embora bem diferentes de tudo que ele conhecia, obviamente eram seus trajes habituais. Mas consolou-se com a idéia de que, como deviam considerá-lo um estrangeiro de algum país desconhecido, poderiam supor que o modo de vestir de lá fosse mais simples. A casa para onde o levaram era mobiliada mais ricamente do que todas as que ele conhecia, e quando o conduziram a uma sala de refeições, notou que tanto os alimentos como a forma de comer eram diferentes. Como era um menino observador, olhando discretamente os modos de suas anfitriãs, conseguiu desempenhar-se honrosamente na refeição, e achou os alimentos saborosos, embora o gosto fosse inteiramente novo para ele.

Assim que o desjejum terminou, um homem alto, de aspecto imponente, entrou e foi efusivamente recebido pela menina, que de imediato apresentou-lhe o amigo. Ele colocou a mão na cabeça de Surya, como que o abençoando com o olhar penetrante, que parecia ler no fundo de sua alma. A sondagem foi satisfatória, pois em seguida o atraiu ao peito num carinhoso abraço, e depois o abençoou novamente. Também tentou falar com ele em diversas línguas, mas nenhuma ele pôde compreender. Após escutar uma longa história contada com animação pela menina, com algumas palavras de confirmação da mãe, ele sorriu bondosamente para Surya e deixou a sala.

A menina levou-o então para jardim, conduzindo-o para um banco de pedra curiosamente esculpido, sentou-se ao lado dele e tentou estabelecer alguma comunicação. Primeiro apontou para si e repetiu várias vezes uma palavra que ele entendeu ser o nome dela, e ficou muito contente quando ele o repetiu. Depois apontou para ele, evidentemente perguntando-lhe o nome; ele o disse, e depois de algumas tentativas, ela conseguiu pronunciá-lo corretamente. Depois ela começou a apontar para vários objetos, dizendo-lhes o nome em sua língua; ele os aprendeu rapidamente, embora a entonação fosse totalmente diversa da sua. Ela o fez aprender várias outras palavras, cujo sentido ele apenas podia imaginar; mas no decurso de duas ou três horas aprendeu um bom número de palavras soltas e algumas pequenas frases de cujo sentido ele não tinha certeza absoluta. Por fim a mãe dela se aproximou e, vendo o que faziam, tentou ensinar também.

Subitamente, quando os três estavam concentrados nos esforços dele para pronunciar uma palavra especialmente difícil, ele foi invadido por uma sensação estranha; mergulhou por instantes num estranho redemoinho e ficou inconsciente.

134   C. W. Leadbeater

Despertou sentindo uma fraqueza e lassidão como nunca experimentara antes: estava em sua cama da Irlanda, com sua mãe inclinada sobre ele, preocupada com seu estado.

Depois de alguns minutos conseguiu falar, e perguntou debilmente onde estava a menina. A princípio ninguém o entendeu, mas por fim a mãe compreendeu que ele devia estar se referindo ao que eles chamavam de seu sonho. Estava ansioso para contar sua história, mas sentia-se fraco demais para falar. Vendo isso, a mãe o fez calar e dormir novamente. Se, durante o sono, ele voltou a ver suas amigas no jardim, não guardou lembrança disso ao acordar.

Por certo o seu esforço violento e persistente tinha submetido a uma tensão excessiva alguma parte do cérebro, pois vários meses se passaram até que se recuperasse totalmente. Seus pais o fizeram prometer que nunca mais arriscaria a vida e a razão tentando ir aonde estava claro não ser natural que fosse. Ele prometeu com relutância, mas declarou com inabalável convicção que sua jovem amada realmente existia, e sua intenção de sair pelo mundo a procurá-la.

Anotou com cuidado as palavras e frases que aprendera, e perguntou a todas as pessoas instruídas que encontrava se as reconheciam, mas nenhuma foi capaz.

Contudo, três anos mais tarde, chegou ao país um viajante de raça desconhecida, que não entendia a língua local; como ninguém podia falar com ele, levaram-no ao sumo sacerdote, o mais erudito do povo, esperando que pudesse se comunicar com ele. O sumo sacerdote não conseguiu; mas Surya, que estava presente, achou que reconhecia a entonação, e tentou dizer ao estrangeiro algumas das palavras e frases que lembrava bem. O rosto do viajante se iluminou imediatamente, e começou a falar rapidamente na língua dos amigos de Surya. Este não conseguiu entendê-lo, mas obteve a permissão do pai para receber o estrangeiro como hóspede, e dedicou-se, várias horas por dia, a trabalhar com empenho até que cada um ficasse conhecendo bastante da língua do outro; assim, conseguiram trocar idéias.

Ficou sabendo que bem longe, ao Sul, às margens de outro mar, havia muitos que falavam sua língua. e como os de sua raça haviam muitas vezes viajado pelo Mediterrâneo, e alguns tinham mesmo se estabelecido ali, esperava que indo para lá encontrasse alguém que conhecesse bem aquela língua e a sua. Pediu então permissão ao pai para empreender essa viagem, mas este sugeriu-lhe que esperasse mais um ano, até que assumisse plenamente o sacerdócio. Ele concordou, mas não esqueceu sua decisão; assim, no devido tempo, dirigiu-se para uma grande cidade do Sul, onde não teve dificuldade de encontrar um professor, como desejava.

Então, pela primeira vez, obteve informações claras sobre o país de suas experiências; encontrou homens que conheciam a cidade e a ilha que ele descrevia detalhadamente e podiam dar-lhe uma idéia de onde se localizavam e da distância. Ambas as informações concordavam de perto com os cálculos que fizera em sua observação das estrelas. Porém não contou a ninguém daquelas estranhas visões ou visitas, guardando a lembrança delas para si como algo sagrado. Antes de voltar para casa aprendeu a língua de Manoa, tão bem que a podia falar como a sua própria, preparando-se para a visita que pretendia fazer à Ásia Central.

Seus pais tinham se conformado com sua decisão de empreender essa longa jornada, mas a mãe rogou-lhe que não fosse ainda, que esperasse alguns anos. Mas a data de sua partida acabou sendo determinada por outra visão, diferente das anteriores.

Dessa vez ele se viu não no jardim, mas dentro da casa, num aposento onde não tinha entrado. Não tivera nenhuma intenção específica de ir a Manoa naquela noite (embora a idéia não lhe saísse da cabeça), nem guardou qualquer lembrança do deslocamento até lá. Simplesmente achou-se vendo e ouvindo uma conversa entre sua bem-amada (agora uma jovem alta e linda) e a mãe, e o conhecimento que adquirira de sua língua permitiu-lhe entender tudo. Viu que discutiam uma proposta de casamento que fora feita por um admirador de elevada condição, que evidentemente era considerada muito interessante. A mãe estava insistindo para que aceitasse o pedido, ou pelo menos expondo suas vantagens, mas a moça não queria saber dele, e declarou que não desejava se casar. Depois que o assunto foi colocado sob vários ângulos e a jovem continuava desinteressada, a mãe observou:

– Minha querida filha, sei exatamente o que estás sentindo; nunca te esqueceste de teu admirador-fantasma e não admites a idéia de ser infiel a ele. Compreendo-te muito bem, mas também sinto que não temos absolutamente nenhuma certeza de que ele realmente existe, de que ainda vive, de que por sua vez ainda seja fiel a ti. Mesmo que esteja vivo, e que ainda te ame, pode ter sido obrigado casar-se em sua terra; não sabemos nada de seus costumes, sequer sabemos de onde é. É certo sacrificar tua vida a algo que, afinal, pode ter sido apenas um estranho tipo de sonho, inusitadamente vivo? Sabes que teu pai e eu desejamos te ver casada, e nunca terás uma proposta melhor do que esta.

A moça admitiu que seu coração pertencia inteiramente ao rapaz-fantasma, e declarou com franqueza que, embora não soubesse se o veria novamente, preferia ficar solteira para sempre a casar com qualquer outro, pois sentia que o garoto que vira de forma tão estranha só duas vezes era seu verdadeiro companheiro. A mãe reconhecia que sua intuição lhe dizia o mesmo, embora no plano físico essa posição fosse difícil de defender.

– Se ao menos ele aparecesse outra vez – disse –, talvez pudéssemos descobrir alguma coisa mais sobre ele, e teríamos um motivo aceitável para ao menos pedir uma protelação.

Surya escutava isso, e ardia de vontade de manifestar-se, mas se lembrou da promessa feita a sua mãe e ficou dividido entre duas lealdades. De repente, ocorreu-lhe pensar por que se encontrava invisível a suas amigas, embora as pudesse ver e ouvir claramente. Sem entender isso, concluiu porém que o estado em que se encontrava era diferente dos anteriores, e sentiu intuitivamente que, mesmo que se sentisse livre e quisesse produzir o mesmo fenômeno anterior, não teria êxito. Então voltou a atenção noutro sentido. Estivera ultimamente estudando o que hoje chamamos de mesmerismo, e ocorreu-lhe utilizar esse conhecimento. Concentrou todo seu poder, buscando imprimir na mente da jovem a realidade de sua presença, e em poucos momentos viu que estava conseguindo. Ela sobressaltou-se, voltou-se na sua direção, e perscrutou com intensidade o canto da sala onde ele se encontrava. Redobrou os esforços, colocando toda sua alma num olhar ardente, e imediatamente ela deu um grito alto:

– Mãe, ele está aqui! Não estás vendo?

Correu na sua direção, mas os braços estendidos passaram através dele, e exclamou:

– É apenas um fantasma! Não posso tocá-lo! Ah, deve estar morto!

Ele transmitiu-lhe com toda a força a resposta:

– Não, estou vivo! Dentro de um ano virei buscar-te.

Ela ouviu e compreendeu, e ansiosamente repetiu essas palavras para a mãe.

Então ele dirigiu o fluxo de sua vontade para a mãe, e ela o enxergou também, por um instante; depois, a energia refluiu

As Vidas de Alcyone

para ele, que desapareceu da vista das duas. Mas ainda conseguiu vê-las cair nos braços uma da outra, derramando lágrimas de alegria, e ouviu-as comentando sua aparência nobre e dizendo que cumprira sua promessa de infância.

Então ele retornou ao corpo e ergueu-se muito agitado e fortemente decidido; assim que amanheceu dirigiu-se aos pais e contou-lhes o que tinha visto e ouvido. Eles concordaram que seu destino estava decidido, e que nesse caso a vontade do Deus-Sol estava claramente manifesta. Seu pai contou de público esses fatos, num dos grandes encontros religiosos, como uma prova do interesse da Divindade por seus adoradores, e enviou o filho na longa jornada, com uma equipagem digna de sua condição.

Conclui-se, pelas evidências, que na primeira visita a Manoa, quando era menino, ele se encontrava em corpo astral, da maneira comum, e provavelmente se materializou atraindo a substância necessária do plano etérico circundante; pode ser que seu intenso desejo de ajudar tenha sido suficiente para permitir-lhe fazer isso, ou talvez ele tenha sido auxiliado por alguém que se encontrasse por ali, ou por um dos Grandes Seres que acompanhava seus esforços. O fato de ter acordado com suas roupas físicas molhadas sugere que ele utilizou matéria de seu próprio duplo etérico,[13] e isso afetou-o tanto que levou semanas para se recobrar. Mas isso também o tornou capaz de manter a materialização por muito mais tempo que o comum, comer e beber e repetir claramente as palavras que lhe disseram. Na terceira visita, ele não se materializou, mas mesmerizou a mãe e a filha para que acreditassem tê-lo visto.

Com os meios de transporte disponíveis à época, ele levou quase um ano para chegar à cidade de Manoa: quando chegou, dirigiu-se logo para a casa e o jardim que conhecia tão bem. Foi uma sensação curiosa chegar em corpo físico aonde antes estivera apenas em astral. Perguntando na vizinhança, descobrira o nome da dona da casa, e perguntou por ela. Quando chegou à sua presença, ela o reconheceu de imediato, e acolheu-o com profunda alegria e muitas exclamações de surpresa. Mandou chamar imediatamente a filha, e, quando esta entrou na sala, jogou-se nos braços dele com uma alegre exclamação de triunfo e amor.

Receberam-no de imediato na condição de amigo da família, ou antes de um membro dela, e Surya não perdeu tempo para indagar sobre a versão que elas tinham da incrível história

---

13 Ectoplasma, que existe tanto no duplo quanto na própria natureza (N. do T.).

de seus encontros anteriores. Coincidia perfeitamente com suas próprias lembranças em todos os detalhes, mas naturalmente elas contaram do choque e da perplexidade que sentiram ao vê-lo desvanecer, quando das primeiras visitas. Nunca tinham duvidado de que ele fosse uma pessoa real, embora apenas a menina tivesse uma certeza inabalável de que o encontraria um dia na matéria.

Por fim chegou o pai, e Surya foi apresentado a ele; foi então que pela primeira vez ele realmente explicou quem era e de onde vinha, pois antes estavam tão ocupados discutindo as visitas anteriores que não houvera tempo para mais nada. Sua auto-apresentação foi considerada totalmente satisfatória, embora sua futura sogra ficasse muito séria ao compreender quão distante de Manoa era o futuro lar de sua filha. Surya explicou cuidadosamente que na Irlanda havia menos luxo que em Manoa e que eles viviam essencialmente ao ar livre, mas para sua amada isso significou menos que nada. Ela não dava atenção a nada mais, agora que tinha finalmente encontrado o amado que durante tantos anos fora para ela em parte uma visão e ao mesmo tempo a imagem mais viva em sua consciência. Naturalmente ela preenchera com a imaginação as numerosas lacunas do que dizia respeito a ele, e ficou surpresa ao constatar em quantos casos tinha imaginado exatamente certo. Finalmente começaram a ver que algum tipo de clarividência ou intuição a tinha guiado quando supunha estar dando asas a sua fantasia.

Tinha sido tão evidente a manifestação do poder divino naquela extraordinária história que nem passou pela cabeça dos pais dela objetar à sua partida para um país distante e desconhecido, mas pediram algum tempo e por fim ficou decidido que o casamento se realizaria de imediato, mas que os recém-casados ficariam residindo na casa da noiva durante um ano, na esperança de que seu primeiro filho pudesse nascer sob aquele teto. Surya concordou alegremente e despachou um de seus homens de volta à Irlanda para levar notícias a sua mãe da chegada, do casamento e desses planos, pedindo-lhe que se preparasse para dentro de um ano receber sua nova nora.

Os 12 meses se passaram rapidamente, e, antes que terminassem, as esperanças dos mais velhos se concretizaram: nasceu um belo menino – nosso amigo Electra.

Quando chegou o momento de se despediram, o jovem casal com o bebê iniciou sua jornada para o que era, em todos os sentidos, um mundo novo para ela, mas seu amor era tão

As Vidas de Alcyone

139

grande que não se perturbou.

A viagem foi boa, e o feliz casal recebeu uma acolhida de reis – literalmente, pois os pais de Surya haviam contado a romântica história e o rei ficara extremamente interessado nela, e convidou os viajantes para uma visita. Eles foram, e o rei os recebeu com todas as mostras de seu favor, e quis que ficassem por mais tempo na corte; Surya, entretanto, desejava levar sua esposa logo para casa, para entregá-la aos cuidados de sua mãe.

Logo Electra ganhou uma irmãzinha – Mizar, a quem amava desde longas eras, e continuaria novamente a fazê-lo nessa vida.

Assim, vemos que foi introduzido sangue ariano na família do sumo sacerdote; mais tarde ela se mesclou com a família real, pois o rei manteve sua amizade para com aqueles que sentiu serem abençoados pela Divindade. Manteve relações estreitas com eles, e finalmente o seu filho mais velho desposou Mizar e duas de suas filhas casaram-se com filhos de Surya. Electra tomou por esposa Brihat, e Rama desposou Vulcano.

Electra e Brihat tiveram três filhos e quatro filhas, e seu primogênito foi nosso Alcyone, que assim tornou-se o sucessor direto da função de sumo sacerdote.

O sacerdócio era uma atividade muito interessante, pois incluía não só o ensino religioso para o povo mas também a educação das crianças. Todas as crianças aprendiam a ler e escrever numa curiosa escrita redonda; adoravam o sol como fonte da vida e símbolo ou manifestação da Divindade. Cantavam diariamente hinos a ele dirigidos, ao amanhecer e ao crepúsculo, e em determinadas épocas do ano havia festivais em seu louvor.

Electra era um pai compreensivo, e tinha a confiança plena do filho; sentiam-se felizes juntos. Alcyone também era o predileto de seu avô Surya e de sua avó Dhruva, e do que mais gostava era sentar-se junto dela para ouvi-la contar as maravilhosas histórias da cidade onde seu pai tinha nascido, de suas largas avenidas e magníficos edifícios, e mais que tudo da maravilhosa beleza e serenidade dos imensos templos construídos não se sabia há quanto tempo, pelas mãos de gigantes e homens divinos da antiguidade, sobre a misteriosa Ilha Branca.

– Por que nós não temos templos assim aqui, avô? – perguntou ele a Surya um dia.

O sumo sacerdote respondeu:

– Meu filho, cada raça tem seus próprios costumes e suas

próprias formas de adorar a Deus; desde que O reconheçam, pouco importa como. Nós não possuímos templos porque nossos antepassados nos ensinaram que Deus está em toda parte, e que não precisamos separar um momento ou local para servi-lO, pois nosso amor por Ele deve estar sempre presente em nosso coração, e cada bosque, campo ou casa é para nós um templo a serviço d'Ele – e cada dia é um dia santo para honra-lO. Achamos que as árvores e o céu que Ele criou são maiores que as criações humanas, e por isso fazemos deles as colunas e o teto de nosso templo. Pela mesma razão temos poucas cerimônias, pois acreditamos que nossa vida toda deve ser uma longa cerimônia de devoção a Ele. Não podes recordar como, logo depois que nasceste, foste levado ao cimo da montanha ao amanhecer, para o grande altar de pedra perto do topo, e colocado sobre ele para esperar o beijo matinal de Nosso Senhor, o Sol, e como, quando o primeiro raio de luz rosada desceu sobre ti, eu te abençoei em Seu nome e ofereci tua vida como oferenda a Seu serviço, e teu corpo como um canal para Seu amor. E se assim quiser, mais tarde haverá outra cerimônia em que serás dedicado para um serviço ainda mais pleno, quando te tornares um sacerdote como eu e teu pai.

Alcyone ficou satisfeito; apesar disso, decidiu que quando crescesse iria viajar para a distante Ásia Central e visitaria a grande cidade com a qual sentia o seu destino tão misteriosamente ligado. E manteve essa decisão: fez a viagem, levando presentes do Rei Marte da Irlanda para o imperador de Manoa, e passou dois anos naquela cidade que muitos séculos antes ele tinha ajudado a construir. Talvez por isso, ou por causa das muitas histórias que ouvira sobre ela, sentia que nada ali era estranho para ele, e se sentia tão em casa lá como em sua terra natal.

Sua bisavó ainda vivia, e ficou muito feliz ao vê-lo e mostrar-lhe o tanque onde seu avô tinha salvado sua avó, o quarto onde seu pai nascera e todas essas lembranças do passado com que os mais velhos se deleitam. Gostou muito dele e encheu-o de ricos presentes, de forma que após sua estada de dois anos em Manoa voltou para casa muito mais rico do que antes. Quando chegou, era ele agora quem tinha histórias para contar a sua avó Dhruva – histórias do país que 40 anos atrás ela tinha deixado por causa de seu amor, mas que nem por um só dia esquecera.

Pouco após retornar, ele desposou sua prima Mercúrio, a quem amava desde o nascimento, ou pelo menos desde o dia

As Vidas de Alcyone   141

em que, bem pequenino, fora levado ao alto da montanha por sua mãe para assistir à consagração da filha de seu tio Rama.

Não muito depois do casamento seguiu-se a cerimônia de sua própria consagração, quando foi iniciado em todos os mistérios do sacerdócio – um momento de profundo significado, cuja lembrança permaneceu com ele pelo resto da vida. O lugar foi, como sempre, o altar de pedra pré-histórico próximo ao cimo da montanha, que se tornara sagrado pelas muitas cerimônias; a ocasião era, como antes, o momento em que o primeiro raio de sol do amanhecer tocasse a fronte do candidato, coroado de rosas e lírios, para indicar o amor de Deus que iria pregar, e a pureza da vida que devia levar. A cerimônia foi realizada por seu avô Surya, que no decorrer dela fez a seguinte exortação:

– Esta é uma ocasião importante para ti – talvez a mais importante desta vida, porque te faz ingressar na irmandade daqueles cuja tarefa é manter acesa a chama do bom exemplo. Procura jamais falhar a esses deveres, e usar dignamente o poder que te conferi hoje. Lembra sempre que esta vida é apenas uma entre muitas – um degrau de uma grande escada que leva ao portal do templo de nosso Senhor, o Sol. Quando finalmente subires todos os degraus e entrares no glorioso portal, à tua frente se abrirá um luminoso destino. Serás servidor dos servos de Deus, para ajudá-los no caminho que a Ele conduz, e guiar-lhes os passos na senda da paz e da felicidade. Mas para uma função tão grandiosa, é árdua a preparação. Em muitas vidas anteriores viveste entre nós, os reis e sacerdotes da Terra que são tua verdadeira família espiritual, para que seu espírito pudesse te envolver, e pudesses te tornar uma só mente e coração com eles. Durante algumas vidas ainda irás fazer o mesmo, mas antes do final haverá épocas de teste, em que ficarás sozinho e longe de nós, vivendo em níveis inferiores e entre os menos evoluídos, pois somente assim teus últimos débitos serão pagos, só assim pode-se desenvolver a compaixão absoluta e obter o poder que permite a um Príncipe da Vida e da Morte oferecer a sua vida no auto-sacrifício final para a salvação do mundo. O Sol, nosso Senhor, brilha eternamente; conserva tua mente ligada a Ele, e aprende a enxergá-lO através das nuvens mais escuras, para que Seu reflexo em ti se mantenha sempre, e em ti o Seu povo encontre uma porta sempre aberta para chegarem a Seus pés; que por meio de ti possam ser salvos de seus erros, sofrimentos e ignorância, e por teu intermédio os pequenos córregos de suas vidas possam alcançar o oceano ilimitado de Sua infinitude, o oceano de bem-aventurança eterna que é a vida divina.

* * *

Alcyone e Mercúrio tiveram nove filhos – todos personagens que já conhecemos bem. O primeiro foi Sirius – dessa vez, uma menina; o filho mais velho foi Corona. Quando chegou a hora, Surya partiu desta vida e Electra tornou-se o sumo sacerdote; por essa época também Marte morreu, e Viraj sucedeu-o no trono, e Mizar, tia de Alcyone, tornou-se a rainha.

Agora que nosso herói era o sucessor na função de sumo sacerdote, muitas vezes substituía o pai, sendo o seguinte em poder e importância. A residência do sumo sacerdote não era na capital, portanto os centros do poder civil e religioso não coincidiam. Mas não havia nenhuma rivalidade entre eles, pois cada um atuava numa esfera, em que o outro não interferia.

Não é possível atualmente identificar o local em que se situava a capital, pois foi coberto pelo oceano nas transformações que acompanharam o afundamento de Poseidônis, mas a montanha onde Surya oficiava ainda existe, e é conhecida hoje como Slieve-la-mon, em Tipperay. Os sacerdotes do Sol entendiam bastante de magia, e eram bem familiarizados com as diversas ordens de espíritos da natureza, assim como os devas maiores; foi Surya quem conferiu a Slieve-la-mon o caráter sagrado que guarda até hoje. O aspecto que tem atualmente foi dado pelos sacerdotes de Tuatha-de-danaan, em época posterior, mas é a Surya que se deve o início do projeto, pois foi quem pela primeira vez teve a idéia de estabelecer no país um certo número de centros de irradiação de energia. Electra e Alcyone partilharam desse projeto, e cada qual a seu turno prosseguiu com a magnetização e passou a tradição a seus sucessores.

A vida naquela época tinha muito tempo e espaço; havia bastante lugar na terra e todos tinham tempo. Assim, muitas vezes os sacerdotes que desejavam subiam a montanha e sentavam para meditar junto ao altar de pedra. As pessoas comuns iam raramente, embora às vezes alguém que tinha alguma dificuldade ou um problema difícil de resolver fosse sentar junto a esse lugar sagrado e aguardar uma inspiração, acolhendo o que lhe viesse à mente nesses momentos como a resposta de um oráculo, uma sugestão dos espíritos guardiões do lugar. Esse hábito é muito típico da maneira de ser desse povo. Toda sua vida era permeada pelo conhecimento de que junto deles, e em

As Vidas de Alcyone

143

estreita relação, havia um outro mundo, invisível mas presente, e que devia ser considerado ao se dizer e fazer qualquer coisa. Na verdade, esse mundo mal se considerava invisível, pois era comum que algum sinal dele se insinuasse aos sentidos físicos.

Os mortos não eram considerados ausentes, mas presentes de forma diversa. Sabia-se que muitos deles continuavam em estreita relação com as coisas da matéria, e durante algum tempo ainda ficavam profundamente interessados pela saúde de seus amigos, por suas colheitas, pelo estado de seus cavalos e rebanhos. Os vivos não tinham receio dos mortos, e os consideravam, com certa reverência, possuidores de outros poderes, e em certo sentido uma visão mais ampla. Às vezes as pessoas invocavam algum parente que partira, mas isso era considerado perigoso e egoísta, e os sacerdotes não o encorajavam, achando que quando os mortos pudessem falar eles o fariam, e quando não, seria imprudente e pretensioso da parte dos vivos jogar suas questiúnculas sobre eles.

Contudo, manifestações dos mortos não eram incomuns, e como essa era uma raça marcadamente psíquica, havia muitos que recebiam constantemente pedidos dos mortos, que eram quase que invariavelmente atendidos.

A existência dos devas e espíritos da natureza era aceita por todos – na verdade, para muitos era um conhecimento direto, pois tais seres eram vistos com freqüência, e conhecia-se toda espécie de estranhos acontecimentos que os envolviam.

Já mencionei que, embora todos soubessem ler e escrever, fazia-se pouco uso desse conhecimento. Em seu lugar, usava-se em larga escala contar histórias, o que era feito de um modo de que não temos noção, em nossa época – constituindo ao mesmo tempo uma tradição e uma ciência. Não se usava jogos de bola ou festas como as de hoje, e em vez disso havia o que se pode intitular de orgias de histórias. Os vizinhos se encontravam todas as noites, aqui e ali, para esse fim, geralmente visitando em seqüência as casas da vizinhança; todos se reuniam em torno do fogo e acomodavam-se para ouvir e contar histórias. Havia um vasto repertório de lendas e histórias imaginárias, geralmente aventuras de certos heróis, e outra imensa coleção de histórias de fadas e devas – todas histórias conhecidas e aceitas, que deveriam ser contadas de acordo com a tradição, sem alterações; aqueles que conheciam maior quantidade delas e sabiam contá-las dramatizando melhor eram acolhidos com entusiasmo em toda parte. Além dessas histórias consagradas, surgiam constantemente novas narrativas de aventuras e acontecimentos da atualidade – histórias que tinham o seu momento e depois passavam ou eram incluídas no repertório geral.

Alcyone tinha tido algumas experiências desse tipo, pois mais de uma vez enxergara fadas saltitando; a maior história da família, entretanto, era a de uma visita feita a um mundo subterrâneo pela mais nova de suas irmãs, Yajna.

Quanto ela tinha uns sete anos, um dia desapareceu, e embora a família, ansiosa, procurasse por toda parte, não acharam rastro dela. Os animais ferozes, embora raros, não tinham sido totalmente extintos, e a primeira coisa que recearam foi que tivesse sido vítima de algum. Mas nada confirmava isso, e durante anos não se tinha visto esses animais na redondeza; então, finalmente, as suspeitas começaram a tomar outro rumo, e começaram a sussurrar que talvez ela tivesse sido levada pelas fadas, porque era uma criança muito linda, e se sabia que em outras ocasiões crianças assim tinham sido cobiçadas e capturadas por espíritos da natureza. Imediatamente seu pai empregou as artes de conjuração que conhecia, e logo obteve confirmação dessa suspeita e a promessa de que sua filha lhe seria devolvida ilesa – que ele a procurasse em um pequeno vale que lhe foi indicado. Dirigiu-se prontamente ao local, e encontrou a menina adormecida sob uma árvore.

Ao acordar, ela contou uma história estranha. Ao andar pela montanha, bem perto de casa, tinha chegado a um pequeno buraco na encosta que nunca vira antes, e descobriu que era a entrada de uma gruta. Tinha hesitado em entrar mais, por causa da escuridão; enquanto olhava, um lindo menino saiu de lá, e, com uma profunda reverência, a convidou a entrar. Ela ficou lisonjeada com a deferência com que a fitava, e perguntou-lhe quem era e onde morava. Ele respondeu que a gruta era a entrada de sua casa, e que lhe mostraria com prazer os lindos jardins que ficavam logo adiante. Ela ficou em dúvida, mas a curiosidade venceu: deu a mão ao menino, confiante, e deixou que a guiasse na escuridão. Ele parecia enxergar muito bem, e a levou sem hesitação; depois de alguns minutos e após dobrar um ângulo, chegaram de repente a um lugar tão grande que parecia que se achavam novamente ao ar livre. Yajna não se lembrava de ter visto o céu, mas tinha a impressão de uma luz cálida e agradável como a do sol. Estavam num jardim, cheio das mais encantadoras árvores e flores, embora nenhuma delas fosse igual às que já tinha visto. O menino a levou pelo meio do jardim, até que chegaram a um grupo de outras crianças que pareciam estar ocupadas numa espécie de jogo, ao qual ela e o menino se juntaram; ela nunca conseguiu explicar que jogo era, apenas que não se parecia com nenhum outro da terra. O grupo alegre brincou e dançou durante horas sem o menor sinal de cansaço, andou de mãos dadas entre a maravilhosa vegetação, e em certo momento todos mergulharam num lago cristalino e chapinharam na água deliciosamente morna. Yajna sentia-se delirantemente feliz, e desejava imensamente que seus irmãos, irmãs e amigos pudessem estar participando dessa diversão; perguntou a seu amiguinho se poderia voltar outra vez e trazê-los junto. Ele riu alegremente, e disse que eles seriam muito bem-vindos se conseguissem achar o caminho – uma afirmação enigmática que Yajna não entendeu, mas não perguntou mais, para não parecer indelicada. No entanto, no meio da brincadeira, pequenas pontadas de saudade de sua mãe se insinuaram em seu íntimo – sem dúvida conseqüência dos pensamentos ansiosos de Mercúrio enquanto a procuravam.

De repente, veio até eles, atravessando o jardim, uma figura brilhante a quem as crianças mostraram muito respeito. Ele falou sério com o menino amigo de Yajna, e se foi rapidamente. O menino chamou Yajna, e disse que seu pai a estava chamando, e que ia levá-la para ele. Depois a guiou através do jardim para uma curiosa escadaria, que os conduziu para fora, por entre as raízes de uma grande árvore, para o mundo familiar de todo dia. Mas de certa forma esse mundo parecia estranhamente insípido, e até a luz do sol parecia pálida depois da luz dourada da caverna.

O menino pediu-lhe que sentasse ao lado dele no chão, e, quando o fez, ele colocou as mãos em seus ombros e olhou-a longamente nos olhos. Seu olhar era amável mas poderoso, e ela sentiu vontade de dormir. Sua última lembrança foi ele inclinando-se e beijando-a enquanto ela adormecia, e depois nada mais viu até que seu pai a despertou.

Yajna fez diversas tentativas de encontrar a entrada da caverna e o início da escadaria que desembocava entre as raízes da árvore, mas jamais encontrou nenhum traço deles, embora ela, seu pai e seu tio Naga passassem horas procurando. Ela tinha ficado muito impressionada com o que sucedera, e tentou repetidas vezes voltar ao belo mundo subterrâneo, mas sem êxito.

Um dia, Naga sentou-se sozinho meditando junto à encosta da montanha, e acabou adormecendo ao sol. Quando despertou, viu diante de si um radioso jovem que o fitava com benevolência; de algum modo sentiu que era o ser brilhante de quem sua sobrinha Yajna tinha falado. Saudou o jovem e perguntou se era ele – o visitante sorriu, confirmando. Naga continuou:

– Minha sobrinha ficou gostando tanto do menino que a levou para o jardim e ficou triste de não vê-lo mais; não poderia fazer isso? Não poderiam brincar às vezes, como naquela ocasião?

O jovem respondeu:

– Diz a ela que assim como ela gosta do menino, ele também gosta dela e deseja muito vê-la, mas é melhor que não se encontrem, porque pertencem a mundos diferentes, e eles não devem se misturar demais. Se ela viesse até nós, ficaria perdida para vocês, e ela tem trabalho a fazer em seu mundo. Acredite, é melhor assim. O menino vai continuar gostando dela e vai cuidar dela em ser visto. Olhe: eu vou chamá-lo.

Um instante depois, um belo menino estava a seu lado. Naga estendeu-lhe os braços, ele se adiantou e gravemente permitiu que o abraçasse. Seu olhar estava repleto de tristeza, mas nada disse. Naga beijou-o na testa, dizendo:

– Recebe como uma saudação daquela que gosta de ti.

No instante seguinte, ambos desapareceram, e Naga tentou convencer-se de que tinha sido apenas um sonho. Mas sabia bem que não era; Alcyone e Yajna também, quando lhes contou. Muitas vezes Yajna sonhava com seu amiguinho; com freqüência recebeu ajuda inesperada e inexplicável em diversas dificuldades de sua infância, e sempre atribuiu isso a ele. Apegou-se tenazmente a sua lembrança, e sempre dizia, quando pequena, que desejava encontrá-lo e casar-se com ele. Quando cresceu, a impressão gradualmente foi diminuindo, e finalmente ela acabou se casando com Muni – embora dissesse que só o fez porque ele lhe recordava mais que qualquer outro o menino das fadas.

Alcyone viveu, como de costume, até uma idade avançada, amado e honrado por todos que o conheciam.

Vida XIV
(26801 a.C. – Manoa)

Nesta encontramos uma daquelas vidas de realeza, em Manoa, a que Surya se referira em suas previsões na Irlanda – e que desempenharam um papel tão importante no progresso de nosso herói.

Dessa vez ele não estava diretamente na linha de sucessão

do trono, pois seu pai era Selene, irmão do rei, mas vivia muito próximo do palácio, e Hércules, o filho mais velho do monarca, era seu melhor amigo. Na verdade, temos nesta vida um trio de meninos que andavam sempre juntos, como na décima-primeira vida, mas desta vez os antigos companheiros de Alcyone, Saturno e Electra, pertenciam a uma geração anterior (Saturno era mãe de Alcyone e Electra era seu tio), e os companheiros de aventura agora eram seus primos Hércules e Naga.

Sendo da mesma idade, e passando bastante tempo juntos, os três desde cedo tornaram-se inseparáveis, e sua amizade se consolidou em razão de um curioso incidente ocorrido quando eles tinham cerca de 12 anos.

Achavam-se longe, num dos subúrbios distantes da cidade, voltando de um longo passeio nas montanhas, quando deram com uma cena desagradável. Um grupo de rapazes rudes e ignorantes, das classes mais baixas, estava zombando de alguém que era obviamente estrangeiro – gritando-lhe insultos e atirando lama nele. A vítima era um homem idoso, de aparência mongólica, vestido com uma estranha roupa estrangeira e apoiando-se ao caminhar numa curiosa bengala de marfim trabalhada. Caminhava mancando, mas rapidamente, tentando ignorar a grosseria dos agressores. Porém, quando um dos maiores empurrou um outro contra ele e quase o jogou no chão, ele virou-se, encolerizado, e bateu neles com a bengala. Com isso, os vilões começaram a atirar nele pedras, em vez de lama; uma delas, atingindo o ancião na cabeça, o fez cair ao chão, e o bando correu para cima dele.

Nossos rapazes tinham visto o que se passava, a alguma distância, e imediatamente começaram a correr para o local da briga, e chegaram momento. Embora alguns dos brutamontes fossem maiores e mais fortes que os três, caíram imediatamente sobre eles e os afastaram do ancião. O bando se intimidou com o ataque repentino, mas após alguns segundos, vendo apenas três meninos pequenos, voltou-se ferozmente para eles como se fosse atacá-los. Os três rodearam o ancião, que estava sentado e olhava em torno com ar perplexo. Hércules pegou a bengala de marfim, e, apontando-a para o bando ameaçador, gritou:

– Sou o filho do rei, e ordeno que se retirem imediatamente!

É provável que alguns dos vilões o tivessem reconhecido, pois cochicharam entre si apressadamente e depois recuaram, de mau humor, e aos poucos se dispersaram. Então os três meninos puderam voltar a atenção para o idoso estrangeiro a quem tinham salvado. Ele agradeceu efusivamente a ajuda, dizendo que se não fosse por eles teria sido seriamente ferido e muito possivelmente morto, e pedia que acreditassem que não se mostraria ingrato. Hércules pediu que fosse imediatamente com eles ao palácio, dizendo que apresentaria uma queixa diretamente a seu pai, mas o ancião agradeceu e disse que preferia ir para casa, deixando que o destino se encarregasse de punir os atacantes.

– Pelo menos, então – disse Hércules – deixe que o acompanhemos até sua casa, já que não quer vir conosco ao palácio, pois talvez esses patifes estejam ainda emboscados na vizinhança; de qualquer modo, o senhor parece estar fraco e cansado.

O ancião (que conhecemos anteriormente como Laxa) ficou tocado pela bondade deles, e permitiu que o acompanhassem, sem protestar, tendo Alcyone lhe dito que se apoiasse em seu ombro para caminhar. Dessa forma passaram por várias ruas, e por fim atingiram uma parte da cidade desconhecida dos três meninos, até chegarem uma casa de má aparência que o ancião disse ser a dele. Pediu que lhe dessem a honra de entrar, e, entreolhando-se, eles aceitaram o convite, pois estavam muito curiosos em relação ao homem. Naga, particularmente, estivera examinando a curiosa bengala de marfim, e fizera uma pergunta sobre ela, a que o ancião respondeu enigmaticamente que era mais importante do que parecia ser. Assim, ficaram satisfeitos com a oportunidade de conhecer a casa; ao entrar, viram que o interior não correspondia em nada à miserável aparência exterior. As peças eram muito maiores do que esperavam pela fachada humilde, e ficou óbvio que não era a moradia de uma pessoa pobre. Não tinha muitos móveis, mas os existentes eram de boa qualidade, e de evidente origem estrangeira; havia ricas cortinas de cores brilhantes e muitos objetos curiosos nas paredes e por toda parte. O velho percebeu a curiosidade deles, e pareceu satisfeito.

– Imagino – disse – que vocês não esperavam isso numa casa que parece tão pobre.

Concordaram, e ele continuou:

– Não sou tão pobre como pareço e achei melhor aparentar, num país onde as pessoas de minha raça são menosprezadas e muitas vezes maltratadas. Asseguro-lhes que não serei ingrato à grande bondade que me demonstraram, e talvez minha gratidão não seja tão sem valor como possa parecer.

Os meninos não entenderam muito o que ele queria dizer, mas viram que queria ser amável, e sua cortesia natural os levou a tratar com respeito uma pessoa com aquela idade. Ficaram muito interessados nos curiosos objetos da sala, e Laxa ficou satisfeito de mostrar tudo a eles e explicar o que eram e para que serviam. Por fim, tocou um gongo belamente cinzelado e surgiu um criado a quem ele mandou servir um lanche. Os meninos a princípio objetaram, mas o ancião insistiu tanto que tiveram receio de ofendê-lo, e aceitaram alguns curiosos bolinhos doces com um estranho sabor condimentado, totalmente novo para eles.

Depois de conversarem um pouco, ele disse:

– E agora, o que posso fazer por vocês para demonstrar minha gratidão por me terem salvado a vida?

Hércules protestou, dizendo que não desejava nenhuma recompensa por fazer o que qualquer pessoa de bem faria, e os outros concordaram enfaticamente.

– Muito bem – disse Laxa. – Já que é assim, não vou ofendê-los oferecendo-lhes quaisquer presentes. Mas vou conferir-lhes o que está ao meu alcance de mais elevado. Embora aparente ser pobre, detenho um alto posto numa poderosa sociedade secreta de meu país. Embora sendo tão novos, e eu tão velho, ficaram do meu lado e me socorreram como se fossem de minha raça, de minha própria família; portanto, já que não desejam outra recompensa, vou admiti-los como irmãos da minha confraria. Embora achem que isso não tenha muita importância aqui em Manoa, verão que onde quer que haja um homem da minha raça, ele será seu servidor, quando lhe mostrarem o sinal que eu lhes ensinarei.

Os meninos se entreolharam novamente, pensando se seus pais e orientadores concordariam com isso, mas estavam cheios de curiosidade, querendo saber mais sobre o estranho ancião e aquela sociedade secreta, e acharam que pelo menos deveriam ver o que seria exigido deles – se é que o seria – para tal. Hércules, um pouco hesitante, concordou, e os outros dois o imitaram.

Laxa explicou-lhes então que, muito tempo atrás, seu país fora conquistado por um povo vizinho – o que se completou mediante um ato de traição tão grave que eliminou a possibilidade de qualquer entendimento futuro entre os dois. Seu povo, após séculos de paz, tinha perdido o feitio guerreiro e foi incapaz de resistir aos invasores, mas reuniram-se em diversas sociedade secretas, com o que conseguiram resistir a, e de algum modo enfrentar, a tirania dos estrangeiros. Agora, essa dinastia invasora tinha caído sob o domínio de Manoa, e a situação estava melhor do que antes, mas era costume do império de Manoa reconhecer as classes dirigentes dos países que caíam sob seu domínio, e mantê-las nos postos que detinham, quanto possível. Em conseqüência, os odiados conquistadores ainda se conservavam como uma classe nobre, e uma boa parte do poder se mantinha em suas mãos; portanto, conservava-se o descontentamento, embora o velho ódio em parte estivesse diminuindo.

Havia diversas dessas sociedades secretas, ele disse, que tinham objetivos diferentes. Aquela à qual tinha a honra de pertencer não era das que recorriam a medidas extremas, como incêndios criminosos e assassinatos; era mais uma confraria cujos membros juravam auxiliar-se mutuamente em caso de necessidade, e defender-se em caso de agressão. Explicou-lhes que, como não pertenciam a sua raça, sua participação significaria apenas que seriam ajudados por qualquer de seus concidadãos onde quer que os encontrassem, e que se algum dia chegassem a visitar sua terra, seriam vistos como amigos, em vez de estrangeiros, e poderiam participar da sociedade de seu povo de uma forma que sem isso seria impossível. Só o que lhes pedia era a promessa de considerar e tratar como irmãos aqueles que lhes mostrassem o sinal da irmandade.

Eles concordaram prontamente, e Laxa então ensinou-lhes um determinado sinal pelo qual poderiam reconhecer os outros membros onde quer que os encontrassem. Disse-lhes que todos os membros da sociedade levavam o sinal impresso de forma indelével no lado interno do braço, logo abaixo da axila, e perguntou se queriam usá-lo. Alegres, pressentindo uma aventura diferente, os meninos concordaram imediatamente; Laxa então fez soar o gongo novamente, e quando o criado apareceu deu-lhe ordens numa língua estranha. Em seguida ele voltou trazendo um pequeno objeto que parecia um selo comum, mas o desenho dele era constituído por uma quantidade de pequenas agulhas, como pontos. O ancião pediu que desnudassem os braços, e avisou-os de que a gravação do selo seria bastante dolorosa por alguns instantes, mas isso passaria logo. Então realizou o processo, pressionando o selo nos braços dos meninos no local indicado, e colocando sobre o local um estranho tipo de pomada.

O resultado foi que restou impresso nos braços deles o sinal da suástica,[14] num belo tom carmesim. Naturalmente, o

---

14 A suástica (do sânscrito *svastica*) é um símbolo muitíssimo antigo, como todas as cruzes, símbolo da vida e do movimento universal. Foi usada na Índia, no Tibete – no Oriente, em geral – desde remotas eras, e nunca teve a conotação distorcida que

As Vidas de Alcyone

local ficou bastante dolorido; então o ancião amarrou uma tira de tecido umedecido sobre ele, e os despediu, dizendo que a sensação desapareceria e eles ficariam bem dentro de um ou dois dias. Ele os fizera prometer que não falariam nada a ninguém, e cumpriram a promessa. Como Laxa dissera, dentro de um dia ou dois a inflamação passou, e o único resultado foi uma bela e pequena tatuagem.

Antes de deixarem o ancião, os meninos perguntaram se poderiam voltar a vê-lo, e a resposta foi que sempre teria satisfação de revê-los; assim, dentro de algumas semanas repetiram a visita, e foram recebidos como da outra vez. Laxa contou-lhes muitas histórias interessantes sobre seu país.

Essa pequena aventura deixou-lhes na mente uma forte impressão – que se acentuou com um fato que ocorreu algumas semanas depois. Numa das numerosas incursões que costumavam fazer juntos, encontraram dois homens de tipo mongólico – que lhes pareceram da mesma raça do ancião. Pensaram de imediato que seria uma oportunidade de comprovar as declarações dele; então Hércules fez o sinal místico que tinham aprendido. Os homens, que antes tinham ar impassível, demonstraram vivo interesse, e de imediato afastaram os mantos e ergueram os braços para exibir o símbolo da suástica. Como lhes ensinara o ancião, os meninos responderam mostrando os seus sinais da mesma forma, e assim que os mongóis os viram, ajoelharam-se diante deles na estrada, com todo o respeito. Laxa tinha dito aos meninos que a forma com que gravara os símbolos neles indicava que pertenciam ao grau mais elevado da sociedade. Essa diferença explicava a grande deferência mostrada pelos mongóis. Ao examiná-las, viram que as marcas que eles ostentavam eram diferentes, em certos detalhes, das que eles traziam. Esse pequeno incidente confirmou a veracidade do que Laxa dissera, e compreenderam que a retribuição dada por ele não era apenas simbólica, como de início supuseram.

Esses fatos, bem como as informações recebidas do idoso amigo, despertaram neles um vivo interesse pela Mongólia e seu povo, e assim decidiram que quando crescessem iriam viajar para lá e testar na prática sua condição de membros dessa estranha confraria.

Mas passaram-se muitos anos antes que essa oportunidade se oferecesse de fato. Seu interesse ainda continuava, e eles estavam prontos para aproveitá-la.

Era costume no país que os descendentes da casa real as-

lhe emprestaram no início do século 20 (N. do T.).

sumissem o governo das províncias do império, e a oportunidade que se ofereceu, quando nosso herói tinha 22 anos, foi que o posto de governador de uma remota região do que é hoje a China ficou vago. Hércules, sendo o herdeiro do trono, estava excluído de assumir tal posição; Alcyone de imediato se candidatou ao posto, para surpresa de seu pai e seus amigos, que o consideravam muito jovem para assumir tal responsabilidade, tão longe da capital. Mas ele insistiu, e como não havia outros candidatos, finalmente foi designado para a função. O insistente pedido de Naga de ir como seu assistente também foi atendido. E assim, os dois jovens príncipes empreenderam juntos a viagem, que iria ter um fim inesperado.

Viajaram por muitos meses antes de alcançar a província onde Alcyone reinaria. Quando chegaram, a recepção foi longe de satisfatória, pois assim que cruzaram a fronteira o pequeno grupo caiu numa emboscada, sendo atacado por todos os lados por homens armados, que imaginaram ser ladrões. Ao primeiro e violento ataque, Alcyone foi jogado ao chão, e os soldados arianos, confusos, foram empurrados para longe. Naga, então, assumindo rapidamente o comando, agrupou-os novamente, e com algumas manobras ligeiras os fez tomar posição e usar as armas. Com isso, sem demora repeliram os atacantes, que num instante foram presas de inextrincável confusão e começaram a lutar entre si. Fugiram apressadamente, e alguns foram mortos. Mas quando os guardas voltaram ao lugar onde Alcyone tinha caído, não o encontraram em parte alguma. Os prisioneiros que tinham feito foram interrogados, mas nenhum disse nada a respeito. Procuraram com cuidado e exaustivamente em toda a área, mas não acharam rastro dele: por fim foram obrigados, com relutância, a desistir de encontrar o seu corpo.

Um interrogatório revelou que o ataque fora planejado por uma das sociedades secretas de que o ancião lhes tinha falado – a Sociedade da Lança Azul, que tinha fama de ser a mais radical de todas elas. Naga, cheio de tristeza e ira pela perda do amigo, mandou prender a todos que encontrava que tinham a marca da ponta de lança, e os fez marchar à frente deles. Por fim encontraram uma delegação que representava as classes dirigentes da província, que vinha receber o novo governador e ficou tomada de pesar e ansiedade com a tragédia que ocorrera. Naga declarou sucintamente que até que Alcyone reaparecesse ele próprio assumiria o comando, e embora desejasse aceitar sua declaração de lealdade, esta só poderia ser provada realmente com a descoberta do corpo de Alcyone e a punição

As Vidas de Alcyone

153

dos que o tinham matado. Os nobres reafirmaram sua profunda consternação e total colaboração com ele para pesquisar o caso até o fim.

Todos os membros que pôde encontrar da Sociedade da Lança Azul foram presos, e foi feita uma investigação minuciosa. Descobriram a existência de uma conspiração em larga escala. Os cabeças da organização tinham planejado apoderar-se do governo da província e massacrar as classes dirigentes; como preliminar, acharam melhor eliminar o novo governador.

Mas embora admitissem a existência da conspiração, não se obteve qualquer informação sobre as conseqüências dela; os sobreviventes do ataque declararam que eles próprios tinham sido misteriosamente atacados não só pelos soldados arianos, mas também por outros combatentes a quem não conheciam. Tantas pessoas isoladamente contaram essa estranha história que parecia haver algum fundamento nisso. Naga não ficou satisfeito, embora tivesse a impressão de que eles falavam a verdade, tanto quanto sabiam.

Nessa conjuntura, ocorreu-lhe a idéia de fazer uso do símbolo secreto da Sociedade da Suástica Carmesim; conquanto não tivesse qualquer efeito entre as classes dominantes que o cercavam, foi imediatamente reconhecido por outros dentre o povo, os quais, assim que souberam de seu grau dentro da sociedade, imediatamente colocaram toda a organização a seu dispor. Conseguiram explicar o mistério do fracasso do ataque da Lança Azul: eles tinham recebido informações dele e tinham decidido intervir, chegando no momento crítico para ajudar os guardas arianos. Contudo, não tinham qualquer conhecimento a respeito do desaparecimento do corpo de Alcyone.

Por mais profunda tristeza que sentisse pelo primo, Naga sentiu que os assuntos do governo tinham que ser atendidos. Assumiu a função de governador, e despachou emissários a Marte com um relatório completo do que tinha ocorrido, comunicando que assumira a província em nome do rei até que fosse confirmado na função ou alguém mais fosse designado.

Dedicou-se então a administrar a província, mas antes de tudo fez questão de aniquilar a Sociedade da Lança Azul, e para isso convocou a Suástica Carmezim. Teve êxito até certo ponto, mas teve a impressão de que algo o enganava, pois freqüentemente achava rastros de algum outro poder oculto muito mais forte, que não conseguia identificar. Expressou claramente suas suspeitas nos encontros secretos da Sociedade, e os líderes locais concordaram com ele, mas eram incapazes de resolver o mistério, embora a administração da província aparentemente fosse eficiente e os assuntos em geral se desenrolassem de forma tranqüila e progressiva. Essa dúvida oculta causava a Naga uma permanente ansiedade interior; sentia de forma intensa a responsabilidade de sua posição e muito desejaria poder discutir as coisas com os velhos companheiros Hércules e Alcyone, aconselhando-se com eles como fazia antigamente.

A situação permaneceu assim por alguns meses, durante os quais o sentimento de irritação de Naga aumentou, pois se viu anulado repetidas vezes, em diversos pontos, por uma oposição intangível. Por fim, essa dificuldade incompreensível mas recorrente o enervou tanto que convocou um conselho de todos os líderes da Suástica Carmesim da província inteira – um encontro secreto em que só os detentores dos mais altos graus foram admitidos. Expôs a situação e os motivos que tinha para ter certeza da existência de uma poderosa organização inteiramente desconhecida para eles, embora tivessem espiões em toda parte do país, e se achassem bem informados de tudo que acontecia. Os líderes da organização afirmavam que seria totalmente impossível que existisse uma entidade dessas sem que eles soubessem, mas eram incapazes de explicar satisfatoriamente os fatos apontados por Naga. Ele pediu que fossem feitas investigações mais acuradas, e culpou os líderes pela ineficácia de suas providências, mas eles não tinham nenhuma sugestão a dar para o prosseguimento das investigações.

Exatamente quando acabavam de chegar a essa conclusão decepcionante, o guarda que estava à porta do recinto se aproximou, confuso, dizendo que tinha chegado alguém que mostrara o sinal do grau mais elevado da ordem, embora todos os membros desse nível no país estivessem reunidos ali. Isso levava à séria conclusão de que os segredos mais importantes da sociedade estariam em mãos de um estranho – o que só podia ser conseqüência de uma traição inacreditável. O porteiro perguntou o que deveria fazer; Naga decidiu rapidamente que um irmão detentor do grau mais elevado devia pelo menos ser admitido à reunião, independente das providências ulteriores a serem tomadas. Assim, a porta foi aberta, e um estranho encapuzado entrou. Ao penetrar na sala, fez um sinal que todos os presentes reconheceram, erguendo-se respeitosamente; quando chegou diante de Naga, jogou o capuz para trás e revelou o rosto de Alcyone. Naga deu um grito incrédulo de surpresa, mas quando se convenceu de que era realmente seu primo,

As Vidas de Alcyone 155

apresentou-o à assembléia como o verdadeiro governador, e o fez ocupar a cadeira de presidente.

Alcyone naturalmente tinha o que contar – e era uma história extraordinária. Ele tinha sido derrubado com uma pancada e ficou sem sentidos durante o ataque da Lança Azul, mas quando os membros da Suástica Carmesim, que estavam espreitando, lançaram-se sobre eles e os rechaçaram, ele já tinha se recobrado o suficiente para poder fazer um sinal que eles de imediato reconheceram. Prontamente o carregaram dali para um esconderijo; enquanto faziam isso, ele tornou a ficar inconsciente. Quando voltou a si novamente, viu que estava sendo atendido com todo o cuidado e respeito, porque nesse ínterim haviam descoberto o grau a que pertencia pelo selo gravado em seu braço.

Levou algum tempo até que se recuperasse totalmente do golpe recebido, e enquanto isso ficou sabendo bastante, por intermédio de seu hospedeiro, sobre o estado de coisas do país, e em especial as relações entre as diversas sociedades secretas. Estava na casa de um membro de elevado grau da Sociedade, e este possuía muitas informações sobre as atividades secretas da Lança Azul. Alcyone ficou altamente interessado pelo que soube, e descobriu que seu anfitrião possuía determinadas informações que lhes permitiriam fazer-se passar por membros do círculo interno da Lança Azul. Decidiu imediatamente que se dedicaria a descobrir a verdade sobre essa organização maléfica, e deu-se conta de que tinha uma oportunidade inigualável para investigar a questão pessoalmente, de uma forma que não lhe seria possível como governador. Ele fora oficialmente dado por morto, e portanto estava livre para fazer uso dessas informações, enquanto na condição de governador todos os seus movimentos seriam seguidos e teria que delegar a outros as investigações mais delicadas. Embora lamentando a tristeza que ia causar a Naga, achou que seria melhor para o país se aproveitasse a oportunidade que lhe viera às mãos, e que ele e seu hospedeiro deviam disfarçar-se e tentar seguir as pistas que lhes estavam ao alcance, de forma providencial.

Levaram adiante essa resolução, e conseguiram descobrir os segredos mais bem guardados da Lança Azul; descobriram que existia um círculo interno, desconhecido até das fileiras da própria sociedade – o qual, enquanto dirigiu a organização externa, também atuava por conta própria, e atacava com infalível discrição e rapidez. Custou a Alcyone muito tempo e esforço conseguir traçar todas as ramificações dessa trama, mas

156   C. W. Leadbeater

finalmente chegou a conhecer de vista todos os cabeças e reuniu uma quantidade enorme de provas contra eles. Enquanto as investigações prosseguiam, ele permanecia cuidadosamente escondido, e sua identidade continuava totalmente desconhecida a não ser a seu anfitrião, a quem fizera prometer absoluto segredo. Por fim, quando estava de posse de todas as informações que desejava e seus planos tinham se concretizado como esperava, dirigira-se à sede da Suástica, com a intenção de fazer contato com seu primo antes de revelar-se publicamente; chegara de forma dramática, exatamente durante a reunião.

Na mesma noite, foram dadas ordens de prisão para os membros do círculo interno da Lança Azul, e em poucos dias todos estavam detidos. Só então Alcyone se revelou publicamente e tomou as rédeas do governo. Os acusados foram levados a julgamento e toda a trama se revelou; pela primeira vez, as forças ocultas que entravavam a atuação de Naga foram apontadas. Os prisioneiros foram julgados e condenados, quebrou-se a tirania da maléfica organização e o país se libertou das intrigas e conspirações.

Alcyone e Naga passaram muitos anos administrando a província. Na qualidade de membros da Sociedade da Suástica, obtiveram a confiança e a colaboração do povo, mantendo relações próximas com ele, e puderam conhecer seus anseios e aspirações. Marte, vendo que eram dedicados colaboradores, que conheciam bem sua tarefa, sabiamente deu-lhes ampla liberdade; a conseqüência foi a satisfação geral e a prosperidade naquela província distante.

Os dois primos tinham ficado noivos antes de saírem de seu país, e fora imensa a tristeza em Manoa com as notícias da suposta morte de Alcyone e também grande a alegria ao saber que eram falsas. Assim que foi desmontada a conspiração e ficou claro que a província tinha ingressado num período de paz e prosperidade, o governador e seu assistente mandaram vir suas noivas e o duplo casamento foi celebrado com grande pompa e alegria geral.

Com o passar dos anos, suas famílias aumentaram e sua vida foi feliz. Alcyone e Naga se tornaram benquistos por todo o povo, e viajavam constantemente por toda a província; através da Sociedade, obtinham informações detalhadas sobre as necessidades da população. Várias vezes foram visitar os amigos em Manoa – enquanto Alcyone se ausentava, Naga ficava encarregado do governo, e vice-versa; nunca viajavam ao mesmo tempo.

As Vidas de Alcyone

Aos 60 anos, Alcyone pediu a Hércules (que a essa época já sucedera a seu pai Marte) licença para aposentar-se e passar o resto de seus dias na terra natal. Cinco anos depois desse retorno, ele partiu serenamente, deixando um legado de trabalho útil e eficiente para sua pátria.

Vida XV
(26116 a.C. – China)

Poderia parecer absurdo supor que a curiosa aventura da vida anterior foi causa direta desta, mas há uma certa base para essa suposição. O interesse despertado em nosso herói e seus primos pela raça turaniana e seus aliados certamente resultou do encontro com o ancião Laxa; daí decorreu o impulso de Alcyone para aceitar o posto de governador, e disso, a sua principal realização daquela vida. Por outro lado, a simpatia de Laxa pela raça ariana certamente proveio da bondosa intervenção dos três meninos, que foram, tanto quanto se viu, os únicos arianos com quem manteve relações amigáveis.

Nesta décima quinta vida vamos encontrar Laxa ainda na mesma raça, embora não no mesmo ramo. Veremos que seu afeto pela raça ariana o leva a ter bastante trabalho para achar um marido ariano para a filha, e isso tornou possível a encarnação, entre seus descendentes imediatos, não apenas dos três meninos que o salvaram, mas de um grande número de outros membros do Grupo de Servidores.

Laxa tinha dois filhos e uma filha. Os filhos casaram-se normalmente com mulheres de seu povo, mas para a filha, a quem ele era muito afeiçoado, desejava muito um marido de raça ariana. Por esse motivo, recusou diversos pedidos de casamento interessantes de seus patrícios. Quando ouviu dizer que um viajante ariano tinha se unido a uma das tribos nômades da região, fez uma longa viagem para localizá-la, para falar com esse homem e fazer-lhe uma proposta que o levasse a retornar junto com ele.

Esse viajante era nosso velho amigo Calyx, que tinha fugido do império de Manoa porque num momento de cólera, ao ser provocado, tinha assassinado um homem rico e de alta posição que agira despoticamente com ele. Achava-se, portanto, numa condição de aventureiro, e ficaria bastante satisfeito com uma proposta razoável de trabalho e um lugar para morar. Assim, quando Laxa apareceu e lhe ofereceu uma oportunidade, aceitou-a imediatamente. Após a longa viagem, chegaram à tribo de Laxa, que o apresentou a sua filha Clio, uma jovem amável e razoavelmente bonita. Depois de se conhecerem melhor, Laxa expôs calmamente a Calyx sua proposta de que casasse com sua filha e mais tarde o sucedesse como chefe da tribo, pois Clio era a mais velha de seus filhos, e com sua morte o lugar seria herdado por ela e o marido, em vez de por seus filhos Myna e Capri.

A tribo era uma das maiores e mais ricas de toda aquela região da Ásia; a proposta era interessante e Calyx não hesitou em aceitá-la, se Clio concordasse. Logo se viu que ela não tinha objeções ao projeto do pai, e dessa forma tudo ficou acertado.

Os três filhos desse casamento foram Marte, Mizar e Hércules, enquanto Alcyone veio a ser neto de Laxa, filho de seu filho Myna. Mizar, o segundo filho de Calyx e Clio, casou-se com sua prima Mercúrio, outra neta de Laxa, e seu primogênito foi Naga; dessa forma, os três meninos que o tinham ajudado em Manoa, 700 anos antes, estavam entre seus descendentes próximos. Por outro lado, os três, que se haviam interessado tanto pela raça turaniana naquela vida, agora se achavam numa posição de poder e autoridade num de seus ramos. Não se pode insistir na existência de uma relação direta, mas a comparação é decididamente sugestiva.

Para os três meninos e para todos os que tinham antes vivido em Manoa essa vida era muito diferente, pois a tribo era nômade, de uma forma algo regular. Possuíam grande número de cabras e ovelhas, e vagueavam por uma região árida, acampando um ano, às vezes dois ou três, e depois trocavam para outra atividade. Embora nômade, não era um povo incivilizado, pois tinha um pendor artístico que se expressava em algumas formas. Não cultivavam a pintura ou a escultura, mas tinham considerável habilidade para o entalhe em madeira, embora esta fosse um elemento raro para eles. Eram talentosos para trabalhos em metal, e conheciam bem a arte da fabricação de jóias. Tinham belos motivos em suas cortinas e tapetes, e possuíam um bom senso de harmonia para cores.

Não há muito que contar da infância de nossa heroína. Era muito afeiçoada à mãe, Gem, e ainda mais a sua irmã Mercúrio. Eram criados quase que inteiramente ao ar livre, e aprendiam a cavalgar quase como a andar. Havia muito pouco do que hoje costumamos chamar de educação; as crianças aprendiam as artes de fiar e tecer e a fazer os objetos artesanais que utilizavam.

Assim que Alcione cresceu, casou-se com o herdeiro do chefe, Marte, despertando a inveja de suas companheiras, e passou a encarregar-se de uma das melhores tendas da tribo. Embora, como foi dito, eles em geral permanecessem no mesmo lugar por 12 meses, e não raramente por dois ou três anos, nunca construíam casas permanentes; sempre usavam tendas – as quais eram espaçosas e confortavelmente arrumadas.

A tenda de Marte era grande e quadrada, montada sobre nove pilares grossos. Em vez de lona, estendia-se sobre eles um tecido de pêlo de cabra marrom-escuro, e a ampla tenda era dividida ao meio por uma cortina. Num dos lados era a sala, e no outro eram colocados os cavalos de estimação da família – não eram animais de carga, mas puros-sangues de montaria –, animais de extraordinário vigor e inteligência, por quem tinham a maior afeição, e que eram tratados como membros da família. Na outra metade, que pode ser chamada de sala, havia um assento de madeira baixo – um sofá quadrado, de frente para a porta da tenda. Esse divã era coberto com tecidos de tons harmoniosos, com almofadas de cores brilhantes. O chão era coberto com tapetes de belos desenhos, e dos pilares da tenda pendiam roupas e armas. O aspecto geral era mais espaçoso e confortável do que se imaginaria, e bem adaptado para fazer frente às mudanças de temperatura e clima. Os lados da tenda podiam ser erguidos e abaixados à vontade, e a ventilação se fazia por um espaço deixado sob a beira do "telhado".

Cozinhava-se e se fazia outros trabalhos caseiros ao ar livre, ou em outras tendas menores ao lado, e nessas também ficavam acomodados os numerosos criados.

Numa habitação desse tipo Marte e Alcyone viveram felizes e criaram oito filhos, enquanto Mizar e Mercúrio viviam perto, noutra parecida, e como de costume seus filhos cresceram juntos. Entre estes, encontramos muitos personagens bem conhecidos de muitas vidas. Deve-se notar que esta foi, de certa forma, uma encarnação intermediária, e só se acham presentes aqueles que normalmente teriam um intervalo de 700 anos ou menos entre as encarnações.

Marte chefiou a tribo sabiamente, como sempre, e a vida de Alcyone foi tranqüila e feliz. Embora suas tarefas em grande parte consistissem em supervisionar a fiação e tecelagem e nas atividades domésticas, não se resumiam a isso, pois sempre discutia com o marido os assuntos da tribo e o acompanhava nas longas cavalgadas naquela região ondulada e meio árida. A população não era totalmente vegetariana, pois certamente comiam carne de cabra seca e defumada. Além disso, sua alimentação principal era constituída de queijo e pão, e comiam muitas frutas sempre que as encontravam.

A religião desse povo não era bem definida. Pode ser considerada animista, pois sem dúvida divinizavam algumas forças da natureza, mas também faziam oferendas para honrar os ancestrais. Essa vida tranqüila terminou na idade de 60 anos, o que para Alcyone é relativamente cedo.

Vida XVI
(25528 a.C. – Nova Zelândia)

O destino de nosso herói o conduz agora para o seio de outra daquelas civilizações tranqüilas que eram tão comuns no planeta antes de a mentalidade moderna introduzir a desconfortável teoria da necessidade de se viver sempre em alta tensão.

Embora esteja agora numa região antípoda, encontra-se na mesma sub-raça a que pertenceu na décima-terceira vida, na Irlanda, e as condições têm muito em comum. O clima é bem melhor, e as povoações não precisam se restringir às partes ensolaradas das montanhas. As colheitas são melhores, há mais abundância de frutas, e a vida em geral é mais fácil em todos os sentidos. Mas a raça conserva suas características: o amor pela vida ao ar livre, sua noção de proximidade com o mundo invisível, a adoração do sol e a aversão pelos templos construídos pela mão do homem.

O povo dessa quinta sub-raça tinha chegado à região apenas alguns séculos antes, deslocando tribos que pareciam ser uma mistura dos ramos turaniano e lemuriano. Esses nativos não ofereceram muita resistência aos invasores, retirando-se para as montanhas e regiões menos acessíveis, onde habitavam ainda em grande número. Havia poucas relações entre as duas raças, exceto por pequenos grupos de turanianos que, em diversos lugares, deixaram de ser hostis e se estabeleceram próximo aos homens brancos, para quem iam trabalhar quando convidados. A parte mais selvagem dessa raça era olhada com horror e aversão por causa da censurável religião que tinham, o que os acabou conduzindo à total dominação, como se verá.

Quase todos os nossos personagens estão presentes nessa vida, a maioria entre a raça dominante, mas alguns entre os turano-lemurianos. O soberano era Viraj, e de acordo com o costume desse ramo da raça, o rei era também, *ipso facto*, o líder religioso, ou seja, o sumo sacerdote. Viraj, porém, era um líder forte e algo severo, com um grande talento de administrador. Sentia pouca atração pelas tarefas sacerdotais de sua posição, embora as cumprisse como era devido, de uma forma militarmente sucinta, que impressionava. Seu filho mais velho, Surya, desde pequeno sentia mais atração pelas atividades sacerdotais que pelos outros deveres de sua condição, e isso era tão marcante que, assim que teve idade para isso, Viraj transferiu para ele esse lado religioso, para que pudesse por sua vez mergulhar com renovado entusiasmo na organização de seu reino.

Surya desposou Alcyone, que renascera num corpo feminino, como filha do irmão mais moço do Rei Viraj. Ela sentia profundo respeito e afeto pelo marido, e partilhava seu devotamento pelo aspecto religioso da função real. Embora Surya fosse o herdeiro do trono, muitos deveres que lhe caberiam eram desempenhados por seu irmão Leo, para que ele pudesse dedicar todo seu tempo à reorganização do sacerdócio e suas atividades. Seus primeiros filhos foram os gêmeos Marte e Mercúrio, e assim que estes puderam expressar suas preferências, ficou claro que encarnavam os dois lados da função real: Marte não se importava muito com as cerimônias religiosas e se interessava bastante pela atividade administrativa de seu avô. Embora o afeto dos dois irmãos fosse grande, diferiam inteiramente nesse ponto: o interesse de Mercúrio era todo voltado para as cerimônias religiosas, a que assistia com freqüência junto com a mãe. Viraj e Surya já tinham decidido que, se ambos estivessem vivos à época, a coroa passaria do avô para o neto Marte, deixando Surya dedicado ao trabalho que amava, e Mercúrio seria seu continuador – com isso estabelecendo uma separação entre as atividades reais e as do sacerdócio.

Com o passar dos anos, a família de Alcyone aumentou, sendo todos os seus membros personagens que já conhecemos. Um dos maiores prazeres dela era sonhar com o futuro dos filhos, imaginando todos os tipos de destinos ilustres para eles. Alguns desses sonhos parecem ter sido, de fato, previsões, e Surya, que costumava escutá-la com um sorriso indulgente, ficou em pelo menos uma dessas ocasiões extremamente impressionado por uma das visões – tanto que, ao ouvi-la, ele próprio, como inspirado, falou também:

– Tu e eu, e esses filhos nossos, temos um maravilhoso destino à frente. Assim como me acompanhas agora, irás, com eles, me acompanhar nesse glorioso futuro. Alguns desses que hoje te chamam de mãe passarão à tua frente e serão meus auxiliares mais diretos no trabalho que tenho a fazer. E quando chegar a hora de fazer a tua parte nesse trabalho, outros desses filhos irão cercar-te como auxiliares e discípulos. Assim, os membros de nossa família não ficarão separados, como muitas vezes acontece; muitas e muitas vezes voltarão juntos, tornando-se uma família permanente, cujos membros se encontrarão com fraterna afeição através do tempos futuros.

Quando Viraj foi reunir-se a seus ancestrais, foi Marte e não Surya quem foi proclamado rei.

Não muito depois que ele tinha subido ao trono, foi necessário assumir o domínio daquela parte da ilha habitada pelos turano-lemurianos. Eles adotavam uma forma deprimente de religião, que, entre outros aspectos desagradáveis, incluía eventuais sacrifícios humanos – geralmente de crianças muito bonitas. Às vezes eram escolhidas entre suas próprias famílias, mas com maior freqüência uma das tribos atacava outra com a intenção de achar vítimas adequadas. Porém, em determinada ocasião, os sacerdotes desse culto desprezível decidiram que era necessário um sacrifício especial, porque uma doença infecciosa desconhecida se desencadeara entre o povo. Os sacerdotes se reuniram e decidiram que, como os meios habituais não tinham conseguido afastar a ira de seus deuses, deveriam capturar e sacrificar uma criança branca.

A única maneira de conseguir isso era por meio de alguns de sua tribo que tinham relações próximas com a raça branca. Já acontecera um certo número de casamentos entre as raças, embora as autoridades não encorajassem isso, e era dessas famílias mestiças que saíam os sacerdotes mais poderosos e dados a maquinações. Entre eles vamos encontrar, exatamente nessa época, dois personagens já nossos conhecidos – Lacey e Tripos.

Auxiliados por uma mulher chamada Câncer, decidiram raptar uma criança da povoação branca, e depois de muito observar e ficar à espreita, conseguiram carregar Phra, um dos netos de Surya e Alcyone.

Passou-se algum tempo até que dessem por falta dele, e um pouco mais para que a família suspeitasse do que tinha acontecido. Mas assim que se deram conta do que sucedera, o pai do menino, Naga, reuniu rapidamente alguns amigos e companheiros, e saiu em perseguição dos captores.

Como não conheciam os esconderijos secretos dos nativos, provavelmente não teriam tido êxito se não fosse pela ajuda que receberam de outros mestiços, que eram partidários dos brancos. Auxiliados por eles, Naga e seus companheiros conseguiram alcançar os raptores e resgatar a criança antes que

As Vidas de Alcyone   163

tivessem podido reunir a tribo para o sacrifício. Prenderam os três raptores e levaram-nos para o rei, que imediatamente os mandou executar. Decretou também que o interior do país ficasse diretamente subordinado a ele, e sacrifícios de qualquer espécie fossem totalmente eliminados. Assim foi feito, mas os nativos lamentaram a ausência de seu culto sanguinário, e não tinham nenhuma simpatia pelo novo regime.

Esta foi uma vida tranqüila, sem maiores acontecimentos, numa terra agradável e entre um povo amigável. Não eram diferentes daqueles outros, da mesma raça que descrevemos na Irlanda de alguns séculos antes. Eram bons agricultores, marinheiros corajosos, hospitaleiros e afetuosos, e tinham grande respeito pelos idosos. Os homens mais ilustres entre eles eram oradores e poetas, em vez de guerreiros, e os líderes do povo deviam ter uma certa habilidade nessas áreas, pois todos os julgamentos, sermões e discursos públicos em grande ocasiões eram invariavelmente feitos em versos improvisados. Eram hábeis construtores, tecelões e tintureiros; suas esculturas em madeira eram extremamente belas, complexas e detalhadas. Foi uma existência simples e feliz, sem acontecimentos marcantes, e Alcyone partiu serenamente, ao final dela, com a avançada idade de 88 anos.

Vida XVII
(24700 a.C. – México)

Nesta vida estamos de volta à magnífica raça dos toltecas, que em muitos sentidos foi a mais poderosa e duradoura de todos os filhos da Atlântida.

Nosso Grupo de Servidores não aparece, porém, no centro do império, na Ilha de Poseidônis, mas no país que hoje chamamos de México.[15] Seus integrantes estavam ali para promover a regeneração dele, pois haviam decaído do elevado nível da raça original.

A corrupção e a imoralidade que solaparam a grande Cida-

---

15 Grandes levas migratórias de várias sub-raças tinham se dirigido, nos milênios anteriores, tanto para Leste (Europa, Ásia e África) como para as Américas, para onde os toltecas foram conduzidos pelos mestres da raça, e se espalharam amplamente, constituindo várias culturas desenvolvidas, entre as quais os maias e incas e os peles-vermelhas americanos. Ver, a propósito, as obras *Entre dois mundos: a História da Lemúria e Atlântida*, de Scott Elliot e Frederick S. Oliver, e *Haiawatha – um mestre do povo iroquês*, de Mariléa de Castro e Roger Feraudy, ambos da **EDITORA DO CONHECIMENTO** (N. do T.).

de das Portas de Ouro[16] tinham se instalado nesta rica e florescente colônia, e essa decadência fora seguida pela da religião. O que fora originalmente a pura e nobre adoração do Sol tinha absorvido ritos impuros e cruéis dos cultos selvagens de tribos da América Central e se tornou mais degradado e terrível que o culto dos turano-lemurianos descrito na vida anterior. Os sacrifícios humanos eram mais freqüentes e em locais mais suntuosos, pois os magníficos templos erigidos nos primórdios daquela cultura ainda se mantinham intactos, embora pervertidos em usos que teriam horrorizado seus construtores.

O centro principal da capital era um vasto anfiteatro, muito maior que o Coliseu de Roma, com uma pequena pirâmide no meio, em cujo ápice truncado havia um pequeno templo.

Os sacerdotes não se contentavam em cobrar da população o tributo dos sacrifícios; obrigavam crianças a serem seus instrumentos em todo tipo de invocações obscenas. Haviam estudado bem o poder hipnótico, e o desenvolveram até um alto nível de eficiência, empregando-o sem remorso para persuadir os pais a lhes entregarem seus rebentos. As crianças assim tomadas morriam cedo. Eram utilizadas por algum tempo como médiuns, e toda sua vitalidade era extraída; depois, geralmente se tornavam vítimas dos sórdidos apetites dos sacerdotes, e por fim eram oferecidas em sacrifício a várias divindades sanguinolentas. Mas não terminava aí, pois aqueles que eram sacrificados freqüentemente se tornavam vampirizadores desencarnados e retornavam como seres indescritivelmente horríveis para consumir aqueles que outrora mais tinham amado. Acrescente-se a isso o fato de que os sacerdotes extorquiam pesadas contribuições daqueles que possuíssem quaisquer bens, e se verá que o país penava sob uma terrível tirania e necessitava tremendamente de auxílio.

Tudo isso o rei, Marte, conhecia desde a infância; nessa época, pensava que, quando subisse ao trono, tentaria fazer alguma coisa para restringir o poder desse sacerdócio infame. Mas na realidade não era fácil saber o que fazer. O sistema estava totalmente podre; embora o povo o detestasse, tinham crescido dentro dele e estavam acostumados, curvavam-se ao peso desse jugo e acreditavam realmente que as divindades cruéis se vingariam infinitamente deles se esses rituais odiosos fossem suprimidos. Os sacerdotes tinham um fanatismo feroz, e com sua influência hipnótica tinham imposto isso ao povo, de

---

16 A capital de Poseidônis, a última ilha atlante que afundou em torno de 9.000 a.C. (N. do T.).

As Vidas de Alcyone

165

forma que este acabara por gostar dos abomináveis sacrifícios, mesmo sabendo que eles mesmos ou os que mais amavam poderiam ser as próximas vítimas.

Assim, o rei, embora não acreditasse nessas divindades e desejasse de todo o coração libertar seu povo dessa odiosa tirania do clero, não sabia que atitude tomar. Sabia que em algum momento teria que entrar em conflito com o poder dos sacerdotes, mas sentia que a batalha seria árdua, e a protelava, na vã esperança de que um dia se apresentassem circunstâncias mais favoráveis. Sua maior esperança residia no fato de que ele era muito benquisto pelo povo, em razão de leis justas, equânimes e benevolentes, e tinha certeza de que eles o seguiriam até a morte em qualquer sentido – desde que não confrontasse suas crenças religiosas. Enquanto ele os dominava pelo amor, os sacerdotes o faziam pelo medo, e este último geralmente tende a ser – com exceção dos **caracteres** mais nobres – sempre o mais forte.

Marte havia desposado Vulcano, e tinham três filhos e duas filhas. O herdeiro do trono era Sirius, que se casou com a velha amiga de muitas vidas, Electra – e Alcyone nasceu como sua filha mais velha. Criada no retiro de um esplêndido palácio, cercado de magníficos jardins que ocupavam muitos quilômetros quadrados, Alcyone não sabia quase nada do horror que pairava sobre o país, ouvindo apenas vagas observações a respeito, de suas escravas. Marte discutia o assunto com freqüência com os filhos e filhas, mas não comentavam nada com Alcyone até ela crescer. Entretanto, um acontecimento a forçou a tomar conhecimento dos fatos.

Spica era uma irmã mais moça do rei, que se casara com Alces, e tinham três filhos. O predileto dela era Fides, que tinha por essa época cerca de 11 anos. Por ocasião de um dos grandes festivais religiosos, ela o levou consigo ao templo principal, aonde milhares de pessoas tinham ido assistir às cerimônias. Achava-se na arena do vasto anfiteatro, próximo à base da pirâmide central. Acabara de entoar junto com os demais um poderoso canto invocando a divindade – que tinha um efeito magnético e impressionante, executado por milhares de vozes, quando o sumo sacerdote Scorpio saiu do santuário interno e parou diante da porta, encarando severamente a multidão. Spica tinha consciência de que ele estava usando o temível poder hipnótico, e em seguida sentiu que seu olhar caía diretamente sobre ela, e usava todo seu poder para induzi-la a subir os degraus da pirâmide e oferecer-lhe seu filho para o serviço do templo. Sabendo muito bem qual o destino que o aguardaria, usou toda a sua força de vontade para resistir, abraçando o menino contra si para protegê-lo. No entanto, sua vontade era muito menos treinada que a de Scorpio, e apesar de seus esforços sobre-humanos, ela acabou subindo as escadas e indo ao encontro dele, arrastando consigo o menino assustado e fascinado.

– Deseja oferecer-nos esse menino para o serviço dos grandes deuses?

Spica viu-se forçada a murmurar uma concordância imprecisa, e Scorpio, com um olhar triunfante de cobiça e crueldade, aceitou solenemente a entrega em nome das divindades. Tomou Fides pela mão e conduziu-o para o interior do santuário, enquanto Spica descia cegamente as escadas e forçava o caminho por entre a multidão.

Assim que se afastou da influência direta de Scorpio, deu-se conta da extensão do horror que fizera; embora cheia de dor e desespero, sabia que era inútil voltar, pois sob aquele olhar maligno não conseguiria dizer nada. Vagueou por algum tempo no parque que cercava o grande anfiteatro, com o coração partido e sem poder raciocinar, mas por fim decidiu-se a ir procurar o rei, seu irmão, contar-lhe o sucedido e suplicar sua intervenção.

Encontrou-o numa parte do palácio que era ocupada por seu filho mais velho, e contou-lhe tudo na presença de Sirius e Electra e da família deles. A ira do rei despertou, e com voz vibrante e severa disse:

– Isso é realmente demais! Precisavam colocar as mãos impuras num membro de minha própria família?

Ia dizer mais, quando foi interrompido por Alcyone, que se ergueu e de repente colocou-se à frente dele, com uma expressão de autoridade real, totalmente estranha a seu jeito usual, e começou a falar rapidamente, num tom altissonante:

– É chegado o momento, ó rei! Os dias dessa tirania terminaram. Durante séculos as trevas se estenderam sobre esta terra, cada vez mais escuras; agora, finalmente, o dia vai raiar. É tua mão, ó rei, que deve libertar o teu povo dessa maldição; esse sacerdócio maligno, de demônios, deve ser destruído pela raiz, e seu poder banido para sempre. Manda primeiro, ó rei, que devolvam o menino, e quando recusarem, como vão fazer, usa o teu poder e proclama que esse clero, por sua longa e contínua maldade, será destituído do poder, e que tu, como rei e pai de teu povo, assume o sacerdócio, tu e teus descendentes, para sempre. Decreta isso e envia teus soldados para garanti-lo, e o povo te aclamará como seu libertador dessa maldade intolerável. O ódio e o medo são fortes, porém o amor pode mais. Se enfrentares isso com coragem, fazendo o que é certo e justo, sem nada temer, teu nome será honrado por muitas gerações e teu povo viverá livre e feliz sob teu reinado, e serás o seu pai na terra, assim como Deus é seu pai no céu.

O rei ficou sentado em silêncio, perplexo, ouvindo a mensagem espiritual transmitida pela gentil Alcyone, que normalmente era quieta; a família os cercava, também surpresa. Mas Sirius disse:

– Não foi ela quem falou, mas um Grande Ser; meu pai e rei, é um sábio conselho, e mostrou o caminho a seguir. Prende esse homem e todos os seus seguidores, e que nunca mais afronte nosso rei e senhor.

A ordem foi dada, e Sirius, levando um esquadrão de soldados, cercou o anfiteatro e o grande monastério que ficava ao lado. Isso foi feito rapidamente, e os surpresos sacerdotes foram aprisionados antes de saberem o que se passava. Houve murmúrios entre a multidão, mas quando Sirius os encarou e ergueu o sinete real, o povo baixou a cabeça e se dispersou em silêncio, admirado com os estranhos fatos que aconteciam.

Então Sirius chamou à sua presença o guardião do monastério e indagou o que fora feito com Fides. O guarda negou que o conhecesse, mas Sirius calmamente observou que se ele não fosse entregue imediatamente todos os sacerdotes dali seriam decapitados ali mesmo e o local queimado até os alicerces. Então a memória do guarda voltou, e indicou o caminho para o setor dos noviços. Sirius dirigiu-se para lá a passos largos, que ecoavam pelos corredores, seguido por um forte contingente de soldados, e encontrou seu assustado sobrinho num aposento, junto com quatro outros meninos que tinham sido tirados de seus pais naquele dia, da mesma forma execrável. Eram vigiados por um monge de ar grosseiro, que ergueu um protesto indignado contra a invasão, mas foi prontamente silenciado. Sirius achegou-se a Fides e perguntou como se sentia, mas o menino estava entorpecido e incapaz de responder claramente. Quando Sirius quis levá-lo embora, resistiu desajeitadamente, como se estivesse sonâmbulo ou sob a ação de alguma droga. Por fim Sirius teve que tomá-lo nos braços e levá-lo assim daquele lugar de mau agouro. Os outros meninos foram levados da mesma forma pelos soldados, e todos foram conduzidos ao palácio, onde Spica ficou na maior felicidade ao tomar nos braços o filho que julgara

168   C. W. Leadbeater

irremediavelmente perdido. Na realidade, ele parecia não conhecê-la, e tentava evitar seus abraços, ou no máximo os aceitava, impassível; mas pelo menos ela o tinha de volta, e esperava que pudesse curá-lo desse estranho estado.

Enquanto isso, as notícias tinham se espalhado, e o povo da cidade estava inquieto. Mas o rei, que nesse ínterim reunira quase uma divisão inteira do exército, mandou destacamentos para cercar todos os demais monastérios das vizinhanças e prender os sacerdotes. Ao mesmo tempo, enviou arautos a anunciar nas praças e jardins da cidade que ele convocava todos os seus leais súditos a se reunirem na manhã seguinte, uma hora depois do amanhecer, no grande templo, quando iria fazer saber sua vontade. Até então, a cidade ficaria sob lei marcial, e todos deveriam permanecer em suas casas durante a noite. O povo se admirou muito, mas as ruas estavam cheias de soldados, e ninguém ousou desobedecer, ainda mais que poucos sabiam o que realmente tinha acontecido.

O rei enviou mensageiros a cavalo a toda pressa às outras cidades do país, ordenando aos governadores que prendessem todos os sacerdotes e monges, guardando-os em segurança até segunda ordem.

Na manhã seguinte, o vasto anfiteatro estava ainda mais cheio do que no dia anterior, mas em vez dos cânticos festivos havia um silêncio expectante, que foi quebrado por gritos de boas-vindas quando o rei em pessoa atravessou a cavalo os enormes portões do templo, dentro do qual nunca se vira entrar nem cavalo nem qualquer outro animal.

Devagar e solenemente ele percorreu a aléia guardada pelos soldados, com seus filhos andando aos dois lados; quando chegou à pirâmide central desmontou, subiu as escadas, e, voltando-se, se dirigiu a povo:

– Meu povo: venho hoje trazer-lhes notícias de grande alegria. Durante muitos anos, vocês sofreram terrivelmente. Tiveram que entregar seus amados filhos para o sacrifício, vendo-os serem arrancados de vocês pelas garras dos sacerdotes, que também se apossavam constantemente de seus bens. Suportaram tudo sem se queixar, porque lhes diziam que era a vontade dos deuses, que eles precisavam desses sacrifícios e oferendas, e que, se não os fizessem, sofreriam ainda mais. Vim para dizer-lhes hoje que foram enganados, que esse pesadelo horrível foi uma imensa mentira, que os deuses são benevolentes e não hostis, que eles não pedem nenhum sacrifício a não ser o de uma vida pura, e que não precisam de nenhuma oferenda senão a de seu auxílio ao próximo. Esses sacerdotes os enganavam; como eles só pensavam em si mesmos, em seu poder e ganância, não podiam conhecer os deuses, e assim os levaram a adorar os demônios. A partir de agora, eu, seu rei, sou o seu sacerdote e pai, e meus filhos serão seus sacerdotes também. De agora em diante, o selo do sacerdócio será o sangue real, e dedicarei a essa tarefa esses rebentos de minha casa – e alinhou à sua frente, nos degraus da pirâmide, Rama, Netuno, Naga, Euphra, Selene, Mizar e Brihat.

Voltando-se de novo para o povo, disse:

– Aqui e agora, diante de todos, consagro meus filhos ao serviço do sacerdócio, e eles irão por toda esta terra e ensinarão a fé na Luz, ao invés de nas trevas, a alegria, em vez do medo. E agora, já que a grande tirania foi vencida, eu convido a todos a fazerem de hoje um dia de regozijo como nunca tiveram antes. Hoje todos são meus convidados, e que todos se alegrem e festejem. Decreto também que todos os anos, e para sempre, esse dia seja marcado; que seja um dia santo, em memória do início de uma nova era. E assim, pela primeira vez, como sumo sacerdote e rei, eu lhes dou a bênção do Grande Deus que é o verdadeiro Pai de seu povo.

E todos que o escutavam ergueram brados de alegria, e essas palavras foram repassadas rapidamente à multidão mais atrás no anfiteatro, e para os milhares lá fora que não tinham podido entrar. Muitos, ricos e pobres, se perguntavam se isso podia ser verdade mesmo, e se os velhos deuses malignos não poderiam vir a se vingar deles.

Não houve quase resistência no país, pois os sacerdotes, nas cidades das províncias, ao saberem que toda a hierarquia do clero da capital fora derrotada, trataram de render-se, e embora houvesse alguma oposição aqui e ali, em pouco tempo foi dominada, e até nas regiões mais distantes o povo também começou a se regozijar com a nova liberdade, longe da opressão.

Existia um grande número de sacerdotes e monges, e parasitas dos monastérios. O rei mandou trazer todos, e quando estavam reunidos na capital, vindos de todas as regiões do país, mandou Sirius dirigir-se a eles. Este disse que deviam entender com toda clareza que seu reinado maléfico terminara de uma vez, para sempre, que o rei não depositava confiança naqueles que tinham sido sacerdotes e líderes daquele culto maléfico, e que, se fossem encontrados dali em diante dentro das fronteiras do reino, seriam imediatamente executados. Aos monges e à turba de criados, ofereceu uma escolha: se quisessem, poderiam acompanhar seus senhores no exílio, mas se preferissem assumir uma ocupação honesta, poderiam ter uma oportunidade de se mostrarem bons cidadãos; deviam ter em mente, porém, que o antigo estado de coisas estava definitivamente encerrado, e que qualquer tentativa de o fazer voltar seria de imediato e definitivamente esmagada.

Os sacerdotes, com Scorpio à frente, foram levados para além das fronteiras do Sul, para se arranjarem como pudessem entre as tribos selvagens. Por fim, acabaram conquistando um pedaço de terra para si, e constituíram uma pequena comunidade, de cuja sorte não temos maiores informações.

Alguns sacerdotes, cheios de ódio e maldade contra o rei, fingiram ter sido apenas monges e assim conseguiram permanecer no país. Entre eles estavam Câncer, Lacey e Tripos, que haviam trazido para essa vida o ódio a Marte que tinham adquirido na Nova Zelândia, 700 anos antes. Passado algum tempo, fizeram uma tentativa frustrada de organizar uma rebelião, cujo objetivo era trazer Scorpio de volta, depor o rei e formar um governo sacerdotal para reger o país. Felizmente o complô foi descoberto e extinto no início, e os três cabeças, em conseqüência, executados.

As mudanças no país foram extraordinárias, e o povo desabrochou como flores nesse clima. Por muito tempo pareceu-lhes difícil acreditar na liberdade de que enfim gozavam; e surgiu uma espécie de canção popular cujo refrão era "nunca mais":

"Nunca mais correrá sangue dos altares: nunca mais nossas crianças serão levadas de nós; nunca mais roubarão o que é nosso; nunca mais sofreremos horrores em nome de demônios que tomamos por deuses; nunca, nunca mais".

Em meio a toda a felicidade geral, o coração de Spica estava cheio de tristeza, pois, embora seu filho tivesse sido resgatado, sua mente ficara embotada e a influência maligna ainda se fazia sentir nele. Ela soube por um dos que tinham sido monges e estava familiarizado com os nefastos poderes de Scorpio que quem tivesse caído sob seu domínio nunca poderia se libertar dele, e inevitavelmente passaria por todos os estágios de degradação até chegar ao vampirismo. Horrorizada, ela foi novamente a seu irmão, o rei, mas ele teve que admitir que era impotente nesse caso; não sabia o que fazer. Falou bondosamente com ela, demonstrando solidariedade e tristeza, mas sem saber o que aconselhar. Por fim, voltou-se de improviso para Alcyone e disse-lhe:

– Minha filha, através de ti veio o conselho que salvou meu

reino e o libertou para sempre dos poderes do mal. Não poderias também ajudar neste caso, e libertar do mal esse pobre menino, assim como aconteceu com nossa terra?

Então o mesmo poder apossou-se dela, que se ergueu e disse:

– Ó rei, o poder do mal é grande, e opor-se a ele pode resultar na separação da alma do corpo. Mas deve ser feito, mesmo que a vítima morra, porque se não o fizermos, ele ficará perdido, não só nesta vida mas para sempre, pois não poderá se libertar da maldição de ser vampiro. Não sei qual será o resultado, mas devo libertá-lo, mesmo que ao fazer isso possa destruir seu corpo.

Voltou-se então para o sobrinho trêmulo, e ergueu as mãos sobre sua cabeça, exclamando alto:

– Em nome de nosso Pai, que essa maldição te abandone!

O menino deu um grito terrível e caiu como morto. Ficou inconsciente durante vários dias, mas não morreu, e após bastante tempo recobrou a consciência e chamou debilmente pela mãe. Embora fraco e enfermo, ela sabia que agora seu filho tinha voltado realmente da morte, agora a reconhecia e abraçava como antes. Acabou se recuperando, lentamente, mas o choque fora tão terrível que durante o resto da vida permaneceu nervoso, perturbando-se facilmente. Na verdade, por muitas vidas e milhares de anos um certo efeito desse terrível distúrbio psíquico se fez sentir. O maligno sumo sacerdote tinha se apossado de sua alma, e criara um elo entre ela e aquele cujo nome não se deve dizer. Quebrar esse elo é algo que poucos poderiam, mas nesse caso foi feito pela força e o amor de Alcyone – e de Surya, que agiu através dele, embora não estivesse em corpo físico.

A vida de Alcyone foi vivida com muito amor e felicidade. Casou-se com seu primo Selene, e o primogênito de seus 10 filhos foi Hércules, um amigo de muitas vidas. A existência dela foi uma bênção para todos que a cercavam; viveu para ver os netos e os bisnetos, até a idade de 90 anos. E a obra em que teve tão importante participação permaneceu depois dela, pois nunca mais, enquanto os toltecas ocuparam a antiga terra que é hoje o México, os sacrifícios retornaram. Muito depois que essa raça foi destruída no dilúvio que se seguiu ao afundamento de Poseidônis, aquela região foi repovoada por uma raça semi-selvagem, de muita crueldade e avidez, que psicometrizou as pedras antigas, revivendo em certa medida os horrores antigos;[17] durante mais de 20 mil anos, porém, a obra de Alcyone e Surya frutificou.

17 Talvez uma referência aos astecas (N. do T.).

C. W. Leadbeater

Vida XVIII
(23081 a.C. – América do Norte)

De novo vamos encontrar nosso herói na raça tolteca, mas num reino muito diferente daquele do México – no mesmo continente, porém mais ao Norte, a Oeste da cadeia das Montanhas Rochosas.

Marte, como de hábito, era o rei; e o território do reino se estendia ao longo da costa do Oceano Pacífico, da atual Califórnia, ao Sul, até a Colúmbia Britânica,[18] ao norte.

Um grande reino da raça tlavatli ocupava o vale do Mississipi, e praticamente toda a área onde hoje são os estados do Sul dos Estados Unidos. A parte Norte do atual Canadá era ocupada por um conglomerado de tribos menores que viviam principalmente de caça e pesca, e não construíam grandes cidades.

Mas a civilização da costa Oeste era altamente desenvolvida e antiga, e o reino de Marte incluía muitas cidades grandes e belas como aquelas do México, embora o estilo da arquitetura fosse diferente. A terra era fértil e o clima, saudável, com bastante diferença entre o Norte e o Sul, garantindo uma variedade de culturas. Era um reino próspero, e embora fizesse comércio com a América do Sul por mar, e com o reino tlavatli por terra, e também trocasse mercadorias de várias espécies por peles e couros com as tribos nômades do Norte e do Leste, era em larga medida uma comunidade auto-suficiente, e o que importava eram mais artigos supérfluos que necessários.

Em sua juventude, Marte teve que lutar por seu reino. Ele era um filho mais moço, não um sucessor direto do rei, mas seu irmão mais velho era um homem de paixões violentas e descontroladas e parcos princípios, que se metia em todo tipo de situações indesejáveis, e era surdo às severas admoestações de seu pai. Até que por fim, após uma aventura extremamente desonrosa, o pai o deserdou formalmente, e passou a sucessão do trono para Marte. O irmão mais velho, que fora banido da corte, declarou então que seu pai se tornara incapaz de reinar, e assumiu o título de rei, reunindo em torno dele um exército de seguidores. Contando com alguns guerreiros hábeis e inescrupulosos, inicialmente teve bastante êxito, e conseguiu capturar o pai e mandá-lo matar.

Marte, que estava tomando conta da região Sul do reino, então se proclamou rei, pela indicação do pai, juntou o que restava do exército, e marchou imediatamente contra o irmão.

---

18 Província do atual Canadá, que fica no extremo Oeste (N. do T.).

O mais velho tinha vantagem numérica, e tinha amedrontado a população do Norte com atos de bárbara crueldade, mas tinha tremendos defeitos de caráter – e Marte não. O mais moço avançou com seus homens muito mais rápido do que o irmão poderia imaginar, e enquanto o indolente e luxurioso primogênito ainda se demorava na cena de sua vitória, comemorando-a com uma série de festins e libertinagem, Marte caiu sobre ele inesperadamente, e colocou suas forças em debandada. O mais velho fugiu após a batalha. Uns disseram que tinha morrido, outros, que estava escondido, e alguns, que tinha escapado e estava vivendo além da fronteira, entre as tribos de caçadores do Norte. De qualquer forma, ele desapareceu do cenário político, e a autoridade de Marte não foi mais contestada.

Ele desposou Siwa e dedicou-se a sua tarefa preferida, a de organização. Remodelou completamente o governo, dividindo o país em províncias de acordo com um projeto seu, basicamente de acordo com os produtos agrícolas, e embora instituísse governadores para cada província, também permitiu ao povo um certo grau de representatividade, num modelo mais aproximado dos conceitos modernos que aqueles comuns 20 mil anos antes da era cristã.

Em seguida nasceu seu primogênito Rama, a que se seguiram logo mais dois meninos, Viola e Netuno, e duas lindas meninas, Albiero e Ajax.

Enquanto isso, Marte levava uma vida extremamente ocupada, viajando constantemente por toda a vasta extensão do reino, para ver como estava funcionando a sua nova estrutura e verificar se as várias fontes de rendimento de um país tão diversificado estavam sendo aproveitadas ao máximo. Assim que o filho Rama chegou ao sete anos, Marte começou a levá-lo consigo nessas viagens e a explicar-lhe o que fazia, estimulando-o a fazer perguntas e tentar compreender as razões de tudo que acontecia. Assim, o menino acumulou variados conhecimentos, embora não existisse "educação", no sentido atual da palavra. Marte fazia questão de torná-lo consciente de que tudo aquilo um dia seriam deveres seus, e que era tarefa do rei saber como cada um de seus súditos ganhava a vida e fazer com que não tivesse dificuldades para isso.

Rama cresceu, tornando-se alto, forte e atraente. Bem cedo se enamorou de sua encantadora prima Electra, que lhe correspondeu. Marte sorria com indulgência desse amor infantil, e não lhe opunha obstáculos; disse a Rama que se ao chegar a certa idade ele demonstrasse capacidade para exercer as funções reais, receberia em troca a mão de sua amada. Muito antes da data indicada, o dedicado Rama já sabia tudo de que precisava, e só necessitava de prática e experiência para poder dirigir o reino tão bem quanto o pai. Marte o enviava com freqüência a visitar sozinho as províncias, para examinar as condições de cada uma e fazer um relatório, o que ele fazia muito bem, oferecendo valiosas sugestões. Finalmente recebeu sua recompensa, e as núpcias do feliz casal foram celebradas com vários dias de festa na capital.

Rama continuou suas viagens de inspeção, e de início sua esposa o acompanhava. Em pouco tempo, porém, os deveres familiares exigiram que ela ficasse em casa, embora se entristecesse com a separação do marido. O filho mais velho deles foi Viraj, um menino extremamente saudável, que desde cedo demonstrou qualidades de grande determinação. Logo seguiu-se outro menino, Sirius, e uma linda menina – Alcyone. Com o tempo, a família aumentou, e por muitos anos só eventualmente Electra pôde acompanhar o marido em viagens mais curtas. Mais tarde, quando as crianças cresceram, eles voltaram a viajar juntos como antes, e naturalmente Rama praticou com o filho o mesmo esquema de educação pelo qual Marte o fizera desenvolver as faculdades de observação e julgamento.

No devido tempo, Marte foi reunir-se aos antepassados, e Rama herdou a coroa; depois disso achou melhor passar mais tempo na capital, deixando as viagens de inspeção a seus sete filhos – alguns dos quais vieram a assumir o posto de governadores das províncias.

Nesse ínterim, nossa heroína crescera, e acabou casando-se. Ocorreu uma curiosa situação envolvendo esse casamento, que não deixou de afetar o seu futuro. Dois primos – Dhruva e Mizar – enamoraram-se simultaneamente por ela; ambos eram filhos de Mercúrio, o sábio tio dela. Os dois irmãos se estimavam de verdade, e não brigaram por causa disso, mas naturalmente pediram a ela que escolhesse um deles, o que ela se sentia incapaz de fazer, pois tinha grande afeição por ambos. No íntimo, ela na verdade preferia o mais jovem, Mizar, porém o mais velho demonstrava tão enfaticamente que não se sentia capaz de viver sem ela, que não tinha coragem de tomar uma decisão. Finalmente, acabou por confidenciar essa dificuldade ao pai, que naturalmente observou ser essa uma questão que cabia eminentemente a ela decidir. Mas como se mostrasse incapaz de fazê-lo, o rei chamou Mercúrio para deliberarem. Depois de avaliar todos os aspectos da questão, decidiram-se em favor de Dhruva. Mizar, como é óbvio, ficou terrivelmente desapontado, e é possível que Alcyone de certa forma partilhasse esse sentimento.

Por essa época, surgiram sérios conflitos entre certas tribos semicivilizadas que vivam do outro lado das montanhas, e um dos lados solicitou ajuda do grande soberano do Oeste. Mizar então apresentou-se como voluntário para chefiar a expedição que iria para lá. Rama achou melhor concordar, esperando que as tarefas variadas e fatigantes o fizessem esquecer o desencanto. Dhruva, embora radiante com a decisão a seu favor, gostava muito do irmão e entristeceu-se com a insistência dele de partir em missão tão perigosa.

Mizar ficou ausente por mais de dois anos. Tendo resolvido o conflito original, organizou algumas daquelas tribos e persuadiu-as a se agregarem ao grande reino; o resultado foi uma extensão considerável de suas fronteiras. Conseguiu reunir as tribos formando uma província, e foi designado por Rama como seu primeiro governador. Estava concretizando seus projetos com marcante sucesso, quando surgiram novos problemas ao Norte da nova província.

Um certo número de tribos mais selvagens tinham ficado preocupadas com o que fizera, considerando isso uma ameaça à sua independência; assim, deixaram de lado temporariamente suas perpétuas desavenças e se uniram para fazer um ataque em larga escala a seus irmãos que tinham se submetido ao domínio do rei. Suas forças eram muito maiores do que as que Mizar tivera que enfrentar antes, e ele teve grande dificuldade de enfrentá-las com seus homens. Mandou rapidamente um pedido de reforços à capital, mas sabia que iria demorar até que chegassem, e nesse ínterim achou melhor ficar na defensiva em vez de contra-atacar.

Dhruva tinha ficado cada vez mais apreensivo ao receber as notícias dos feitos temerários do irmão; quando chegou o pedido urgente de socorro, insistiu em comandar pessoalmente a expedição de auxílio.

Quando chegou ao local dos acontecimentos, após uma longa e monótona viagem, descobriu que seu irmão tinha desaparecido. Poucos dias antes, Mizar vira uma oportunidade de infligir grandes perdas às forças inimigas com uma arremetida súbita e audaciosa, e tinha partido com um pequeno contingente de homens escolhidos. Tinha penetrado nas montanhas, e pela rápida fuga do inimigo que abandonou suas posições ficou evidente que sua manobra surtira efeito. Mas não tiveram mais

176   C. W. Leadbeater

notícias dele, e temiam que houvesse caído numa emboscada. O general que ele deixara no comando, na capital recém-construída, tinha enviado vários grupos de reconhecimento, mas nenhum conseguira obter notícias do governador.

Assim que Dhruva soube disso, e embora seus homens ainda estivessem fatigados da cansativa jornada, reuniu imediatamente algumas de suas melhores tropas, e levando alguns dos nativos como guias, internou-se nas montanhas em busca do irmão. Depois de muitas aventuras, finalmente o encontrou entrincheirado com seus homens num local estratégico, no alto de um morro. A posição era quase inexpugnável, mas eles eram poucos, estavam cercados por uma força considerável e quase sem provisões. As tropas de Dhruva estavam longe de serem adequadas para enfrentar um contingente tão grande de inimigos, mas ele não hesitou um só instante e lançou-se ao ataque. Mizar e seus homens, vendo isso, arremessaram-se colina abaixo e atacaram o inimigo pela retaguarda; após um confronto feroz, conseguiram derrotá-los e acabaram assenhoreando-se do campo de batalha. Mas as forças restantes dos adversários ainda os superavam amplamente, e suas perdas tinham sido tão pesadas que outro confronto, mesmo vitorioso, teria deixado poucos deles para comemorar.

Infelizmente, Dhruva tinha ficado seriamente ferido; Mizar, portanto, assumiu o comando e ordenou de imediato a retirada para o vale de onde tinham partido. Fizeram isso com cuidado, e embora o inimigo os atacasse com persistência na retaguarda, conseguiram prosseguir quase sem baixas. Assim que deixaram as montanhas e chegaram a seu próprio território, Mizar mandou buscar reforços na capital da província. Quando chegaram, ele atacou as tribos inimigas e infligiu-lhes uma derrota tão severa que suas forças foram praticamente aniquiladas, e eles nunca mais criaram problemas.

Enquanto isso, Dhruva continuava seriamente ferido, e logo ficou claro que não iria salvar-se. Mizar, cheio de remorso, culpava-se por ter sido indiretamente a causa da morte do irmão, mas Dhruva, quando conseguiu falar, não quis saber disso, e declarou que eram os azares da guerra, e que estava feliz de que tivesse acontecido a ele, e não a seu amado irmão. Pediu a Mizar que levasse a notícia de sua morte a Alcyone, e que a desposasse assim que terminasse o período de luto, dizendo que a ninguém mais ele confiaria com maior satisfação o seu casal de filhos pequenos. Mizar ficou profundamente perturbado, e não sabia se Alcyone concordaria com isso e se

As Vidas de Alcyone   177

não o detestaria de certo modo por ter sido a causa da morte do marido; para satisfazer o agonizante, porém, prometeu colocar a idéia a ela e aceitar sua decisão.

Pouco depois, Dhruva morreu, abençoando o irmão com o último suspiro, e pedindo-lhe que tomasse conta de sua mulher e filhos. Mizar deixou seu comandante encarregado da província, e dirigiu-se à capital do reino levando a triste notícia. Receava comunicá-la a seu pai, mas Mercúrio recebeu-a com nobreza, dizendo que tinha certeza de que Mizar tinha feito tudo que podia, e que, já que Dhruva tinha que partir, não haveria melhor ensejo do que resgatando o irmão. Teve que comunicar também ao rei, Rama, que teve reação análoga; depois, havia a mais difícil de todas as tarefas, a de levar a notícia a Alcyone. Obviamente foi um choque para ela, mas quando Mizar lhe transmitiu a mensagem do moribundo, ela sacudiu a cabeça e disse apenas:

– Que seja como ele quis.

Assim, quando terminou o período de luto, Mizar e Alcyone se casaram, e ela foi consolada pela perda do marido. As crianças eram pequenas demais para saberem o que se passara, e pelo resto da vida nunca tiveram a menor razão para sentir falta do pai, nem se sentiram tratadas diferente de seus meio-irmãos e irmãs que vieram a nascer. Mizar e Alcyone tiveram 14 filhos, além dos dois de Dhruva.

O Rei Rama, já entrado em anos, morreu, e o irmão de Alcyone, Viraj, subiu ao trono, como o primogênito dos sete irmãos. Os outros seis ainda viviam, e atuavam como governadores de províncias, ou as inspecionavam periodicamente, pois o esquema que Marte tinha instituído havia tempo continuava sendo seguido. Várias regiões fronteiriças tinham sido anexadas, e o sistema de vigilância das fronteiras fora aperfeiçoado, de sorte que a segunda metade da vida de Alcyone foi uma época de paz e muito progresso para o país.

Como de costume, Alcyone viveu até uma idade avançada, e finalmente partiu, com 89 anos, depois de uma vida profícua, em que criara bem e felizes os numerosos filhos.

Vida XIX
(22662 a.C. – América do Norte)

Marte era novamente rei, na América do Norte, mas dessa vez no outro lado das Montanhas Rochosas, no grande reino tlavatli de Toyacatli, que, como mencionamos antes, incluía todos os estados do Sul dos Estados Unidos. Com ele, naturalmente, veio o Grupo de Servidores, e entre eles encontramos Alcyone como a filha mais velha de Mizar e Hélios, que eram pais extremamente bons, carinhosos e dedicados.

Seu pai, Mizar, era um homem de posses; além de vastos rebanhos, tinha em suas terras bastante ouro aluvial, que era recolhido dentre o cascalho de um córrego de uma área de montanha. Os rebanhos não eram de cabras ou ovelhas idênticas às de hoje; pareciam-se mais com o gnu. O animal mais comum era uma espécie de cabra robusta, de pêlos longos, cuja cabeça, pescoço e chifres lembravam os de um boi em miniatura.

A região montanhosa ao redor do Golfo do México tinha um aspecto bem diferente do atual. O rio hoje conhecido como Mississipi atravessava o estado que tem o mesmo nome, em vez de fazer um curva entre ele e o estado da Louisiana, como atualmente. O Golfo do México era menor do que hoje, e de configuração bem diversa.

Num lindo bosque, não longe da casa de Alcyone, havia um magnífico templo em forma de estrela de cinco pontas, em cujos ângulos havia escadas que levavam ao recinto central de cerimônias. Sobre ele estendia-se uma vasta cúpula, cujo interior era pintado de azul. Bem abaixo dela, uma parede com uma frisa de cerca de um metro de altura, de um metal que parecia prata, gravada com símbolos e hieróglifos. Da parte mais alta da cúpula pendiam sete sinos de prata, cujo peso e tamanho os faziam emitir sons claros e profundos, ressonantes e belos. Abaixo do templo havia criptas onde guardavam instrumentos de ouro e prata incrustados de pedras preciosas, que eram usados nos cultos em ocasiões especiais e secretas.

O recinto abaixo da cúpula era circular, e as paredes, decoradas com pedras raras incrustadas, compondo formas simbólicas. A aparência geral lembrava a arquitetura bizantina. Ali tinham lugar todas as cerimônias religiosas e festivas.

No segundo andar do templo, nos braços da estrela, ficavam os aposentos dos sacerdotes. Em cada um havia uma janela que dava para o recinto central, e às vezes cultos e cerimônias menores eram dirigidos pelos sacerdotes a partir dali.

Nesse templo teve lugar a primeira cena importante da vida de Alcyone, a de sua apresentação ou consagração, com seis meses de idade. Mercúrio presidiu a cerimônia, assistido na matéria por outros três sacerdotes – Osíris, Vênus e Brihat – e no astral pelo Mahaguru, que pairava sobre o altar, visível

As Vidas de Alcyone

179

apenas aos clarividentes. Esse grupo é algo muito interessante de se ver, e é difícil imaginar que fosse coincidência o fato de representantes de quatro distintas modalidades dos Grandes Mistérios estarem juntos nesse momento.

A cerimônia da consagração de Alcyone teve um cunho altamente astrológico. A cor usada no altar era o azul elétrico, atribuída ao planeta Urano, que estava no ascendente por ocasião de seu nascimento. A influência desse planeta é responsável em certa medida pelas possibilidades latentes de desenvolvimento psíquico que se manifestaram nela mais tarde. Durante a cerimônia apareceu um deva, e a criança foi entregue à sua guarda, com a aprovação do Mahaguru, que dirigia do plano mais alto a atuação de Mercúrio. O Mahaguru fora o fundador da religião desse povo, e fazia-se presente para estabelecer um elo entre a criança e o deva brilhante. Ele parecia tomar posse da criança, a primeira da família, e estendia os braços sobre ela, com palavras que indicavam que tomava esse ego sob seus cuidados, não somente naquela vida, mas também nas futuras.

Vênus estava encarregado da parte astrológica da cerimônia; tinha feito o horóscopo da criança e preparado os detalhes necessários, de acordo com os aspectos planetários dele, embora Mercúrio fosse quem realizasse a cerimônia de consagração.

A criança foi colocada sobre um altar menor, feito de metal e intensamente magnetizado, à frente do altar principal; os rituais tinham por finalidade criar um elo magnético entre a criança, o deva e o Mahaguru, e também anular quaisquer influências inferiores nocivas. Durante a cerimônia, os sete sinos de perto da cúpula tocaram três frases musicais curtas, e os sacerdotes cantaram em uníssono com eles, colocando-se cada um no centro de um dos lados do grande altar quadrado.

A pequena Alcyone usava um magnífico vestido bordado, feito por sua mãe Hélios, que muitas vezes tinha o prazer de bordar as vestes dos sacerdotes e alguns ornamentos do templo. No vestido da menina via-se ao centro um grande cisne bordado[19] (provavelmente o Kalahamsa), e uma beirada com suásticas recurvadas.

Esse templo era ligado a um grande templo central da Atlântida distante, o qual Surya presidia como sumo sacerdote, assistido por Júpiter e Saturno. O povo tinha uma cor

---

19 O cisne sempre foi um símbolo do iniciado, como um ser que domina os três elementos – terra, água e ar –, assim como o iniciado domina os três mundos inferiores (físico, astral e mental) (N. do T.).

morena clara, e pertencia à sub-raça tlavatli da quarta raça-raiz (atlante).

Cerca de dois anos após essa cerimônia, vamos encontrar Alcyone como uma criança de tez amorenada clara, caminhando com passos hesitantes, usando tornozeleiras de ouro que eram, na verdade, braceletes de sua mãe; como a menina gostava de brincar com eles quando estava no colo da mãe, esta os colocava nos seus tornozelos, e caíam sempre quando ela andava.

Nessa ocasião, nosso velho amigo Sirius era filho do sacerdote Brihat, e a primeira vez que viu Alcyone foi na cerimônia de sua consagração. Embora tivesse apenas uns três anos, foi levado pelos pais para assistir ao ritual, que fora esplêndido, pois os pais de Alcyone, sendo pessoas de posses, gastaram uma boa soma em ornamentos e procissões. O brilho da cerimônia o impressionou muito. E apaixonou-se imediatamente pela menina, declarando que queria se casar com ela quando crescesse. Alguns anos mais tarde, quando voltou a dizer a mesma coisa, os pais o aconselharam a esquecer isso, pois eles eram relativamente pobres e os pais de Alcyone, muito ricos.

Cada família vivia numa das margens do rio, que nesse ponto tinha cerca de um quilômetro e meio de largura. Sirius não concordava com a visão de seus pais, de que as diferenças de condição eram uma barreira a seus sentimentos, e quando tinha cerca de 12 anos e Alcyone uns nove, o encontramos cruzando o rio para fazer uma visita a sua amiguinha. Levou para ela um pedaço de cana-de-açúcar, que ela não quis comer sozinha, e então combinaram dar uma mordida cada um, alternadamente, sentados juntos à sombra de um muro.

Sirius não conseguia esquecer Alcyone, e continuou a visitá-la; acabou atravessando o rio a nado diariamente para isso, embora a correnteza fosse muito rápida e requeresse coragem. Como ninguém sabia aonde ele ia, adquiriu fama de ser um menino estranho, que gostava de vaguear horas sozinho. Numa dessas vezes em que nadava cruzando o rio, foi atacado por um jacaré, mas conseguiu matá-lo cravando-lhe sob a pata dianteira uma faca que carregava havia dias por ter avistado um outro animal semelhante.

O irmão de Alcyone, Hércules, tornou-se amigo íntimo de Sirius; sendo alguns anos mais moço, adorava o mais velho, e com prazer levava as cartas dele para Alcyone, o que ajudava bastante a relação dos dois.

Os anos se passaram e as crianças tornaram-se jovens,

As Vidas de Alcyone

continuando fiéis um ao outro. Os pais dela naturalmente sabiam disso, mas não viam com muito bons olhos o despossuído candidato, especialmente porque se oferecera a oportunidade de Alcyone casar-se com Vajra, filho do Rei Marte e herdeiro do trono. Alcyone, embora admitisse que seria agradável tornar-se rainha um dia, não quis abrir mão de seu amor por Sirius e queria casar-se com ele. Na hora de tomar a decisão final, e sendo pressionada pelos pais para aceitar Vajra, ela chorou amargamente e ficou angustiada e abatida ao extremo. O coração amoroso de sua mãe não podia suportar isso, e o pai também ficou tocado; finalmente ela venceu e teve permissão para desposar Sirius.

Quando tudo ficou acertado, Hélios decidiu fazer presente de uma boa soma de dinheiro para os dois, de forma delicada e generosa. O orgulho de Sirius e seu pai não os inclinava a aceitar; mas por fim tudo acabou se acertando. Hélios e Mizar encararam tudo pelo melhor ângulo, achando que tinham sorte de sua filha ter escolhido o filho de um homem tão considerado no templo como Brihat.

Com os pais de ambos tratando de tudo, o casamento dos dois jovens enamorados se realizou no templo de forma magnífica. A cerimônia foi oficiada pelo sumo sacerdote, Mercúrio, auxiliado por Brihat e pelos tios de Sirius, Osíris e Yajna. Alcyone estava linda num vestido branco, onde aparecia ainda o talento de sua mãe, Hélios, profusamente bordado de ouro e pedrarias. Mercúrio, belo como um deus grego, oficiou a cerimônia de forma nobre e comovente, imprimindo seus sentimentos às palavras rituais, pois conhecia e amava os dois noivos desde pequenos.

A parte mais importante da cerimônia assemelhava-se a uma espécie de eucaristia. O celebrante invocava o Mahaguru, e estendia o cálice sagrado a Sirius, que o passava a Alcyone; ela bebia um pouco do conteúdo, e o devolvia ao noivo, que por sua vez também bebia. O cálice e o líquido tinham sido intensamente magnetizados de forma que toda influência material fora retirada, restando apenas a do Mahaguru. Os noivos, após receberam a bênção deste, eram ligados por cordões de rosas e caminhavam de mãos dadas ao redor do altar, repetindo os votos matrimoniais diante de cada um dos sacerdotes que participavam do ritual.

Depois disso, sentaram-se lado a lado numa espécie de palanquim que era erguido no ar por meio de cordas e ficava balançando acima das cabeças de todos, enquanto se entoava bênçãos. Isso simbolizava sua nova relação: que agora estavam juntos, separados do resto do mundo, e também que poderiam erguer-se juntos a planos mais altos do que cada um poderia atingir por si só – para isso deveriam esforçar-se. Depois eram trazidos de novo para baixo, e recebiam a bênção final do sacerdote antes de deixar o templo.

Eles tinham ganhado muitos e belos presentes, e vale mencionar que todos tinham sido levados ao templo para serem magnetizados pelos sacerdotes. Entre eles, uma enorme bacia de ouro dada por Hélios, trabalhada em forma de lótus. Mizar oferecera lindas lâmpadas de prata cinzeladas, cheias de óleo aromatizado, que perfumava todo o templo.

Várias vezes durante a cerimônia os sinos da cúpula soaram em tons amortecidos, mas quando ela terminou, tocaram alegremente.

Nessa família vamos encontrar reunidos um número considerável de membros do clã teosófico, pois além dos nove filhos de Hélios, Sirius e Alcyone tiveram 16, todos egos bem conhecidos por nós. Se acrescentarmos os filhos do rei e os de Vajra e Hércules, também numerosos, teremos quase todas as nossas *dramatis personnae*. Os filhos dessas famílias foram instruídos pelos sacerdotes do templo, e alguns dos rapazes se tornaram companheiros deles. Alcyone e Sirius, além dos 16 filhos que tiveram, adotaram um órfão, Olaf, por quem Mercúrio se interessava muito.

Por essa época, as relações entre a corte de Marte e os líderes do templo achavam-se algo tensas, basicamente por diversos mal-entendidos que tinham sido criados intencionalmente por dois jovens sacerdotes de mau caráter, Thetis e Scorpio, que guardavam um amargo rancor do rei, porque este fora forçado a exilar o pai deles, Câncer, por causa de uma série de crimes que cometera instigado por um vilão maior do que ele. Os dois jovens tinham descoberto uma conspiração que se planejava contra o rei, e se uniram a ela, pretendendo ou fazer uso dela ou denunciá-la, o que melhor servisse a suas maquinações. Decidiram então solicitar uma audiência com o rei, e se fosse concedida, aproveitar a ocasião para assassiná-lo.

Havia no palácio real um alto funcionário (Castor) entre cujas atribuições estava a de conseguir audiências com o rei. Os dois patifes escreveram uma carta a ele, solicitando uma audiência, e insinuaram que poderiam denunciar uma sórdida conspiração contra o rei e também demonstrar que os líderes do templo estavam tentando solapar sua autoridade.

As Vidas de Alcyone

Ao subir as escadarias do palácio, o funcionário por acaso deixou cair a carta, e Hércules a achou (ele tinha se tornado amigo íntimo de Vajra e em conseqüência ia muito ao palácio). Ele estava indo na ocasião ver Sirius, e quando viu o conteúdo da carta teve uma sensação tão forte de perigo que a mostrou a Sirius e discutiu o caso com ele. Sirius de imediato consultou sua esposa Alcyone, que fez a psicometria da carta e percebeu o complô na mente dos dois vilões. Para confirmar o que ela tinha visto, levaram a carta a Hélios, que também tinha faculdades psíquicas. Ela confirmou o complô, e eles sentiram que deviam fazer algo; como altas autoridades do templo eram acusadas de traição ao rei, como era dito na carta, o que fazer com ela tornava-se um sério problema.

Decidiram por fim nada dizer ao rei por enquanto, mas Hércules foi procurar o funcionário a quem a carta fora dirigida. Este andava a procura-lá por toda parte, antes de falar do conteúdo ao rei. Hércules contou-lhe de seus receios, e juntos combinaram conceder a audiência solicitada, mas à qual eles estariam presentes, deixando também uma guarda de prontidão.

Os projetados assassinos compareceram, e quando estavam se erguendo da reverência usual ao rei, Thetis enfiou a mão na frente de sua veste e retirou um punhal. Hércules, que estava ao lado do rei, viu o gesto e adivinhou o que viria; jogou-se na direção dele a tempo de agarrar o pulso do homem quando ele erguia o punhal para saltar sobre o rei. Ambos os vilões foram rapidamente dominados e presos, e pouco tempo depois exilados do reino. A lei os condenava a serem enterrados vivos, mas o monarca comutou-lhes a sentença para banimento, pois considerou que, embora fosse uma ação criminosa e ambos se mostrassem indignos, a traição fora oriunda de uma noção distorcida de afeto filial e honra familiar.

O rei ficou grato a Hércules por lhe ter salvo a vida, e quando soube da participação de Alcyone e Hélios no caso, chamou-as à sua presença e lhes agradeceu de público. Toda a família, incluindo a de Sirius, era benquista pelo rei e pelo povo. Hércules foi distinguido com o casamento com a filha do rei – Bee – e foi designado governador da grande província onde habitava a família de Sirius. Vajra foi nomeado governador da província onde viviam Mizar e Hélios, e como as duas províncias era separadas apenas pelo rio, as famílias mantinham permanentes relações entre si, com a corte e os sacerdotes do templo.

Após a tentativa de assassinato do rei ficou claro que os boatos de que os sacerdotes estavam tentando solapar a autoridade real não procediam absolutamente. Marte chamou ao palácio o sumo sacerdote Mercúrio, que compareceu com Hércules e Vajra. Houve um entendimento perfeito entre ele e o soberano, e restabeleceu-se a harmonia entre o palácio e o templo. Tanto que, mais tarde, quando o rei abdicou em favor de seu filho Vajra, foi morar em definitivo com os sacerdotes, para dedicar-se a uma vida espiritual.

O rei, de tempos em tempos, enviava expedições além do reino, e uma delas ficou a cargo de Vajra e Hércules. Estavam encarregados de fazer uma espécie de tratado com o soberano daquele reino onde tinham vivido mil anos antes, e levavam ricos presentes.

No caminho, perto de onde se situa hoje o Novo México, foram atacados por tribos selvagens, que os capturaram e mandaram pedir a Marte um alto resgate. Mas o rei, em vez disso, enviou Sirius com um enorme exército de homens experimentados para resgatar os cativos. Conseguiram fazer isso: o exército atraiu os captores para fora da aldeia, enquanto Sirius entrava por trás e facilmente resgatava Vajra e Hércules, que voltaram para casa com alegria geral.

Algum tempo depois, foi enviada uma nova expedição ao mesmo destino, a qual foi e voltou a salvo; dessa vez o rei não permitiu que Sirius, Vajra e Hércules fossem. Uma outra expedição foi enviada ao Noroeste, por causa de um boato de que existiam minas de ouro e prata naquela região. A expedição teve êxito e retornou com muitas riquezas e grande quantidade de brilhantes pedras de ouro, tais como as que atualmente têm sido achadas no Arizona, e também muitas pedras preciosas de várias espécies.

Durante a ida de Sirius para resgatar Vajra e Hércules, ocorreu um episódio interessante na família de seu filho Demeter, que se casara com Elsa e se mudara para uma casa nos subúrbios da cidade. Eles se deram conta de que havia ali inquilinos que não pagavam aluguel: a casa era assombrada de forma incrível, e havia toda sorte de manifestações indesejáveis. Ouviam ruídos, as portas se abriam e fechavam inesperadamente. As manifestações pareciam se concentrar num determinado compartimento, embora nenhuma parte da casa estivesse livre delas. A pressão contínua dessa tensão psíquica estava exaurindo Demeter e a mulher.

Foi esta que inicialmente sofreu o ataque das entidades espirituais; tentando protegê-la, o próprio Demeter acabou meio obsidiado, passando longos períodos sem consciência do que

As Vidas de Alcyone 185

acontecia nem do que fazia. Ambos, ele e a mulher, estavam exaustos, e então a mãe de Demeter, Alcyone, decidiu tomar providências. Resolveu ir pessoalmente à casa e passar uma noite sozinha onde era o foco das perturbações para tentar descobrir do que se tratava e se poderia fazer algo.

Demeter e a mulher insistiram em ficar junto, mas ela fez questão de ficar sozinha, dizendo que só tinha condições de cuidar de si própria. Quando tudo estava em silêncio, ela apagou a lâmpada e sentou-se, à espera. Durante um bom tempo, nada aconteceu, mas por fim ouviram-se três pancadas surdas e pesadas, como feitas por algo grande movendo-se lentamente. Arrepios gelados desceram pelas costas de Alcyone, e uma esmagadora sensação de medo a assaltou. Afastando-a, ela reacendeu rapidamente a luz e ficou olhando expectante para o lugar de onde pareciam vir as batidas, recitando mantras. Deu um giro e de repente algo a tocou de leve nas costas. Virou-se novamente, mas não enxergou nada, e enquanto estava assim, olhando em torno, algo roçou seu tornozelo. Olhando para baixo, viu algo horrível no chão: era como um verme grande, de cerca de um metro e meio de comprimento, com forma de charuto, coberto de pêlos pretos, grossos, curtos e eriçados. Tinha uma espécie de cabeça rudimentar, sem traços de rosto, mas com um orifício vermelho grande fazendo as vezes de boca, e desprendia um odor horrível e nauseante, como de algo putrefato. Veio se contorcendo e se enrolou em torno de sua perna; quando ela se abaixou para tirá-lo, grudou-se à sua mão como um vampiro, e começou a enrolar-se em volta de seu corpo. Nesse momento ela viu o filho, Demeter, que se aproximava, parecendo um afogado, com as feições terrivelmente deformadas – cor de chumbo, esverdeadas e inchadas – e com um brilho maligno e mortífero no olhar bruxuleante. Pensou que tinha vindo defendê-la; o horrendo verme estava chegando à sua garganta, e ela pediu socorro a Demeter. Mas ele se aproximou de forma estranha, dobrando-se, encurvado, com os dedos crispados, e ao invés de socorrê-la agarrou-lhe o pescoço. Alcyone então chamou Sirius, com toda a força de sua vontade (ele estava ausente naquela expedição, a milhares de quilômetros de distância), e imediatamente ele veio, em astral; pegou o animal com uma das mãos e Demeter com a outra, tirou-os dali, arremessou o verme ao solo e pisoteou-o até que só restasse uma massa gelatinosa; depois sacudiu Demeter para despertá-lo, e desapareceu tão de súbito quanto chegara. Demeter olhou para a mãe, estupefato, e repetia:

186 C. W. Leadbeater

– O que foi? O que foi? O que foi?

Tomado de uma fraqueza enorme, ficou assim por bastante tempo; mas nunca mais ficou obsidiado. O cabelo de Alcyone ficou branco no lado onde o animal a tinha atingido, e durante vários dias ela não conseguiu se libertar do terrível odor. O incidente marcou-a bastante, e quando o recordava, sentia-se mal fisicamente. Durante anos não pôde enxergar nada que rastejasse, e quase desmaiou no dia em que um inofensivo gato se enroscou em seu tornozelo, embora já tivesse se passado um ano do fato; e por muito tempo, só de olhar um pequeno verme qualquer ficava pálida e fraca.

Quando Alcyone tinha pedido socorro a Sirius, ele estava sentado com os companheiros ao redor do fogo, num acampamento, e de imediato caiu para trás, em transe. Ouviu claramente o apelo da esposa, e achou-se num aposento desconhecido. Vendo a esposa em perigo, correu para ela, impelido por uma força sobre-humana; depois que a salvou da forma que descrevemos, perdeu a consciência, e quando a recuperou, seus amigos, no acampamento, estavam lhe jogando água no rosto. Sentiu-se muito fraco depois disso, e durante vários dias não se sentiu bem; o esforço obviamente fora extenuante.

Alcyone foi falar com Mercúrio e contou-lhe tudo, perguntando sobre a causa da estranha ocorrência. Ele pensou um pouco e revelou que no lugar onde Demeter morava houvera, muito tempo atrás, um local onde se praticava um tipo extremamente baixo de magia primitiva. Os seus adeptos costumavam usar sangue humano nas práticas, e enormes criaturas com forma de escorpiões se materializavam e ficavam ao redor dele, esguichando um veneno que queimava tudo que tocasse. Entre essas criaturas estava o repugnante ser que atacara Alcyone, e como estava faminto há muito tempo, tornara-se feroz. Esses elementais eram o produto de determinadas formas de pensamento malignas, deliberadamente reforçadas e materializadas por cerimônias mágicas, e estimuladas por espíritos extremamente depravados, tornavam-se muito perigosos. Eram chamados de "mandados" pelos seus criadores, porque podiam ser enviados a quem o mago negro quisesse prejudicar, materializando-se em seu quarto, para pousar-lhe no peito e jogar-lhe veneno.

No ano de 22605 a.C., quando Sirius tinha cerca de 60 anos, o rei enviou uma expedição a uma cidade sagrada do Yucatã, que iria ser visitada por Surya, o sumo sacerdote da grande religião atlante. Alcyone, Siriuis, Mizar, Hélios, Mercúrio, Urano e

As Vidas de Alcyone   187

muitos outros partiram para lá no final do verão, viajando para o Sul e costeando o Golfo do México. De início usaram carros, mas depois tiveram que deixar a estrada principal de pedra e abandonar os carros, usando os cavalos tanto para montar como para carregar as bagagens. As estradas principais eram remanescentes de uma época anterior. Quando a Atlântida estava no apogeu, foram construídas largas estradas de pedra irradiando-se em todas as direções, da grande Cidade das Portas de Ouro, estendendo-se por montes e vales, por milhares de quilômetros; e delas se irradiava uma rede de estradas secundárias, embora não tão bem feitas ou conservadas.

A certa altura da viagem encontraram uma caravana e mercadores que utilizavam uma curiosa espécie de animal parecido com camelo, semelhante a uma lhama grande; um tipo intermediário entre ambos. Os atlantes gostavam de fazer experiências de cruzamento de animais.

Depois chegaram a um profundo cânion, e embora tivesse menos de 45 metros de largura, tiveram que andar cerca de 48 quilômetros em torno dele para atingir o outro lado. Mais ou menos na metade do caminho encontraram outra caravana, cujos integrantes estavam quase mortos, porque os selvagens tinham envenenado a água da corrente de onde tinham bebido. Mercúrio magnetizou as pessoas e neutralizou o veneno, salvando a todos.

Alteraram o curso então para o Leste, e depois um pouco para o Norte, e em seguida encontraram um guia, um curioso aborígine que fora enviado do Yucatã para conduzi-los até lá. Os moradores da cidade sabiam de sua chegada, e foram ao encontro deles nos portões, com uma procissão.

Marte, Mercúrio e os sacerdotes dirigiram-se de imediato ao grande templo onde Saturno era o sumo sacerdote, e onde estava se realizando uma cerimônia iniciática. Poucos eram admitidos a ela, mas Sirius e Alcyone puderam participar.

Havia uma espécie de trono dourado, magnificamente esculpido, com braços de leão e uma escada de nove degraus levando a ele, com animais esculpidos de cada lado, lembrando um pouco o estilo egípcio. Surya estava sentado no trono, e recebia aqueles que lhe eram apresentados, trocando determinados sinais com cada um. Cada sacerdote que chegava diante dele fazia a mesma saudação secreta, uma das que são usadas até hoje na Loja Branca. Surya endereçou-lhes torrentes de bênçãos, ou talvez elas fossem enviadas através dele. Em seguida, as imensas portas de bronze se abriram, e o resto do grupo entrou; Surya desceu do trono para falar com eles, saudando-os com palavras amáveis.

Um fato notável é que ele já sabia então o que Alcyone escolheria em sua admissão à Sangha, 28 encarnações após, na vida em que encontrou o senhor Buda, porque o mencionou especificamente.

Nossos amigos assistiram a um outro encontro em que Surya falou sobre o amor, o que é tão característico dele, enfatizando a importância dessa qualidade:

– O amor é vida – disse ele –, a única vida real. Um homem que deixa de amar já está morto. Deve-se julgar as situações da vida felizes ou infelizes de acordo com as oportunidades que oferecem para se amar. O amor se apresentará em circunstâncias as mais inesperadas, se o deixarmos chegar. Sem ele, todas as outras qualidades são como a água derramada sobre a areia.

O grupo de peregrinos permaneceu na cidade por cerca de dois meses e depois voltou para casa. Durante a viagem, Hélios morreu, para grande tristeza de todos. Mizar não admitiu deixar o corpo se decompondo na selva, e ficou pesaroso por não disporem do ácido costumeiro que se usava injetar no corpo para consumi-lo de imediato. Por compaixão dele, Mercúrio ergueu as mãos sobre o corpo e o desintegrou, como se enviasse uma corrente ígnea através dele. Alcyone, que era muito psíquica, não sentiu a separação da mãe; através dela, Hélios continuou em contato com a família como sempre, acompanhando-os na viagem em corpo astral.

Sirius morreu com 64 anos, mas ele e Hélios continuaram por muito tempo a manter contato com Alcyone, permanecendo intencionalmente nos níveis mais altos do plano astral para isso. Seus filhos e seu irmão Hércules cuidaram dela muito bem.

Nos últimos 20 anos dessa existência ela se ocupou escrevendo uma extensa obra sobre assuntos espirituais. Tinha quatro partes ou volumes, com títulos que eram curiosos epigramas, intraduzíveis. O máximo que podemos tentar como tradução é: "De onde? Por quê? Para onde? Além". Mercúrio determinou que, quando a obra estivesse concluída, fosse guardada na cripta do templo. Séculos depois, porém, por causa de perigo de invasão, foi levada para o outro templo do Yucatã. Alcyone fez uma cópia dela para o sumo sacerdote Surya, e enviou-a a ela na Atlântida; hoje está no museu secreto da Grande Loja Branca.

Ajax tinha desposado Erato, e tinham um filho, Meleto, que

estava com cerca de cinco anos quando aconteceu um curioso incidente. Um dia ele desapareceu, e sua mãe, desesperada, foi em busca de Alcyone, avó do menino, que tentou encontrá-lo de todas as formas possíveis, inclusive fazendo um criado descer a um poço com uma corda para ver se teria caído ali. Por fim, como os recursos materiais não tiveram êxito, Alcyone decidiu procurá-lo por vias psíquicas. Conseguiu descobrir onde estava o menino, e disse ao pai dele que pegasse a espada e fosse com ela imediatamente para salvar a criança. Ela o conduziu a uma cabana semi-arruinada, aonde uma mulher selvagem tinha conduzido o menino, pretendendo sacrificá-lo num ritual de magia negra. Tinha intenção de fazer com seus intestinos cordas para um instrumento musical a ser usado em invocações satânicas. A mulher estava ali descansando com o criança, a caminho de um templo negro que ficava além, na floresta. Fizera a criança dormir com uma poção mágica, para carregá-la mais facilmente, e estava prestes a continuar o caminho quando Alcyone e o pai do menino chegaram. A princípio pensaram em executar a mulher, mas depois desistiram, dizendo-lhe que se viesse a se aproximar novamente de sua casa teria morte certa.

Pode-se referir outro exemplo curioso da utilização dos notáveis poderes psíquicos de Alcyone, ocorrido muitos anos antes desse, e antes da morte de Sirius. Uma noite, ela teve um sonho nítido, em que via um lugar, um desfiladeiro profundo, no qual havia muito ouro. Esse sonho lhe veio por três vezes, e em todas elas uma criança, ou espírito da natureza, a guiava até esse lugar e ria, apontando para o ouro, tomando-o nas mãos e brincando com ele. Depois da terceira vez, ela o levou a sério e consultou o marido. Ele concluiu que ali havia algo consistente, e foi com Alcyone e Mizar procurar o lugar. Encontraram pontos de referência que Alcyone reconheceu, mas custou bastante tempo e esforço até encontrarem o lugar exato. Quando finalmente conseguiram, foram bem recompensados: o ouro estava numa espécie de bolsa, e era bastante, permitindo-lhes viver confortavelmente o resto da vida e fazer muita caridade.

Entre os últimos incidentes dessa vida de Alcyone, registramos que com 84 anos ofereceu uma magnífica recepção em honra de alguns enviados do Templo Central da Atlântida, estando Viraj à testa do grupo.

No ano de 22578 a.C. encerrou-se essa existência movimentada, e Alcyone partiu, amada e respeitada por todos que a conheciam.

Vida XX
(21759 a.C. – Birmânia)

Alcyone nasceu num corpo feminino, no ano de 21759 a.C., próximo a onde é hoje Chittagong. Era filha de Brihat e Netuno, numa família de quatro filhos. O irmão mais velho era Urano e a irmã mais moça, Mizar, mas ambos morreram cedo: Urano com 18 anos, e Mizar, de parto, com 15. Havia um outro irmão mais moço, Vulcano, que fora levado para o templo pelos sacerdotes, quando pequeno. O pai deles, Brihat, era ao mesmo tempo rei e sacerdote de uma pequena comunidade ou reino.

A astrologia era um elemento importante das crenças religiosas, e o horóscopo de Alcyone foi feito com cuidado. Através dele foi dito que ela estava destinada a casar-se com Saturno, um parente distante, e previa que ela iria ter um filho de grande poder e espiritualidade, e que toda sua vida devia ser uma preparação para esse acontecimento. Essas indicações foram seguidas, e ela preparada especialmente pelos sacerdotes com vistas a isso.

Teve uma infância feliz. Nós a enxergamos como uma criança graciosa, bonita, com longos cabelos negros e lisos. A forma de arranjar o cabelo era prendendo-o com grampos de ouro com magníficos diamantes, tão grandes que pareciam estrelas brilhando em suas madeixas negras. O cabelo era lavado diariamente e untado com óleo magnetizado, que se acreditava estimular as faculdades mentais.

Alcyone era preservada cuidadosamente de todos os aborrecimentos e dificuldades. Sua única tristeza foi a morte do irmão mais velho, Urano, a quem era muito ligada. Com 15 anos casou-se com Saturno, com grande pompa, e um ano mais tarde nascia um belo menino – Surya. Houve grande alegria, e todos os cuidados foram dispensados à criança esperada. Alcyone era sensitiva e impressionável, e quando estava esperando a criança teve um sonho maravilhoso, no qual viu uma estrela brilhante descer do céu e entrar nela. Esse sonho fez com que fosse considerada uma pessoa sagrada. Ela tinha também consciência clarividente da presença do ego da criança quando se uniu a ela. Tudo lhe prometia uma vida longa e feliz, nas mais favoráveis condições, mas essas expectativas se desfizeram, pois sua existência terminou abruptamente com a idade de 17 anos, num acidente em que ela se sacrificou voluntariamente para salvar o filho. Aconteceu da seguinte maneira.

A casa de Alcyone fazia parte de um grande conjunto de

As Vidas de Alcyone

construções erigidas em torno de uma espécie de praça, que integrava o palácio do rei. Uma escrava, que estava trocando a água de um recipiente de vidro com peixes dourados, foi chamada para fazer outra coisa, e deixou o aquário em uma mesa onde batia o sol. O vidro atuou como uma lente, e os raios do sol, atravessando-o, convergiram para algum objeto de madeira próximo, que acabou pegando fogo.

A casa era toda feita de madeira belamente dourada, e as chamas se propagaram como raios por todos os lados: tudo ardia como uma fornalha. Alcyone estava a alguma distância, mas quando os criados correram em todas as direções, gritando, atraíram sua atenção, e ela correu, rápida como uma gazela, para a casa em chamas.

O menino estava com sua ama em um quarto de cima, mas ela tinha saído, deixando-o com outras criadas. Estas fugiram quando foi dado o alarme de fogo, esquecendo a criança. A ama, aterrorizada, ao correr em busca dela, recuou ao ver a escada em chamas, que era a única forma de chegar ao quarto do bebê. Erguendo os braços, gritava: "A criança! A criança!", mas não se atrevia a enfrentar as chamas que barravam o caminho.

– Meu filho? – indagou Alcyone ofegante, e jogou-se para aquele mar de fogo. Diversos degraus da escada já tinham queimado, deixando apenas em alguns lugares os barrotes ainda não consumidos, embora em chamas. Ela mergulhou ali em desespero, subindo, escorregando, saltando sobre os espaços vazios, enquanto as chamas, erguendo-se, queimavam-lhe as roupas e chamuscavam-lhe a carne. A mera força humana não bastaria para levá-la até em cima. Mas o amor materno é onipotente, e em menos tempo do que leva para dizê-lo, ela alcançou o quarto onde estava o bebê. A fumaça já tomava conta do lugar, e ela colocou um pedaço de pano da roupa sobre a boca e rastejou pelo assoalho. O menino, que gritava alegre para as chamas que dançavam ao redor, estendeu os braços gordinhos para a mãe. Abraçando-o, ela escondeu-lhe o rosto no regaço, e correu para baixo, protegendo-o nos braços. Atravessou a torrente de fogo, desnuda, o cabelo ardendo, com os diamantes caindo dele e refletindo as chamas. Conseguiu chegar em baixo e sair da casa, caindo prostrada lá fora, protegendo o bebê até ao cair. Ele estava ileso, mas ela agonizava, e em menos de uma hora expirou. Mais fora do corpo do que nele, ferida demais para ter consciência, mal teve noção do sofrimento; seu último sorriso foi no corpo astral liberto, inclinando-se para o filho resgatado.

Não será o bom carma que criou, morrendo naquela oca-

192   C. W. Leadbeater

sião por Surya, que está sendo colhido na presente ocasião que é dada a Alcyone para servir esse abençoado Ser[20] novamente?

Após a morte da mãe, o menino ficou aos cuidados de sua tia Viraj (irmã de Saturno), que já era então um ego evoluído, e depois tornou-se um membro importante da Hierarquia Oculta. Ela era sensitiva, e através dela Alcyone ainda pôde ajudar a cuidar do menino. A tia nunca permitiu que qualquer criado tocasse a criança, e ela mesma o empurrava, no jardim, numa espécie de balanço pendurado nas árvores. Ali, entre o arvoredo silencioso, Alcyone falava com ela, do plano astral, a respeito do menino, que cresceu assim numa atmosfera abençoada e logo tornou-se um fenômeno: com sete anos, ensinava no templo, e gente de toda parte vinha para ouvi-lo.

Parece que de tempos em tempos os membros da atual Hierarquia de Adeptos nasceram juntos em diferentes países para ajudar a fundar uma nova religião, ou um centro de força magnética: vamos encontrá-los também espalhando a religião e enviando expedições a outros centros distantes, como na vida anterior na América do Norte, em que foi mandada uma expedição ao Yucatã. Nesta vida, uns 25 anos após a morte de Alcyone, vemos Surya enviando outra ao Norte, à cidade de Salwan. Alguns dos integrantes perderam a vida nas peripécias enfrentadas, entre eles o irmão mais moço de Alcyone, Vulcano, que tinha cerca de 35 anos.

Vida XXI
21467 a.C. – Sul da Índia)

A próxima encarnação de nosso Grupo de Servidores foi ao Sul da Índia.

Nessa oportunidade, Orion, que tinha vagueado por desertos exteriores durante milhares de anos, voltou ao grupo – de uma forma singular. Nasceu em 21540 a.C. como menina, numa das tribos montanhesas de Nilgiris; era uma jovem inteligente, bonita e sem escrúpulos. Não pretendia passar a vida entre as tribos das montanhas, então empregou-se como criada de uma nobre senhora da raça tamil, e foi designada para servir sua filha Iota, a quem tratou rapidamente de fazer-se indispensável.

Essa família possuía um objeto herdado – uma enorme es-

---

20 Segundo o autor, ele é o Senhor Maitreya, o atual Bodhisattva, ou Instrutor do Mundo (N. do E.).

As Vidas de Alcyone

meralda a que se atribuía poderes mágicos. Tinha sido magnetizada na Atlântida por um dos Senhores da Face Tenebrosa,[21] e dizia-se que podia conseguir para seu possuidor tudo o que desejasse, mas sempre trouxera desventuras ao final, e os que a usaram acabaram instrumentos do mago.

Iota convenceu o pai a dar-lhe a magnífica pedra, e por meio dela conseguir-lhe um casamento com um rei vizinho. O poder da pedra conseguiu fazer isso, e o rei enviou uma escolta para buscar sua noiva. Iota levou três criadas com ela, sendo uma delas Orion. Durante a viagem, Orion conseguiu matar sua jovem senhora e tomar o seu lugar. O plano deu certo, e ela desposou o Rei Theodorus, de quem se tornou uma esposa boa e inteligente.

Deve ser creditado a Orion o fato de que, em sua nova situação, não esqueceu de seu irmão Egeria, de quem muito gostava; mandou buscá-lo em segredo, e o fez educar de acordo com sua nova posição. Acabou por casá-lo com uma das damas da corte, embora sem jamais reconhecê-lo abertamente como irmão. Dez anos depois, o rei, por razões de Estado, tomou uma segunda esposa, Nu, princesa de um reino próximo.

E depois de todos esses anos, o assassinato de Iota acabou vindo à tona, e foi descoberta a verdadeira identidade de Orion. O marido ficou indignado com essa afronta a seu orgulho, e imediatamente a condenou à morte.

Quando foi colocada na prisão, ela invocou o mago da esmeralda, que apareceu e ordenou-lhe que jogasse a esmeralda pela janela para Sigma, uma das filhas da segunda esposa do rei, Nu, que brincava lá fora. Assim que ela fez isso, o mago ordenou-lhe que ingerisse veneno, e quando ela deixou o corpo a pequena Sigma caiu morta no pátio, e Orion foi levada para o seu corpo. Quando vieram buscar a rainha para a execução, a encontraram morta na cela.

No corpo de Sigma, ela foi dada em casamento a Leo, príncipe de um reino próximo, que é hoje o Telugo, e depois do casamento ela induziu o marido a conseguir a abdicação do pai, para tornar-se rainha.

Alcyone nasceu em 21467 a.C., como filho mais velho do casal, e houve mais quatro. Quando Alcyone tinha 11 anos, sua mãe – Orion – adoeceu de uma enfermidade incurável. Quando ela viu que a morte se aproximava, chamou novamente o mago da esmeralda, o qual disse que a ajudaria a tomar um novo corpo, mas teria que ser o de sua filha Theseus, a quem ela amava muito. Por algum tempo ela se recusou a isso. Mas por

---

21 Magos negros, de que a Atlântida foi pródiga (N. do T.).

194   C. W. Leadbeater

fim, quando o sofrimento aumentou, acabou aceitando. Afogou Theseus, pendurando a esmeralda no pescoço da menina, e atirou-se ela própria à água e se afogou. Quando recobrou a consciência, estava no corpo de Theseus, e então, em vez de mãe de Alcyone, era agora – materialmente – sua irmã.

A política nessa época era complicada e difícil, e Alcyone, embora desejasse cumprir seus deveres, estava mais interessado em seus estudos que nos assuntos de Estado. Aprendeu o que era costume para os meninos de sua classe, à época, e tinha bastante habilidade para ler, atirar e nadar, e nos diversos esportes comuns à sua raça. Quando cresceu, casou-se com Hércules, que era filha de um rajá vizinho, e eram felizes juntos, com seus estudos espirituais. O sacerdote Mercúrio era vizinho deles, e amigo muito chegado.

A fim de salvar o rei, Leo, de uma derrota diante de uma coalisão de reinos vizinhos, a mãe de Alcyone, Orion, tinha induzido Leo a colocar-se sob o domínio do imperador atlante, Júpiter, e isso causou muito descontentamento entre o povo. Alguns anos mais tarde, quando Orion já tinha mudado de corpo e não podia mais direcionar as decisões de Leo, o descontentamento explodiu numa rebelião, e Leo foi vencido e morto.

Sirius (filho de um nobre atlante, Gimel) foi enviado por Júpiter para governar o reino, que assim se tornou uma província do vasto império atlante.

Sirius tornou-se amigo de Alcyone e Orion, de início talvez por motivos políticos, mas a amizade evoluiu aos poucos para uma verdadeira afeição. Ele se enamorou de Órion e pediu sua mão ao irmão, Alcyone, que a concedeu com satisfação. Um laço estreito uniu então as duas famílias, bem como a do sacerdote Mercúrio.

Isso facilitou bastante a administração da província, com os cabeças das duas partes do governo estreitamente unidos. Na verdade, as três famílias eram quase como uma única, e constituíam uma pequena sociedade à parte, dentro da qual eram discutidas todas as espécies de assuntos interessantes.

Constatamos que a língua utilizada à época, na Índia, não era o sânscrito, e os cultos eram iniciados com a palavra *Tau*, e não *Om*. As doutrinas da reencarnação e do carma eram conhecidas do povo em geral. O Instrutor (Mercúrio) conhecia os Grandes Seres. Algumas expressões que hoje nos são familiares eram usadas também, como por exemplo "Eu sou Aquele". Mercúrio ensinava ao povo que, entre todas as qualidades que pudessem desenvolver, de todas as capacidades que possuíssem, a mais importante era a possibilidade de reconhecer que tudo era Ele.

– Quando cortamos uma árvore – dizia –, Ele é a vida da árvore; se trabalhamos uma pedra, Ele é o que mantém as partículas dela unidas; Ele é a vida do Sol, Ele está nas nuvens, no bramido do oceano, no arco-íris, na beleza da montanha... – essas palavras são de um discurso de Mercúrio sobre a morte.

Em um livro que ele costumava ler para o povo, havia afirmações bem conhecidas, tais como: "Uma coisa é o que é certo, outra o que deleita; elas ligam o homem a objetos distintos. Quem escolhe o que deleita, fica distante da meta. O que é certo e o que deleita estão diante dos mortais; o sábio peneira os dois e os separa. O certo ao que deleita ele prefere; o tolo escolhe o deleite e fica com ele" (*Katha Upanishad*,[22] tradução de Meads). As expressões, no livro de Mercúrio, não eram exatamente idênticas, mas era o mesmo sentido. Havia outra citação: "Se alguém é morto, eu sou o que morre, mas também sou a espada do que mata; mas ninguém mata nem morre, porque todos são um. Não há primeiro nem último, vida nem morte, porque todos são um n' Ele".

Os livros que Mercúrio usava não eram de origem ária; esse livro que ele lia (obviamente o original do *Katha Upanishad*) fora escrito na Cidade das Portas de Ouro por alguém que era membro da Fraternidade Branca. Pertencia a uma extensa coleção, e passara de mão em mão através dos séculos. A história dos Nachiketas ainda não fora adicionada a ele.

Existia um templo absolutamente sem imagens. A religião ali não era um culto ao Sol – pelo menos não unicamente; era antes a adoração da natureza. Fora do templo havia um grande touro de pedra, de frente e olhando para a entrada. Dentro, havia uma curiosa estrutura, uma espécie de depressão ao invés de um altar. Dois ou três degraus conduziam a uma grande plataforma quadrada, pavimentada com belos ladrilhos, tendo ao centro uma depressão com uma grade ao redor. As pessoas colocavam flores ali; no meio havia uma tábua tida como sagrada, contendo sinais que não pudemos decifrar.

Existia um outro templo com muitas imagens em nichos na parede. As pessoas usavam trajes diferentes daquelas do outro templo, com homens que eram obviamente sacerdotes, o que não havia no outro. As imagens estavam sentadas de pernas cruzadas, e não tinham vários braços. Era presumivelmen-

---

22 *Upanishads*: livros sagrados da Índia Antiga.

te a forma antiga do jainismo,[23] e as imagens, de Tirthankar. Algumas não tinham roupa; outras, uma veste solta que talvez fosse um símbolo.

Em outro templo que ficava distante, ao Norte, existia um *lingam*.[24]Ali a *Trimurti* (Trindade) era reconhecida, embora os nomes não fossem os mesmos de hoje. Em certo templo, que ficava numa caverna, havia um rosto gigantesco esculpido na rocha, que tinha três faces, mas feito de tal modo que só se podia enxergar bem uma delas de cada vez. No Sul da Índia também existia um grande templo com a *Trimurti*. Tentamos descobrir o sentido desse nome, ver o que significava na mente dos sacerdotes dali, e vimos que para um deles significava "Aquele cuja vida flui através de tudo". Outro pensava que as três pessoas da Trindade eram "Aquele que abre os portais, Aquele que conduz a corrente, Aquele que fecha os portais". Não encontramos exemplos das imagens de muitos braços que se vêem espalhadas largamente hoje.

O sacerdote tinha idéias claras sobre o "Oceano da Luz" que era também a vida, a morte e o amor; todas as correntes levavam ao "Oceano da Luz", não importando de onde viessem. Também havia evidências da teoria de que tudo o que vemos é ilusão e a única realidade é o Oceano da Luz. "Nós vivemos no Oceano da Luz e não sabemos. Pensamos em nós como seres separados, mas cada um de nós é uma gota do oceano." O sacerdote exortava continuamente o povo a ir além da ilusão dos sentidos, e dar-se conta de que Ele era a Presença real por trás de tudo, e todas as formas separadas eram as múltiplas gotas. "Quando caírem de novo no oceano serão todas um" – diziam – "e somos nós mesmos quem criamos todos os sofrimentos e dificuldades". Havia uma prece aos Senhores que São as Luzes, que são feitos de Luz.

O que descrevemos representa algo do que era ensinado ao povo, mas no pequeno e reservado círculo familiar, Mercúrio tentava ir um pouco além, ensinando o verdadeiro significado dos símbolos e dando maiores informações sobre o Oceano da Vida e os Senhores que São a Luz. Falava-lhes de um grande Instrutor que poderia ser invocado através de determinadas preces e cerimônias, cujas bênçãos poderiam ser atraídas para eles se o pedissem em intensidade e de coração puro. Eles o invocavam em seus encontros, e sempre recebiam uma resposta;

23 Uma das religiões da Índia (N. do T.).
24 Membro masculino, simbolizando o poder criador sagrado, que se encontra esculpido em muitos templos indianos, evidenciando a reverência que davam ao divino poder da criação conferido ao homem (N. do T.).

em duas ocasiões especiais Ele chegou a aparecer. Esse Grande Ser era Aquele que conhecemos como o Mahaguru, e sua relação especial com esse grupo provinha do fato de que Ele tinha, numa vida anterior, fundado sua religião e deliberado que responderia a determinadas invocações feitas de forma adequada por seus verdadeiros seguidores. Ele trazia à mente de Mercúrio as soluções para seus problemas, e as respostas às indagações deles sobre assuntos espirituais; uma ou duas vezes trouxe algumas orientações pessoais, embora isso fosse raro.

Mercúrio havia desposado Ulisses. As amistosas relações entre as três famílias e o estudo dessas questões que os interessavam profundamente continuou durante anos, e a primeira ruptura no grupo ocorreu quando, no ano de 21423 a.C., Orion confessou a Mercúrio e Sirius a magia negra que tinha praticado, jogou a esmeralda mágica no mar e retirou-se do mundo para viver uma vida de ascetismo, a fim de reparar o que fizera. Entregou seus filhos aos cuidados de uma amiga, Hélios; quatro anos depois esta casou-se com Albireo, um irmão mais moço de Alcyone.

As crianças dessas famílias cresciam todas juntas, e naturalmente se enamoravam uns dos outros, portanto quando cresceram houve muitos casamentos entre eles. Aquiles desposou Mizar, Urano casou-se com Vega e Hector, com Selene. Aldebaran deu muitas preocupações à família ao se envolver e casar com uma mulher de mau caráter (Gamma) que arruinou-lhe a vida, deixando-o destruído quando finalmente o abandonou e fugiu com Pollux, um mercador rico e dissoluto.

Vajra também era uma fonte de preocupação para sua mãe, Hércules, porque gostava de sair por aí, e tornou-se um grande viajante, em busca de conhecimento e experiências. Escreveu um brilhante relato de suas viagens, que foi lido e relido pelo grupo familiar, e praticamente decorado pelos mais jovens. Alcyone ficou tão interessado por algumas das notáveis descrições que empreendeu nada menos que três difíceis e perigosas viagens para conhecer os lugares que o filho descrevera de forma tão atraente. Durante as mesmas, teve algumas aventuras, sendo a mais séria quando foi capturado por ladrões e aprisionado com vistas a um pedido de resgate, mas conseguiu escapar disfarçado de mulher. Noutra ocasião, quando tentava atravessar um rio muito cheio, foi carregado e arrastado por quase dois quilômetros, e quase se afogou.

Alcyone também acompanhou Sirius em várias de suas viagens oficiais pela província; de fato, Sirius delegava muitas de suas atribuições a ele, desejando mostrar ao povo que havia um perfeito acordo entre o governo atlante e a antiga família real. A ligação entre os dois era muito estreita e, embora de raças diferentes, entendiam-se sempre perfeitamente bem. Sirius, que amava seu pais, descrevia a Alcyone as belezas de Poseidônis e da Cidade das Portas de Ouro, e despertou nele grande entusiasmo e o intenso desejo de conhecê-los, o que veio a se concretizar mais tarde.

Hércules morreu em 21396 a.C., com 70 anos, e Sirius, que fora seu particular amigo, sentiu a sua perda quase tanto quanto Alcyone, e prestou-lhe as maiores homenagens. Sua morte fez com que Alcyone se sentisse muito só, e ligou-se ainda mais a seu amigo Sirius, que lhe retribuiu à altura, e os dois anciões eram como irmãos.

Durante 30 anos Sirius visitou regularmente, todos os meses, sua mulher Orion, que vivia como asceta. Quando ela morreu, em 21392 a.C., sentiu-se incapaz de continuar vivendo na Índia, e pediu para ser liberado do posto de governador para retornar a Poseidônis. Alcyone, embora tivesse 70 anos, de imediato declarou que iria acompanhá-lo, o que fez.

Os dois septuagenários fizeram uma boa viagem, e Alcyone achou as belezas da capital ainda maiores do que tinha imaginado. Poucos daqueles que Sirius conhecera 44 anos atrás viviam para reencontrá-lo. O Imperador Júpiter havia muito tinha morrido, e seu filho Marte reinava em lugar dele. Recebeu os dois anciãos com muitas honras, e designou-os para funções honoríficas na corte, distinguindo-os com muitas mostras de seu favor. Deve ter se sentido bastante ligado a eles, pois fez com que os astrólogos da corte levantassem as particularidades de suas relações com eles, e foi informado de que ambos já haviam trabalhado mais de uma vez com ele no passado, e estavam destinados a servi-lo em uma importante tarefa num futuro distante, quando muitos milênios tivessem se escoado no giro do tempo. Nenhum deles entendeu então essa profecia, mas é evidente que irá ser cumprida na comunidade da Califórnia em torno de 2750 d.C.[25]

Vajra, que tinha acompanhado o pai, em seguida assumiu um posto importante no governo, e gozava de total confiança do imperador.

Sirius e Alcyone viveram juntos, como irmãos, durante 10

---

25 Deve fazer alusão a uma comunidade prevista para ser criada após a Transição Planetária em curso, quando esse modelo (de comunidades) deverá ser universalizado no planeta em reconstrução (N. do T.).

As Vidas de Alcyone

anos, e ambos morreram em 21382 a.C., saudáveis e vigorosos até o final. Durante esses anos escreveram juntos uma obra sobre o Sul da Índia, que foi muito apreciada, considerada por séculos, em Poseidônis, um clássico do assunto. Era em dois volumes, um tratando das diversas raças e seus costumes, e outro das várias religiões – incluindo muitos dos ensinamentos que lhes tinham sido dados muito tempo antes pelo sacerdote Mercúrio.

Vida XXII
(20574 a.C. – Sul da Índia)

A encarnação seguinte de nosso herói foi uma vida de peregrinações – de um tipo incomum, estendendo-se por meio século e muitos milhares de quilômetros. Mas só as iniciou depois de atingir a meia-idade.

Uma característica notável desta série de encarnações é a sua duração acima do comum. Todas essas pessoas cujas existências estamos examinando pertencem às assim chamadas classes superiores, onde a duração média da vida é em geral maior que nas outras. O conjunto de dezessete vidas de Erato, por exemplo, nos dá uma duração média, no plano físico, de 48 anos; 24 vidas de Orion dão uma média de 53,5; e 21 vidas de Sirius, uma média de 64 anos aproximadamente – decididamente maior que o normal; mas a média de Alcyone é nada menos que 74 anos!

Além disso, ele costuma conservar pleno vigor até o fim dessas encarnações de duração incomum. Se é uma característica pessoal ou de um determinado tipo humano, ainda nos resta descobrir.

Este novo capítulo da história nos leva mais uma vez ao Sul da Índia, mas desta vez à região onde é agora o distrito de Salem, onde Urano, o pai de Alcyone, era um importante proprietário de terras – uma espécie de subcomandante capaz de conduzir um razoável regimento de seus partidários às ordens de seu superior, Marte. Urano era homem de grande coragem e justiça, e educou os filhos dentro dessas virtudes, ensinando-lhes que sem elas um homem da mais alta classe fica abaixo da mais simples das pessoas que as possua. Tinha uma família grande, e todos eram membros destacados do Grupo de Servidores.

Alcyone, que nascera em 20574 a.C., era um menino inteligente, animado e generoso, extremamente ligado a sua mãe,

Mercúrio. Seu amor por ela nunca se alterou durante a vida inteira, e nunca tomou uma decisão importante sem consultá-la.

Em sua infância e juventude, não encontramos nada que exija menção especial, dentro dos objetivos desta narrativa. Teve o que era considerado uma boa educação, e com 20 anos casou-se com Percy, com a qual teve 12 filhos. Tinha uma bela casa e tudo que o dinheiro pudesse dar, mas sua inclinação era mais pela vida de eremita que pela existência mundana; a mãe encorajava essa tendência, porém o aconselhava a esperar até que os filhos crescessem antes de deixá-los.

Nessa vida Alcyone participou de três expedições militares. A primeira, quando ainda era bem jovem, acompanhando o pai quando este comandou seu contingente de soldados para lutar por Marte. Durante essa campanha, recebeu uma distinção por ações especiais. Na segunda, foi sozinho, mas na terceira estavam com ele os filhos, e Hércules praticou um ato de bravura presenciado por Marte (já bem idoso). Em decorrência, Marte o convocou para ser seu guarda-costas, função na qual veio a prestar-lhe inúmeros pequenos serviços.

Quando a campanha terminou, o rei chamou Alcyone à sua presença e pediu-lhe que Hércules passasse a assumir as funções de seu pai no governo. Alcyone respondeu que a vontade do rei devia ser cumprida fosse qual fosse, mas que se sentia ainda bastante capaz de continuar a serviço dele. Mas o rei observou:

– Não; não vai ser possível, pois quando voltar para casa irás descobrir que acabas de sofrer uma grande perda; em conseqüência não quererás mais combater por mim nesta vida, e na tua próxima vinda a esta cidade estarás usando o manto de um homem santo, um peregrino.

– Que seja feita a vontade do rei – disse Alcyone –, mas vivo ou morto eu permanecerei a seu serviço.

– É verdade – replicou Marte –, e não apenas agora, mas em muitas outras vezes, em tempos que hão de vir; mas teu maior serviço não há de ser o de lutar contra meus inimigos, mas ajudar-me a construir no futuro um reino que há de durar por milhares de anos, e as conseqüências do que fizermos então nunca hão de passar.

Então o rei agradeceu-lhe e despediu-se dele.

Quando Alcyone chegou a casa, descobriu que a previsão do rei se cumprira. A perda que ele tinha anunciado era a morte de sua mãe, Mercúrio. Foi uma tristeza tão grande para ele que não se sentiu mais em condições de envolver-se nos problemas da vida; como seus filhos já estavam crescidos, decidiu realizar sua inclinação há muito acalentada de tornar-se um eremita ou asceta. Deixou que o filho mais velho, Hércules, ficasse em seu lugar na corte, e que o segundo filho, Mizar, assumisse os encargos de proprietário das terras.

Hércules, embora ainda bem jovem, tornou-se não só um grande comandante sob as ordens de Marte, mas também um conselheiro de toda confiança. Era conhecido e amado pelo povo. Acabou tornando-se amigo íntimo de Orfeu, o filho mais velho de Marte, e quando este sucedeu ao pai no trono, nomeou Hércules seu primeiro-ministro, função que exerceu lealmente por muitos anos. Em certa ocasião, surgiu uma séria divergência de opinião entre ambos, por questões políticas. Em função disso, Hércules, que tinha um temperamento hipersensível, demitiu-se da função, e pediu para ser nomeado governador de uma província distante. O rei atendeu-o com muito pesar e Hércules tornou-se o senhor absoluto daquela província, pois o rei não interferia em nada do que fazia.

Finalmente o rei morreu, e algum tempo depois seu sucessor, Cetus, emitiu uma determinação que Hércules considerou insensato que seu povo obedecesse. Ao ignorá-la, ele praticamente se declarou independente, e pode-se dizer que fundou um pequeno reino separado. Hércules havia desposado Gemini, uma jovem extremamente amorosa, mas de temperamento impulsivo e caráter fraco.

Enquanto isso, Mizar, o segundo filho de Alcyone, dirigia a propriedade da família com eficiência. Surpreendeu a todos casando-se com uma jovem escrava (Irene), cuja história é a seguinte. Na segunda guerra em que Alcyone lutou sob as ordens de Marte, um certo número de prisioneiros foi capturado e escravizado. Entre eles havia um homem cuja filha era tão ligada a ele que quando ele foi levado como escravo ela não quis separar-se dele. Quando o pai morreu, a jovem foi servir na casa de Alcyone, e cresceu muito ligada a ele, servindo-o com dedicação e fidelidade. Ajudou a cuidar de seus filhos; quando Mizar se tornou praticamente o chefe da família, tomou a corajosa decisão de fazê-la sua esposa – uma atitude da qual nunca teve o menor motivo de arrepender-se.

Quando Alcyone estava inconsolável pela perda da mãe, um amigo que ele respeitava muito sugeriu que o acompanhasse numa peregrinação para visitar um homem santo que vivia numa ermida ao Sul de onde Alcyone morava. Combinaram ir juntos, e o filho mais moço de Alcyone, Cygnus, foi junto para cuidar do pai. Quando chegaram ao santuário, o sábio e santo sacerdote Júpiter os recebeu amavelmente, e Alcyone experimentou grande consolo ouvindo-o. Ele permitiu que Alcyone assistisse a algumas cerimônias secretas que se pareciam muito com os Mistérios de Elêusis,[26] e com isso suas faculdades psíquicas foram estimuladas de tal forma que no decorrer de uma delas ele não só teve uma visão de sua mãe, como conseguiu comunicar-se com ela. Ficou tão impressionado com a beleza do templo e das cerimônias, e com a espiritualidade do sumo sacerdote, que ao saber que havia muitos santuários semelhantes na Índia ele fez ali mesmo um voto de visitar todos antes de morrer. Parece ter sido um voto que os ascetas daquela época às vezes faziam, mas a maioria morria antes de cumpri-lo.

Logo Alcyone descobriu que podia continuar a comunicar-se com sua mãe, e foi uma alegria e consolo muito grandes para ele. Ela aprovou seu projeto de peregrinação, e prometeu guiá-lo de um santuário a outro, ao longo do caminho.

A seguir, o encontramos num grande templo situado onde é hoje Madura; o sumo sacerdote dele era Saturno. Algum tempo depois, vamos encontrá-lo num santuário da Índia Central, junto do Rio Godavari, onde Brihat o recebeu com calorosa amizade e hospitalidade.

Pouco depois disso houve uma lamentável ocorrência. Cygnus, como dissemos, acompanhava Alcyone em suas viagens. Ele era muito ligado ao pai, pronto a servi-lo de todas as maneiras, com extrema dedicação. Era uma das facetas de seu caráter; por outro lado, ele costumava envolver-se em complicações com o sexo oposto. Por três vezes durante a viagem ele se colocou em sérios problemas, e Alcyone teve grande dificuldade para acalmar as partes envolvidas na questão. A cada vez, Cygnus prometia emendar-se, com muitas promessas e verdadeiro arrependimento, mas a tentação era mais forte do que ele. Alcyone ameaçou mandá-lo de volta para casa várias vezes, mas os fatos se repetiram. Na quarta e última vez, o caso foi extremamente grave, e tornou-se público, despertando a indignação do povo, e Alcyone e Cygnus foram obrigados a fugir apressadamente no meio da noite para evitar serem linchados por uma multidão furiosa.

Esconderam-se na floresta, e ali foram atacados por um tigre. Quando este ia saltar sobre eles, Cygnus – cheio de remorso e acusando-se amargamente pelo que fizera – jogou-se à frente do pai e recebeu o impacto da fera. Alcyone atacou o

26 Culto iniciático famoso da Grécia Antiga, próximo a Atenas (N. do T.).

As Vidas de Alcyone

bicho imediatamente com a bengala, a única arma que tinha, e por fim conseguiu afugentá-lo, mas Cygnus estava morto, e o pai sentiu profundamente a sua perda.

Depois disso Alcyone continuou a viagem em direção à Birmânia, e quando chegou próximo a Chandernagar, visitou um templo dirigido pelo sumo sacerdote Vênus. O culto ali tinha um cunho marcadamente astrológico, e nas paredes havia símbolos planetários feitos de metal magnetizado.

Dali Alcyone prosseguiu para o Nordeste, e finalmente chegou a um santuário no distrito de Lakhimpur, junto ao Rio Brahmaputra. Era dirigido por Lyra, um sacerdote chinês que viera do Tibete pra fundar uma nova religião sob a inspiração direta do Mahaguru. Esse sacerdote, num futuro distante, tornou-se o filósofo Lao-Tsé. Ele deu de presente a Alcyone um notável talismã, feito de uma pedra negra, gravada com minúsculos caracteres chineses brancos. O trabalho fora tão bem feito que parecia o resultado de uma substância química que tivesse atacado a pedra, e dava idéia de veios brancos no mármore negro. O talismã emitia vibrações extremamente poderosas, e foi dito que a finalidade desse presente era colocar Alcyone sob a proteção de elevadas influências diretamente subordinadas ao próprio Mahaguru. Antes que Alcyone partisse, o sumo sacerdote conferiu-lhe uma bênção especial, profetizando que num futuro distante teria uma vasta esfera de influência e serviço.

O próximo templo a ser visitado era parte de um pequeno monastério situado numa encosta nevada de montanha, próximo de Brahmkund. Os locais de muitos desses santuários parecem ter sido consagrados pessoalmente pelo Mahaguru, de forma muito semelhante àquela como, milhares de anos depois, centros magnéticos foram criados por Apolônio de Tyana.

Depois de deixar Brahmkund, Alcyone passou vários anos viajando através do Norte da Índia, e passou por diversas aventuras de variadas espécies.

Talvez o próximo ponto de interesse para nós seja a visita ao santuário do Monte Girnar em Kathiawar, onde Alcesist era o sacerdote-chefe. Ele e Orion tiveram uma relação estreita com esse local, numa vida futura. Atualmente existe ali um magnífico templo jainista, de que o próprio Alcyone construiu um dos recintos nessa época recuada.

Dali Alcyone foi para Somnath, um lugar à beira-mar com uma linda paisagem. O templo dali era dirigido por Viraj, e era de dimensão grandiosa.

Para chegar ao próximo santuário importante, Alcyone

204   C. W. Leadbeater

teve que voltar para o Norte e atravessar uma extensão região deserta e árida, próximo de onde se situa hoje Ahmedabad. A seguir vamos encontrar nosso peregrino no distrito de Surat, numa espécie de pagode. Esse templo era dirigido por Pallas, um velho sacerdote de barbas brancas e jeito impressivo; um homem notável, majestoso, extremamente intelectual, embora talvez com pouco sentimento. Foi conhecido em outra vida bem distante como o filósofo Platão. Os integrantes desse templo tinham mais tendências de estadistas que de ascetas.

Continuando, Alcyone visitou um templo nas montanhas Vindhya, que tinha um nome atlante, mas sem maior interesse. Possuía uma imagem que falava, o que era conseguido por meio de um tubo de som, mas os sacerdotes que faziam isso não tinham noção de que estavam enganando o povo. O sacerdote que falava acreditava realmente que era inspirado pela divindade, e, dando a mensagem através da boca da imagem, pensava estar apenas apresentando-a da melhor forma para impressionar a audiência. Entre os sacerdotes dali havia algumas pessoas boas, e uma delas era Phocea, casado com Procyon.

Ao retornar para casa, Alcyone visitou de passagem vários lugares. Ao todo, levou cerca de 50 anos de vida cumprindo seu voto. Por fim foi morar na caverna onde havia habitado antes de iniciar a peregrinação, e ali viveu até a singular idade de 109 anos.

Em suas meditações, Mercúrio aparecia seguidamente, e lhe dava conselhos e instruções. Ajudou-o a recobrar a memória de vidas passadas e daqueles que as tinham partilhado com ele; dessa forma, a caverna ficava repleta de formas de pensamento de muitos personagens que já apareceram nesta história.

Vida XXIII
(19554 a.C. – China)

Chegamos agora a outra extraordinária civilização ancestral do planeta, pois o próximo nascimento de nosso herói foi no ano de 19554 a.C., numa antiga raça turaniana, onde é hoje a China.

A fim de poder encontrar todos os nossos personagens, é preciso voltar um pouco no tempo, a uma região situada bem a Oeste. Vamos encontrar Orion nascido no ano de 19617 a.C., na mesma sub-raça, no que hoje se conhece como Bactrania.

Pertencia a uma família antiga mas empobrecida, cujo maior objetivo na vida era obter fortuna novamente. Em busca dessa meta familiar, Orion foi ao encontro de aventuras que marcaram sua existência.

Um homem que ele tinha ajudado quando se encontrava mal e na maior miséria, por gratidão contou-lhe a estranha história de um enorme tesouro enterrado, que tinha encontrado por acaso ao caçar nas regiões do Norte. Trouxera consigo o pouco que tinha conseguido carregar, pretendendo voltar com ajuda para pegar o resto, mas sofrera um acidente na viagem de retorno, do qual nunca se recuperou. Quando ele morreu, Orion contou essa história a seu pai, e, embora achassem que não merecia muito crédito, esse decidiu partir para procurar o tesouro. No curso dessa expedição, foi capturado e escravizado por uma tribo nômade feroz, e passou 12 anos de grande sofrimento.

A família acreditou que ele morrera – menos seu segundo filho, Bellatrix, que continuava acreditando que o pai ainda vivia, e declarou que pretendia ir em busca dele assim que crescesse. Acabou fazendo isso – e, após dois anos de aventuras, encontrou o pai e conseguiram escapar juntos. Continuaram então em busca do tesouro, e conseguiram trazê-lo para casa, para alegria e surpresa do resto da família.

A Bactrânia estava ameaçada de conquista por poderosas forças ao Sul, e ao mesmo tempo sofrendo permanentemente os ataques das tribos nômades do Norte. Para fugir disso, muitos tinham migrado na direção do Leste, e a família de Orion por fim decidiu juntar-se a uma dessas migrações. Acabaram por se estabelecer numa região fértil ao Sul da China, e construíram uma confortável moradia. Foi ali, e num ramo dessa família, que Alcyone nasceu. Era bisneto de Orion e filho de Mira, um homem de muitas posses e influência, e que em diversas ocasiões tinha ocupado posições de destaque na comunidade. Mira era um homem extremamente dominador, mas justo e de bom coração, e sempre bondoso com o pequeno Alcyone, embora às vezes não o entendesse e se impacientasse um pouco. A mãe de Alcyone era Selene, uma pessoa também de bom coração; uma mulher estudiosa, que se ocupava mais com questões filosóficas do que com assuntos domésticos. Mira tinha grande admiração por ela, e se orgulhava de seus conhecimentos e dotes literários, sentimentos que foram partilhados por Alcyone assim que ele cresceu o bastante.

Talvez a maior influência na vida dele tenha sido seu irmão Sirius, que era dois anos mais velho, e por isso uma espécie de herói a seus olhos. Desde crianças os dois eram inseparáveis, e embora às vezes fizessem travessuras, de modo geral eram ótimos meninos.

Quando tinham respectivamente oito e 10 anos, um de seus maiores prazeres era sentar nos joelhos de sua mãe e ouvi-la expor suas teorias. É claro que não entendiam tudo, mas ficavam felizes com o prazer que ela tinha de fazê-lo, e naturalmente aos poucos acabaram absorvendo algo de suas idéias. Ficavam encantados sobretudo com um livro que ela tinha escrito, e que parecia a suas mentes infantis uma revelação divina. Era uma tentativa de explicar e popularizar os ensinamentos de um livro de grande antigüidade que fora trazido da Atlântida; parece ter sido o texto original de um dos *Upanishads*. Os meninos foram ensinados a considerar o original dessa obra com o maior respeito e reverência. Era ilustrada com alguns curiosos diagramas coloridos sobre os quais costumavam debruçar-se com a maior atenção, embora sua interpretação deles fosse obviamente fantasiosa.

Quando Alcyone tinha uns 12 anos, salvou seu irmão Sirius de um sério ferimento, talvez da morte, com um gesto de bravura. Estavam correndo pelos bosques, Sirius como de costume alguns passos à frente, quando chegaram aos restos de uma fogueira de acampamento feita dentro de um buraco raso. O fogo estava apagado, e só restava à superfície uma massa negra carbonizada. Sirius pulou sobre ela sem suspeitar do que haveria ali. Caiu no fundo e torceu o tornozelo tentando livrar-se, e não viu que as chamas se reavivavam às suas costas e lhe pegavam nas roupas. Alcyone, que chegava correndo, viu o que acontecia e de imediato saltou para junto dele e arrancou-lhe as vestes em chamas, queimando seriamente as mãos; ao ver o irmão mancando e paralisado, arrastou-o para longe do fogo que se erguia rapidamente e rolou-o na grama para extinguir a combustão que se propagava pelo resto de sua roupa. Os dois voltaram para casa com muita dificuldade, um ajudando o outro: Sirius fez uma bandagem nas mãos queimadas de Alcyone, e este serviu de muleta para Sirius, que mancava penosamente com uma perna só.

À medida que cresciam, os dois irmãos tornaram-se entusiásticos divulgadores das teorias da mãe, o que lhes granjeou de certa forma a oposição das crenças ortodoxas da época e fez com que fossem considerados excêntricos; felizmente, naquela época e lugar as pessoas eram tolerantes em matéria de religião, e não foram perseguidos por causa disso.

As Vidas de Alcyone

Quando Sirius tinha 20 anos e Alcyone 18, ambos ficaram profundamente apaixonados por Albireo, uma jovem que tinha sangue real, sendo neta de Marte, que era à época o imperador da China Ocidental. (Vajra, filha de Marte, havia desposado Ulisses, governador da província em que vivia a família de Alcyone, e há relatos de que ela o fez realmente infeliz. Seja ou não verdade, uma de suas filhas era Albireo, que era uma linda jovem, de bons sentimentos, embora temperamental e dominadora.)

Os dois irmãos não sabiam que eram rivais na pretensão à mão de Albireo, mas felizmente Sirius descobriu a tempo os sentimentos do irmão e imediatamente decidiu sufocar os seus próprios em favor dele. Colocou a sua parte na herança familiar à disposição de Alcyone para permitir-lhe levar avante seu intento, à altura do elevado nível de sua amada – não que ela se importasse com riquezas, pois não precisava disso, mas o consentimento de seu pai teria que ser conseguido com ricos presentes, e sobretudo por demonstrações de poder como só a riqueza pode oferecer. Por muito tempo, Alcyone recusou-se a aceitar a oferta do irmão, porém a atitude de Ulisses praticamente forçou-o a aceitar, ou desistir de pleitear a mão de Albireo. Sirius não quis saber disso, alegando que seria uma aliança extremamente importante para a família, embora a verdadeira razão fosse que ele sabia que o contrário partiria o coração de Alcyone, a quem amava mais do que ninguém.

Havia outros pretendentes – em especial um jovem vistoso mas sem caráter (Scorpio), que era muito rico mas não de boa família. Tentou forçar sua pretensão por todos os meios ardilosos que pôde, e entrou em confronto com Sirius, que desgostava dele e o desprezava. Quando por fim Sirius e Alcyone conseguiram acertar o casamento deste com Albireo, Scorpio ficou furioso e, tomado de ira, jurou vingar-se deles – que riram dele, apenas, e o desafiaram a fazer isso.

Algum tempo depois Scorpio voltou, declarando que se arrependia de seu acesso de cólera e desejava sinceramente repará-lo, ajudando a fazer a felicidade do casal. Disse-lhes também que, envergonhado de sua atitude, fora consultar um astrólogo para saber o que poderia fazer para ajudá-los, e ouviu dele que eles estavam destinados a ganhar um tesouro, que só poderiam conseguir com a ajuda dele. Disse que o tesouro estava escondido numa caverna num vale distante, e ofereceu-se para levá-los até lá. Alcyone, que era honesto e confiante, acreditou na história, inda mais que precisavam de dinheiro para o casamento, mas Sirius tinha suas dúvidas e insistiu em acompanhá-los.

Ao chegarem próximo ao local, Scorpio fez com que Sirius se retardasse – na verdade, subornou um criado para provocar uma pequena demora, para que Alcyone e outro criado (Boreas) prosseguissem sozinhos em direção à caverna.

Sirius de início não desconfiou da demora, mas quando outros pequenos obstáculos se interpuseram, começou a ficar inquieto, e de repente passou diante de seus olhos uma visão em que percebeu Alcyone sendo atacado por animais selvagens, e sentiu intuitivamente que a história toda era um plano diabólico. Embora fosse apenas uma intuição, e não houvesse provas, imediatamente acusou Scorpio de hipocrisia e de ter intenções de homicídio, e confrontou-o de forma tão veemente que o vilão acabou cedendo e praticamente admitiu sua culpa. Sirius amarrou-o e o deixou sob a guarda de um criado, garantindo-lhe que se Alcyone sofresse alguma coisa, ele não escaparia da morte. Levou outro homem com ele e correu atrás do irmão, a quem alcançou bem a tempo de impedi-lo de entrar na caverna. Fizeram a volta, então, subindo para os rochedos acima, e aguardaram para ver se havia fundamento na história dos animais selvagens – por fim viram dois tigres que ali estavam saírem da caverna.

Ao voltar, levaram Scorpio prisioneiro e o entregaram ao governador, Ulisses; quando este soube da história, baniu-o do país.

Durante todo esse tempo, Alcyone não tivera a mínima suspeita do sentimento oculto que corroía o coração de Sirius. Quando tudo ficou acertado e o dia do casamento marcado, Sirius não suportou mais, e deu uma desculpa para viajar a uma cidade distante. Alcyone ficou bastante surpreso e ferido com a ausência do irmão: não conseguiu compreendê-la. Depois do casamento, Albireo teve uma suspeita, e foi através de sua intuição que por fim descobriram a verdade. Alcyone ficou cheio de remorso, e disse que, embora não pudesse viver sem Albireo, preferiria ter morrido a viver sem o irmão que amava tanto. Mas Sirius consolou-o e disse que sem a ajuda dos deuses ele não poderia ter sabido o que estava no íntimo do irmão, e portanto o seu sacrifício devia ser aceitável aos olhos deles; que, em conseqüência, Alcyone deveria aceitá-lo com alegria como uma decisão do destino. Não obstante, Sirius jamais se casou, e permaneceu fiel à memória daquele primeiro amor. Albireo ficou tocada por isso, e declarou que amava e respeitava a ambos igualmente.

Sirius e Alcyone tinham uma irmã mais moça, Vega, a

As Vidas de Alcyone

209

quem eram muito afeiçoados. Pollux, um conhecido que freqüentava a casa, iniciou uma relação secreta com a jovem e a seduziu; quando isso estava prestes a ser descoberto, ele fugiu. Alcyone e Sirius decidiram vingar a irmã, e saíram em seu encalço. Procuraram-no por toda a China durante dois anos, e finalmente acharam o seu rastro na região Norte. Durante a perseguição, Alcyone caiu doente, num lugar chamado Urga. Existia ali um famoso templo, dirigido por Orfeu, um lama com longa barba branca. Ele os recebeu hospitaleiramente, e designou Auriga, um de seus sacerdotes, para cuidar de Alcyone. O jovem sacerdote sentiu grande simpatia pelo enfermo, e foi incansável nos cuidados. Quando Alcyone ficou restabelecido, eles prosseguiram na jornada, e esse jovem os acompanhou até certa distância e foi de grande ajuda para eles.

Descobriram que Pollux, que segundo as evidências estava com receio deles, havia atravessado para a Ilha de Saghalien, tentando escapar. Mas eles foram até lá e por fim acabaram encontrando-o e o mataram. Voltaram então para casa, com o sentimento de dever cumprido. De acordo com a moral da época, a morte de Pollux reabilitava a honra de Vega, e depois de algum tempo ela casou-se com Tiphys, um rico mercador da cidade e membro do conselho do governo. Sua filha mais velha foi Íris, que mais tarde casou-se com Leo (filho de Alcyone). Mizar tinha se casado com Polaris, que era filho do bibliotecário do templo principal. Viviam felizes, e Polaris mais tarde sucedeu ao pai na função.

Durante a ausência de Alcyone e Sirius, Scorpio tinha voltado do exílio disfarçado de asceta (monge) e conseguira obter a proteção de Castor, um homem do governo com bastante influência. Enquanto estivera no exílio, Scorpio tinha adquirido poderes hipnóticos e conhecimento de magia da pior espécie, e quando foi pedir comida na casa de Castor, achou-o uma presa fácil e usou o poder hipnótico para fazer com que o convidasse para ficar morando com ele. Aos poucos, conseguiu adquirir uma grande influência sobre Castor, que o fez instalar em um dos templos na qualidade de homem santo. Conseguiu manterse ali durante muitos anos e praticou suas artes mágicas com o povo, com grande sucesso. Nunca esqueceu da inimizade com Sirius e Alcyone, e aos poucos envenenou a mente de Castor contra eles, e provocou grandes problemas, pois Castor conseguiu influenciar o pai de Albireo, Ulisses, colocando-o contra os dois, e as relações familiares ficaram estremecidas.

Scorpio encontrou um ótimo instrumento na pessoa de Thetis, uma jovem de caráter escuso, que se apaixonou por Leo, o filho mais velho de Alcyone, e apelou para Scorpio para que lhe conseguisse um filtro de amor para dar a ele. Scorpio concordou em ajudá-la com a condição de que lhe desse todo o dinheiro que herdasse do pai. Então moldou figurinhas de barro de Leo e da jovem, fez aplicações magnéticas nelas com várias fórmulas mágicas e conseguiu escondê-las no quarto de Leo.

Essa magia surtiu algum efeito, e conseguiu criar na mente de Leo uma atração pela moça: ele chegou a falar em casar-se com ela, arruinando sua vida. Porém a irmã dele, Mercúrio, era intuitiva e percebeu que existia algum tipo de trama, e sabia que seu irmão por si só nunca seria atraído por uma mulher tão grosseira. Falou então com o pai e o tio, e afirmou que achava que Scorpio estava de algum modo envolvido no caso, e que era um impostor. Sirius há muito tempo já suspeitava dele, pois percebera que ele enganava o povo, e baseado no que Mercúrio disse, pôs-se a investigar com decisão e conseguiu descobrir a identidade de Scorpio. Isso o tornou passível de imediata pena de morte, pois a sentença de banimento o proibia de retornar ao país; então foi executado.

A intuição precisa de Mercúrio anulou toda a trama, pois não só Leo foi liberto da magia, como também Ulisses e Castor viram que tinham sido enganados; a harmonia se restabeleceu.

Ulisses ficou ansioso para reparar sua frieza e desconfiança, e assim, alguns anos depois, quando adoeceu e os médicos disseram que não tinha cura, enviou mensageiros a Marte anunciando sua morte próxima, e rogando que Sirius fosse nomeado para seu lugar. Marte acedeu ao pedido com satisfação, e Sirius tornou-se governador da província. Ele nomeou Alcyone para o posto de juiz supremo, e ambos desempenharam as funções com honra e respeito até a morte dos dois, em 19.485 a.C.

A descoberta do caso de Scorpio tinha aumentado a reputação de Sirius, que permaneceu sempre alta devido a sua escrupulosa honestidade. Sua sobrinha Mercúrio, a quem se deveu a descoberta da trama, ingressou no templo como noviça, e era conhecida por sua clarividência e poder de curar certas doenças.

Quando ela tinha cerca de 30 anos, Marte, que já era bastante idoso, fez uma viagem através do reino e, quando chegou àquela província, Sirius e Alcyone tiveram que recebê-lo. Em conseqüência, Marte acabou conhecendo Mercúrio, e ficou bastante impressionado com ela. Não a perdeu de vista, e finalmente acabou convencendo-a a deixar o templo e desposar Osíris, um de seus netos, e com isso ela acabou um dia tornando-se rainha. Mas isso, naturalmente, foi muito depois da morte de seu pai.

Sirius e Alcyone foram tão inseparáveis na velhice como o tinham sido em crianças; durante toda a vida nunca tiveram um desentendimento, e morreram com poucos dias de diferença, cada um sentindo que sua vida seria incompleta sem o outro.

Como Sirius nunca tinha se casado, o filho de Alcyone, Leo, foi nomeado para a função de governador, que desempenhou com eficiência, assistido por sua esposa Íris.

Vida XXIV
(18885 a.C. – Manoa)

O berço da grande raça ariana situava-se às margens do mar da Ásia Central que (até o cataclismo que afundou a Ilha de Poseidônis nas águas do Atlântico) ocupava a área onde é hoje o Deserto de Gobi. O fundador da raça, o Manu Vaivasvata, tinha estabelecido essa colônia ali após uma tentativa infrutífera nas montanhas da Arábia Central, e, após um longo período de incubação e muitas vicissitudes, a raça se tornara grande e poderosa. Muitas vezes, durante sua longa existência, o Manu tinha enviado grandes contingentes deles para estabelecer sub-raças em diversos locais daquele vasto continente, e à época que vamos descrever, novamente essa enérgica raça estava se expandindo além das fronteiras.

Ao longo de sua história, o Manu tinha encarnado várias vezes para dirigi-la, mas à época em que Alcyone nasceu (18885 a.C.), havia muito tempo ele não aparecia em corpo físico entre seu povo, e nesse ínterim tinham surgido opiniões divergentes sobre as exatas intenções dele a respeito da raça.

Existia uma facção que dizia que agora que a nova raça estava definitivamente estabelecida, não havendo perigo de que seu tipo se perdesse, as determinações estritas do Manu de não se misturarem com outras raças não precisavam mais ser mantidas. Em conseqüência disso, algumas famílias se permitiram, por razões políticas, fazer casamentos com alguns soberanos das raças tártaras. Isso era considerado um crime pelos mais ortodoxos, e levou a tantos atritos que aqueles que tinham opiniões mais abertas se estabeleceram numa comunidade separada, que no decorrer do tempo acabou crescendo e constituindo um reino. Entretanto, eles próprios logo deixaram de lado a idéia de miscigenação com outras raças, e portanto não havia praticamente nenhuma diferença visível entre as duas tribos, mas isso não impediu a divisão religiosa – que, pelo contrário, parece ter se acentuado como passar do tempo. A grande massa dos arianos via com horror essa tribo que tinha se casado com outros povos, e não queria saber deles. As diferenças de linguagem que se fizeram entre eles aumentaram ainda mais essa separação, e durante séculos eles foram considerados uma raça hostil, até que a expansão dos arianos ortodoxos, depois de muitas batalhas, os levou a ocupar o território daqueles, e por fim a empurrá-los para o deserto.

A terra cultivável às margens do Mar de Gobi era uma área limitada, e o grande reino ortodoxo da quinta raça-raiz ocupava a melhor parte dela. Aquela raça separada tinha que contentar-se, pois, com áreas bem menos interessantes, e localizavam-se principalmente em vales em torno das montanhas ao Norte. O reino principal se expandia com tanta rapidez que estava constantemente pressionando as tribos independentes e tentando ocupar os seus vales. A população ortodoxa era tão extraordinariamente fanática e intolerante que não aceitava misturar-se pacificamente com aqueles que eram diferentes, e os considerava demônios que deviam ser exterminados,[27] portanto nenhuma aliança era possível.

Marte, que era nessa época o rei de uma das tribos que constituíam essa raça separada, havia muito se preocupava com as incursões dos ortodoxos, e embora até então tivesse conseguido resistir-lhes, sabia que não poderia fazê-lo indefinidamente, pois sua tribo, embora grande e organizada, era um punhado de gente se comparada com a multidão da raça central. A menos que lutasse constantemente contra eles, seu povo seria rapidamente exterminado, e parecia que mesmo a resistência firme só ia conseguir adiar um pouco o fim inevitável. Em sua perplexidade, Marte havia muitas vezes pedido conselho a Júpiter, o líder religioso deles, que aconselhava sempre incisivamente a não lutar, mas não lhe dizia como poderia garantir a sobrevivência do povo.

O problema tornava-se cada vez mais sério, e o perigo mais iminente; então, em resposta a muitas preces e apelos, Marte teve por fim uma visão que decidiu o que faria. Tanto os ortodoxos como os que eram considerados não-ortodoxos venera-

27 Poderia estar aí, nessa visão fanática da supremacia e da segregação da raça ariana – um desvirtuamento das intenções do Manu –, uma semente de futuras e calamitosas atitudes que apareceram num contingente de uma de suas sub-raças, para infelicidade do mundo moderno (N. do T.)?

As Vidas de Alcyone

vam igualmente a memória do Manu, e o honravam como um ser divino; portanto, quando ele apareceu a Marte em sonho e o aconselhou sobre seus problemas, ele aceitou com alegria a solução apresentada.

O Manu lhe disse que o dilema em que se encontrava não era resultante da ação do acaso, mas fora programado muito antes como parte de seu plano. Declarou que era seu desejo que Marte, a quem escolhera especialmente para essa tarefa, conduzisse a vanguarda da maior migração da história, que deveria levar sua tribo e viajar para Oeste e para o Sul durante muitos anos, até que encontrasse uma terra sagrada que estava preparada para eles – uma terra de inigualável fertilidade, na qual alcançariam grande progresso espiritual e material. Ali eles deviam estabelecer-se e expandir-se extraordinariamente. Disse ainda que ele deveria tratar bem e com bondade todas as tribos e raças com as quais entrassem em contato, só lutando quando fossem realmente obrigados. Iriam entrar nessa terra prometida e atravessar lentamente até o outro extremo dela, as tribos do império ortodoxo, que os estavam pressionando, se alegrariam com sua partida e exultariam com a ocupação de suas terras, mas no futuro eles encontrariam o seu povo de posse da melhor parte da terra prometida, e seus esforços para desalojá-lo seriam inúteis.

Disse-lhe ainda que no futuro ele próprio, Marte, teria um papel proeminente nessas migrações, e que em recompensa por essa difícil tarefa ele e sua esposa Mercúrio teriam o privilégio de, mais adiante, executar outra ainda maior – uma igual à do próprio Manu. A profecia mencionava também especificamente seus filhos Hércules e Alcyone, e dizia que uma tarefa semelhante os aguardava num futuro ainda mais distante.

Essa visão de imediato tirou Marte de sua perplexidade e o encheu de entusiasmo pela grande missão que lhe fora confiada. Mandou que todo o povo se reunisse numa grande assembléia, e contou-lhe o que tinha visto e ouvido e o que havia decidido fazer, e o fez de forma tão convincente que arrastou a todos, e contagiou-os com seu entusiasmo. Deu instruções para que juntassem grandes estoques de alimentos da melhor forma e levassem junto os melhores e mais fortes animais de seus rebanhos. Consultou os astrólogos para saber o melhor dia para a partida, e um pouco antes dela planejou e executou um ataque sobre o território de seus inimigos ortodoxos, obtendo com isso grande quantidade de despojos que lhes seriam úteis e tratou de colocar seu povo a salvo e a caminho antes que tentassem

214   C. W. Leadbeater

qualquer represália.

Havia, entre seus súditos, um grupo considerável que considerava essa migração um plano desvairado, e a visão de Marte, uma ilusão. O líder dessa facção contrária era Alastor, o qual declarou que sua consciência não o deixaria seguir um chefe que ele acreditava estar sob o domínio de algum poder maléfico ou diabólico, que o estaria iludindo e fazendo empreender uma louca aventura, que só podia levar à destruição os tolos que o seguissem. Marte respondeu que não forçaria ninguém a segui-lo, pois desejava apenas companheiros fiéis e dispostos, e Alastor e seus adeptos poderiam ficar, se quisessem. Poucos, relativamente, estavam inclinados a uma atitude tão extremada, e a maioria o induziu a reconsiderar sua posição. Mas Alastor ficou obstinado, dizendo que ele e seu grupo de adulamitas eram os únicos realmente fiéis às ordens do Manu, pois continuariam na terra onde ele os tinha colocado, recusando-se a se desviar do dever por sonhos alucinados e pretensas revelações.

Marte não perdeu mais tempo com ele, e disse-lhe que podia buscar o próprio fim, como desejasse. Alastor realmente ficou, e usou de certa habilidade maldosa para tentar manejar a situação. Como já dissemos, Marte havia feito um ataque aos ortodoxos, e naturalmente o rei destes organizou uma incursão para esmagar os audaciosos montanheses. Alastor audaciosamente foi ao encontro de suas hostes, apresentou-se como chefe de uma das facções rivais do povo das montanhas e ofereceu apoio aos invasores, sob a condição de que ele e seu povo fossem bem tratados. Declarou que há muito estava convencido de que sua tribo errara ao ter permitido casamentos com outras raças, tempos atrás, e por diversas vezes tinha desejado unir-se ao império ortodoxo, mas fora impedido por Marte. Indicou a rota seguida pelos emigrantes, e ofereceu-se para mostrar aos invasores como poderiam, tomando um atalho pelas montanhas, surpreendê-los e provavelmente derrotá-los. O comandante dos ortodoxos decidiu aceitar essa oferta, e prometeu poupar as vidas de seus seguidores em troca da traição.

A tropa embrenhou-se nas montanhas, conduzida por Alastor, para interceptar Marte. Porém, não sendo acostumados a enfrentar grandes altitudes, sofreram terrivelmente, e quando conseguiram encontrá-los – depois de muito cansaço –, foram derrotados, sofrendo muitas baixas. O comandante escapou, e imediatamente fez executar Alastor e seus companheiros.

Fiel às orientações que recebera, Marte tentava evitar lutas o quanto possível. Ao aproximar-se de algum reino, mandava seus enviados à frente avisar ao rei que ele e seu povo vinham em paz e amistosamente, obedecendo a uma ordem divina, e só desejavam permissão para atravessar o território tranqüilamente, no cumprimento dessas ordens. Na maior parte das vezes a permissão era concedida prontamente, e muitas vezes os habitantes das regiões que cruzavam os recebiam hospitaleiramente, e os auxiliavam doando alimentos. Às vezes, um soberano ficava alarmado com o seu número e recusava-lhes a entrada em seu território; quando isso acontecia, Marte desviava-se do rumo e buscava uma acolhida melhor alhures. Por duas ou três vezes foram atacados ferozmente por tribos selvagens, mas os intrépidos montanheses não tiveram dificuldade para vencê-los.

Nessas condições, a infância de Alcyone foi movimentada e cheia de aventuras. Ele tinha uns 10 anos quando seu pai decidiu empreender a migração, idade em que iria aproveitar ao máximo as constantes mudanças e aventuras da jornada. Seu temperamento tinha duas facetas – uma infantil, que gostava daquele movimento e variedade, e a outra, sonhadora e mística. Amava muito seus pais, e parece que a primeira dessas facetas tinha relação com o pai, e a segunda, com a mãe. Em certos dias ele cavalgava ao lado do pai, à frente da caravana, ou lançava-se à frente, como um batedor, alerta e ativo, bem focalizado no plano físico. Em outros, deixava-se ficar atrás, junto da mãe, muitas vezes enroscado num dos cestos que iam às costas dos animais de carga, mergulhado em suas visões e sem tomar conhecimento das regiões que atravessavam.

Nesses momentos, ele parecia não estar vivendo no presente, mas no passado, pois com freqüência tinha visões extremamente vívidas (quase sempre de vidas passadas, embora ele não soubesse disso), que considerava tão surpreendentes e íntimas que raramente falava delas mesmo para sua mãe, e jamais a qualquer outra pessoa. Eram visões as mais diversas, algumas relativas a encarnações que já descrevemos, e outras que até agora desconhecemos. Em muitas delas apareciam seus pais, e ele sempre os reconhecia, fosse em que raça ou sexo aparecessem. Às vezes, quando um raro impulso de fazer confidências lhe vinha, descrevia as visões para sua mãe, pintando-as com vivacidade: "Mãe, nesta história és um sacerdote do templo", ou "Nesta és minha mãe, como agora", ou então "Nesta és meu filho, que eu carrego no colo".

Quando ele contava essas coisas, a mãe sentia-se identificada com a figura descrita, e era como se sua memória, com

216   C. W. Leadbeater

isso, despertasse também. Lembrou-se então de que, quando era criança, ela também costumava ter essas lembranças, que se desvaneceram quando cresceu, e percebeu que o filho via o mesmo que ela. Numa das visões mais notáveis – de todas a de que mais gostava –, nem o pai nem a mãe apareciam, mas ele se via como uma jovem cheia de intenso amor e determinação, correndo em meio às chamas e à fumaça sufocante para salvar uma criança que era a esperança do mundo – uma recordação daquela vida na Birmânia, de três mil anos antes. Também havia outras vidas em que seus pais não apareciam, e algumas eram muito menos agradáveis.

Uma curiosa série de visões que apareciam de vez em quando mostrava cerimônias de magia negra, nitidamente de um passado remoto. Eram visões tremendamente estranhas, mas emocionantes, e despertavam sentimentos de indescritível horror e repugnância, contudo mesclados com uma espécie de êxtase selvagem. Havia uma sensação clara de algo extremamente mau e pecaminoso – algo diante do que o caráter atual de Alcyone recuava com horror e desgosto, embora tivesse uma aguda consciência de que houvera um momento, no passado remoto, em que isso lhe trazia intensa satisfação, em que se regalava com o que, agora, abominava totalmente. Essas visões o desgostavam profundamente, mas de vez em quando se apresentavam, e quando uma delas começava, parecia que não podia deixar de acompanha-lá até o fim. Nunca fora capaz de falar delas a sua mãe, embora ela notasse a prostração em que o deixavam, suando profusamente e num estado de profunda exaustão nervosa. Ele só dizia que suas visões tinham sido terríveis, mas que não podia contá-las.

Não é fácil identificar a verdadeira natureza dessas visões malignas, mas evidentemente refletiam algumas das orgias selvagens dos cultos negros praticados na Atlântida – algo análogo ao suposto *sabbath* das feiticeiras da Idade Média, um tipo de culto devasso e sensual a alguma estranha figura maléfica, de um nível de existência que a humanidade já transcendeu. Seus adeptos, entre outras coisas, pareciam capazes de assumir formas de animais, por meio do uso de alguma poção ou ungüento, e de fazer esses corpos levitarem. Ao recordar involuntariamente essas orgias, Alcyone sempre se via com uma companheira – sempre a mesma; ele sabia que tinha sido por amor a ela que tinha entrado naquele culto do mal, que a sedução dela o tinha arrastado para ali e o ensinara a gostar disso. Contudo, em meio a todo esse horror, ele sabia que ela não tivera

As Vidas de Alcyone

má intenção ao fazer isso – e sim porque o amava, e na verdade preferiria morrer a fazer-lhe algum mal, e só por ignorância se permitia ser usada como isca por poderes maléficos ocultos.

Essas visões desagradáveis apareciam raramente a Alcyone, e não teriam merecido uma descrição tão detalhada se não fosse pelo fato de, alguns anos depois, terem revelado possuir uma estreita relação com um dos personagens recorrentes de nossa história.

Algum tempo antes do nascimento de Alcyone, um chefe mongol tinha ido refugiar-se entre o povo de Marte. Era o irmão mais moço de um soberano que era pouco apreciado pelo seu povo; do irmão mais moço, ao contrário, todos gostavam. Tinha havido uma conspiração para destronar o mais velho e colocar o mais moço em seu lugar – da que este não tomara conhecimento. A conspiração foi descoberta e abortada, mas como o irmão mais moço não conseguiu convencer o mais velho de que não tinha participado dela, teve que fugir para não ser morto, e buscou refúgio na tribo de Marte. Ele e mais dois ou três amigos que escaparam junto revelaram-se inofensivos e até úteis na tribo ariana, então ficaram ali e foram aceitos sem maiores problemas.

Tinham trazido suas mulheres e filhos, e então formaram uma espécie de pequena comunidade dentro da tribo, vivendo juntos mas não se casando entre si. Esse jovem chefe (Taurus) tinha vários filhos, mas o único que entra em nossa história é Cygnus, uma filha dele que tinha mais ou menos a idade de Alcyone, pelo qual ela se apaixonou violentamente. Tinham brincado juntos quando crianças, mas em grupo, e não consta que Alcyone a tratasse diferente dos outros, embora sempre fosse afetuoso com todos. Ao crescerem, os meninos e meninas foram se dividindo cada vez mais nas brincadeiras e ele passou a vê-la menos, mas ela nem por um instante o esqueceu.

Quando ela fez 17 anos o pai casou-a com Áries, filho de um de seus companheiros. Ele era muito mais velho, e ela não gostava dele, mas não foi consultada: era apenas uma questão política. O marido não era um homem mau, e nunca a tratou mal, porém vivia absorvido em seus estudos e não dava nenhuma atenção a sua jovem esposa, a quem considerava mais uma peça da mobília doméstica do que uma pessoa com sentimentos e que pudesse esperar algo dele.

Durante longo tempo ela se atormentou em silêncio, continuando a amar Alcyone loucamente e vendo-o apenas de vez em quando.

218   C. W. Leadbeater

Certo dia, ele foi mandado à frente das tropas em uma missão perigosa. Ao saber disso, e temendo que ele fosse morto, ela ficou em desespero. Fugiu do marido, vestiu-se com um traje masculino, e juntou-se ao pequeno grupo de companheiros que ele levava consigo na perigosa missão. Alcyone conseguiu executar as ordens de Marte, mas ao custo da morte de muitos homens; entre outros, Cygnus foi ferida, e então descobriram que era mulher.

Foi levada até Alcyone, e quando ele a reconheceu ela pediu para ficar sozinha com ele por alguns momentos antes de morrer. E então falou-lhe de seu amor e de sua razão para ter ido junto. Ele ficou muito surpreso e lamentou profundamente que não tivesse sabido antes do sentimento dela. Enquanto estava ali junto dela, vinham-lhe à mente de forma persistente recordações de suas antigas visões orgíacas da magia atlante, e como um raio veio-lhe a certeza de que Cygnus era a companheira daquela época antiga. Ficou tão afetado por isso que ela notou, e como soubera algo, na infância, dessa faceta das vidências dele, percebeu que ele estava enxergando algo suprafísico. Usou de toda a sua vontade e das últimas forças para poder enxergá-lo também. Durante sua vida ela não fora sensitiva, mas agora, com a aproximação da morte, o véu da percepção rompeu-se pelo intenso esforço, e quando pegou a mão dele, a visão que ele tivera se abriu diante dela também. Ficou horrorizada diante do pavor dele, mas ao mesmo tempo ficou feliz, e disse:

– Ao menos ali tu me amavas, e embora por ignorância eu tenha te arrastado para o mal, juro que um dia, no futuro, resgatarei isso e hei de conquistar de novo teu amor com uma fiel dedicação.

Dizendo isso, morreu. Alcyone pranteou-a, lamentando não ter sabido antes de seu amor por ele, pois talvez pudesse ter evitado essa morte prematura.

Assim que teve oportunidade, contou o estranho incidente a sua mãe, e ela concordou com ele que sem dúvida a visão era de acontecimentos de outra vida, e que ela, o pai de Alcyone, sua irmã e irmãos e Cygnus realmente tinham desempenhado em outras vidas os papéis que as visões mostravam. A história recordada nesse incidente pode ser encontrada em *O Homem – de onde vem e para onde vai.*

A forte influência de sua mãe sobre Alcyone não decresceu; ao contrário, aumentou com o passar dos anos, e embora as visões agora só aparecessem raramente, ele continuava sensível a tudo que viesse dela e com freqüência captava-lhe o pensa-

As Vidas de Alcyone

219

mento, mesmo à distância. Uma vez, por exemplo, em que os filhos estavam longe numa incursão para reconhecer o terreno nas montanhas para a passagem da tribo, ela teve um sonho que a advertia de uma emboscada em que Hércules e os demais estavam em risco de cair. A cena se apresentou tão clara diante dela, e o cenário ficou tão gravado em sua mente, que teve certeza de que se tratava de um perigo real. Mandou chamar então alguns nativos da região que estavam no acampamento, e descreveu em detalhes para eles o local que tinha enxergado, perguntando se o conheciam. Responderam que sim, indagando como ela sabia disso, já que ficava a mais de um dia de marcha dali. Ao ouvir isso, ela ficou ainda mais convencida; como era evidentemente impossível enviar a Hércules um mensageiro que chegasse a tempo, tentou mandar um aviso mental.

Hércules estava tão ocupado com os afazeres da expedição que não foi acessível a sugestões mentais, mas felizmente Alcyone, que estava comandando um pequeno grupo de homens numa ravina próxima, teve a sensação de que sua mãe estava em grande aflição, e voltando a mente para ela, captou toda a cena da mente dela como se fosse uma visão. Imediatamente mudou de direção, conduziu seus homens por sobre um rochedo quase intransponível e pelos contrafortes da montanha, e conseguiu encontrar o irmão a tempo de impedi-lo de cair da emboscada, salvando-lhe a vida, pois a tocaia que os selvagens tinham montado fora tão bem preparada que sem dúvida todos teriam perecido. Com o aviso de Alcyone, os arianos conseguiram inverter a situação e caíram sobre eles, que aguardavam, supondo-se totalmente seguros, e os puseram em fuga com muitas baixas, assim abrindo caminho na montanha para o restante da tribo.

Pouco depois disso, Marte achou que Alcyone devia casar-se. Ele não tinha nenhuma inclinação especial por ninguém, mas quis aceder à vontade do pai; consultou então a mãe, que lhe sugeriu diversas moças que considerou adequadas, e por fim Alcyone escolheu Theseus. Foi uma boa esposa para ele, embora um pouco ciumenta e exigente. Tiveram sete filhos, entre os quais Netuno, que mais tarde desposou Hector, e uma de suas filhas foi Mizar, que era a neta preferida de Alcyone, e muito dedicada a ele.

Vários anos se passaram na jornada em direção Oeste, através da região montanhosa, e por vezes a tribo passou por grandes apuros, mas de modo geral foram bem sucedidos e perderam poucos homens, considerando as dificuldades do trajeto.

220 C. W. Leadbeater

Quando por fim alcançaram as grandes planícies da Índia, ficou mais fácil continuar, em especial porque ao entrarem ali o fizeram pelo território de um grande rei chamado Podishpar (Viraj), que os recebeu afavelmente, fazendo tudo que estava a seu alcance para auxiliar-lhes a marcha. Ofereceu-lhes uma terra fértil às margens de um rio, e deu-lhes sementes para plantar; assim, eles não só permaneceram acampados ali durante um ano, desfrutando de sua hospitalidade, como tiveram um grande estoque de grãos para levar quando finalmente partiram. Alguns deles, exaustos da incessante jornada dos últimos 30 anos, estabeleceram-se em definitivo no reino desse amável soberano, mas a grande maioria decidiu continuar.

Ao partirem, o Rei Podishpar deu a Marte um livro de escrituras atlantes e um talismã de extraordinário poder. E enviou mensageiros à frente a diversos monarcas amigos, seus aliados, avisando-os da chegada dos arianos e pedindo que os recebessem bem. Assim o caminho se tornou mais fácil, e a fadiga dessa jornada constante se reduziu ao mínimo. O talismã era bem conhecido em todo o Norte da Índia, e todos que o viam respeitavam seu possuidor. Acreditava-se que conferia boa sorte e invencibilidade a seu possuidor, mas quando Viraj o deu a Marte, observou, com orgulho:

– Não necessito mais dele, porque sou invencível mesmo sem ele, e conquisto minha sorte com minha espada.

Podishpar possuia uma enorme espada de dois gumes com um punho de ouro onde se engastava um magnífico rubi, e tinha fama de possuir poderes mágicos, fazendo com que seu dono nunca sentisse medo nem fosse ferido nas batalhas, e também comandava determinados gênios ou espíritos, assim como Aladim comandava o gênio da lâmpada.

O Rei Podishpar, em mais uma demonstração de boa vontade e para sacramentar sua aliança com eles, pediu a Marte que concedesse sua filha Brihat como esposa a seu filho Corona, ao que Marte acedeu com satisfação. Brihat havia desposado Vulcano, um dos comandantes das hostes arianas, mas ele tinha sido morto em um combate com as tribos selvagens. Nota-se por isso que não havia nessa época nenhuma restrição ao fato de uma viúva casar-se novamente.

Aqui e ali, por diversos motivos, grupos de pessoas deixaram a caravana de Marte, no decorrer dos anos, e se estabeleceram ao longo do caminho. Com o passar dos séculos, esses pequenos agrupamentos transformaram-se em tribos poderosas, que acabaram dominando os povos ao seu redor e originaram grandes reinos. Eram sempre arrogantes e intolerantes, e tão cansativos em suas constantes agressões que cerca de mil anos mais tarde os reinos atlantes se uniram contra eles, e com ajuda do soberano da Cidade das Portas de Ouro acabaram derrotando-os. Com muitas baixas, os empurraram para o Sul, onde os descendentes de Marte então reinavam. Ali se refugiaram, e foram absorvidos na massa da população. As classes mais elevadas desse povo do Sul, embora tivessem se tornado mais escuras de pele, pelo longo tempo de exposição ao sol da Índia,[28] são tão arianas quanto as do Norte, e se mesclaram muito pouco com os atlantes das classes superiores.

No entanto, apesar dessas defecções, quase não se reduziu o número dos seguidores de Marte, porque os nascimentos entre eles superavam em muito o número de mortes. Pode-se dizer que Alcyone não conheceu outra vida senão essa existência errante; seus filhos nasceram e cresceram nela. A vida ao ar livre e o exercício constante eram saudáveis, e eles gostavam dessa peregrinação contínua através das terras ensolaradas. Marte, que já estava algo idoso, dividiu seu povo em três partes, das quais deixou encarregados os três filhos – Urano, Hércules e Alcyone – para que ele próprio ficasse desobrigado de cuidar de detalhes, ficando apenas com a supervisão geral. Mas sua esposa, Mercúrio, era tão conhecida por sua sabedoria que todos do povo vinham em busca de seus conselhos para as dificuldades maiores, e seus três filhos confiavam inteiramente em sua intuição.

O Rei Podishpar havia dito a Marte que, já que suas ordens eram de continuar para o Sul, ele o recomendaria a um aliado seu, o Rei Huyaranda (às vezes conhecido como Lahira, mas que nós conhecemos como Saturno), cujo reino era o maior depois do seu. Na verdade, à época, esses dois monarcas dividiam entre eles o domínio da maior parte da Índia. Um reinava ao Norte e o outro ao Sul, e eram separados por uma extensa faixa de reinos menores, comparativamente insignificantes. O Rei Huyaranda tinha uma posição bastante curiosa: embora fosse o monarca indiscutível do país, comandante do exército e juiz supremo, tinha por trás de si um poder ainda maior – o de um sumo sacerdote que era o líder religioso, que não se mostrava jamais ao povo, mas era tido na mais absoluta reverência. Vivia longe de todos, em total reclusão, num magnífico palácio ao centro de imenso jardim com altos muros, e nem os

---

28 Sem dúvida não se trata apenas de um "bronzeamento", mas de uma mutação genética induzida por fatores ambientais. (N. do T.)

criados tinham permissão de sair dele. Comunicava-se com o mundo exterior por intermédio de um representante, o único que jamais o via, pois quando desejava passear no jardim todos deviam retirar-se. A razão disso tudo é que ele era considerado o porta-voz do Mahaguru, e acreditava-se que, se não se mantivesse escrupulosamente separado de todos os contatos com as pessoas comuns, não teria a pureza ou a serenidade necessárias para ser um canal perfeito para as mensagens do alto.

A relação entre o rei e o invisível sumo sacerdote parece ter sido análoga à que existiu no passado entre o Shogun e o Mikado no Japão, pois o primeiro não tomava nenhuma decisão importante sem consultar o segundo. Naquela época, o sumo sacerdote tinha o nome de Byarsha, e era um homem de grande poder e sabedoria – o Grande Ser a quem conhecemos como Surya, cuja vida Alcyone tinha salvo à custa da sua própria, três mil anos antes, na Birmânia.

Quando os enviados do Rei Podishpar chegaram a Huyaranda e noticiaram a chegada de Marte e seu povo, Huyaranda de imediato consultou Surya sobre a atitude que devia tomar. A resposta do sumo sacerdote foi que essa migração tinha sido determinada pelos deuses, e que a tribo que chegava era precursora de uma grande nação, da qual surgiriam muitos instrutores do mundo. Aconselhava o rei a recebê-los com todas as honras, e oferecer-lhes lotes de terra próximos das principais cidades do reino, para que os que desejassem pudessem espalhar-se pelo país e se estabelecer nele. Aos que desejassem permanecer como uma comunidade separada, seria destinada uma região quase desabitada próxima do sopé do Nilgiris, onde poderiam viver de acordo com os costumes de seus antepassados.

O oráculo se pronunciou muito tempo antes da chegada de Marte, e portanto, quando ele chegou, tudo estava à sua espera. O Rei Huyaranda enviou seu filho Crux para recebê-lo na fronteira do reino, e quando se aproximou da capital ele próprio foi ao seu encontro à frente de uma magnífica procissão, e tratou-o com a maior deferência. Transmitiu a Marte as orientações que tinha recebido a seu respeito, e este concordou com tudo, grato por ver finalmente terminada a sua peregrinação e concluídos os seus pesados deveres. Em pouco tempo as determinações do sumo sacerdote foram cumpridas, e os arianos se estabeleceram pacificamente como parte integrante da população do grande reino do Sul.

Antes da chegada deles, Surya tinha divulgado um curioso

As Vidas de Alcyone

manifesto a seu respeito, instruindo o povo sobre como deveriam receber e tratar esses "estrangeiros orgulhosos do Norte". Dizia que eles, por sua natureza, eram talhados para as funções do sacerdócio, as quais determinava que deveriam ser preenchidas por eles, e quanto possível deviam ser hereditárias.

Aqueles dentre eles que desejassem poderiam mesclar-se com seu povo, e dedicar-se ao exército ou ao comércio, mas os que abraçassem a carreira sacerdotal deviam ter todas as facilidades para viver como uma classe à parte do resto, mantida pelas doações do povo, mas sem possuírem propriedades particulares.

O representante do sumo sacerdote, através do qual essas e outras determinações eram promulgadas, era à época um ancião bastante idoso, a quem conhecemos como Osíris. Quando, pela idade muito avançada, ele rogou que fosse dispensado de suas funções, a fim de dar um exemplo para o povo, Surya pediu a Marte que lhe enviasse um de seus filhos para assumir o posto. Marte sentiu-se muito honrado com a solicitação, e respondeu que colocava a ele e a tudo que era seu à disposição do mensageiro dos deuses, mas como ele pessoalmente estava idoso e desejava retirar-se dos encargos materiais, pretendia que seu filho Hércules assumisse seu lugar e continuasse na liderança do povo, e que Alcyone então pudesse receber a grande distinção que Surya concedia a sua família. (É preciso dizer que Urano já tinha assumido uma existência de eremita e vivia numa caverna no Nilgiris, e quando consultado sobre o assunto recusou-se com firmeza a retornar à existência comum.)

Surya aceitou com satisfação a proposta de Marte, e dessa forma Alcyone viu-se de repente na singular condição de representante no mundo externo do que era na realidade o poder maior do reino – a única pessoa que via face a face o augusto potentado.

De início ele ficou aflito pelo teor da responsabilidade, mas à medida que se familiarizou com a rotina da função e conheceu melhor Surya, deu-se conta de que podia executar facilmente os deveres do cargo. A principal dificuldade era fazer a seleção – decidir quais, dentre os casos que lhe era trazidos diariamente, deviam ser submetidos ao sumo sacerdote. Mas, acompanhando as decisões de Surya, foi adquirindo bastante sabedoria, e logo conquistou grande reputação por sua perspicácia e julgamento justo.

Naturalmente ele não comandava os tribunais de justiça, mas mesmo ali os seus conselhos tinham grande peso, porém muitas pessoas com problemas iam pedir conselho aos sacerdotes em vez de buscar os tribunais, e uma vez que a decisão do sumo sacerdote ou de seu representante fosse dada, nunca era questionada. Essa tarefa constituiu-se em uma prática educativa para Alcyone, e o convívio estreito com Surya o ajudou muito.

O Mahaguru sempre mantinha sua orientação oculta, que era dada apenas a Surya, geralmente em sonho ou meditação, mas às vezes em comunicação direta e audível. Em uma oportunidade, Alcyone teve o privilégio de receber dessa forma algumas palavras de bondosa aprovação do Mahaguru, que o encorajou em seu árduo trabalho e deu-lhe novo estímulo.

Desempenhou essas funções por quase 30 anos, até sua morte, com 79 anos, e durante todo esse tempo Surya mal pareceu mais velho.

Quando Alcyone tinha 60 anos, perdeu a mãe, o que constituiu para ele grande tristeza, e teria sido insuportável se não fosse o consolo e ajuda de Surya. Pouco tempo depois, sua esposa Theseus também partiu, e durante os últimos 17 anos de vida sua casa foi dirigida por sua neta preferida, Mizar, que era profundamente ligada a ele e o entendia melhor que ninguém.

Com a morte de Marte, Hércules o sucedeu no comando da tribo, mas a função logo se tornou meramente formal, pois os arianos tinham se tornado parte da nação, embora a casta sacerdotal nunca se casasse com a população local. Mais tarde, quando Crux morreu sem deixar descendentes, Hércules foi convocado pelo povo por unanimidade para ocupar o trono, e dessa forma uma dinastia ariana estabeleceu-se em definitivo no Sul da Índia.

Todos os brahmanas do Sul, geralmente chamados de caucasianos morenos, são indiscutivelmente descendentes dessa tribo cuja chegada relatamos, embora, depois de longo tempo habitando essas regiões tropicais, eles sejam bem mais morenos do que seus ancestrais.

Vida XXV
(18209 a.C. – Africa)

Nossa história nos conduz agora a outro continente. Nosso herói dessa vez era filho de Leo e Aquiles, e nasceu no ano de 18209 a.C., num reino ao Norte da África que incluía a maior parte do que conhecemos hoje como a Algéria e o Marrocos.

As Vidas de Alcyone

Era naquela época uma ilha, pois o atual Deserto do Saara era um mar.

A raça atlante dos semitas vivia ali, e o seu tipo não era muito diferente do dos árabes das classes mais altas de hoje. Sua civilização era bastante adiantada, e davam muito valor ao estudo. Eram organizados, a arquitetura e a escultura tinham alto nível e as estradas e jardins eram belos e bem conservados. Havia numerosas fontes, cuja água era trazida das montanhas por aquedutos habilmente construídos, semelhantes aos da antiga Roma.

Alcyone vivia nos arredores de uma grande cidade ao Sul da ilha. Seu pai, Leo, era o juiz supremo e administrador da cidade – um homem de posses e influente na comunidade, que possuía muitas terras e também vários navios. A administração das propriedades obedecia ao sistema patriarcal, mas naturalmente Leo tinha que passar muito tempo na cidade, então elas ficavam bastante entregues a seu administrador, Sagitta, que cuidava delas com eficiência e fidelidade.

Durante a infância, Alcyone e Sirius, que eram gêmeos, viviam mais na casa de campo, em meio às vastas propriedades, pois ambos o preferiam à vida na cidade. Brincavam muitas vezes com o filho do administrador, Algol, e sua irmã Cygnus, e tinham flertes infantis com ela.

Ao crescerem, precisavam ficar mais na cidade para assistir às aulas da universidade, a qual gozava de ótima reputação. Muitos estudantes moravam ali, vindos de outros distritos, e havia os que, como Sirius e Alcyone, só passavam o dia. Mas a universidade já havia extrapolado os limites de seus prédios, e as acomodações eram inadequadas em todos os sentidos.

Havia cursos de teologia, matemática, literatura e retórica – ou, pelo menos, qualificação em oratória e palestras; a universidade também conferia prêmios por esgrima, arremesso de dardo e confecção de iluminuras de manuscritos. O estudante teria que saber lutar e levar uma vida de estrito celibato – ser uma espécie de monge-soldado –, mas em função do rápido crescimento da universidade e da grande falta de espaço, estes aspectos tinham sido em boa parte deixados de lado.

Sirius e Alcyone freqüentaram os cursos habituais, e Alcyone foi tomado de um extraordinário entusiasmo pela instituição. Imaginava toda espécie de planos para melhorá-la e aumentá-la, e dizia com freqüência (mas só para Sirius, em particular) que iria dedicar sua vida a ela, dobraria o número de estudantes e a faria ficar famosa no mundo inteiro. Contagiou o irmão com seu entusiasmo, e Sirius prometeu que, quando o pai deles morresse, se encarregaria da administração das propriedades e assumiria as diversas funções dele, para deixar Alcyone inteiramente livre para dedicar sua vida ao melhoramento da universidade – mas dividindo tudo com ele, como se tomasse parte nos negócios.

Embora cheio de planos de longo alcance para o futuro, Alcyone não desdenhava as oportunidades de executar qualquer tipo de tarefa que se oferecesse; isso chamou a atenção dos dirigentes da universidade, e quando chegou o momento em que ele deveria afastar-se, ofereceram-lhe um cargo permanente. Ele aceitou com satisfação, e pela prontidão em executar qualquer tarefa que os outros evitassem, pela incansável aplicação e dedicação aos interesses da instituição progrediu tão rapidamente que, aos 30 anos, foi eleito por unanimidade, pelo conselho da cidade, para o cargo de diretor da universidade. Foi o mais jovem detentor dessa função jamais havido. A única pessoa do conselho que não votou nele foi seu pai; quando os demais conselheiros souberam disso, pediram-lhe que alterasse o voto, pra que a escolha fosse unânime. Ele concordou, dizendo que conhecia a dedicação do filho à universidade e concordava com eles em que não encontrariam ninguém melhor; só votara contra, primeiro por causa de sua idade, e depois para não ser inconscientemente influenciado por seu amor pelo filho.

Quando por fim Alcyone teve o poder nas mãos, não perdeu tempo para se lançar ao trabalho. Primeiro, pediu ao pai que lhe desse quase a metade de sua imensa propriedade para colocar a universidade e seus jardins, dizendo que não devia mais ficar nas instalações precárias e insuficientes no meio da cidade, mas em um local amplo, numa região salubre, perto do mar. O pai e Sirius concordaram com satisfação em dar-lhe as terras, e Alcyone lançou-se à tarefa de reunir a grande soma necessária a seu extenso projeto.

Conseguiu despertar o patriotismo de seus concidadãos, e alguns deram dinheiro, outros emprestaram operários e outros forneceram materiais de construção. Assim, em curto espaço de tempo a obra foi iniciada; amplos prédios para as diversas atividades começaram a se erguer, e esplêndidos jardins, a se desdobrar. Como Alcyone acreditava na importância da vida ao ar livre para os jovens, o seu projeto era realmente inovador, e só foi possível devido ao clima favorável da região e à grande extensão de terras de que dispunha. Exceto uma torre para observações astronômicas, nenhum prédio tinha mais que o andar térreo, e todas as salas eram construídas isoladamente.

As Vidas de Alcyone

A universidade não era um prédio ou conjunto de prédios no sentido comum, mas um imenso jardim com um certo número de salas dispostas nele a intervalos, com avenidas conduzindo de uma a outra, intercaladas com fontes, lagos e cascatas em miniaturas. Assentos e carteiras ou plataformas necessárias para as diversas classes ou palestras se dispunham sob as árvores, ao ar livre, e havia uma sala para cada uma, para uso apenas quando o tempo obrigasse. As construções ficaram, portanto, dispersas numa extensa área, e os estudantes ficavam em alojamentos unidos pelos fundos, cada quarto abrindo-se diretamente para o jardim, sem comunicação interna. Havia água corrente constante, em cada alojamento, e dava-se ênfase à limpeza estrita. Os alunos eram estimulados a viver totalmente ao ar livre e a usar os quartos somente para dormir.

O projeto de Alcyone de mudar a universidade para longe sofrera objeções por causa dos estudantes não-residentes; para solucionar essa dificuldade, ele prometeu lhes providenciar um meio de transporte. Para isso, inventou uma nova espécie de teleférico movido a energia hidráulica. Inspirou-se, para sua criação, na geografia da região.

Ao longo da costa, entre a cidade e a universidade, estendia-se um penhasco de uns 30 metros de altitude, e à meia altura dele passava um rio. Ele dividiu a corrente desse rio em duas partes, começando a boa distância, no interior, e fez correrem essas duas correntes paralelas desde o topo do penhasco. Construiu então uma descida lisa, de rocha bem polida, e colocou carros leves que deslizariam ao longo dela, com roldanas, mais ou menos ao estilo dos trenós modernos. A espaços, nos dois lados, havia tanques de água móveis, que deslizavam na parede do rochedo para cima e para baixo, entre colunas, como um elevador. Quando se desejava movimentar um dos carros, fazia-se um dos tanques se encher de água e deslizar para baixo. Seu peso tracionava o carro (a que estava atado por uma corda) do ponto de partida até o alto do elevador; retirava-se então aquela corda e atava-se o carro a outra, que o arrastava novamente por outros quase 100 metros, e assim, numa sucessão de cordas, o carro era levado até a universidade, mais rápido que num trajeto a cavalo – e com muito mais alunos que um cavalo. Dessa forma, vários carros podiam se movimentar ao mesmo tempo, pois como só um de cada vez podia passar por cada seção, não havia risco de colisão. De manhã cedo, todos eles se moviam numa fila regular da saída da cidade, e voltavam ao entardecer.

228   C. W. Leadbeater

Os alunos eram transportados de graça nesses teleférico primitivo. Logo se deram conta de que era uma boa maneira de transportar materiais, e então outros tipos de carros eram usados durante o dia.

Depois se soube que outras pessoas desejavam utilizar os carros para ir para aqueles lados. De início, solicitavam uma permissão formal para isso; depois Alcyone determinou que qualquer um podia usá-los, mediante um pequeno pagamento, e assim se instalou um verdadeiro sistema de teleférico. Mais tarde, os desajeitados elevadores foram substituídos por rodas d' água, e passou-se a usar uma sucessão de cordas.

Alcyone trabalhou não só na nova sede da universidade, mas também em seu melhoramento intrínseco. Não poupou esforços nem dinheiro para fazer dela o melhor em todos os sentidos, mandando buscar até em Poseidônis professores que tinham a melhor reputação em algumas áreas. (Entre os que atenderam seu convite, registramos Pallas, Lyra, Orfeu e Cetus.) Fez uma classificação da coleção heterogênea de manuscritos, construiu para eles uma esplêndida biblioteca e mandou enviados a muitos países para coletar outros. Dessa forma, conseguiu muitas obras valiosas. Como às vezes acabou possuindo mais de uma cópia da mesma obra, instituiu um projeto de troca de duplicatas com outras bibliotecas do Egito, Poseidônis e Índia. É interessante registrar que dessa forma ele entrou em contato com a própria biblioteca que ele tinha fundado no Sul da Índia, 600 anos antes, quando era o representante de Surya. Alcyone também dava muita importância ao treinamento físico dos monges-soldados, e preparou os jovens nos moldes de um exército comum.

A capital do país e residência do rei situava-se ao Norte da ilha; Alcyone, muito tempo atrás, tinha ido até lá e conseguido uma audiência do soberano (Vênus), obtendo a aprovação dele para seus planos. Conseguiu inclusive que o próprio Vênus concordasse em realizar a cerimônia de inauguração e consagração da universidade – pois ele era também o sumo sacerdote do país, além de líder político. Isso incluía uma procissão magnífica e um elaborado ritual. Os prédios da universidade ainda não estavam concluídos quando se deu a inauguração oficial, mas Alcyone achou bom aproveitar a visita do rei, por causa do prestígio que traria.

Alcyone teria gostado mais de uma vida tranqüila e obscura, porque tinha muita vontade de escrever algumas obras de filosofia, mas tendo assumido sua amada universidade como

As Vidas de Alcyone

a tarefa de sua vida, achou que era seu dever sacrificar suas inclinações pessoais.

Ele havia desposado Hélios, e tinha vários filhos. Sua filha mais velha, Mercúrio, tinha muito interesse e orgulho de seu trabalho com a universidade; depois de um acontecimento doloroso que lançou uma sombra sobre sua jovem existência, ela passou a se dedicar inteiramente a esse projeto. Sua irmã mais moça, Ulisses, era uma jovem caprichosa e passional, e sua falta de autocontrole trouxe grande sofrimento à família, pois ela se apaixonou furiosamente por Vajra, que era pretendente à mão de sua irmã Mercúrio. Ele estava totalmente envolvido com esta, e não deu nenhuma atenção às manobras de Ulisses: essa indiferença a levou à loucura. Sua paixão era tão desvairada que abandonou todo o decoro e fez avanços diretos sobre ele, achando que se tivesse êxito poderia forçá-lo a casar-se com ela. Mas o amor dele por Mercúrio o fez impermeável a isso, e sua rejeição deixou Ulisses tão furiosa que num ímpeto de paixão e ciúme ela o apunhalou.

Seu irmão Hércules, ao tomar conhecimento disso, decidiu assumir a autoria da morte, para proteger a irmã e poupar a família da desgraça que traria uma ação dessas cometida por uma mulher. Com sua confissão voluntária, foi preso e levado a julgamento por seu tio Sirius, pois Leo já tinha se aposentado. Sirius ficou horrorizado com o acontecimento, mas procurou cumprir seu papel de juiz como se o acusado não fosse parente seu. Já tendo bastante experiência de muitos outros casos, percebeu várias discrepâncias na história contada; fez algumas perguntas incômodas e por fim declarou que não acreditava no relato, deixando Hércules em prisão preventiva para novas investigações. Protelou por várias vezes a decisão, convencido de que havia algo por trás, embora Hércules persistisse nas mesmas declarações; a lei não permitia o adiamento indefinido da sentença, porém, e naturalmente alguns atribuíam a hesitação de Sirius ao fato de que o acusado era seu sobrinho.

Felizmente, no último instante, a intuição de Mercúrio o levou a suspeitar da verdade (contou depois que enxergou tudo à sua frente, como em sonho) e acusou Ulisses com tanta veemência que ela acabou confessando. Depois, cometeu suicídio para escapar à humilhação de um julgamento público. Hércules foi solto imediatamente, mas naturalmente o caso estendeu uma sombra sobre as duas famílias, mas a opinião pública lhes foi simpática.

Mercúrio pranteou Vajra longa e sinceramente, e depois de

sua morte desistiu de qualquer idéia de casamento, e dedicou-se inteiramente a auxiliar no projeto da universidade. Sua mãe, Hélios, também tinha muitas sugestões interessantes, e Hércules secundava com eficiência os esforços do pai.

Hércules ficara muito perturbado com o falso testemunho que dera sobre o homicídio, embora com a intenção de proteger a irmã, então foi consultar Brihat, um homem sábio e devoto que vivia como eremita, embora viesse ao mundo exterior de vez em quando para falar sobre filosofia e teologia na universidade. Era muito respeitado por toda a comunidade, e considerado uma espécie de conselheiro. Hércules foi vê-lo e narrou todo o acontecido, dizendo que sentia ter feito algo errado e desejava expiar isso adotando uma vida de ascetismo. Brihat o consolou, observando que, embora não pudesse aprovar o falso depoimento, apreciava a nobreza de sua intenção. Dissuadiu-o de abandonar o mundo, e o aconselhou a compensar o que fizera permanecendo nele e dedicando-se a servi-lo. Hércules então decidiu de imediato dedicar-se à universidade, com o que Brihat concordou.

Brihat era também conhecido como curador, embora pareça que não era tanto ele como Surya, que de algum modo enviava sua força através dele e fazia as curas. Isso aconteceu certa vez com o próprio Alcyone, após um lamentável acidente que ocorreu na universidade. O segundo filho de Alcyone, Aldeb, dedicava-se intensivamente, à época, ao estudo da química, tendo viajado inclusive até o Egito para buscar conhecimento com os professores dali. Tinha feito várias descobertas importantes e úteis, e estava sempre envolvido com experiências, muitas vezes arriscadas, pelas quais a sua irmã Mercúrio tinha muito interesse.

Certo dia em que Alcyone fora convidado a ir ao laboratório conferir os resultados de um novo processo, houve uma séria explosão, surpreendendo Mercúrio e Aldeb, e ateando fogo nas vestes deste. Alcyone demonstrou muita coragem nessa emergência: correu e apagou as chamas com as próprias mãos, arrancando Mercúrio de uma poça de líquido inflamado, salvando-lhe a vida. Ao fazê-lo, ficou seriamente queimado, e em razão disso foi levado a Brihat. Este passou as mãos de leve acima dos ferimentos e bolhas, aplicando um tipo de óleo que magnetizou, e depois envolveu-os habilmente em bandagens. Recomendou a Alcyone que não as retirasse durante certo tempo, e prometeu que ao final disso estaria curado – o que realmente aconteceu. É digno de nota registrar que Brihat sempre

As Vidas de Alcyone

usava o nome de Surya em suas magnetizações, e que o invocou ao tratar de Alcyone, dizendo:

– Eu o curo em teu nome e por ti.

Graças à rápida intervenção de Alcyone, Mercúrio ficou só levemente ferida, mas Aldeb, que estava mais próximo da retorta, ficou ferido pela força da explosão, mas praticamente não se queimou.

Alcyone ficou tão interessado pela atuação de Brihat, que mais tarde foi a ele para aprender a arte da cura magnética, e a praticou com seus alunos, com bastante sucesso.

Certa vez Brihat adoeceu, e foi cuidado com dedicação por Hélios. Em outra ocasião, a intervenção algo supranormal de Brihat foi muito útil para eles. Durante um dos períodos de férias da universidade, piratas negros da margem Sul do Mar do Sahara empreenderam um ataque contra um povoado das vizinhanças. Brihat, de alguma forma, ficou sabendo do ataque iminente – talvez tenha visto, do alto da colina onde ficava sua ermida, a aproximação da frota de barcos – e conseguiu avisar Alcyone telepaticamente do perigo.

Leo, Alcyone e Hércules estavam por perto, e apressaram-se a ir ao povoado e organizar os moradores para resistir ao ataque. Eles não tinham muitas armas e não eram habituados a lutar, e se tivessem sido atacados de surpresa seriam uma presa fácil. Mas com os três para os dirigir e encorajar, estabelecendo um plano de defesa, conseguiram ter mais êxito. Nossos heróis acharam preferível não esperar o desembarque dos inimigos para enfrentá-los, mas conseguiram atraí-los para uma emboscada na qual muitos foram mortos.

Mizar, o filho mais moço de Sirius, por acaso estava parado ali com dois amigos. Eles, naturalmente, foram deixados para trás quando as notícias do ataque chegaram, e avisados para que ficassem longe do perigo. Mas logicamente queriam ver o combate e saíram de forma furtiva atrás dos mais velhos. Enquanto estavam observando de longe as providências de Leo para a defesa, Mizar de repente teve uma brilhante idéia, e imediatamente falou aos companheiros. Os piratas tinham deixado os barcos na margem, enquanto atacavam o povoado. Os garotos correram para os barcos e puseram fogo neles, auxiliando a combustão jogando piche obtido no quintal de um construtor de barcos, próximo dali. Os piratas não imaginavam que pudessem encontrar resistência, e tinham deixado os barcos totalmente sem defesa, portanto os meninos tiveram campo livre para agir, e em pouco tempo, trabalhando febril-

232   C. W. Leadbeater

mente, conseguiram colocar fogo em toda a frota. Foram auxiliados por outro de nossos personagens – Boreas, um garoto que era criado de Mizar.

Felizmente para eles, conseguiram fugir logo, antes que alguns dos piratas, desagradados com a inesperada recepção, retornassem correndo para a praia, descobrindo que estavam encurralados. Essa descoberta fez com que lutassem com redobrada ferocidade, mas os planos de Leo tinham sido tão bem-feitos, e os mais moços o ajudaram com tanta eficiência, que conseguiram manter os piratas cercados até a chegada de Sirius com uma tropa da cidade – pois imediatamente após receber o primeiro aviso Alcyone tinha enviado um mensageiro a ele pedindo auxílio. Os piratas foram então totalmente exterminados.

Vários dos mais jovens da família casaram-se entre si. Vega casou-se com Bee, e Bella, com Aqua. A amizade infantil de Cygnus com Sirius e Alcyone fez com que ela se apaixonasse seriamente por este, quando cresceram. Embora nunca tivesse demonstrado seu amor abertamente, o casamento dele com Hélios foi um golpe para ela, que o procurou e acusou amargamente de tê-la "esquecido", como disse. Ele ficou bastante tocado com isso, e falou com ela gentil e bondosamente, mas isso não afetou seus sentimentos pela esposa. Cygnus não pôde esquecê-lo, e por causa disso recusou diversos partidos, mas depois de alguns anos afinal cedeu aos constantes pedidos de um antigo pretendente, casou-se com ele e viveu uma existência digna e feliz. O irmão dela, Algol, desposou Psyche, que foi uma excelente companheira para ele.

Os dois irmãos, Sirius e Alcyone, sempre se compreenderam perfeitamente, e quando o primeiro morreu, com a idade de 69 anos, Alcyone sentiu que tinha perdido uma parte de si. Mas logo descobriu que nada estava perdido de fato, pois todas as noites ele sonhava claramente com Sirius, e durante os dois anos que sobreviveu, pode-se dizer que passava os dias em função das noites. Contudo, até o fim manteve a mais profunda preocupação pela universidade, e sua maior alegria era ver o quanto o filho Ulisses partilhava seus sentimentos e com quanta dedicação continuava seu trabalho.

Por fim Alcyone partiu tranqüilamente, enquanto dormia, com 71 anos, deixando atrás de si, como um monumento, uma universidade cuja fama durou cerca de dois mil anos, até que foi destruída por tribos bárbaras.

As Vidas de Alcyone

Vida XXVI
(17464 a.C. – Manoa)

Desta vez o nascimento de Alcyone nos leva de volta à Ásia Central, mais uma vez – agora entre a imensa maioria ortodoxa que vivia na terra-mãe da quinta raça.

Era o ano de 17464 a.c., depois que a primeira sub-raça ariana se havia estabelecido na península da Índia. Naquela ocasião, anterior aos fatos que vamos descrever, uma parte da expedição sofrera um grave desastre. Uma parte do grupo de migrantes tinha seguido a rota para Oeste que Marte havia tomado no ano 18875 a.c., evitando a grande barreira montanhosa dos Himalaias; porém um grupo menor, menos sobrecarregado de mulheres e crianças, decidira enfrentar corajosamente a grande cordilheira, seguindo uma rota que tinham conhecido através de mercadores, e que atravessava um passo (atualmente conhecido como Passo de Khybar), praticável mas escuro, que conduzia às planícies próximas e à atual cidade de Peshawar. Puseram-se a atravessá-lo, envolvendo-se de quando em quando em escaramuças com as tribos montanhesas, e já estavam quase ao final do passo quando de repente um bando de inimigos desceu sobre eles como uma avalanche, pela frente, por trás, nos dois lados; sobrepujados pela quantidade, foram destruídos quase até o último homem. Uns poucos que seguiam separados do grupo principal escaparam, e após incríveis dificuldades restaram só dois deles. Esses dois infelizes fugitivos famintos chegaram à fronteira do reino ariano, e, depois de repousar um pouco, foram enviados ao rei, na cidade central.

Chegaram à presença do monarca vestidos com peles de ovelhas dadas por quem os acolhera, e contaram a história do massacre; desde então, aquele passo ficou conhecido como Passo da Morte.

Júpiter, que na ocasião era um menino de 10 anos, ficou muito impressionado com a história, e quando, ao tornar-se rei, decidiu enviar seu filho mais velho, Marte, à frente de outro grande contingente de emigrantes para a Índia, aconselhou-o a evitar o Passo da Morte e buscar outra saída.

A preparação para essa jornada durou alguns anos, e Marte resolveu fazer uma seleção cuidadosa das famílias que iriam: somente aquelas que parecessem capazes de suportar as inevitáveis dificuldades do caminho, e em especial os guerreiros mais hábeis nas lutas de guerrilha nas montanhas e combates nas planícies. Entre outros, escolheu Psyche, o pai de Alcyone

234   C. W. Leadbeater

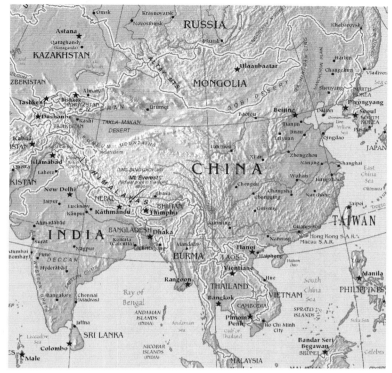

(então um menino de nove anos), cuja mulher, Arthur, era corajosa e desembaraçada. Capella, vizinho e grande amigo de Psyche, que fora seu companheiro em várias incursões de pilhagem, também foi escolhido.

Um grande chefe, Vulcano, era o combatente em quem Marte mais confiava; dividindo seu grupo em duas partes, enviou-o um pouco à frente com uma delas, com instruções para atravessar as montanhas por uma estrada que levava ao Sul e virava para Leste. Enquanto isso, ele, Marte, levaria seu grupo na direção Oeste, mas não até o Passo da Morte. Ao deixar as montanhas, os dois grupos se reuniriam, andando respectivamente para Leste e para Oeste, até se encontrarem.

A partida de Marte foi um pouco retardada pela gravidez de sua mulher, Netuno. Assim que o filho mais velho deles, Hércules, nasceu, ele se pôs a caminho com a enorme caravana.

As mulheres e crianças foram divididas em dois grupos, assim como as tropas de bois e cavalos, e rebanhos de ovelhas e cabras. Cada um foi posto no centro de um grande número de guerreiros, e nas beiras, ao redor, muitos soldados bem-armados, junto com corredores rápidos e com armas leves, que podiam ser enviados à tropa principal a qualquer sinal de alarme. Os corredores seriam menos visíveis que mensageiros a cavalo, e a irregularidade do terreno lhes seria mais fácil de vencer que aos cavaleiros.

Nos primeiros dias Marte e Psyche eram vistos com freqüência cavalgando lado a lado, discutindo as perspectivas do futuro, enquanto Alcyone, montado em um rijo pônei das montanhas, de patas firmes, às vezes seguia ao lado deles, escutando pensativamente a conversa; depois disparava e ia juntar-se aos batedores à frente, e então voltava a galope e ia ao encontro da mãe, Arthur, no centro da formação. Atendia a seus pedidos com presteza e a divertia com histórias engraçadas das tropas; ao anoitecer, acomodava-se junto dela, confiando-lhe seus sonhos e esperanças. Albireo e Leto, seus irmãos, o acompanhavam com freqüência nas incursões, e mais tarde o pequeno Ájax tagarelava alegremente enquanto o irmão o fazia rodar, segurando-o pelos braços. Os filhos de Capella faziam parte desse grupo, e as filhas também os acompanhavam muitas vezes, a cavalo. A filha mais velha de Capella, Hector, tornou-se a companheira predileta de Albireo, enquanto Alcyone teve em Riger, filha de Betel, a companheira preferida. Antes de chegarem às planícies, os dois pares se casaram, e a família de Marte foi acrescida de dois filhos e três filhas.

Após 15 anos de jornada, as tropas de Marte chegaram às planícies; os primeiros grupos acamparam e esperaram os demais, até que todos se reunissem num enorme acampamento.

De vez em quando os rapazes faziam incursões nas regiões vizinhas, e em diversas ocasiões Marte recriminou Hércules por atirar-se de forma temerária em terreno desconhecido; ele era obstinado e impulsivo, e achava que os mais velhos superestimavam o perigo de suas incursões. Mas acabou recebendo uma dura lição, num dia em que ele e suas tropas caíram numa emboscada e foram atacados por inimigos que os cercaram e acossaram fortemente. Hércules arremeteu com seus homens, tentando furar o cerco, mas foram rechaçados repetidamente. Não tinham mais esperança. Mas de repente um grupo de cavaleiros surgiu a galope e uma chuva de flechas atingiu os assaltantes. O cavalo de Hércules tinha caído por cima dele, que estava ferido e inconsciente. Seguiu-se um intenso combate, os inimigos foram rechaçados e Alcyone, reconhecendo o cavalo do amigo, retirou-o com ajuda de dois soldados e encontrou o

236   C. W. Leadbeater

desacordado Hércules em baixo dele.

Alcyone tinha se dirigido para Leste em busca do exército de Vulcano, que estavam esperando, e encontrou uma tropa de batedores dele, liderados por Vajra, que buscava o grupo do Oeste. Encontraram-se com grande alegria e estavam se dirigindo ao acampamento de Marte quando o olhar aguçado de Vajra percebeu uma pequena nuvem de poeira. Alcyone teve uma intuição de que Hércules estava em perigo, e instou os companheiros a se apressarem. Chegaram bem a tempo de salvá-los do massacre.

Alcyone, erguendo carinhosamente o corpo do amigo, o conduziu apoiado em seu peito até que o entregou à sua mãe, Netuno. Ela cuidou do arrojado rapaz até que se recuperasse, mas Marte aproveitou a ocasião para lembrar-lhe suas advertências, observando que Alcyone não era menos corajoso por ser menos teimoso.

Com a junção dos dois exércitos, Marte decidiu marchar para o Sul e buscar um lugar adequado para se estabelecerem. Deixaram as mulheres e crianças num acampamento bem protegido, que se estendia por uma extensa área a meio caminho entre os atuais Jammu e Gujranwallah, com homens suficientes para protegê-los de ataques. O local em seguida assumiu o aspecto de uma cidade, cercado por grandes áreas de pastagens por todos os lados e campos cultivados dentro de seus limites.

O exército invasor penetrou no país, que já era habitado e próspero. Havia grandes cidades, com elevado grau de civilização, com seus habitantes entregues ao luxo e à indolência. Uma das migrações arianas havia se estabelecido em grandes áreas não– cultivadas, e depois de muita luta e parlamentação os arianos tinham se localizado perto dos civilizados citadinos, defendendo-os dos ataques dos demais e espoliando-os, de certa forma, à guisa de tributos e subsídios. Os donos da terra desprezavam os guerreiros do Norte, achando-os menos civilizados, mas receavam seu potencial bélico e sua arrogância, e deixavam-se ser, lenta mas firmemente, empurrados para as cidades, ou viravam criados e camponeses fora delas.

Os arianos, cantando hinos a seus deuses guerreiros, e orgulhosos de sua força e virilidade, desprezavam também a população luxuriosa e decadente do país que cobiçavam, e se estabeleceram no território que hoje chamamos de Punjab, tornando-se gradualmente os verdadeiros senhores do país.

Outra corrente migratória foi para Leste, localizando-se no que hoje se denomina Assam, e ao Norte de Bengala.

As Vidas de Alcyone

Quando esta migração de que estamos tratando chegou, dirigindo-se ao atual Punjab, encontrou a região parcialmente ocupada pelos colonos anteriores, que olharam com desconfiança os recém-chegados, e, embora sem demonstrar hostilidade explícita, conseguiram, pela resistência passiva e não lhes oferecendo ajuda, afastá-los de sua proximidade.

Depois de um ano buscando informações e deliberando a partir de relatórios de batedores que enviava, Marte e seu conselho decidiram estabelecer-se permanentemente na região onde hoje se situa Delhi, apesar de que o único caminho para chegar até lá passava por uma grande cidade dos toltecas, donos da terra.

Alcyone, embora ainda não tivesse 30 anos, foi encarregado de chefiar uma delegação que iria ao soberano da cidade e da região circunvizinha solicitar passagem pela cidade e permissão pra obterem alimentos e forragem. A missão foi comprida com sucesso, e conseguiram permissão, com a condição de que o grosso das tropas não passasse perto da cidade, fazendo um considerável desvio. Marte foi convidado a visitar o soberano, e aceitou a oferta de hospitalidade. Contudo, como um general sagaz, levou consigo uma forte escolta, e deixou Vulcano à testa do corpo principal do exército, levando Alcyone, Hércules e Vajra com ele.

A cidade era cercada por uma enorme muralha, com um declive na parte interna, e na externa era perpendicular e coberta de chapas de ferro unidas, formando uma superfície contínua e impossível de escalar. Essa extraordinária muralha tornava a cidade praticamente inexpugnável ao ataque das armas então existentes, como das nações incultas cujas hordas se espalhavam pelo país; só poderia ser tomada com êxito de cima. A arte de construir aeronaves se perdera para esses toltecas degenerados e ainda não fora concedida à raça ariana.

Em conseqüência, Castor, o soberano dali, sentia-se a salvo de ataques; contudo, maquinou a idéia de, quando esses formidáveis estrangeiros estivessem dentro de suas portas, fazê-los prisioneiros, imaginando que o exército, privado de seus comandantes, poderia ser persuadido a se engajar como mercenários a seu serviço. Ficou desapontado ao saber que o sub-comandante de Marte não fazia parte do grupo, mas apesar disso decidiu levar avante seu plano maldoso.

Na noite anterior à traição planejada, Netuno veio ver o marido durante o sono, e contou-lhe que tinha tido uma visão de sua captura, na festa do dia seguinte. Em vista disso, Marte colocou por baixo da túnica solta de festa, presenteada por seu anfitrião, o seu gibão de combate, e escondeu as armas, dizendo a toda sua escolta que fizesse o mesmo e que durante a festa estivessem prontos, a um sinal dele, para juntar-se num grupo cerrado e lutarem para abrir caminho para fora do salão, enquanto o grosso da escolta ficaria esperando lá fora. Mandou alguns homens se colocarem perto do portão da cidade pelo qual tencionava escapar, com ordem de prender os sentinelas e guardar o portão, à chegada de seus mensageiros, e colocou alguns corredores rápidos para levarem o aviso a eles, assim que ouvissem soar sua trompa de guerra.

No meio da festa, quando Castor estava fazendo um discurso para seu principal convidado, fez sinal aos que deviam prender os visitantes, e Marte foi manietado de repente por trás. Com um puxão violento, o enérgico guerreiro libertou-se e se ergueu, e o som de sua trompa atravessou o salão, espantando os atacantes, que recuaram por um instante, amedrontados. A pausa foi o suficiente. Alcyone, Hércules, Vajra e os outros correram para Marte e protegeram-lhe os flancos e a retaguarda; derrubando Castor com um poderoso golpe do punho cerrado – pois não iria matar o homem cujo pão estava comendo –, ele rapidamente correu em meio à turba para a porta do salão. Em poucos instantes estava junto de seus homens, que tinham saltado nos cavalos ao ouvirem o som da trompa, e penetraram a galope do pátio interno, trazendo os cavalos de Marte e seus companheiros. Antes que os guardas de Castor se recuperassem do estupor, Marte e seus homens estavam longe, em precipitada corrida pelas ruas até o portão combinado, que o capitão, Capella – que nesse ínterim, avisado pelos corredores, tinha capturado os guardas e os substituído por seus homens –, abriu com as pesadas chaves, e galopou atrás deles, deixando as explicações para depois.

Marte tinha nas mãos uma tarefa árdua demais para desviar seu exército a fim de punir os agressores; além disso, não tinha tempo a perder tentando vencer a cidade pela fome – uma longa empreitada – e não tinha armas que pudessem tomá-la de assalto. Assim, prosseguiu na direção de seu objetivo, estabeleceu os alicerces da futura cidade, deixou Vulcano como governador, com Alcyone e Hércules como auxiliares, e, com Vajra e uma tropa escolhida, partiu para o acampamento distante, para trazer as mulheres e crianças. Reunindo a todos, partiu para a nova cidade, que chamou de Ravipur, onde chegou após cansativa jornada. Sobrecarregado com todo o acampamento,

As Vidas de Alcyone

não conseguia andar mais que 11 ou 12 quilômetros por dia.

É justo registrar que Castor, refletindo, envergonhou-se do que tentara fazer com Marte e teve a coragem moral de enviar uma delegação para pedir-lhe desculpas. Marte respondeu enviando Capella com presentes para propor um tratado de aliança com Castor. Para reforçar isso, o filho mais velho de Castor, Áries, foi casado com Demeter, a filha de Capella – uma união que se revelou feliz para todos.

Além do grande grupo de nossos personagens que foram para a Índia com Marte, temos um número considerável que não foi escolhido para a migração e ficou no reino ária da Ásia Central com a tia de Marte, Mercúrio. Esta tinha desposado Viraj, e dessa união, e a de Viola, irmã de Viraj, com Spes, resultaram diversas famílias, entre as quais nasceram cerca de 40 daqueles cujos destinos temos acompanhado.

A partir desse ponto, os acontecimentos seguiram seu curso comum – escaramuças com as tribos vizinhas, delegações enviadas aos chefes da região, cultivo da terra e a administração de uma grande colônia.

Marte partiu com cerca de 65 anos, deixando Hércules como seu sucessor, com Alcyone como seu conselheiro de confiança e querido amigo.

Alcyone morreu com 60 anos, em 17404 a.C., e sua mulher o precedeu de alguns anos. Hércules morreu logo depois de Alcyone, nunca tendo se recuperado de sua perda. "A melhor parte de mim partiu", dizia tristemente. "Para que vou continuar aqui?"

Achando que nenhum de seus dois filhos, Gem e Arcor, era suficientemente firme e confiável para sucedê-lo, nomeou seu irmão Siwa como sucessor e os enviou, com tropas e caravanas, para fundarem suas próprias cidades.

Vida XXVII
(16876 a.C. – Atlântida)

No ano de 16876 a.C. florescia uma grande oligarquia marítima acadiana, estabelecida ao Sul da parte central de Poseidônis.[29] Pertenciam à sexta sub-raça atlante, parecida com os etruscos e fenícios – essencialmente uma raça de mercadores e marinheiros, rica, dedicada aos negócios e inclinada à ostentação.

---

29 A última ilha atlante, resultante do terceiro afundamento do antigo continente; iria desaparecer no século X a.C. Era a Atlântida de Platão (N. do T.).

Marte era o imperador tolteca de Poseidônis, nessa época, como já tinha sido muitas vezes, e os acadianos o tinham como suserano, embora fossem praticamente independentes. Eram governados por um conselho eleito nominalmente, cujos membros invariavelmente pertenciam a meia dúzia de famílias importantes, e embora Marte indicasse o presidente quase nada interferia em seus assuntos.

A pessoa que tinha, de longe, a maior influência no país nessa época era o sumo sacerdote Surya, um homem de vida santificada e grande sabedoria, conhecido e reverenciado em todo o império atlante. Numa atitude política e a fim de consolidar o império, Marte oferecera seu filho Hércules para casar com Saturno, a filha de Surya, o que fora aceito. Assim, Hércules se tornou não exatamente um rei tributário, mas o chefe permanente do conselho acadiano e, virtualmente, o soberano do país.

Mercúrio e Vênus eram filhos de Hércules, e eles desposaram respectivamente Brihat e Osíris, o que nos leva à geração de que vamos nos ocupar. Alcyone era o filho mais velho de Mercúrio, e Sirius e Mizar eram filhas de Vênus. Portanto, Alcyone era neto de Hércules e bisneto de Marte e Surya.

O Imperador Marte já tinha uns 60 anos quando Alcyone nasceu, e este o viu apenas três ou quatro vezes por ocasião das viagens oficiais do imperador pelo país, e uma vez quando ele próprio visitou a capital. Com seu outro bisavô, Surya, ele tinha contato sempre, e existia uma grande afeição entre o ancião e o menino.

Surya o considerava uma criança muito promissora e dedicava bastante tempo a supervisionar sua educação – por isso ele adquiriu muito mais instrução além dos conhecimentos de comércio normais àquela época. Os sacerdotes eram homens de certa forma muito cultos, pois precisavam saber de cor as escrituras; usar um livro nos rituais, mesmo os mais raros, seria considerado uma fraqueza. Eram também os médicos e cientistas da época, portanto deviam estudar durante muitos anos.

Como norma, somente os filhos da classe sacerdotal se tornavam sacerdotes, mas nem todos: era comum que os filhos mais moços dos sacerdotes seguissem a profissão mercantil ou de navegadores.

Hércules, como filho do imperador, não sendo da casta sacerdotal, não podia suceder a Surya, portanto era sabido que quando essa função ficasse vaga, por morte ou afastamento, o posto seria herdado por seu neto Mercúrio, que desde a infância fora preparado no templo para esse fim. Como sua mãe,

As Vidas de Alcyone

Brihat, também era uma mulher profundamente religiosa, é natural que Alcyone desde muito novo tivesse familiaridade com o recinto do templo e considerasse a profissão de sacerdote a melhor do mundo.

Contudo, ao crescer, fez muitas amizades entre os rapazes da cidade, e logo descobriu que a maioria deles não partilhava dessa opinião e que todas as suas expectativas se voltavam para outro tipo de vida – com a emoção de fazer bons negócios e ganhar muito dinheiro, ou navegar para terras distantes ao encontro de toda espécie de aventuras. Histórias emocionantes de perigos vencidos e fortunas fáceis lhe entravam pelos ouvidos, e um lado de seu temperamento ficou atraído por isso. Mas quando, muito animado, ele contava essas histórias a seus pais ou a seu bisavô Surya, diziam-lhe gentilmente que, fascinante como fosse a vida de um marinheiro ou mercador, era uma vida de proveito próprio, enquanto a de um sacerdote era altruísta – que um trabalhava só para a vida material, e o outro, para uma existência mais elevada e para a eternidade. E que também, embora o marinheiro e o mercador às vezes passassem por estranhas e emocionantes aventuras, estas eram, no fundo, raras, e o quotidiano deles requeria muito trabalho pesado, enfadonho e constante.

Dessa forma, ele cresceu com esses ideais antagônicos dentro de si, e durante anos não sabia se desejava ser um sumo sacerdote ou um pirata bem-sucedido. Seus amigos pintavam com as cores mais vivas as delícias daquela vida de aventureiro, enquanto Surya lhe falava das alegrias mais elevadas do auto-sacrifício; e uma e outra, alternadamente, lhe pareciam desejáveis. Mercúrio e a doce Brihat tinham dúvidas de se a companhia desses amigos seria boa para ele, e discutiam se não seria dever deles afastá-lo dessa fascinação, mas o idoso Surya aconselhou-os a que o deixassem livre para decidir por si próprio, observando que nele se misturavam o sangue do imperador e o do sumo sacerdote, e ambos precisavam se expressar. E acrescentou:

– Em minha longa vida vi muitos meninos, e eu acredito nele e o amo; quando chegar o momento da decisão, acho que ele vai escolher com acerto.

A confiança do ancião se justificou. Quando Alcyone chegou à idade em que podia ser aceito como candidato à admissão no templo, o bisavô o chamou e perguntou-lhe se desejava isso. Ele respondeu que sim; mas em vez de aceitá-lo de imediato, Surya lhe disse que fosse mais uma vez ao encontro dos amigos e amigas e ouvisse suas histórias, fosse com eles a bordo dos navios no porto e falasse com os marinheiros, e, uma semana depois, voltasse para dizer se confirmava sua decisão.

Ele fez isso, e foi grande a luta no seu íntimo. As histórias de aventuras nunca tinham sido tão atraentes; o aroma de piche e especiarias exóticas e mares longínquos que pairava em torno dos grandes navios o intoxicava. O pior de tudo era a atração que sentia por uma garota – Phocea, filha de Alces, um rico mercador – que tinha a sua idade. Muitos garotos tentavam ser notados por ela, que preferia os que se gabavam alto das aventuras que iam buscar e das corajosas façanhas que realizariam; certa vez ela se referira a ele meio desdenhosamente como "apenas um sacerdotezinho".

Quando foi procurá-la, nessa ocasião, encontrou-a como de costume cercada por um círculo de amigos e admiradores perto do porto, ouvindo e aplaudindo as fanfarronadas dos futuros capitães ou reis dos piratas. Um menino, em especial, parecia merecer o favor da inconstante jovem deusa, e ele se dava ares superiores, zombando de Alcyone por sua suposta falta de coragem. Ao final, porém, teve que mudar de tom, porque, quando todas as crianças subiram a bordo de um dos navios desertos ancorados no cais, ele, tentando se mostrar para a garota com uma brincadeira, escorregou de uma prancha e caiu na água lodosa do cais. Gritou e debateu-se, e corria sério risco de afogar-se, pois não sabia nadar. Alcyone, que era um hábil nadador, mergulhou de imediato e o arrastou até uma escadaria, embora com grande dificuldade, pois o outro agarrou-se a seu pescoço e não conseguia soltar-se. Ficaram exaustos, o salvador ainda mais que o que fora salvo, mas alguns homens que tinham acorrido os carregaram escada acima e levaram para uma casa próxima, onde se recuperaram. A menina, que tinha desmaiado, quando voltou a si observou:

– O sacerdotezinho é o melhor de todos, afinal.

Mas Alcyone no íntimo a culpou pelo acidente, e depois disso nunca mais se sentiu atraído por ela.

Voltou de imediato ao bisavô e disse:

– Leve-me ao templo; ajudar os outros aqui mesmo é melhor do que buscar aventuras em outras terras.

Surya o abençoou e disse:

– Escolheste com sabedoria, como eu sabia que farias. Rezei muito por ti, e à noite passada, quando orava, o passado e o futuro se abriram à minha visão, e sei o que foi e o que será. Assim como hoje salvaste uma vida arriscando a tua, muito tempo atrás salvaste minha vida, ao preço da tua, e novamente, no futuro, poderás dar a vida por mim, se quiseres; com esse sacrifício todos os reinos do mundo serão abençoados.

O menino olhou para Surya maravilhado e com admiração, pois a face do ancião se transfigurara enquanto falava, e parecia que enormes chamas dançavam em torno dele; embora Alcyone na ocasião não pudesse compreender totalmente o que ele dizia, nunca esqueceu a impressão que lhe causou.

Foi admitido no templo e viveu muito feliz ali, pois embora os estudos fossem árduos, eram bem planejados, de forma interessante para os neófitos.

Surya, talvez tentando mostrar ao menino que na vida de sacerdote também podia haver viagens e aventuras, ofereceu-lhe a oportunidade de acompanhar seu pai, Mercúrio, e alguns outros sacerdotes em uma missão junto a uma grande biblioteca e universidade no Norte da África. Naturalmente Alcyone aceitou com grande alegria, e a viagem foi um encantamento e deleite sem fim para ele. Foi longa e vagarosa, mas a ele não pareceu longa demais; na verdade, sua animação e interesse ao avistar terra se misturaram à pena de abandonar o navio, onde cada marinheiro se tornara um amigo para ele.

Enquanto navegavam ao longo da costa ele teve a curiosa sensação de que já a conhecia, e essa sensação se tornou tão intensa que ele se divertia dizendo aos marinheiros o que iriam avistar em seguida, depois de cada promontório; o mais notável é que acertava sempre. Descreveu com detalhes a cidade em cujo porto iam desembarcar, muito antes de chegarem ali; os marinheiros que a conheciam disseram que a descrição dos montes e vales e a posição dos edifícios era extraordinariamente correta, mas o que dizia do formato e tamanho das construções e do tamanho da cidade era quase totalmente diverso. Quando por fim avistaram a cidade, suas emoções eram as mais contraditórias; reconheceu instantaneamente todos os aspectos físicos do local, mas a cidade era imensamente maior do que pensava e as construções pareciam muito diferentes. Ficou muito emocionado com esse incrível reconhecimento, e perguntava constantemente a seu pai as razões disso, mas a princípio Mercúrio só pôde dizer que com certeza, em sua ansiedade, ele tinha ido à frente do navio e contemplado tudo como numa visão.

Finalmente, quando ficou claro que a cidade que ele conhecia era muito menor, ocorreu ao pai que poderia se tratar de uma lembrança de encarnação anterior; quando desembarcaram, teve quase total certeza disso, pois quando Alcyone descrevia como, em sua mente, deviam ser as ruas e as construções, muitas vezes as pessoas observavam: – Sim, a tradição diz que era assim antes.

Quando foram levados à universidade num curioso teleférico hidráulico, ele ficou ainda mais excitado, e descreveu exatamente como era antes, e também o formato dos carros antigos, que com o passar dos séculos tinham sido substituídos por outro tipo. Quando chegaram à universidade, ele não pôde se conter e declarou que conhecia cada alameda do jardim, arrastando o pai por ali para mostrar-lhe tudo. Finalmente, a intensidade de suas memórias despertou as de seu pai, e Mercúrio também começou a ver coisas tal como tinham sido outrora e relembrar fatos e cenas de um passado distante. Então pai e filho puderam comparar observações e dar-se conta de que nessa época antiga haviam sido não pai e filho, mas pai e filha, e em posições trocadas. Alcyone disse então ao pai:

– És um alto sacerdote do templo, e eu apenas um iniciante; como pude lembrar de tudo isso antes de ti?

Mercúrio replicou:

– É porque teu corpo é mais jovem que o meu; eu também troquei de sexo, portanto tenho uma visão bem diferente da vida, e tu não. Além disso, esta universidade foi o trabalho de tua vida, e ficou gravada com mais intensidade na tua mente que na minha.

Conversaram sobre aquela vida passada e maravilharam-se ao recordar incidente após incidente dela; foram de um prédio a outro, notando as mudanças ocorridas. Mais que tudo, talvez, estavam interessados na biblioteca, onde encontraram alguns dos livros que costumavam ler – e até mesmo alguns que haviam copiado com suas próprias mãos.

Entre outras lembranças, recuperaram a língua do país, mas naturalmente a que era falada 15 séculos antes, e para os que ouviam ela soava arcaica e quase incompreensível; na verdade, o professor da língua antiga era a única pessoa com quem podiam conversar à vontade.

O pessoal da universidade ficou altamente interessado nesse notável fenômeno, e tiveram uma divertida discussão com um professor de História que insistia em que suas recordações de diversos fatos era incorreta porque não conferia com seus livros.

Alcyone, com grande alegria, encontrou uma estátua dele próprio naquela encarnação, e após longa persuasão convenceu as autoridades a inscrever no pedestal da mesma o seu nome

As Vidas de Alcyone

245

atual e o registro do fato de que ele era a reencarnação do criador da universidade e a data em que a estava visitando.

Com isso se percebe que, após certa pesquisa, as alegações dos dois viajantes tinham sido aceitas, e esse fato inusitado despertou grande interesse, foi muito divulgado e teve grande repercussão.

Quando concluíram sua tarefa relacionada com a biblioteca, prepararam-se para a viagem de retorno. O rei do país mandou chamá-los, e tentou persuadi-los a permanecer em seu reino, mas Mercúrio delicadamente declinou do convite, explicando que havia assumido em Poseidônis deveres para a presente encarnação, e deveria retornar para cumpri-los.

A viagem de volta realizou-se sem maiores incidentes, embora uma forte tempestade os desviasse bastante do rumo e proporcionasse algumas experiências novas. Dessa vez o navio fez escala na grande Cidade das Portas de Ouro, e Alcyone ficou muito impressionado com o esplendor de sua arquitetura, embora Mercúrio achasse sua atmosfera moral impura e degradada. Naturalmente aproveitaram para fazer uma visita a Marte, que os recebeu com grande bondade e os reteve junto dele por dois meses.

Pela força do exemplo e severa repressão das tendências malsãs, Marte havia mantido sua corte decente, pelo menos na aparência, mas ele tinha consciência de que a civilização tolteca já estava em decadência e que grande parte de seus súditos mal escondia a impaciência com as restrições que lhes eram impostas. Sentia que as perspectivas para o império eram sombrias e congratulava seus descendentes por pertencerem a uma parte do continente na qual, embora os habitantes fossem muitas vezes materialistas e avaros, pelo menos estavam muito mais livres da magia negra e do que era chamado de formas "refinadas" de sensualidade. Mesmo Alcyone, jovem como era, sentiu que havia algo de errado ali, apesar da magnificência, e ficou satisfeito quando chegou o momento de prosseguir viagem.

Marte ficou extremamente interessado no relato das extraordinárias recordações do passado de ambos, pai e filho, na universidade do Norte da África. Ele não tinha recordações daquele tipo, mas contou que em sonhos via-se com freqüência comandando vastos exércitos através de imensas cordilheiras, e que se perguntava se não poderiam ser lembranças de fatos reais de alguma vida passada. Enquanto o escutava, Alcyone tinha a impressão de que também podia ver esses majestosos picos e essa multidão andando lentamente, com seu bisavô ca-

246   C. W. Leadbeater

valgando à frente, e essa visão trazia muitos detalhes que Marte com certeza teria reconhecido se Alcyone não fosse tímido demais para se atrever a relatá-los diante do imperador. Descreveu-os mais tarde a seu pai, mas, como sabemos, Mercúrio não participara daquela migração, portanto as lembranças não lhe despertaram nenhuma recordação.

Quando por fim chegaram a sua cidade, o idoso Surya recebeu Alcyone carinhosamente e alegrou-se ao saber de suas visões do passado. A notícia delas fez com que Alcyone fosse considerado no templo como o mais promissor dos neófitos, e todos acharam que ele tinha um grande futuro pela frente.

Pelo menos uma pessoa reconheceu isso, e decidiu, se possível, partilhar esse futuro: era Phocea, a jovem que quase o tinha levado a não entrar para o templo alguns anos antes. Naquela ocasião, tentara atraí-lo, e agora fazia o mesmo, com recursos mais adultos.

Porém a essa altura ele estava triplamente protegido contra sua sedução, pois logo após retornar de viagem havia encontrado sua prima Sirius, e de imediato sentiu-se tão atraído por ela que decidiu desposá-la assim que possível. Ela lhe correspondeu inteiramente, e desejou casar-se de imediato, tanto quanto ele, mas os pais de ambos não entenderam bem esse impetuoso amor à primeira vista, e insistiram, com carinho mas firmemente, em aguardar pelo menos um ano. Os dois jovens, a contragosto, concordaram, porque não tinham alternativa. Mas a espera tornou-se uma agonia para eles, e isso ficou tão evidente ao olhar percuciente de Brihat que ela conseguiu encurtar o prazo quase pela metade, para grande alívio dos dois apaixonados.

Surya em pessoa realizou a cerimônia do casamento, embora raramente participasse agora de rituais do templo, em geral dando apenas sua bênção à multidão de uma janela na fachada do templo, um pouco parecido com o que o papa costuma fazer em Roma. O casamento foi, na verdade, a última vez em que apareceu em público, e alguns meses depois Alcyone e a esposa foram chamados à sua cabeceira para despedir-se dele, que disse a Alcyone:

– Agora que estou no limiar do outro mundo e meus olhos podem atravessar o véu que existe entre este e aquele, quero dizer-te que à tua frente haverá muitos sofrimentos, pois tudo que houve de mau em teu passado tem que ser resgatado, para que possas ser livre. Em tua próxima vida irás pagar um pouco de teus débitos com uma morte violenta, e depois disso voltarás

As Vidas de Alcyone 247

num ambiente de trevas e maldade; mas se, mesmo ali, puderes enxergar a luz e afastar o véu que te reterá, grande será tua recompensa. Seguirás minhas pegadas e chegarás aos pés d'Aquele a quem eu venero. Sim, e ela também (voltou-se para Sirius), ela também me seguirá, e teu pai vai guiar-te, pois todos pertencem a uma grande raça – a daqueles que auxiliam o mundo. E agora vou para o que os homens chamam de morte, mas, embora pareça que os deixei, na verdade isso não acontecerá, pois nem a morte nem o nascimento podem separar os filhos dessa raça – aqueles que tomaram sobre si o voto que nunca pode ser quebrado. Tem coragem para enfrentar a tempestade, porque depois dela brilhará o sol – o sol que nunca se põe.

Poucos dias depois Surya expirou. Alcyone nunca o esqueceu em toda a sua longa vida, e muitas vezes o enxergou em sonho e dele recebeu bênçãos e auxílio. Mercúrio assumiu a direção do templo em lugar dele, e lutou para continuar tudo da forma que a sabedoria de Surya determinara; seu pai, Hércules, colaborava, como líder do poder temporal.

As filhas de Vênus eram de uma família extremamente unida; tinham sentimentos tão iguais que Sirius e Mizar, ambas, amavam Alcyone, da mesma forma que uma à outra. Quando ele desposou Sirius, Mizar, incapaz de sentir ciúme, continuou amando os dois tanto quanto antes, e ambos retribuíram esse afeto tão intensamente que convidaram Mizar para morar com eles. Ela aceitou com alegria, e Sirius não podia ter tido uma auxiliar mais carinhosa e leal nos anos que se seguiram.

Caso mais lamentável foi o de Helios, uma sobrinha de Osíris que ficara órfã em tenra idade e fora adotada por seu tio Vênus. Crescera junto com a família, e era tal a sua afinidade com ela que seguiu o exemplo das duas moças mais velhas e apaixonou-se por Alcyone; ficou de coração partido quando ambas foram morar com ele, já que não podia se oferecer para acompanhá-las. Depois, entretanto, ia fazer longas visitas à família; mais tarde casou-se com o irmão mais moço de Alcyone, Aquiles, e assim permaneceu em estreita relação com aqueles que amava tanto.

Os dirigentes da universidade do Norte da África não haviam esquecido de seu criador reencarnado, o garoto que contara aquela maravilhosa história e demonstrara tanto entusiasmo pela universidade. A história se espalhara na imaginação popular, e fora repetida em toda parte; quando, uns 12 anos após a visita de Alcyone, a direção da universidade ficou vaga sem um sucessor imediato, e alguém levantou a idéia de que o lugar devia ser oferecido ao seu fundador, uma onda de entusiasmo se levantou no país inteiro. O soberano, então, enviou-lhe um convite com uma oferta tão generosa que Alcyone achou que seria grosseiro recusar. Embora já tivesse a essa altura mulher e três filhos, concordou em emigrar e estabelecer-se com eles no estrangeiro.

Ao chegar à África, foi recebido com aclamações. Desceu na capital, por solicitação do soberano, e depois de ser homenageado ali durante algum tempo, fez uma jornada triunfal através do país até seu antigo lar. Conseguiu dar um jeito de morar nos mesmos aposentos que ocupara 1.400 anos atrás, e até fez construir móveis de estilo arcaico, tentando reproduzir o quanto pôde a aparência exata do local naquela vida passada. A recordação de seu antigo trabalho era uma constante alegria para ele; tinha uma oportunidade que é dada a poucos, de apreciar os resultados de sua obra depois de várias gerações. Dedicou-se ao trabalho na universidade com um vigor e entusiasmo que 1.400 anos não tinham alterado, e sua esposa Sirius e a cunhada Mizar (que naturalmente os tinha acompanhado) colaboravam com a mesma dedicação.

Contagiadas por ele, Sirius e Mizar começaram a recordar algumas coisas daquele passado remoto, mas nunca chegaram a adquirir a total familiaridade que ele tinha com esses velhos tempos. Vesta, que era o filho mais moço, parecia recordar-se tão bem quanto o pai, mas Bella, embora tivesse sido estreitamente ligado ao mesmo lugar naquela existência, não tinha a menor lembrança de nada.

Alcyone logo deu-se conta de que criar uma universidade e organizá-la da forma que se deseja é uma coisa, mas administrá-la quando todos os hábitos têm o peso de um milênio de tradição é outra bem diferente. Contudo, sentia-se feliz com sua tarefa, e conduziu as coisas com tanto tato que não houve protestos contra diversas reformas que ele conseguiu implantar gradualmente.

Mantinha uma correspondência constante com seu pai, Mercúrio; isso tinha sido uma das condições estipuladas por este ao dar seu consentimento para que Alcyone aceitasse a direção da universidade. Outra condição foi que o filho retornasse quando ele tivesse necessidade urgente de sua presença ou quando sentisse que começavam a lhe faltar as forças.

Seguiram-se alguns anos relativamente tranqüilos de trabalho intenso, enquanto seus filhos cresciam. Alcyone e a mulher, embora tivessem se casado bem jovens, eram imensamen-

As Vidas de Alcyone   249

te felizes, e tão unidos como quando eram irmãos gêmeos ali, naquela outra existência.

Enquanto Alcyone estava ali, seu bisavô Marte morreu, na Cidade das Portas de Ouro, e seu avô Hércules foi chamado a assumir o império. Vênus então tomou o lugar dele como chefe temporal dos acadianos, já que seu irmão mais velho, Mercúrio, dirigia as atividades do templo.

Hércules descobriu que a posição de imperador estava difícil; tentava quanto possível governar dentro dos princípios de seu pai, mas a oposição dos que desejavam aumentar a licenciosidade crescia, e tornava-se mais indócil. Diversas conspirações foram descobertas e anuladas, mas outras estavam sempre aparecendo, e parecia que a hostilidade entre os poucos que desejavam manter um tipo de vida decente e a maioria que não queria saber disso logo acabaria numa guerra aberta. Nessas condições, Hércules achou o governo do império uma tarefa exaustiva e ingrata, e muitas vezes desejava poder voltar à estável oligarquia mercantil dos acadianos.

Embora a universidade da África fosse àquele época provavelmente a mais famosa do mundo, as classes mais pobres eram inteiramente alijadas do acesso àquele nível de educação. Isso não passava pela mente das classes dominantes, mas foi trazido de forma ostensiva a Alcyone e Sirius pelo fato de que um servidor muito fiel deles, na verdade quase um amigo, tinha um filho extremamente inteligente (Boreas), por quem os filhos de Alcyone tinham grande afeição. Foi ao perguntar-se sobre a educação desse menino (em virtude de comentários feitos por seus filhos) que Alcyone deu-se conta pela primeira de que não havia nenhuma perspectiva disso para as classes mais pobres. Conseguiu facilmente que o menino fosse ensinado por um professor particular, e no devido tempo admitiu-o como aluno bolsista na universidade, mas o incidente sugeriu-lhe que poderia haver muitas outras crianças tão inteligentes quanto ele entre os pobres, a quem não se oferecia tais possibilidades. Discutiu longamente o assunto com Sirius, e por fim criou um projeto experimental, em cuja concretização decidiram empregar parte dos extensos recursos da universidade.

Era uma espécie de combinação de escola e comunidade agrícola; o projeto previa que a universidade adquirisse lotes de terra em locais estratégicos, por todo o país, e ali construísse e fizesse funcionar escolas gratuitas. Cada uma seria dirigida por um professor e um agricultor, e as crianças deveriam morar na escola; durante metade do dia estudariam e na outra metade cultivariam a terra. A universidade manteria as colônias durante o primeiro ano, e depois se esperava que a produção excedente de cada uma fosse suficiente para mantê-las. A alimentação e o vestuário dos alunos seriam o primeiro item do orçamento da escola. Meninas seriam admitidas na medida em que houvesse trabalho adequado para elas.

Se, depois que uma escola estivesse funcionando com êxito por alguns anos, se visse que tinha saldo suficiente, ser-lhe-ia concedida a honra de criar escolas subsidiárias, mas todas sob o controle direto da universidade. Os meninos que demonstrassem um talento especial teriam condições para entrar em escolas de nível mais alto, mais ou menos como no sistema atual de bolsas de estudo, e se pudessem progredir até o nível necessário para a universidade receberiam um determinado subsídio; quando tivessem concluído o curso teriam algum tipo de trabalho remunerado.

Esse projeto foi inicialmente submetido ao rei, que o aprovou com satisfação, e recomendou a seus súditos que tirassem proveito dele. Alcyone pôs-se a trabalhar intensamente, comprou terras em diversos lugares e conseguiu doação de outras, e começou a construir escolas baseadas no projeto básico da universidade – isto é, não um grande edifício, mas uma quantidade de salas distribuídas em meio a um jardim.

A princípio os pobres mostraram-se um pouco reticentes para aproveitar as escolas, basicamente porque os meninos deixariam de ganhar dinheiro para os pais. Mas em seguida os grandes benefícios do sistema começaram a ser compreendidos e difundidos, e as escolas ficaram repletas e superlotadas. O plano de manutenção de Alcyone era econômico, e como ele lhes fornecia sementes e mudas das vastas terras da universidade, em seguida se tornavam financeiramente independentes: estabeleceu-se uma animada competição entre elas pela honra de fundar subsidiárias.

Alcyone acrescentou ao projeto sua velha idéia de treinamento físico, pela qual tinha tanto entusiasmo quanto na existência anterior, e em conseqüência os meninos que se formavam ali eram não só mais instruídos como também muito mais saudáveis que os demais. Resumindo, Alcyone permaneceu ao todo 27 anos ali, e o rei baixou um decreto tornando obrigatória a freqüência às escolas a todos os meninos a partir de certa idade e até atingirem determinado nível; os funcionários tinham permissão de abrir exceções quando houvesse bons motivos.

As Vidas de Alcyone

O projeto como um todo funcionou extraordinariamente bem, mas teve uma conseqüência inesperada. O cuidado que se dava ao treinamento físico e a ligação direta com a universidade davam aos alunos dessas escolas para os pobres uma vantagem considerável sobre os filhos das famílias mais ricas, que freqüentavam escolas particulares. Em razão disso, alguns mercadores começaram a mandar os filhos às escolas-colônias, e por fim alguns deles se uniram, compraram uma terra, construíram uma escola do tipo das de Alcyone exclusivamente para as crianças de sua classe e a ofereceram à universidade. Alcyone aceitou e foi um sucesso; logo surgiram outras iguais. A conseqüência natural foi que uma após outra as antigas escolas particulares fecharam por falta de alunos, em poucos anos toda a educação do país estava inteiramente sob a condução da universidade e Alcyone era praticamente o Ministro da Educação.

Tudo isso o mantinha bastante ocupado, e nessa labuta os anos se escoaram rapidamente. Ele e Sirius tinham combinado que seus filhos não deviam esquecer a terra natal, e tinham mandado cada um deles de visita, uma ou duas vezes, a seu avô Mercúrio. Durante essas visitas, os três rapazes acharam esposas para acompanhá-los a seu país de adoção.

Selene, irmão mais moço de Alcyone, tinha se casado com Urano, mas morreu jovem, deixando um filho – Leo – e uma filha – Mira. Ao visitar Poseidônis, Vesta apaixonou-se por Mira, e se casou com ela. Quando Selene morreu, Leo decidiu ir para a África junto com a irmã e o cunhado. Alcyone conseguiu-lhe trabalho junto à universidade, e em seguida ele se apaixonou por Vega, a filha mais velha de Alcyone, e se casou com ela. Não muito depois ocorreu um triste acidente com ele; caiu do cavalo e sofreu ferimentos fatais. Assim, Vega, com seu bebê Vajra, voltou para a casa do pai. Alguns anos depois ela se casou com Píndaro, um homem bom e competente, e tiveram uma filha, Cygnus, que era uma garotinha encantadora, a predileta do avô Alcyone; também tiveram um filho, Íris.

Alcyone trabalhou dedicadamente por vários anos, e teria ficado até o fim da vida dirigindo a universidade a que era tão ligado, mas seus pais, Mercúrio e Brihat, sentindo-se envelhecer e ficando menos ativos, escreveram-lhe pedindo que retornasse e alegrasse os últimos dias deles com sua presença. Alcyone achou que tinha o dever de atender ao chamado, embora fosse um grande conflito para ele abandonar seu trabalho. Discutiu o assunto com a mulher, que concordou com ele que deveriam sacrificar seus próprios desejos, por maiores que fossem, para atender aos de seus pais, a quem respeitavam tanto. Assim, Alcyone viajou à capital e teve uma audiência com o rei, a quem relatou os fatos e o que achava que devia fazer.

A princípio o rei se recusou decididamente a permitir que deixasse a universidade. Mas, no dia seguinte, mandou chamá-lo e disse que se o seu filho Bella (a quem conhecia e apreciava) ficasse como diretor substituto, Alcyone permaneceria como o titular e todas as questões importantes seriam submetidas à sua decisão. Alcyone aceitou com gratidão a proposta, sujeita naturalmente à concordância de Bella, da qual não tinha quase dúvida.

Ao voltar, Alcyone reuniu os filhos num conselho de família, e contou-lhes da decisão do rei. Bella era muito capaz e possuía tino administrativo, e sua mulher, Ulisses, também tinha muita habilidade para isso, portanto os interesses da universidade ficariam em boas mãos. Além disso, Vesta, que era psíquico e sensível, parecia em todos os sentidos mais adequado para herdar a função sacerdotal em Poseidônis do que seu irmão mais velho. Depois da surpresa inicial, todos concordaram que, naquelas circunstâncias, isso era o melhor a fazer. Bella então foi à capital para apresentar sua aceitação formal do cargo ao rei e dele receber o encargo solene de dirigir a universidade. Ao seu retorno, Alcyone partiu para Poseidônis, no ano de 16823 a.C., levando Mizar, Vesta e Netuno.

Durante a viagem um grande golpe o atingiu: a morte de sua amada Sirius num acidente. Ela estava grávida, e quando fez um tempo muito ruim, foi jogada para fora do leito e ficou fatalmente ferida. Alcyone ficou arrasado de tristeza, dizendo que não poderia viver sem ela e não saberia nem o que fazer. Sirius tentou confortá-lo, e pediu-lhe que prometesse realizar um último desejo seu. Naturalmente ele prometeu, e ela então pediu-lhe que se casasse em seguida com sua irmã Mizar, para que o lar deles continuasse como antes, e ela pudesse ficar tranqüila sabendo que ele estaria bem. Disse que, sabendo disso, ela poderia morrer em paz, e que continuaria perto deles se fosse permitido, e tentaria falar-lhes. Alcyone e Mizar por fim concordaram com seu pedido, e prometeram casar-se assim que chegassem. Depois disso, Sirius partiu serenamente, e suas últimas palavras foram que não chorassem por ela. Foi sepultada no mar, e, fiel à sua promessa, Alcyone casou-se com Mizar assim que possível, ao chegarem a Poseidônis.

Mercúrio, que sentiu muito a morte de Sirius, realizou a cerimônia do casamento, durante a qual eles sentiram a pre-

As Vidas de Alcyone

sença de Sirius. Brihat contou que a viu parada e sorrindo ao lado deles, acompanhando algumas das fórmulas sagradas.

Brihat tinha tido um sonho ou visão da morte de Sirius quando aconteceu, e ela e Mercúrio estavam preparados para receber a notícia quando os viajantes chegaram.

Mizar foi uma verdadeira colaboradora de Alcyone; ela o conhecia tão bem que tudo continuou como se Sirius continuasse no plano físico. Também tinha afinidade com os interesses dele e conhecia todos os assuntos da universidade; assim, embora ele jamais esquecesse Sirius, adaptou-se em seguida à nova situação, e sua vida continuou calmamente em suas rotinas. Seu antigo prazer com a atividade sacerdotal logo retornou, e os múltiplos afazeres do templo não lhe deixavam muito tempo para sofrer a sua perda.

Assim que ele ficou acostumado com a condução dos assuntos do templo, Mercúrio retirou-se totalmente para os bastidores e passou a viver em reclusão, aparecendo somente em raras ocasiões especiais.

Alcyone manteve dentro de tudo isso seu grande interesse por assuntos educacionais, e fez uma tentativa de introduzir em seu país um sistema similar ao que tivera tanto êxito na África. Fundou uma universidade nos moldes da outra, e criou duas colônias-escolas para os pobres. Pode-se dizer que ambas as iniciativas tiveram êxito, mas nunca foram vistas pela oligarquia com o mesmo entusiasmo que na África do Norte. Contudo, ele trabalhou com afinco na organização de tudo, e seu projeto cresceu aos poucos, e o conselho lhe agradeceu pela iniciativa. Porém, à medida que passava o tempo, ele foi obrigado cada vez mais a delegar a outros essas atividades, porque as tarefas sacerdotais se tornavam cada vez mais absorventes.

Continuava sempre em contato por correspondência com Bella e o trabalho da universidade na África; seguidamente chegavam insistentes convites para que fosse visitar a cena de seu antigo trabalho. Ele sempre prometia fazê-lo, mas durante anos não se apresentou oportunidade. Estava instruindo o filho, Vesta, para sucedê-lo nas funções do templo, mas esse, embora interessado, dedicado e com sensibilidade psíquica, ainda era algo impulsivo e às vezes não distinguia impulsos de intuições, jogando-se em ações imprudentes. Seu primo e cunhado, Auriga, foi um ótimo assistente dele, e assumiu a tarefa educacional com tanto entusiasmo que logo Alcyone entregou-lhe totalmente esse departamento. Auriga possuía um sólido bomsenso, e era um bom organizador; sob sua direção, as escolas começaram a progredir notavelmente.

Vênus, o pai de Auriga, havia muito tinha sido chamado à Cidade das Portas de Ouro para suceder a Hércules, e por sua vez tinha convocado o filho Crux para apoiá-lo na velhice e aprender como dirigir um império tão complicado quando ele próprio fosse chamado a tomar as rédeas do governo. Em 16811 a.C., Vênus morreu e Crux subiu ao trono; logo depois, Mercúrio e Brihat partiram, com uma diferença de poucos meses. Embora isso fosse de se esperar naquela idade avançada, foi um choque para Alcyone, sobretudo porque ele estava trabalhando demais havia longo tempo e não estava no melhor de suas forças. Sentia necessidade de repouso e mudança, e com muita dificuldade se convenceu a cumprir a antiga promessa de visitar a África, esperando que a viagem marítima e a distância das responsabilidades lhe restaurassem a saúde.

Isso se confirmou; foi recebido com entusiasmo na universidade e sua estadia foi muito agradável. Ficou feliz ao ver que Bella conduzia tudo com firmeza e tato, e tanto a universidade como as escolas encontravam-se em ótimas condições. Não quis interferir em nada, nem participar das decisões, embora naturalmente fosse homenageado em toda parte, recebido como uma personalidade importante, e tivesse que fazer discursos em várias ocasiões. Passou 12 meses na África, e só voltou por causa de um pedido urgente de Vesta.

Ao voltar a seu país já tinha 67 anos e ansiava por uma vida de meditação e repouso; assim, estimulou Vesta a continuar com as tarefas a que se acostumara durante sua ausência, e permaneceu nos bastidores, aparecendo somente por ocasião de grandes festas ou quando era necessário um parecer especial. Era considerado por todo o povo um santo, uma pessoa de extraordinária sabedoria, e os que conseguiam aconselhar-se com ele em seus problemas consideravam-se altamente privilegiados. Em várias oportunidades ele curou magneticamente pessoas que sofriam de diversas enfermidades, mas recusava-se a fazer disso um hábito, dizendo que só podia auxiliar naqueles casos em que fosse inspirado a fazê-lo.

Viveu até os 70 anos, passando o crepúsculo de sua vida em paz e satisfeito, com saúde e energia, conservando suas faculdades até o fim. Mizar continuava inseparável dele (naturalmente o tinha acompanhado à África) e sua dedicação mútua era tocante. Quanto Mizar morreu, em 16793 a.C., ele quase não chorou por ela, dizendo que não valia a pena sofrer por uma separação tão curta, pois sabia que a seguiria sem de-

As Vidas de Alcyone

mora. Isso se confirmou, pois ele partiu serenamente no ano seguinte, deixando uma memória notável em dois continentes.

Foram feitas duas estátuas iguais dele, e colocadas na entrada das duas universidades – a da África, ao lado daquela outra estátua de sua encarnação anterior, em cujo pedestal ele, quando menino, fizera gravar seu nome dessa vida. O mesmo escultor fez as duas, e as universidades as doaram uma à outra com uma inscrição.

A história do fundador da universidade que tinha voltado de forma tão incrível foi repassada na África durante séculos, embora mais tarde, quando as estátuas desapareceram, tenha se tornado confusa: dizia-se que ele era um grande mago que havia conservado seu corpo durante 1.400 anos e assim pôde voltar ao local onde trabalhara.

Vida XXVIII
(15995 a.C. – Manoa)

Havia bastante movimento e agitação na cidade central da colônia da quinta raça, na Ásia Central. Swetdwipa, a Ilha Branca do mar interior, onde existia e existe Shamballa, a Cidade Sagrada, continuava permeada como sempre pela augusta paz com que a abençoavam as elevadas Presenças que ali habitavam. Mas a cidade próxima, às margens do mar, cujo nome provinha do Manu – Manoa, a cidade do Manu –, estava repleta de ansiosa movimentação: preparava-se uma grande migração, a maior que já observamos.

O Manu tinha falado novamente e pedira a Surya, o representante do Mahaguru, que oferecesse seus dois filhos, Marte e Mercúrio, para conduzir o vasto contingente de emigrantes. Determinara que eles fossem divididos em três grupos. Um, que seria a ala direita, liderado por Corona – um guerreiro de vontade inquebrantável e extraordinária habilidade, mas também indomável orgulho –, iria atravessar os Himalaias através da atual Caxemira, e prosseguir pelo Punjab até Bengala. O grupo central e principal, comandando por Marte – o líder dos três exércitos –, devia penetrar no Nepal através do Tibete, daí rumando para Bengala. O terceiro grupo, a ala esquerda, liderado por Vulcano, cruzaria o Tibete até Buran, seguindo daí para Bengala. Tomariam posse daquela região, que seria o seu lar.

Essa migração parece ter sido muito importante, e grande

número de personagens familiares estavam participando dela. Dez dos que hoje são Mestres de Sabedoria desempenharam ali importante papel, para não falar dos inúmeros discípulos que os seguiam através das idades.

Antes da partida dos exércitos, houve uma grande cerimônia. No templo da Cidade Sagrada, na Ilha Branca, no grande salão de audiências – com uma cadeira maciça talhada na rocha viva, coberta por incrustrações de ouro que mal deixavam aparecer a rocha – estavam reunidas as mais augustas Presenças.

No centro, defronte da cadeira, ao pé de seus sete degraus, erguia-se a majestosa figura de Vaivasvata, o Manu, típica figura da quinta raça-raiz. Uma cabeleira cacheada castanho-escura lhe caía nos ombros, e a barba cerrada, da mesma cor, encaracolada, descia-lhe sobre o peito; o olhar de águia, sobrancelhas levemente arqueadas sombreando-lhe os olhos; quando as pálpebras, geralmente um pouco abaixadas, se erguiam de repente, e os olhos cintilavam de modo deslumbrante, forçavam a todos que o contemplassem a baixar o olhar; o nariz alto e arqueado, os lábios curvos e firmes. Um rei dos homens, em verdade; alguém cuja palavra era a Lei, cuja mão erguida comandava.

A seu lado, à direita, estava o Mahaguru, Seu irmão sacerdote, o líder religioso da comunidade. Nobre e poderoso era ele também, mas enquanto o Manu emanava a vontade poderosa e cada gesto seu falava da Lei, este Abençoado Ser irradiava o mais compassivo amor e uma sabedoria tão pura e profunda quanto era poderosa a vontade do Manu. Sua cabeleira era negra como ébano, Seus olhos, violeta profundo, quase negros, Seus lábios ternos curvavam-se facilmente num sorriso doce. Procurando saber seu nome, encontramos muitos na mente das pessoas – como se o amor e reverência suscitassem variadas expressões: Pita, Deospita, Vyas, Sarvajnarshi, Sugata, Kavidas, Ushadas, Mahamuni, Jnanraja – são alguns dos nomes com os quais o povo o amava.

Ao lado esquerdo do Manu estava Surya, com sua cabeleira radiante e olhos luminosos – olhos que pousavam com profundo afeto em Seus nobres filhos, as figuras principais da multidão diante do altar, intermediários entre os Chefes da comunidade e seu povo.

Estavam magnificamente trajados; um longo manto de tecido dourado com fechos de pedrarias lhes caía até os pés; o Mahaguru e Surya traziam, além disso, longas vestes brancas do mais fino tecido; o Manu usava um traje pregueado de rico

As Vidas de Alcyone

257

tom carmezim, que lhe chegava abaixo dos joelhos, com as pernas e pés nus.

Aguardavam, expectantes, a resplandecente presença dos divinos Senhores da Chama, que viriam abençoar os grupos que partiam.

Os líderes do exército estavam próximos do antigo altar, onde cada um tinha colocado suas armas prediletas, defronte de seus Chefes. Marte estava no meio, com sua mulher Brihat à esquerda e Mercúrio à sua direita. A esposa de Mercúrio, Saturno, estava a seu lado, e junto dela, Vulcano. À esquerda de Brihat estava Corona, que numa vida anterior reinara como imperador na Cidade das Portas de Ouro, na Atlântida. Era um nobre quarteto de guerreiros, com esposas dignas deles.

Um grupo de crianças estava sentado do outro lado do altar, um pouco assustadas com os grandes Seres em quem fixavam os olhos; eram os filhos de Marte e Mercúrio: Júpiter, um menino de 10 anos, o filho mais velho de Marte, com suas irmãs Osíris, Urano e Ulisses, seu irmão Siwa, um garoto rechonchudo de dois anos, e nos braços de Osíris, uma garota de oito anos, estava um bebê, Viraj, que fitava com olhar solene os Três Seres. O filho mais velho de Mercúrio era Selene, um menino de ar pensativo, com aproximadamente a mesma idade de Júpiter, trazendo nos braços a irmã menor, Mizar, um inquieto bebê de uns oito meses; seus irmãos Leo e Vajra tinham os braços sobre os ombros um do outro; as irmãs Hércules e Alcyone, sentadas muito juntas, eram menininhas de cinco e três anos. Alcyone nascera em 15995 a.C, e Hércules tinha dois anos mais que ela e instintos protetores para com a mais moça.

Fez-se um grande silêncio, pois uma nota solitária se ouviu no grande salão, clara como um clarim de prata; uma luz brilhante fulgurou sobre a cadeira de rocha. Os assistentes curvaram-se, pois na cadeira estava sentado um maravilhoso Ser, deslumbrante, de grande poder, e atrás dele três outros Seres, quase tão majestosos quanto ele. Eram os três Kumaras das escrituras hindus, os Senhores da Chama.

– Ide, meus filhos, e fazei meu trabalho; meu poder está convosco. Ao terminar, retornai.

As palavras caíram no silêncio total; uma mão se ergueu, abençoando, e quando as cabeças reverentemente abaixadas se ergueram, a cadeira estava vazia e a luz se fora.

Surya se adiantou e abençoou seus filhos, que se ajoelharam diante dele; então, inclinando-se, ergueu a pequena Alcyone, sua neta preferida, e trouxe Hércules para junto de si.

– Minhas pequeninas – disse, e sua face suave ficou docemente solene –, vai ser um caminho longo e áspero. Vocês serão mães de bravos, e belas moças as chamarão de mãe também. Sua raça habitará por muito tempo esta terra, e para cá também voltarão ainda muitas vezes, para aprender e ensinar. Mas esta será a primeira das vidas de expiação – o antigo carma deve ser queimado, velhos erros corrigidos. A morte chegará para as duas juntas, de forma estranha e violenta. Nesse momento, chamem por mim e eu irei até vocês, e a luz que acabaram de ver há de brilhar na escuridão.

A pequena Alcyone escondeu o rosto no pescoço dele e riu suavemente; não tinha entendido, mas amava o avô; e Hércules olhou corajosamente para cima, sem avaliar a gravidade da profecia: "Eu vou chamar alto, para que ouças", disse. E Júpiter, que sempre a chamava de sua "pequena esposa", disse. com orgulho: "Eu vou cuidar de ti".

A jornada foi longa e árdua, e muitos anos se passaram até que os três comandantes se reencontrassem.

Corona prosseguiu para o Sul com facilidade, pois a estrada de Caxemira era conhecida, e os moradores das regiões habitadas não eram hostis. Mas ao chegar ao Punjab, entrou em conflito com os habitantes desde o início, e finalmente teve que lutar para prosseguir através de uma região hostil. Sitiou a grande cidade tolteca, agora comandada por arianos, onde Marte tinha sido atraiçoado 1.500 anos atrás; venceu-a pela fome, fazendo o soberano dali jurar fidelidade a ele. A seguir conquistou Ravipur – próximo da moderna Delhi – e colocou ali um de seus oficiais como rei tributário. Continuou para o Sul, sempre lutando e levando os inimigos à submissão, até construir todo um império para si, com meia centena de chefes tributários. Quarenta anos se passaram até que atingisse Bengala – já era um guerreiro idoso, de mais de 70 anos – e encontrasse Marte, estabelecido no centro de Bengala, já tendo fundado e organizado seu reino.

Vulcano atravessara o Tibete e o Butão, uns 16 anos antes, juntara suas forças às de Marte, em 15953 a.C. invadira Assam e já tinha se estabelecido ali pacificamente quando Corona chegou, em 15952 a.C. Muita coisa sucedera até então, e nosso herói, ou antes heroína, estava junto com Marte, e devemos voltar a suas aventuras.

A rota de Marte ao sair da Ásia Central levou-o, em quatro anos, através da grande cordilheira até o Tibete, e lá permaneceu durante um ano para dar descanso aos mais fracos; de-

As Vidas de Alcyone

pois iniciaram a penosa jornada através das montanhas para o Nepal. Castor nasceu nessa época. Diariamente empregava-se bastante tempo treinando os meninos com exercícios de todo tipo. Júpiter era o primeiro em todos, e entre os meninos que ele juntou em uma tropa e treinou como um exército de brincadeira encontramos seus primos Leo, Vajra e Selene e os amigos Albireo e Arcor. Alcyone, que tinha entre sete e oito anos, era uma menina sonhadora, quieta e pensativa, mais apta a ficar em casa do que para longas jornadas. Cantava baixinho para si própria os cânticos dos anjos de seu povo, e ao fazê-lo se perdia em visões.

Ao final do quinto ano, após saírem de Manoa, o exército recomeçou a caminhada, escalando devagar as montanhas entre o Tibete e o Nepal. Tentava seguir o curso de um rio, mas era forçado a desviar-se quando ele mergulhava em gargantas intransponíveis e espumava por entre ravinas cujos penhascos quase se fechavam lá em cima. Houve muitas escaramuças com tribos das montanhas, mas nenhum combate sério, até que dois anos depois aproximaram-se do Nepal. Marte foi obrigado a dividir o exército em dois, deixando metade sob o comando de Mercúrio para guardar o imenso acampamento, e prosseguindo com o restante das tropas para submeter a região o suficiente para abrir um caminho seguro para sua gente. Levou consigo o filho mais velho, Júpiter, e seu jovem grupo. Mercúrio pediu em especial a seu filho Vajra que cultivasse o dever militar de obediência.

Na ausência de Marte, houve uma tentativa de ataque ao acampamento, mas Mercúrio a enfrentou sem grande dificuldade e com poucas perdas humanas.

Era uma cena bela de se ver, Mercúrio sentado junto da mulher e da cunhada, com Alcyone aninhada em seu colo, e uma amiguinha, Capri, íntima de Hércules, encostada em seu joelho, enquanto ele lhes contava histórias de Surya e do Mahaguru, e às vezes, em voz baixa e suave, dos grandes Kumaras que tinham visto antes de deixar Manoa. Hércules era mais inquieta, e seus olhos passeavam pelo campo lá fora enquanto o pai falava, merecendo às vezes uma solene reprovação de Capri, que era mais séria. Osíris e Urano, com o pequeno Viraj, eram ouvintes atentos, enquanto Ulisses imitava o olhar distraído de Hércules.

Dois anos transcorreram antes que o acampamento visse Marte de volta; alegre foi a recepção aos que regressavam. Ele tinha garantido uma passagem através do Nepal, em parte lutando, em parte com diplomacia, e a caravana inteira se pôs a caminho dois meses depois, em pleno verão. Naquele inverno acamparam próximo da fronteira do Nepal, continuando a jornada no verão seguinte, e assim prosseguiam lentamente, andando durante o verão, acampando no inverno e levando anos cansativos na jornada, até que alcançaram a Índia.

Nesse ínterim, as duas irmãs tinham se transformado em belas jovens, que haviam herdado a beleza e graça dos pais. Hércules tinha 18 anos, e Alcyone, 16. Marte escolheu sua sobrinha predileta, Hércules, para esposa de seu filho mais velho, enquanto as maneiras doces e os olhos gentis de Alcyone ganharam o coração de Albireo, o irmão de armas de Júpiter. A séria Capri foi a escolhida de Arcor, cujo temperamento tempestuoso encontrava serenidade em seus modos gentis. Os três pares se casaram antes que o exército deixasse o acampamento de inverno em 15974 a.C.

Marte conduziu seu grande exército pacificamente através do extremo Norte de Bengala, naquele verão, e acampou à margem de um grande rio, ao decidir fazer alto. Ia esperar a chegada de Vulcano e Corona, para que juntos pudessem tomar posse da terra e ali construir o seu reino. Mas passaram-se dois anos até saber da aproximação de Vulcano. De Corona, entretanto, não havia notícias, e após esperarem mais um ano, Marte, Mercúrio e Vulcano decidiram ir avante sem ele. Deixaram as mulheres e crianças num acampamento ali ao Norte de Bengala (era 15975 a.C.) e marcharam para o Sul, levando Júpiter, Albireo, Selene e Leo, cruzando uma região fértil mas escassamente povoada, e a intervalos se detinham e erguiam sólidos diques, protegidos por valas fundas que se enchiam facilmente de água, a qual dessa forma era drenada de uma vasta extensão em torno, que ficava apta para o cultivo, oferecendo excelentes pastagens para o gado. Em cada um desses pontos Marte deixava uma boa quantidade de soldados, com ordens de construir largas e sólidas estradas entre um acampamento e outro.

Após cinco anos de marcha e construções, colocou Vulcano no comando de toda a região conquistada, ordenando-lhe que voltasse ao acampamento do Norte, levando todos aqueles que quisessem estabelecer-se ali com suas mulheres e filhos, e um extenso contingente que pudesse tomar conta dos diversos acampamentos estabelecidos no território. Ele, Marte, continuaria marchando para o Sul, e retornaria ao local onde se separaram dentro de cinco anos.

As Vidas de Alcyone

Vulcano então seguiu para o Norte, passando por todos os acampamentos; encontrou-os operosos e progredindo. Os habitantes anteriores da terra haviam estabelecido relações amistosas com eles, muitas vezes trabalhando para os arianos como tratadores de gado, plantadores etc. Continuou para o Norte até alcançar o acampamento inicial (em 15967 a. C.), onde foi recebido com alegria.

Encontrou novos moradores por lá. Antes de partirem Hércules tinha ganhado um menino, Bee, e uma menina, Canopus; Alcyone, dois filhos, Netuno e Psyche; e Capri dera a Arcor uma filha, uma linda meninazinha, Píndaro, e um filho, Altair. A esses tinham vindo somar-se Aletheia, filho de Hércules, Rigel, filha de Alcyone, e Adrona, filho de Arcor.

Os três mais velhos, Bee, Netuno e Píndaro, tinham a mesma idade, 11 anos, tendo nascido no inverno de 15978 a.C., e eram tão inseparáveis quanto suas mães; o outro trio, Canopus, Psyche e Altair, também era muito unido. Era uma infância feliz, brincando juntos a pé ou a cavalo; à noite, junto das mães, contavam as proezas do dia e ouviam histórias da terra que elas tinham deixado na infância, sobretudo a história do grande templo, que Alcyone contava, e dos augustos Seres que seus olhos infantis haviam contemplado. Aletheia, Rigel e Adrona tinham só sete anos, e eram belas crianças, saudáveis, bastante mimadas pelos tios Vajra e Castor, os filhos mais moços de Mercúrio.

Vulcano juntou todas as famílias cujos chefes ou membros mais velhos tinham seguido com Marte e levou-as para o Sul, deixando cada uma delas com os respectivos parentes. Foram reencontros felizes; aqui e ali a tristeza de uma ausência, quando a morte levara, por doença ou lutas, aqueles que não voltariam a encontrar seus entes queridos naquela vida.

Enquanto isso, Marte tinham prosseguido para o Sul, e em seguida viu-se envolvido numa longa série de escaramuças e batalhas, pois a região que invadira era densamente povoada por gente de sangue atlante; à medida que se aproximava do litoral, tornavam-se mais aguerridos e ofereciam mais resistência a seu avanço.

Finalmente teve que enfrentar uma batalha decisiva, para a qual o rei do país de Orissa convocara todos os seus exércitos. Os sacerdotes dali, adeptos da magia negra atlante, incitaram furiosamente as tropas com discursos inflamados, tornando-as, ao que diziam, invencíveis, pelos sacrifícios humanos oferecidos a suas divindades sombrias, no imenso templo junto ao mar que era o maior santuário de seu culto – um templo anti-quíssimo, de arquitetura ciclópica, ao estilo lemuriano, situa-do onde é hoje a cidade de Puri. Nos recessos sombrios desse templo, na noite anterior à batalha, os sacerdotes se reuniram e com terríveis rituais e furiosas invocações convocaram suas divindades trevosas a lutar contra os anjos de luz dos invasores arianos.

Ao amanhecer iniciou-se a batalha, que prosseguiu duran-te cinco dias. Marte e Mercúrio comandavam com intrepidez o exército, auxiliados pelos filhos e amigos fiéis, entre os quais Arcor se destacava pela incansável coragem. Foi grande o mor-ticínio, mas ao anoitecer do quinto dia as hostes de Orissa es-tavam vencidas e os arianos vitoriosos os afugentaram para o Sul, e acamparam para passar a noite no local abandonado pelos inimigos. Marte parecia ter uma proteção sobrenatural, mas todos os outros comandantes estavam feridos com maior ou menor gravidade – e as tropas, exaustas, quando se acomo-daram para dormir.

Ao se erguerem ao amanhecer, como era costume, a vi-são com que seus olhos depararam foi estranha e inédita: não sabiam que tinham acampado perto da praia. Nunca haviam contemplado a imensa extensão do oceano, e gritos de surpresa e receio se ergueram entre aqueles filhos do deserto e das mon-tanhas quando a imensa superfície de água ondulante se que-brava diante de seus olhos na claridade vaga do amanhecer, e as ondas agitavam-se a seus pés, fazendo-os recuar atemorizados. Os comandantes acorreram aos gritos dos soldados, receando que o inimigo houvesse retornado. Ficaram estáticos também, e, enquanto olhavam, o céu começou a ficar avermelhado na direção do nascente; eles olhavam, com a respiração suspensa, e de súbito o disco vermelho do sol ergueu-se das águas, como se surgisse das profundezas. Marte e Mercúrio jogaram-se com a face no solo; os raios rubros fulguravam sobre o mar, e um grito se ergueu de milhares de peitos, "Samudra! Samudra!". Enquanto os guiava pelos desertos, o sol tinha sido Pusha, o que alimenta, e Pantha, o caminho; agora era o que nascia do mar, no mágico espetáculo do alvorecer.

A resistência do inimigo fora quebrada, e Marte estabe-leceu a capital de seu reino ao Norte de Orissa, no centro de Bengala, deixando Júpiter, seu filho mais velho, no comando em Orissa, com Albireo, Leo e Arcor como seus auxiliares. E partiu para cumprir o combinado com Vulcano, prometendo que Mercúrio voltaria trazendo as famílias de todos que iram

As Vidas de Alcyone

263

se estabelecer ali. Logo depois, Vulcano separou-se de Marte e invadiu e conquistou Assam, estabelecendo ali seu próprio reino, sem grande dificuldade.

Um tempo depois Marte retornou, trazendo sua esposa, Saturno, e os filhos, Viraj e Castor, mais as três filhas, Hércules, Alcyone e Mizar. Trouxe também Urano para casar-se com Leo, e Aurora para desposar Selene. Arcor recebeu com alegria sua amada Capri e os filhos Altair e Adrona.

Seguiram-se muitos anos de trabalho árduo, construindo o reino, entremeados com ocasionais lutas para defender-se – escaramuças com grupos predatórios, tentativas de conciliação com os antigos donos da terra e esforços para terminar com os sacrifícios humanos.

Certa vez, Marte veio fazer uma visita aos filhos, trazendo consigo Siwa e Viraj e a filha Ulisses. Osíris tinha se casado e não podia deixar a casa. Nessa ocasião Vajra, filho de Mercúrio, casou-se com Ulisses; depois de muitas discussões, os pais decidiram deixar a ambos como reis de Orissa, e voltar para a capital ao Norte, levando Júpiter e sua família, pois Marte estava bastante idoso e desejava deixar o filho mais velho no trono e retirar-se do mundo, junto com Mercúrio e as respectivas esposas. Assim foi feito, e Vajra e Ulisses ficaram reinando.

Durante algum tempo, tudo pareceu continuar muito bem, mas abaixo da superfície se armava uma tempestade. Vajra não tinha a habilidade de conciliação característica de Júpiter, e seus atos, que visavam a resultados positivos, às vezes eram severos.

Em 15937 a.C., deveria acontecer uma grande celebração da antiga religião, e Vajra, no ano anterior, tinha proibido sua realização, sabendo do risco que implicaria, com a excitação dos sacrifícios e evocações.

Hércules tinha vindo passar alguns meses com Alcyone, pois as duas não se sentiam felizes separadas, e ela – tendo se aprofundado no conhecimento da Magia Branca atlante, e unindo-a ao culto dos deuses da Luz adorados na antiga pátria – começou a ensinar esse conjunto de filosofia e religião aos moços e moças do reino, e tinha em suas aulas alguns jovens sacerdotes do culto negro. Isso significou um golpe mortal para o ainda poderoso sacerdócio negro, e desde então os rumores raivosos tornaram-se mais intensos e odientos.

Com o passar dos meses, os rumores aumentaram e formou-se uma conspiração para atacar a casa de Albireo, onde moravam Hércules e Alcyone, enquanto ele estivesse ausente numa viagem combinada com Vajra a uma região distante do país. Os sacerdotes decidiram que a celebração proibida iria se realizar, e com vítimas mais nobres que o usual. Então fizeram circular intensos rumores de que ia acontecer um levante no distrito que Vajra e Albireo iam visitar. A conseqüência dessa manobra habilmente projetada foi que Vajra levou junto a maior parte de suas tropas, deixando um contingente menor, comandado por Arcor, para manter a ordem e defender sua moradia.

Era o ano de 15937 a.C., e o grande dia, ou antes, noite do festival proibido estava chegando. O dia amanheceu claro e quente, e grupos diversos podiam ser vistos convergindo devagar para um ponto, que era a casa de Albireo. Os grupos se tornaram uma horda, que aumentou. Finalmente um som profundo se ouviu em meio ao silêncio: o badalar do grande sino do templo, que há muito não se ouvia, o sino que não deveria nunca mais ser tocado. O rugido da turba respondeu à sua voz de bronze, e num instante irrompeu um tumulto. A casa de Albireo foi invadida, os guardas, mortos, e quando a turba entrou, destacava-se à frente a figura descarnada do sumo sacerdote atlante, Scorpio, cuja cabeça estava a prêmio havia tempo, e que permanecera escondido nos subterrâneos do templo, conhecidos apenas dos sacerdotes iniciados.

"Ya-uli! Ya-uli!", ululava o populacho, supondo que ele tinha voltado de entre os mortos, e delirando de fanatismo. Um sorriso horrendo curvou-lhe os lábios duros ao ouvir seu nome repetido, e, voltando-se, acenou para a turba ululante, que silenciou.

– Aguardem, filhos do Senhor da Face Tenebrosa; o seu dia chegou. Vou buscar as malditas, as mulheres dos bárbaros do Norte, que suprimiram nosso culto e fecharam os templos de nossos deuses. Aiyo! Aiyo! Os deuses se ergueram; eles pedem sangue, e vão tê-lo. Matem! Matem todos, menos as duas mulheres que são deles. Elas me pertencem, como sacerdote dos deuses que bebem o sangue e devoram a carne humana. Esta noite sua sede e fome serão aplacadas. Aiyo! Aiyo! É a minha palavra.

Entrou com arrogância na casa, inflexível como a morte e duro como uma Fúria encarnada. Ao ser dado o primeiro alarme, Arcor tocara sua trompa para reunir os guardas, que se precipitaram para as entradas e tomaram as escadarias, e um combate feroz mas inútil acabou por exterminá-los. O próprio Arcor correra para a entrada dos aposentos das senhoras, e abateu os sacerdotes que iam à frente da turba – enquanto

As Vidas de Alcyone   265

Ya-uli esperava cautelosamente que o caminho estivesse livre –, e lutara desesperadamente, sozinho, para impedir a entrada. Finalmente caiu, abaixo de golpes, e o sumo sacerdote passou por cima de seu corpo e foi em direção à presa.

Alcyone e Hércules estavam fazendo as preces matinais quando o ruído de portas se quebrando as fez darem-se conta do perigo, e quando se ergueram – ambas altas e dignas, Hércules já com 60 anos, coroada de cabelos prateados, e Alcyone com tranças negras raiadas de prata, que lhe desciam abaixo da cintura – a porta de sua sala de orações abriu-se de súbito, e o sacerdote desenhou sua alta figura na soleira. As duas o encararam, e as cabeças erguidas e o olhar firme eram uma altiva interrogação sobre tal invasão.

– Venham, malditas! Os dias de sua opressão terminaram; a noite de sua morte chegou. Venham, os Senhores das Trevas ordenaram, e eu sou o mensageiro de sua vingança.

Hércules passou o braço em torno da esbelta figura da irmã:

– Sacerdote! Está ameaçando quem não tem medo. Vá! Não queira a morte!

– A morte, mulher? Eu a dou, não a aceito. Venham: vocês me pertencem.

Fez um gesto para outros sacerdotes atrás dele, que entraram e tomaram os braços das mulheres, com cordas para amarrá-las.

– Não é preciso! – disse Hércules – Não vamos fugir. Vem, minha querida. As filhas de nosso pai saberão enfrentar a morte.

Alcyone ergueu os olhos para a irmã, com um sorriso angelical.

– Estou pronta, querida irmã.

E ambas caminharam devagar, seguidas pelos sacerdotes, pelos corredores cobertos de corpos. Sem tremer, atravessaram a turba agitada, que gritava para elas, erguendo punhos cerrados à sua passagem, e as teria despedaçado se não fosse pelos sacerdotes, a quem temiam. Devagar, atravessaram a cidade até o lugar onde as imensas portas do templo estavam inteiramente abertas, com um longo corredor de colunas negras que penetravam, sinistras, a escuridão interna. As duas irmãs, vestidas de branco e com suas lindas faces, pareciam anjos de luz entre a turba agitada de faces e braços escuros erguidos.

À entrada, os sacerdotes se voltaram e Ya-uli falou:

– Esta noite, quatro horas depois do pôr-do-sol, os portões serão abertos; que todos os filhos dos Senhores da Face Tenebrosa venham para a festa.

Os portões se fecharam; Hércules e Alcyone se encontravam agora além de todo auxílio humano.

De início não lhes fizeram nenhum mal: ofereceram-lhes saborosos alimentos e vinho, que não aceitaram. Só comeram frutas e beberam um pouco de leite. Então começou uma longa e persuasiva conversa: Ya-uli insistia que prometessem participar do culto aos Deuses das Trevas naquela noite, garantindo que voltariam sãs e salvas para casa se comprassem sua vida com aquela desonra. Em seu coração hipócrita, pretendia matá-las depois que fizessem isso; queria mostrar que renegavam sua fé, e ganhar prestígio com isso. Insistiu inutilmente contra a vontade firme delas, e por fim, irado, ordenou aos sacerdotes que as conduzissem às entranhas sombrias do templo e as mantivessem ali por enquanto.

Era um lugar medonho, assustador. Formas escuras, umas vermelhas, outras negras, algumas de um cinza repugnante, eram semivisíveis na penumbra. Gemidos baixos, como de dor, chegavam-lhes aos ouvidos, amortecidos.

– Hércules – sussurrou Alcyone –, essas criaturas são vivas ou mortas? Isso me dá arrepios.

– Querida, não sei, mas vivas ou mortas, elas não podem nos atingir a alma.

Conversaram em murmúrios dentro da caverna escura; falaram de seu lar, dos maridos, dos filhos, dos dias felizes da infância e daquela maravilhosa cena do passado.

– Acho que chegou a hora – disse Alcyone – em que veremos nosso avô outra vez.

– E a Luz! – suspirou Hércules.

Eram dez horas da noite, e uma multidão compacta enchia o imenso e escuro templo, expectante e amedrontada. A um sinal, as duas mulheres foram trazidas e erguidas até um altar elevado, à vista de todos; uma claridade lúgubre, vermelho-sangue, surgiu sem ninguém saber de onde, e as hórridas imagens ao redor pareceram adquirir vida. Ouviu-se um som de tecido se rasgando: os vestidos das duas foram arrancados, e os belos corpos ficaram desnudos e trêmulos. Soltaram uma exclamação abafada de horror, e então Hércules ergueu altaneira a cabeça e abraçou a irmã, tentando protegê-la dos olhares da turba grosseira.

– Vocês desonram suas mães ao nos desonrarem – exclamou ela, e depois silenciou.

– Olhem para elas – disse o sacerdote – antes que o Senhor

As Vidas de Alcyone

das Trevas se banqueteie com elas. Quando as virem novamente, ele já terá se saciado.

Então a claridade desvaneceu-se, e a multidão se retirou para esperar os rituais que ninguém, salvo os sacerdotes, podia presenciar e continuar vivo.

Como relatar os horrores que se seguiram? Chamas se ergueram dos altares ao redor; trêmulos prisioneiros foram trazidos e o fogo foi alimentado com gordura retirada de seus corpo vivos, até que as chamas crepitaram alto; então fizeram correr o sangue deles, que foi recolhido em vasos, colocado a ferver em enormes potes de ferro e derramado sobre as imagens colocadas em círculo ao redor. Sórdidas criaturas do lodo, enormes aranhas, monstruosos escorpiões, vieram alimentar-se dos despojos dos corpos mutilados;[30] e por fim, uma por uma as imagens despertaram, começaram a mover-se e deslizaram do pedestal, formas obscenas de inimaginável horror, e rastejaram, contorcendo-se, na direção do centro, onde Alcyone e Hércules ainda se encontravam abraçadas.

– Fujam, fujam – gritaram os sacerdotes –, o Senhor das Trevas está chegando, suas hostes estão aqui! – e tropeçavam uns nos outros, numa corrida alucinada para fugir do terror que haviam invocado.

No meio da escuridão assomou um rosto gigantesco, de tremenda força, atormentado e furioso como não se pode descrever em palavras, com ar de insuportável exaustão e desespero. Uma mão poderosa se ergueu, mal visível em seu brilho rubro como de ferro em brasa meio extinto, e as hórridas figuras enrolaram-se em torno do altar e ergueram bocas vermelhas escancaradas e garras peludas.

Então soou a voz de Hércules, alta e clara:

– Suryadeva, Suryadeva, Mahapita, vem! Ó, vem!

E então, ali, no meio desses horrores todos, brilhou a luz em que seus olhos infantis haviam pousado, e atrás dela a radiosa figura de Surya, como elas o conheciam, com seu olhar doce e braços estendidos; com um soluço de alegria, Alcyone deu um passo à frente, e seu corpo caiu sem vida sobre o altar.

Todas as horrendas formas murcharam e sumiram, e ficaram jogadas como peles abandonadas de serpentes; as colunas ruíram, as paredes vieram abaixo e os corpos das duas irmãs foram sepultados sob o imenso templo do Senhor da Face Tenebrosa.

---

30 Tratava-se, naturalmente, de formas astrais, da fauna do submundo invisível (N. do T.).

Naquela noite houve medo e tremor em Puri, pois um terremoto rasgou a terra, e um enorme macaréu se ergueu do oceano. Mas os que se esconderam, aterrorizados, e os que, lembrando-se das duas irmãs, lamentaram seu terrível destino, não sabiam dos braços que as tinham levado para casa, embaladas junto do coração que há de ser o refúgio da humanidade; não sabiam da Luz que transformara em céu a escuridão do inferno.

Da vingança de Vajra quando regressou, e da dor de Júpiter e Albireo, não vamos falar. Tudo isso se passou muito tempo atrás.

Vida XXIX
(15402 a .C – Oudh, Índia)

Devemos recordar que numa vida anterior desta série de existências Surya previu o trágico fim da última, e também que grandes desafios e dificuldades marcariam a imediatamente posterior. Por outro lado, prometeu que se o desafio fosse vencido com nobreza e as dificuldades superadas com êxito, o resultado seria um progresso decisivo. De fato, independentemente desse caso particular, podemos considerar como regra geral que, quando uma pessoa está se aproximando do ingresso na Senda[31] é provável que tenha algumas vidas com grandes doses de sofrimento, e em condições difíceis.

Há duas razões para isso. Primeiro, tudo o que resta de mau carma deve ser retirado de seu caminho o mais breve possível, para que não possa estorvá-lo quando chegar o momento do esforço final. Segundo, todas as tendências indesejáveis que possua devem ser vencidas, para que as qualidades necessárias possam ser adquiridas e o caminho fique livre.

Nas vidas que já descrevemos, nosso herói teve o privilégio de relacionar-se com freqüência e intimamente com homens e mulheres que desde então se tornaram Mestres de Sabedoria, e tudo foi feito no sentido de fortalecer-lhe o caráter, pelos exemplos e ensinamentos. Na vida que agora vamos narrar, ele foi colocado desde o nascimento num meio grosseiro e maldoso, e o auxílio da presença dos Grandes Seres não lhe foi dado – tendo por objetivo, é claro, dissolver algo do mau carma, e assim dar-lhe oportunidade de demonstrar que já possuía dentro de si suficiente força e consciência para superar uma crença ma-

---

31 A Senda da Sabedoria, um atalho do caminho evolutivo que muito exige dos que o escolhem (N. do T.).

As Vidas de Alcyone

ligna, embora contra toda a força da religião e da autoridade paterna, da tradição imemorial e das paixões pessoais.

Portanto, Alcyone nasceu dessa vez num corpo feminino, no ano de 15402 a.C., em Rahana, no distrito de Oudh, na Índia. Seu pai, Cetus, era sacerdote de uma religião envolta em mistério. Embora ele próprio fosse inegavelmente de origem ariana, a religião era sem dúvida aborígene, pois era ao mesmo tempo complicada e bárbara demais para os arianos de coração leve. Poderia muito bem ter sido a semente de que se originou o culto da deusa Kali, pois consistia principalmente de rituais sombrios para uma divindade sedenta de sangue. Havia uma boa parte de diversão despreocupada no lado exterior desse culto, mas no meio dela ressoava sempre uma nota sombria e de temor. Havia muitas cerimônias secretas em que só os iniciados eram admitidos, e nelas se praticava abertamente os mais terríveis rituais de magia negra. Muitas partes de alguns rituais eram feitas numa língua incompreensível para o povo, mas outras eram parcialmente em sânscrito.

O pai de Alcyone era a pessoa adequada para tal crença: um homem severo, reservado e sombrio, embora fosse pessoa bastante influente. Dizia-se que tinha conquistado muitos poderes por meio de sacrifícios e austeridade, e também que podia usá-los para o mal de variadas formas. A mãe dela, Câncer, não era má, porém vivia sempre presa de ansiedade e terror, o que logo passou para a filha. Alcyone vivia uma existência de medo e desamor. Não a tratavam mal, e como não participava dos rituais secretos, não conhecia concretamente os horrores dessa crença, mas a sombra e o medo que deles se irradiavam envolveram sua infância, oprimida por vagos temores.

Cresceu sem receber quase nenhuma educação, e não ocorreu nada de maior importância em sua vida até cerca de 16 anos, quando conheceu Pollux, um rapaz inteligente, bonito e despreocupado, cuja aparência a atraiu de imediato. Isso foi mútuo, e os dois se apaixonaram. Alcyone tinha medo demais para falar a respeito dentro da atmosfera sombria e confusa de sua família, e assim os dois jovens começaram a encontrar-se em segredo, e em breve se tornaram íntimos demais. Algum tempo depois, Alcyone pediu-lhe que pensasse em casamento, mas, ao ser pressionado, ele declarou ser impossível não só porque ele pertencia a outra religião mas também porque existia uma inimizade tradicional entre sua família e a dela.

Alcyone custou a se convencer de que seu amado era realmente insensível e não pretendia fazer nada nesse sentido, mas quando finalmente deu-se conta da realidade, afastou-se dele com aversão e contou tudo a sua mãe, declarando que queria empenhar sua vida na vingança contra o homem que lhe fizera isso. A mãe ficou chocada e angustiada, e ao saber quem era ele declarou que sua família não prestava: que o pai dele já tinha desgraçado uma irmã mais moça dela da mesma maneira. Isso fez com que Alcyone se sentisse ainda mais ferozmente indignada, e, como foi dito, decidiu que dedicaria toda sua vida a uma vingança completa e cuidadosamente planejada. A mãe então disse-lhe que podia conseguir isso por meio dos rituais secretos da religião deles, e Alcyone ficou ansiosa para conhecê-los.

Tiveram que contar tudo ao pai de Alcyone, que ficou furioso, pois, de acordo com os costumes da época, o nascimento de um filho ilegítimo a condenava a uma existência de viúva. Acusou-a asperamente, contudo aprovou e encorajou seu desejo de vingança. Permitiu que ela conhecesse os segredos de sua crença, que muito a impressionaram, mas aterrorizavam também; teve que envolver-se num verdadeiro pesadelo de horrores, que ela gostaria de poder esquecer.

A fim de disfarçar o mais possível as conseqüências da intimidade indevida, o pai insistiu em que ela desposasse de imediato um sacerdote dos ritos satânicos, Scorpio, um homem muito mais velho que ela e do tipo mais indesejável, que era instrumento das mais horrendas influências do mal.

Naturalmente ela sentia aversão de tudo isso, mas aceitou como parte imprescindível da vingança em que tinha decidido empenhar sua vida. A situação, a força de tanto pensar nela, desencadeou um desequilíbrio e sua mente ficou à mercê de influências astrais malévolas, praticamente uma obsessão – o que era considerado sinal de grande progresso naquela abominável religião. Depois de fazê-la pronunciar terríveis juramentos de manter segredo, sua mãe revelou-lhe uma forma horrível de vingança, que segundo ela nunca tinha falhado. Entre outros detalhes repulsivos, ela teria que matar seu próprio filho, oferecendo-o à divindade invocada. Em sua raiva de Pollux, ela concordou, porque seria o filho dele; mas quando a criança nasceu, seu instinto maternal venceu, e ela se recusou a cumprir o prometido e consumar o sacrifício.

Muitos rituais já tinham sido feitos, pois fazia parte do terrível pacto o fato de que, ao nascer a criança, esta e a mãe já estariam entregues ao rituais da asquerosa deusa. A parte culminante desses seria a morte da criança em seu altar, acompanhada de terríveis evocações, em resposta às quais acreditavam que a imagem desceria do pedestal e abraçaria a suplicante. Ao fazer isso, a deusa passaria para o corpo dela que então, como veículo da divindade, devia devorar a oferenda.[32] Com a força então adquirida, a entidade incorporada iria transmitir ao corpo da pessoa grandes poderes. Com isso, a pessoa que desejava vingar-se poderia abrir todas as portas, e nenhuma criatura viva poderia resistir-lhe; por conseguinte poderia executar sem dificuldade a sua vingança, até mesmo sem ser vista, pois a deusa colocaria nela um manto de invisibilidade.

Levada por uma cólera cega e pela pressão quase irresistível do meio, Alcyone foi tangida aos primeiros estágios desse pavoroso processo de feitiçaria. Mas quando a criança nasceu, seus sentimentos mudaram, e não quis mais prosseguir com os rituais. Seu pai ficou tremendamente irado e escarneceu dela, dizendo que era covarde e indigna da proteção da deusa. Afirmou também que a criança já não pertencia a ela, mas à deusa a quem tinha sido oferecida, e devia ser entregue a ele, como seu representante. Alcyone se recusou a fazer isso, enfrentando a cólera do terrível pai. Ele insistiu furiosamente por algum tempo, depois deu de ombros e declarou que a deusa reivindicaria seus direitos de qualquer modo.

Pouco depois a criança adoeceu e, apesar de tudo que a mãe fizesse, a misteriosa moléstia piorava. Por fim ela também adoeceu, cuidando-a e sofrendo por ela. Quando finalmente se recuperou, disseram-lhe que o bebê tinha morrido e seu corpo fora cremado da forma usual. Mas ela sempre teve uma suspeita, e depois disso, uma aversão se mesclou ao medo que sentia do pai. A verdade (que ela nunca soube, embora suspeitasse) é que o pai, acreditando realmente, em seu fanatismo, que a criança pertencia à deusa, e que a ira dela recairia sobre ele se permitisse que a roubassem dela, tinha administrado várias doses de um veneno lento, primeiro à criança e depois à mãe, e assim que esta ficou inconsciente levara a criança e ele próprio a sacrificara à divindade sedenta de sangue.

Os sacrifícios humanos constituíam parte intrínseca dos rituais secretos dessa crença terrível. Apesar disso, no meio de toda essa abominação havia alguns reflexos de alguma origem melhor – certos relances que poderiam indicar um estágio an-

---

32 Nada diferente do que sempre ocorreu e continua ocorrendo nos rituais de magia negra – tenham o nome que tiverem –, em que entidades das trevas, que comandam grupos de encarnados apresentando-se como "deuses", alem de obsidiá-los exigem sacrifícios sangrentos e literalmente incorporam nos oficiantes desses ritos para consumir o sangue (o ectoplasma dele) dos corpos sacrificados, animais ou humanos (N. do T.).

terior, em que a religião não estivesse tão degradada. A própria sentença que era pronunciada solenemente pelo sacerdote na parte culminante dos sacrifícios parecia conter um pálido reflexo de épocas melhores; a sua parte inicial lembrava algo de um dos *Upanishads*. Dizia mais ou menos assim:

"Da terra provêm o alento e o sangue, mas de onde vem a alma? Quem é que sustenta nas mãos o que ainda não nasceu? Os vigias de outrora pereceram, e agora nós vigiamos. Por este sangue que oferecemos, ouve e salva-nos! Oferecemos o alento e o sangue; salva a alma e entrega-a a nós, em troca".

As últimas palavras dão a entender que a "alma", ou mais precisamente o corpo astral do sacrificado, seria entregue a eles para fazer parte do horrendo bando de entidades obsessoras, tornando-se instrumento e ao mesmo tempo, de forma estranha, um dos objetos de seu culto degradado.

Como foi dito, a maior parte de suas invocações era totalmente incompreensível, e se pareciam muito com as utilizadas nos rituais de vodu e obeah. Algumas, entretanto, continham palavras em sânscrito, geralmente perdidas em meio a uma série de exclamações incompreensíveis, pronunciadas com furiosa energia, que com certeza lhes davam muita força para o mal. Uma das características era o uso de certas combinações cacofônicas de consoantes em que se inseriam em série as vogais. A sílaba "hrim" era uma delas, e a interjeição "kshrang". No meio dessas explosões incompreensíveis aparecia o que parece ser uma maldição inegavelmente em sânscrito: "Yushmabhin mohanam bhavatu".

A pobre Alcyone vivia uma existência terrivelmente sofrida em meio ao caos desses horrores todos. Seu marido era um homem mau e astuto, que se aproveitava da credulidade do povo e com freqüência ficava totalmente intoxicado pelo uso de maconha e ópio. Logo Alcyone se arrependeu amargamente do impulso insensato de vingança que a tinha arrastado para essa teia do mal, mas estava tão envolvida nela que não conseguia escapar; havia ainda momentos em que a obsessão a dominava e ela achava que a vingança seria justa e doce. Finalmente seu pai morreu, e a família desceu a uma posição menos importante.

Mas esse pai desnaturado era pior morto que vivo: concentrando suas energia na parte mais baixa do plano astral, começou a exercer uma obsessão malévola sobre a filha. Ela reconheceu a influência dele, e tentou energicamente resistir, mas não soube como fazê-lo, embora sofresse indescritivelmente sob essa atuação e sua alma ficasse repleta de horror. Sua mãe e outras três mulheres da família estavam sob a mesma influência maligna, em maior ou menor grau, mas elas se achavam até privilegiadas e de certa forma sagradas por isso, mesmo quando eram usadas para os fins mais horríveis.

A par de toda a influência psíquica, desenvolveu-se no mundo físico um plano engenhoso e complicado; durante anos foi elaborado um esquema nefasto para colocar Pollux à mercê da família. Finalmente o plano se consumou e ele e seu filho Tiphys ficaram nas mãos deles – pois, nesse ínterim, ele havia se casado e tinha um filho, um menino inteligente. A mãe de Alcyone e as parentas exultaram e se uniram numa orgia de ódio, com o pai atuando sobre elas com mais força que nunca.

Alcyone absorveu essa tremenda energia, e foi arrastada por ela, incapaz de resistir, embora sentisse no íntimo contrariedade e protesto. Pollux iria ser morto envenenado, e coube a Alcyone administrar-lhe o veneno. Ela sentia apenas repulsa por ele e, como nessa ocasião a obsessão do pai era quase total, não há dúvida de que o crime teria se consumado, não fosse por um abençoado choque que ela recebeu.

Quando estava oferecendo a taça de veneno à vítima, encontrou o olhar do menino. Os olhos dele eram idênticos aos do pai, seu amado da juventude, que fora a única coisa boa em sua triste vida. Num segundo, aqueles olhos lhe trouxeram de volta o passado, e com ele a consciência do que ela estava prestes a fazer sob a influência daquela odiosa religião. Uma mudança instantânea e completa se operou nela. Deixando a taça cair do chão, saiu correndo da casa e da cidade: saiu vestida como estava naquele momento, tão horrorizada com aquilo tudo que nem parou para pensar no que faria, ou no que iria acontecer, decidida apenas a romper para sempre, a qualquer preço, com aquela vida do mal.

A força de seus sentimentos rompeu a negra cortina de má influência que a tinha dominado por tanto tempo e ela ficou livre da atuação maléfica do pai. Correu na direção do campo, sem se importar para onde ia, contanto que escapasse para sempre daquela vida horrível. Desabituada ao exercício e da vida ao ar livre, logo ficou exausta, mas continuou, tomada por um frenesi de determinação. Não tinha nenhum dinheiro, vestia roupas caseiras, mas nem cogitou disso até que a noite começou a cair. Então, pela primeira vez, olhou ao redor e tomou consciência dos arredores. Estava a quilômetros de distância de casa, em pleno campo, e, dando-se conta por fim de

274 C. W. Leadbeater

sua extrema fadiga e da fome, dirigiu-se a uma casa de campo que percebeu a certa distância.

Não sabia muito bem o que dizer ou fazer, mas felizmente Aquiles, a dona da casa, era uma mulher bondosa e maternal, que ficou sensibilizada pelo estado de exaustão dela e a recebeu de braços abertos, deixando as perguntas para depois que ela tivesse se alimentado e descansado. Então, pouco a pouco, foi contando toda a história, entre muitas exclamações de assombro e piedade da bondosa senhora, à medida que ela revelava os horrores do culto negro. A senhora esclareceu que, tendo abandonado sua casa, Alcyone abrira mão de sua condição e de todas as suas posses, mas que tudo isso não importava agora que tinha fugido daquele horror, e que precisava dedicar-se a mudar radicalmente a sua atitude mental e esquecer o passado, como se fosse apenas um sonho mau. Disse ainda que a vida começava de novo para ela a partir daquele momento, que na verdade ela não tinha realmente vivido até então, e prometeu fazer tudo que estivesse a seu alcance para ajudá-la e facilitar sua nova vida.

Alcyone tinha receio de que seu marido, o sacerdote do mal, pudesse reivindicar algo legalmente em relação a ela, pois sabia que os membros do culto negro iriam ficar furiosos com o fato de uma iniciada fugir do rebanho. Porém a anciã, que era uma pessoa corajosa e atilada, disse que não sabia exatamente como agiria a lei, mas que, com ou sem lei, tinha certeza de uma coisa: não iria entregar Alcyone ao marido ou a qualquer pessoa, e tinha certeza de que, se o caso fosse levado ao rei do país, e reveladas todas as ações nefastas do culto negro, as autoridades com certeza ficariam ao lado dela e não iriam entregá-la novamente à escravidão de que escapara.

Alcyone estava muito grata à sua bondosa protetora, e na exaustão de corpo e mente em que se achava, aceitou com satisfação a proposta de deixarem o resto da conversa para o dia seguinte e ir repousar no confortável aposento que lhe era oferecido. O choque fora grande para ela, e não seria de estranhar que ela viesse a adoecer; de fato, isso podia ter acontecido se não fosse por uma maravilhosa visão que ela teve durante a noite. Um homem de aspecto notável e de ar extraordinariamente doce (Mercúrio) apareceu e disse-lhe palavras de conforto e encorajamento; disse que a vida horrível que vivera até então tinha dois aspectos de que ela não tinha consciência. Primeiro, que os terríveis sofrimentos haviam quitado débitos de vidas ancestrais e aberto o caminho para seu progresso futuro; segundo, que essa vida fora um teste para verificar se sua

As Vidas de Alcyone

275

vontade já se encontrava suficientemente forte para vencer um meio maligno extremamente poderoso.

Felicitou-a pelo sucesso e pela determinação em fugir, e previu para ela um futuro de rápido progresso. Disse que havia uma longa jornada à sua frente, mas pintou-lhe em palavras uma bela visão de dois caminhos de evolução: a estrada lenta e fácil que contorna a montanha, e a senda mais curta e áspera que se apresenta àqueles que, por amor a Deus e à humanidade, desejam dedicar-se ao bem de seus irmãos.[33] Disse que ela teria a oportunidade, se desejasse, de escolher a última, no futuro;se escolhesse essa senda, embora a tarefa fosse árdua, a recompensa seria gloriosa. Essa visão causou-lhe uma impressão profunda e ela nunca mais esqueceu totalmente o arroubo de entusiasmo com que se viu aceitando com seriedade a segunda alternativa colocada.

Na manhã seguinte ela relatou a visão a sua bondosa hospedeira, que ficou muito impressionada e disse que isso confirmava a impressão que ela própria tivera. A visão teve efeitos no plano físico, pois graças a ela Alcyone estava se sentindo melhor do que se poderia esperar.

O pai morto continuou perturbando-a constantemente, tentando reassumir o domínio que tivera sobre ela. Mas Alcyone usou todas as suas reservas de força de vontade contra ele, rejeitando-o com toda a energia, sem a menor hesitação ou contemporização, determinada se preciso a morrer resistindo a essa obsessão, mas nunca mais submetendo-se a ela. Essa luta continuou a intervalos freqüentes durante alguns meses, mas sempre que ocorria ela visualizava a face do venerável mensageiro de sua visão e se fortalecia recordando suas palavras.

Enquanto isso ela permanecia com sua bondosa hospedeira, que não a deixou ir nem fazer nada em troca de seu sustento. A não ser pela constante pressão astral, não teve nenhum problema: ninguém veio atrás dela da parte do marido. Parece que a família se convenceu de que ela morrera, a partir de certas notícias da descoberta do corpo de uma mulher vagamente parecida com ela.

A bondosa amiga sempre dizia que os deuses tinham lhe guiado os passos até ali e que a recebia como enviada por eles. Alcyone sentia-se muito grata por toda a bondade dela, e buscava de todas as formas ser útil em retribuição.

---

33 A estrada lenta é o caminho comum de evolução da grande massa da humanidade; o caminho mais curto e difícil é a Senda da Iniciação, um atalho que depende da vontade pessoal (N. do T.).

Começou a conhecer um pouco da religião ariana comum, e sentiu-se atraída por ela, depois dos horrores que absorvera. Dedicou-se bastante ao seu estudo, e em pouco tempo sabia mais dela que sua anfitriã.

Nessa época havia pouca coisa escrita, mas ela recebeu auxílio e instrução de Vega, um brâmane que conheceu por ocasião de uma visita feita por ele a sua amiga. Ele ficou muito interessado por Alcyone e profundamente tocado pela história de suas desventuras. Ensinou-lhe diversos hinos, alguns de grande beleza e de elevado teor. Seus ensinamentos foram bons, embora em certos sentidos um pouco estreitos e restritos. A mulher dele, Auriga, também auxiliou muito Alcyone, com seu grande interesse por assuntos religiosos.

Ao cabo de um ano, mais ou menos, o espírito do pai cessou de tentar obsediá-la, e Alcyone sentiu que toda a conexão com sua antiga existência terminara. Quando se lembrava dela, parecia-lhe estar recordando uma encarnação passada; logo conseguiu distanciar-se tanto daquilo tudo que até alguns detalhes começaram a apagar-se de sua memória.

Depois que a atuação de seu pai cessou inteiramente, ela teve a indescritível satisfação e estímulo de ver novamente, em sonho, o Hierofante que lhe aparecera na noite de sua fuga. Felicitou-a pela liberdade que acabara de conquistar e prometeu-lhe sua ajuda e proteção.

Alcyone tornou-se muito estimada, não apenas por sua protetora mas por outros membros da família e amigos. Tornou-se praticamente um membro da família, preenchendo o lugar de uma filha que se casara e deixara a casa. A família parecia nem lembrar que ela não nascera ali, pois quando sua idosa benfeitora morreu ofereceram-lhe um quinhão igual da herança; quando ela objetou, insistiram com a mais absoluta sinceridade. Finalmente, ela concordou em aceitar uma pequena parte, e continuou durante alguns anos a viver com a família. Chegou um momento em que a segunda geração estava ficando crescida e precisando de mais espaço; então ela se mudou para uma casa menor na fazenda, indo viver com um dos jovens casais, Cygnus e Íris, para quem era como uma mãe e conselheira.

Seu interesse pela religião nunca diminuiu, e por fim ela aprendera tudo que seu amigo brâmane tinha condições de ensinar-lhe, e desejava intensamente saber mais sobre determinados pontos. O brâmane não tinha condições de ajudá-la, mas lhe falou de um homem santo que, se ainda estivesse vivo, seria capaz de responder a todas as suas perguntas. Falou nele com

As Vidas de Alcyone

a maior reverência, dizendo que dele tinha aprendido tudo que sabia e sempre se dera conta com tristeza de que poderia ter aprendido muito mais se tivesse podido assimilar inteiramente as palavras de sabedoria que saiam dos lábios do mestre.

Falou com tanto entusiasmo de seu instrutor que depois de muitas conversas Alcyone decidiu partir em busca desse homem – uma tarefa considerável para alguém que já estava ficando idosa. Era uma longa distância, e como o brâmane não tinha sabido do mestre por muitos anos, era incerto se ele ainda estaria no mesmo lugar, mas não havia meios de informar-se. Contudo, Alcyone decidiu partir nessa singular peregrinação, e no último instante o brâmane, Vega, decidiu deixar seu posto e suas tarefas e acompanhá-la. Assim, partiram juntos, levando apenas dois criados, um dos quais era nosso velho conhecido Boreas.

Após diversos incidentes e mais de um mês de viagem, chegaram ao templo dirigido pelo mestre de Vega, e com grande alegria ficaram sabendo que ele ainda vivia. Pediram para ser recebidos, e Vega ficou radiante de poder prostrar-se novamente aos pés de seu antigo instrutor. Voltou-se então para apresentar Alcyone, e viu com surpresa que ela olhava para o mestre com indescritível admiração e reverência, mas parecendo reconhecê-lo, enquanto o mestre sorria para ela como para alguém que lhe fosse familiar. Entre algumas frases confusas de explicação, viu-se que ele era Mercúrio, a pessoa que aparecera nas duas visões dela; isso deu uma nova tonalidade ao encontro e uniu a todos como se fossem velhos amigos.

Iniciou-se então uma época feliz para Alcyone; todas as suas perguntas encontraram resposta e seus mais profundos desejos se realizaram. O mestre falou-lhe muitas vezes de um longínquo futuro no qual ela iria aprender mais do que podia imaginar, e iria partilhar o conhecimento com os outros para auxiliar a humanidade. Mas que, para isso, se requeria muitas qualidades que ela ainda não possuía, que ainda tinha muito carma a extinguir; que para esse fim precisaria esquecer o ego e dar-se em sacrifício pelo bem da humanidade, mas que ao final encontraria a vitória e a paz.

Vega decidiu mandar buscar sua família e permanecer pelo resto da vida junto ao mestre. Alcyone teria feito o mesmo com a maior alegria, pois uma grande afeição brotara entre eles; porém o mestre disse-lhe que seu destino não era esse, e que ele próprio só ficaria mais um pouco no plano físico, enquanto o destino dela era permanecer junto da família que a tinha ajudado.

Assim, depois de um ano, ela se despediu dele com grande pesar e voltou devagar para seus amigos, que ficaram muito felizes de revê-la. Passou o resto da vida calma e feliz, ensinando e ajudando os filhos e netos dos que tinham sido tão bondosos para ela.

Alcyone adquiriu grande reputação por seu notável conhecimento de todos os aspectos religiosos e tornou-se uma autoridade consultada até pelos sacerdotes e brâmanes da região. Dessa forma, a existência que no início fora uma tempestade de horrores e lutas terminou na calma de um crepúsculo pacífico, e ela partiu envolta na tristeza de todos que a conheciam e amavam.

Vida XXX
(14551 a.C. – Oudh, Índia)

A encarnação que teve lugar em 14551 a.C., em Kalipa, na região de Oudh, na Índia, foi outra vez feminina, e na casta dos brâmanes, ou antes na casta que mais tarde se tornou a dos brâmanes.

Estamos numa época em que cada chefe de família exercia a função de sacerdote de sua própria família. Tinha o dever de realizar a maior parte dos rituais que hoje se atribui aos sacerdotes de ofício; talvez este período possa ser considerado de transição. Todos deveriam conhecer os rituais – embora alguns não soubessem, tendo às vezes que pedir ajuda a vizinhos com maior conhecimento ou experiência. Isso ia preparando o advento de uma categoria especial que faria disso uma profissão, e criou um tipo de círculo vicioso, pois aqueles que eram mais capacitados para a função achavam conveniente multiplicar os rituais e torná-los cada vez mais complicados para que fosse preciso chamá-los para sua realização adequada.

Alcyone era filha de um desses chefes de família (Leo) que tinha grandes plantações, sendo basicamente agricultor, mas possuindo também muitos rebanhos. Era um daqueles que conheciam bem os rituais, e raramente tinha que pedir auxílio a outros. Os ensinamentos não eram idênticos aos do hinduísmo moderno; eram muito mais a devoção às personificações de Brahma, Shiva e Vishnu. Faltava-lhe, praticamente, qualquer substrato filosófico. É possível, entretanto, notar a relação com o hinduísmo atual.

Essa religião parecia consistir na maior parte em oferendas às diversas forças da natureza, mas alguns dos rituais pareciam protótipos dos atuais. O filho mais velho deveria fazer oferendas ao pai falecido, em rituais que tinham duas partes, ou eram de dois tipos: a primeira consistia em oferecer alimentos para os mortos, e a outra era uma espécie de suborno para satisfazer entidades que sem isso poderiam incomodar ou atacar os mortos. Havia também um ritual que era uma espécie de iniciação dos meninos nos rituais de sua classe: havia três dessas cerimônias de iniciação, em diferentes etapas, nas idades de sete, 14 e 21 anos. A primeira era uma simples preparação, a segunda, uma extensão dela, mais elaborada e detalhada, e última, a que conferia realmente o poder de atuar como sacerdote perante os demais.

Alcyone desde criança tivera grande interesse pelos rituais. Quando pequena, era clarividente, e parte do prazer que sentia em assistir aos rituais consistia em observar os seus efeitos e as entidades evocadas, que considerava amiguinhos e não deidades assustadoras. Ela tinha um irmão mais velho, Urano, que partilhava seu interesse por esses assuntos, embora não fosse clarividente e tivesse que depender dela para descrever o que acontecia.

Quando pequenos, os dois viviam fazendo perguntas ao pai sobre esses assuntos, às quais ele não conseguia responder. Ao crescerem, ficaram um tanto insatisfeitos com a religião que seguiam, buscando continuamente esclarecimentos sobre problemas que não eram considerados dentro das informações religiosas existentes. O que eles buscavam, na verdade, era um tipo de teosofia rudimentar, um sistema que pudesse explicar as afirmações aparentemente contraditórias que eram feitas.

Os dois irmãos gostavam de sair sozinhos e discutir esses problemas intrincados; enquanto Urano, mais velho, tinha grande capacidade de raciocínio, Alcyone com freqüência tinha lampejos de intuição que traziam soluções a que o intelecto não permitia chegar. O restante da família, inclusive seu pai, Leo, e sua mãe, Orfeu, os considerava sonhadores sem senso prático, e suas especulações e argumentos, de pouca utilidade. Estavam constantemente buscando em toda parte auxílio para suas dificuldades, mas não encontravam muita compreensão ou simpatia.

Dizia-se que, a certa distância dali, num local isolado nas montanhas, existia uma comunidade ou fraternidade que se dedicava a esses estudos; como eles pertenciam a uma outra raça e religião, eram desprezados pelos arianos, olhados com ódio, como ímpios.

Às vezes as pessoas mais velhas que escutavam as discussões incipientes dos dois irmãos diziam ironicamente que eles deviam ir aprender nessa fraternidade; essa idéia, lançada apenas ao acaso ou por gracejo, deitou raízes em suas mentes, até que por fim começaram a pensar que seria possível e interessante uma visita a essa comunidade, apesar dos severos preconceitos de sua própria raça e classe. Conversaram muito a respeito entre si, e finalmente decidiram que quando Urano tivesse idade para isso eles iriam em busca dessa comunidade, para ver se tinha fundamento o desdém com que eram vistos, ou se teriam realmente a ensinar conhecimentos que os desdenhosos arianos não possuíam.

Quando Urano teve idade suficiente, falou de sua intenção de fazer essa viagem, levando Alcyone; naturalmente isso despertou clamores e oposição na família, especialmente da mãe. Tanto Urano como Alcyone estavam prestes a casar-se, ou pelo menos essa era a vontade de seu pai, mas Urano (que, fora desse desejo insólito, sempre fora um bom filho, e de muito bom-senso) declarou que só concordaria em casar-se se antes pudesse fazer essa viagem, levando com ele a irmã. A mãe e outros membros da família protestaram energicamente, mas o pai disse, por fim:

– Deixemos que vão e vejam por si próprios. Primeiro, provavelmente não conseguirão encontrar a comunidade, e depois de procurar em vão, retornarão a casa e ficarão satisfeitos; segundo, se existe essa fraternidade e eles a encontrarem, com certeza descobrirão que não tem nada importante para ensinar-lhes, e dando-se conta da tolice que sonharam, vão voltar para casa e se acomodar à vida normal.

A idéia de uma jovem empreender uma peregrinação tão insólita a um lugar desconhecido era evidentemente estranha aos costumes da época, mas como os dois eram inseparáveis e ela afirmava que o irmão não iria sem ela, o que ele confirmava, o pai finalmente deu sua permissão, embora com certo desdém.

Os dois irmãos iniciaram a jornada, seguindo de povoado em povoado através da região mais densamente povoada do país, sem qualquer dificuldade ou aventura especial. Enquanto prosseguiam, iam fazendo indagações sobre a comunidade. Algumas pessoas achavam que era uma fantasia, ou que talvez tivesse existido mas sido dispersada ou massacrada pelos bandos de arianos; outras (pessoas) afirmavam que ainda existia, mas não tinham a menor idéia de sua localização ou do tipo de

As Vidas de Alcyone

pessoas que ali viviam. Contudo, à medida que avançavam, as informações positivas sobre sua existência começaram a superar as negativas, e quando chegaram ao sopé das montanhas conseguiram ficar sabendo de uma direção mais ou menos definida.

Entretanto, ali começaram as aventuras, pois os povoados agora eram muito distantes um do outro, e o acesso, difícil; embora Alcyone fosse uma jovem bem disposta, e na planície caminhasse quase tanto quanto o irmão, a escalada das montanhas foi um sério desafio e ela levou algumas semanas para se acostumar e adquirir habilidade nisso.

À medida que as informações sobre a fraternidade ficavam mais claras, tornaram-se mais decepcionantes, porque ficou evidente que entre suas regras mais importantes figurava a rígida exclusão das mulheres; certamente não existia nenhuma ali, nem eram admitidas dentro de seus limites. Não era uma boa perspectiva. Alcyone, embora desejasse imensamente ir até o fim, dispôs-se a procurar um lugar em algum povoado no sopé da montanha onde pudesse ficar enquanto o irmão penetrasse nos locais interditos a el e aprendesse os mistérios da confraria – com a condição, naturalmente, de que ele prometesse partilhar fielmente tudo com ela ao retornar. Urano, porém, recusou, e declarou que eles ficariam juntos ou não iriam, e que não iria confiar na sabedoria de uma fraternidade tão tosca que recusasse qualquer buscador sincero.

A coragem e persistência deles foram testadas intensamente durante a jornada, pela extrema fadiga e ocasionais privações, além de aventuras com animais selvagens; em uma ou duas ocasiões sofreram muito, expostos às intempéries, ao se perderem no caminho.

Finalmente, porém, atingiram o objetivo e constataram que a controvertida comunidade existia realmente no plano físico. Situava-se num vale escondido, bem ao alto, numa região agreste das montanhas, defendida pela natureza de qualquer ataque e mesmo da descoberta por quem não estivesse familiarizado com a região.

Nesse vale existia uma grande construção central, a residência do dirigente da comunidade, que continha também a grande sala de refeições e reuniões. Em torno agrupavam-se de forma irregular um certo número de casas de pedra – quase choupanas, algumas – que tinham sido erguidas pelos diversos irmãos à medida que ingressavam. Essa comunidade (ou mosteiro) era chamada de Cuhuypan (um nome evidentemente atlante) e era composta quase exclusivamente de atlantes das

282   C. W. Leadbeater

raças mais evoluídas; apenas dois ou três dentre eles eram arianos. Viviam uma existência que se pode dizer semimonástica, passando muito tempo em meditação e estudo, e ao mesmo tempo cada um participava do cultivo e preparação dos grãos e frutas de que se alimentavam.

Chegando finalmente a esse lugar escondido, os dois irmãos dirigiram-se ao portão, solicitando entrada. A princípio negaram-se a admiti-los, e praticamente os mandaram embora. Urano, porém, argumentou que tinham viajado centenas de quilômetros em busca da sabedoria que só ali podiam encontrar e pediu para ser levado ao dirigente da comunidade, e que pelo menos seu caso fosse examinado antes de ser sumariamente dispensado. Depois de algumas objeções, os guardas decidiram permitir-lhes a entrada, mas assegurando de antemão que era absolutamente inútil tentarem ser aceitos ali. A silenciosa mas obstinada persistência de Urano finalmente conseguiu a desejada entrevista, e foram levados a Vesta, o chefe da comunidade – um homem de aparência venerável e digna, com um olhar extremamente agudo e penetrante.

Contaram-lhe sua história com toda a franqueza, asseverando, em resposta a uma indagação dele, que não tinham intenção de abandonar a religião na qual tinham sido criados, pelo menos não sem maiores pesquisas, mas que desejavam intensamente os conhecimentos que ela, tal como era ensinada por seus pais e conhecidos, era incapaz de proporcionar; que tinham sabido da fama e dos ensinamentos do monastério, e tinham vindo nessa longa jornada na esperança de que pudessem partilhar deles.

Urano defendeu o caso tão bem que por fim o dirigente concordou em aceitá-lo, mas não queria saber da admissão de Alcyone, pois jamais fora permitido que uma mulher habitasse no interior do monastério. Mas Urano declarou incisivamente que ou os dois seriam aceitos para estudar ou nenhum; a própria Alcyone, ao ser interrogada, mostrou um interesse e inteligência tais em relação a temas religiosos que finalmente o dirigente cedeu. Contudo, embora confiasse em seus irmãos, receava que pudesse haver problemas entre eles pela presença da moça.

Foi-lhes designada uma cabana vazia para ficarem. Foram estabelecidas certas restrições à circulação de Alcyone na comunidade, as quais ela considerou totalmente ridículas. Mas ela teria aceitado até regras mais estritas para obter os ensinamentos que desejava.

Quando tudo ficou acertado, o próprio prior dedicou-se a ensinar-lhes o que sabia, e logo concluiu que ambos mereciam tudo o que pudesse fazer por eles. Entrar em contato com os conhecimentos e a ciência da Atlântida foi para eles o descortinar de um novo mundo. Os arianos daquela época, um povo guerreiro, embora tivessem muitas idéias originais, não possuíam uma cultura voltada para o conhecimento científico ou filosófico. Os dois irmãos deram-se conta de que as questões sobre as quais haviam refletido de forma incipiente já haviam sido tratadas em profundidade por milhares de anos, na Atlântida, e que o prior e os monges conheciam sistemas de pensamento que iam muito além do que jamais tinham imaginado.

Tudo isso constituiu o mais absoluto deleite para ambos, e absorviam a menor parcela de informação que pudessem obter do prior e de qualquer um dos irmãos. O sistema que lhes era mostrado tinha muitos pontos de contato com a teosofia atual; sobretudo, o monastério possuía uma quantidade de livros secretos, dos quais liam para eles alguns versículos e que lhes produziam encantamento e admiração, pois livros não eram objetos comuns entre seu próprio povo.

Desejavam ardentemente ser admitidos como candidatos à Ordem, mas isso o prior não consentiu, dizendo que Alcyone de forma alguma podia ser aceita, e que mesmo Urano teria que comprovar que estava apto para tal com anos de permanência ali. Permitiram-lhe auxiliar nos trabalhos da comunidade, como uma forma de retribuição à hospitalidade que ambos recebiam. Assim se passaram alguns meses felizes e repletos de estudo dedicado.

Finalmente, porém, os vagos receios do prior se concretizaram, pois, apesar do véu que a ocultava, alguns discípulos mais jovens começaram a apaixonar-se por Alcyone, e ela não ficou indiferente a essa óbvia, embora silenciosa, admiração. Para fazer-lhe justiça, é preciso dizer que sua mente estava tão ocupada com os novos conhecimentos que passou-se um bom tempo antes que se desse conta disso. Quando ficou mais acostumada à nova vida e teve tempo para olhar a seu redor, seguiu-se a conseqüência inevitável daquela situação anômala. O velho prior confiara demais no rosto coberto de Alcyone, e na diferença de raças – pois o preconceito dos arianos em relação aos atlantes, que consideravam afeminados e fracos, era recíproco por parte destes, que julgavam os arianos bárbaros, que não possuíam sequer os rudimentos de uma verdadeira cultura.

284   C. W. Leadbeater

Por fim, um dos jovens monges atlantes conseguiu ver Alcyone sem véu, e achou que os encantos da bela ariana suplantavam os preconceitos raciais. As coisas evoluíram a ponto de terem encontros secretos, os quais inevitavelmente acabaram sendo descobertos; a indignação explodiu. Alcyone, o irmão e o monge faltoso foram levados à presença do prior, e imediatamente banidos da comunidade, pois embora ele tivesse começado a gostar dos dois estrangeiros, amava ainda mais a comunidade, que era o trabalho de toda sua vida.

Urano ficou extremamente indignado e, embora amasse muito a irmã, acusou-a com severidade pelo que tinha feito. Assim que saíram do vale e não havia mais a vigilância dos monges, atirou-se sobre o jovem, a quem considerava o culpado por sua expulsão; os dois começaram a lutar e acabaram feridos, o que deixou Alcyone senhora da situação. Chamou-lhes a atenção severamente pela insensatez de ficarem brigando, quando era óbvio que tinham os mesmos objetivos. Observou que, embora lamentasse profundamente que uma atitude dela tivesse levado à sua expulsão, não podia condenar a ação em si, que ela achava inteiramente de acordo com a natureza. Indagou por que não poderiam viver no mundo exterior uma vida mais natural que aquela da comunidade, e ao mesmo tempo continuarem a estudar a filosofia que se tornara um princípio de vida para eles.

O bom-senso de seu irmão acabou fazendo com que concordasse, e o jovem monge estava querendo fazer amizade; então Alcyone, com muita dificuldade e cansaço, levou os dois rapazes para o vilarejo mais próximo, embora ficasse a boa distância. Tratou dos ferimentos dos dois e fez o que podia por eles, mas só ao chegarem ao vilarejo encontraram ajuda e puderam repousar e alimentar-se.

Permaneceram ali durante algum tempo, mas por fim decidiram que seria melhor distanciar-se um pouco mais do monastério; o jovem monge, em particular, desejava ir para algum lugar onde não se soubesse da história de sua expulsão. Não que a lamentasse, pois daria tudo pelo amor de Alcyone, que por sua vez passou a gostar muito dele. Ela sentiu que não seria possível voltar para casa com um marido da raça desprezada pelos seus, sobretudo nas circunstâncias em que se tinham unido; Urano decidiu continuar junto deles, pelo menos temporariamente.

Como não tinham meios de subsistência, tinham que tratar de trabalhar de alguma forma. Urano conhecia bem o trabalho

As Vidas de Alcyone

285

do campo, mas Netuno, embora forte, vigoroso e disposto, não conhecia nenhum ofício além do pouco que fizera ao participar do trabalho de plantio no monastério. Apesar disso, acabaram se empregando com Irene, um fazendeiro idoso e sem filhos próximos, que precisava de auxílio para cultivar suas terras.

Aos poucos, foram passando de uma situação mais humilde para uma condição melhor. À medida que o conheceram melhor, o velho agricultor mostrou-se bondoso e honrado e por fim concedeu-lhes uma parcela de suas terras. Ali viveram e trabalharam alguns anos, de modo geral felizes, granjeando aos poucos respeito e uma boa situação material na pequena comunidade.

Alcyone teve vários filhos e tornou-se uma hábil dona-de-casa. Embora nunca perdesse o interesse pela filosofia e os assuntos religiosos, naturalmente tinha menos tempo para discuti-los, pois os cuidados com a família e a casa recaíam sobre ela. Embora criasse os filhos dentro dos rituais da religião ariana ancestral, uniu a eles a elevada filosofia da velha Atlântida, e portanto, para eles e para alguns amigos que se interessaram, ela antecipou de certa forma o estágio posterior do hinduismo, que aceitaria os Upanishads assim como os Vedas. Entre esses amigos salientava-se um jovem vizinho, Cygnus, que tinha grande admiração por Alcyone, e respeitava muito sua opinião nos assuntos religiosos. Ele e sua esposa, Mizar, foram amigos muito chegados da família durante muitos anos.

O fato de que Alcyone e o marido eram de duas raças diferentes não os excluía da sociedade de nenhuma delas: pelo contrário, permitia que tivessem amigos em ambas. Seus filhos eram belos e saudáveis, e pareciam reunir as boas qualidades das duas raças, em vez das más, como muitas vezes acontece em tais misturas. A clarividência de infância de Alcyone tinha diminuído quando cresceu, e após o casamento desapareceu quase totalmente, embora sua sensibilidade e aguda intuição permanecessem. A clarividência se manifestava eventualmente em pelo menos um de seus filhos; recordá-la era sempre uma preciosa lembrança para ela, e lhe permitia ter uma noção mais precisa do mundo invisível próximo de nós.

Uns doze anos depois que tinham saído do monastério, ficaram sabendo que o prior os andava procurando havia um bom tempo, sem êxito; sentindo-se agora tranqüilos em relação a ele, não tiveram dúvidas em mandar procurar o mensageiro do monastério e se apresentaram a ele. Ficaram sabendo então que o motivo da paciente busca do prior era enviar-lhes uma

286   C. W. Leadbeater

mensagem. Seu instrutor, Mercúrio (por quem tinha grande reverência, e lhe aparecia em astral, mas nunca encontrara na matéria), dissera a ele que tinha errado ao expulsá-los pois, embora a ação de Alcyone e do jovem monge fosse indefensável, era no fundo apenas uma fraqueza natural da matéria, enquanto a busca sincera da sabedoria era uma característica do ser interno, que no futuro pesaria muito a seu favor, e não somente deles, mas dos que os tivessem ajudado. Portanto, o prior desejava voltar atrás em sua decisão e convidar os três a retornarem aos estudos na comunidade.

Naturalmente, ele ignorava que eles tivessem assumido uma vida familiar, e tanto Alcyone como o marido sentiram que era impossível aceitar, porque seu dever para com os filhos era agora prioritário. Urano, entretanto, decidiu fazer uma visita ao prior, para agradecer-lhe pelo convite e rogar a ele uma dádiva que eles há muito desejavam – uma cópia de um dos livros sagrados. Após alguns meses de estadia no monastério, ele retornou com o precioso tesouro, trazendo os votos fraternos e as bênçãos de Vesta.

Algum tempo depois, o velho fazendeiro Irene passou para o outro lado da vida, deixando-lhes em recompensa por seus anos de serviços dedicados quase todas as suas terras, com exceção de uma pequena parte que prometera a alguns parentes distantes. Dessa forma, a família ficou definitivamente estabelecida ali como proprietários, e seu futuro ficou assegurado. Sua casa tornou-se uma espécie de centro religioso, pois os conhecimentos que eles tinham para oferecer ultrapassavam as noções costumeiras do culto às forças da natureza que era o comum ali.

Tanto o marido de Alcyone, Netuno, como seu irmão Urano morreram antes dela. Embora sentisse muito a separação deles, ainda lhe restaram os filhos e sua posição de grande respeito e consideração na comunidade. Faleceu serenamente com a idade de 91 anos.

Vida XXXI
(13651 a.C. – Atlântida)

Nossa história nos leva desta vez à região Sul da grande Ilha de Poseidônis, no meio do Oceano Atlântico.

Alcyone nasceu ali, num povo de montanheses da raça tlavatli, no ano de 13651 a.C. Era filha de Mercúrio, um sacerdote do Sol, que era de origem nobre, sendo parente distante do rei do país. Teve uma infância feliz, e era extremamente dedicada a seu pai, que era muito bondoso e devotado a ela, e parecia entender melhor as crianças do que em geral os pais daquela época. A religião era basicamente a adoração do Sol, embora também houvesse bastante a personificação de diversas forças da natureza; parece também que alguns santos do passado tinham sido deificados.

A meninazinha interessava-se profundamente pelas cerimônias do templo, ficando muito impressionada por elas, e quando jovem desejava dedicar sua vida ao serviço do templo. Havia duas possibilidades para as mulheres nessa área: uma era do tipo das virgens vestais, ou clarividentes do templo, e a outra era uma espécie de corporação de serviço composta por mulheres casadas.

Ao crescer, ela se preparou para assumir a primeira função, com a aprovação do pai, e entrou para o templo com a idade de 16 anos. As diversas práticas de meditação que as jovens faziam tiveram grande efeito sobre ela, e seu pai esperava que fizesse rápidos progressos. Porém, antes que terminasse seu primeiro ano de noviciado, apareceu em cena o inevitável rapaz por quem ela se apaixonou profundamente. O objeto de sua afeição – Sirius – tinha algo de misterioso; tinha surgido havia pouco tempo na cidade, e ninguém sabia quem era ele e de onde viera, e mesmo nessa época distante isso era considerado um demérito para um possível pretendente, embora fosse um rapaz atraente e bem-educado.

Alcyone encontrou-o em algumas cerimônias no templo, e ficaram atraídos um pelo outro à primeira vista; ele procurou um jeito de encontrá-la em outras ocasiões, o que era difícil, porque ela estava sempre a serviço no templo. O jovem admirador, contudo, com grande paciência e assiduidade, conseguiu falar com ela diversas vezes, e sua amizade evoluiu rapidamente para um sentimento apaixonado.

De início, Alcyone nada disse ao pai: mas ele de certa forma sentiu que algo ocorria, e fez-lhe algumas perguntas que por fim levaram a uma confissão encabulada de que a dedicação ao templo não era mais a coisa de maior importância para ela. O pai ficou desapontado, mas encarou a situação bondosa e filosoficamente, dando sua opinião ponderada de que era inútil que ela se dedicasse ao serviço da Divindade se não estivesse absolutamente segura de sua vocação, e que de todo jeito poderia servir ao Deus-Sol, talvez de forma menos direta, mas também fiel e dignamente, se seguisse os ditames de seu coração. Mas quis conhecer o jovem em questão.

A apresentação que este fez de si próprio não foi nada satisfatória sob o ponto de vista familiar, pois ele só pôde dizer que, embora fosse de origem nobre e de classe semelhante à de sua amada, havia um segredo envolvendo sua origem, que ele não tinha condições de revelar. Também não mantinha relação com a própria família, qualquer que fosse, e estava se mantendo precariamente como caçador, embora afirmasse que essa não era em absoluto sua vocação. O sacerdote sentiu uma forte simpatia por ele, apesar de sua situação, pois parecia um jovem atraente e de valor, embora curiosamente ignorando coisas da vida cotidiana.

Mercúrio lhe disse com franqueza que o tinha apreciado, mas que ao mesmo tempo seria impossível entregar sua filha a alguém envolto em tanto mistério e sem um meio de vida; e que, a menos que pudesse ser absolutamente sincero com ele, lamentavelmente não poderia aprovar o relacionamento dos dois apaixonados.

O rapaz ficou muito abalado com isso, embora tivesse que admitir que era justo; reafirmou porém que o mistério em que estava envolvido não lhe pertencia, e teria que aguardar o momento certo para revelá-lo.

Dessa maneira, a questão ficou em suspenso durante algum tempo, e o sacerdote, com pesar, teve que proibir os dois jovens de se encontrarem a sós, embora reconhecesse francamente que sentia grande simpatia pelo misterioso rapaz. O sentimento de Alcyone era tão forte que ela provavelmente teria ignorado o mistério que o cercava e fugido com ele, não fosse por seu grande amor e confiança no pai, que a convenceu de que estava certo naquela questão que ela considerou sua primeira atitude cruel para com ela. Ficou dividida entre sentimentos contraditórios, e sofreu bastante durante algum tempo.

Enquanto isso o rei do país, Alastor, estava em guerra contra o chefe supremo dos toltecas, Corona; uma demanda exagerada de tributos fizera uma antiga desavença latente transformar-se em revolta aberta. Devido ao treinamento e ao poder de combate superiores dos exércitos de Corona, era difícil aos homens das montanhas enfrentá-los em campo aberto. Mas o rei conhecia bem o seu país, e seu filho Ursa conseguiu destruir um grande exército tolteca, enganando-o para que penetrasse num vale que depois inundou com as águas de uma represa.

Para celebrar essa vitória houve grandes festejos públicos

As Vidas de Alcyone

e uma espécie de festa nacional. No decorrer desta, começou a espalhar-se um estranho boato a respeito do jovem Sirius, o apaixonado de Alcyone, e um dia ele foi preso de repente e levado à presença do Rei Alastor. No decurso das averiguações que se seguiram, a estranha história de Sirius foi revelada; era romântica, mas decididamente não-convencional.

O idoso Alastor era um homem meticuloso mas incrivelmente estúpido, e em conseqüência disso houvera sérias complicações em sua família. Seu filho Ursa era um rapaz voluntarioso, acostumado a fazer o que queria, sem nenhuma consideração pelos demais. Tinha uma irmã mais moça, Orion, que na infância tinha sido muito ligada a ele, que a fazia buscar coisas e servi-lo como costumam fazer os irmãos mais velhos com as irmãs menores. Ao crescerem, o afeto entre os dois continuou intenso, e no decorrer do tempo suas relações se tornaram mais do que fraternais. Isso acabou sendo descoberto e provocou certo escândalo, pois mesmo naquela época mais liberal uma relação dessas era considerada altamente censurável. Quando Alastor ficou sabendo, reagiu da maneira mais tola, fazendo uma exibição de justiça espartana, e em vez de tratar os dois jovens com bondade e sensibilidade, baniu o filho do país e condenou a filha à morte. Ursa, porém, não pretendia aceitar um fim tão desagradável de sua história. Conseguiu escapar dos guardas e libertar a irmã do lugar onde estava presa. Fugiram juntos e esconderam-se numa floresta que ficava nos limites do reino. Não foram perseguidos porque fizeram constar que tinham escapado por mar, de um porto em direção contrária.

Nessa floresta, os dois irmãos viveram durante alguns anos, e tiveram dois filhos: um menino, Sirius, e uma menina, Vega. Ursa tatuou cuidadosamente em torno da cintura de Sirius a serpente vermelha que o caracterizava como herdeiro do trono. Os dois irmãos viveram felizes naquela solidão, mas depois de certo tempo Ursa começou a se cansar daquela vida e desejar as delícias da corte e da posição que tinha abandonado.

Tendo o hábito de só se importar com seus próprios desejos, não hesitou em abandonar a mulher e os filhos. Apareceu numa cidade do litoral e fingiu ter chegado de um país estrangeiro. Foi procurar o pai, que o perdoou e o colocou novamente como herdeiro do trono.

Ansioso para garantir sua sucessão, Alastor em seguida arranjou um casamento para Ursa, que o aceitou sem nada dizer sobre a mulher e os filhos que tinha deixado na floresta. Na verdade, ao retornar deixou claro que não tivera nada a ver com a fuga da irmã, e não sabia nada dela. A nova esposa, Hesperia, acabou por dar-lhe um filho, Pollux; este também foi tatuado com uma serpente, pois se Ursa não permitisse isso levantaria suspeitas.

Contudo, a nova esposa tinha um temperamento difícil, e ele muitas vezes lembrava com saudade da vida feliz na floresta. Certa ocasião em que estava caçando ali conseguiu distanciar-se dos companheiros e foi em busca da cabana que construíra, mas encontrou-a deserta.

Orion tinha vivido ali durante muitos anos e vira seus filhos crescerem belos e saudáveis. Não tinha dificuldade para sobreviver, porque as diversas armadilhas que Ursa tinha feito ainda funcionavam, e ela podia juntar frutas e raízes como ele fazia. Quando as crianças cresceram e precisaram de roupas, ela as teceu de juncos. Viveram uma existência natural e feliz, embora ela sofresse muito com o desaparecimento do irmão e marido. Sempre teve esperança de que um dia ele voltaria, e de que com o tempo seu filho ocuparia o trono de seus antepassados.

Por fim deu-se conta de que, para tal, ela devia levar os filhos a terem contato com os semelhantes, que não podiam ficar totalmente apartados deles. Vestiu-se então com o que sobrara das roupas com que tinha fugido e dirigiu-se ao povoado próximo, onde conseguiu trocar peles de animais por roupas de camponeses para as crianças e para ela. Então ela pôde levar as crianças algumas vezes a visitar povoados daquela remota região do país. Mas nunca foi ao mesmo lugar duas vezes, para não despertar suspeitas, e sempre dizia que eram viajantes passando por ali.

Quando o menino cresceu, ela contou a ele sua origem real, e combinaram que depois da morte do velho rei eles voltariam à capital e fariam com que ele fosse reconhecido como herdeiro do trono.

Finalmente, porém, Orion ficou doente e morreu. No leito de morte ela fez o filho prometer solenemente que iria procurar o pai e revelar-se. Avisou-lhe, entretanto, que seu pai era um homem temperamental e que devia aguardar com cuidado o momento certo de fazer essa revelação.

Os dois jovens sofreram muito com a morte da mãe. Enterraram seu corpo sob a cabana, e depois a deixaram para sempre, pois não podiam suportar mais viver ali, onde cada pedra ou árvore lhes recordava a sua presença. Foram andando lentamente para a capital. Sirius cuidava com carinho da irmã. Lá conseguiu encontrar trabalho, utilizando sua habilidade de caçar e fazer armadilhas. Pretendia sustentar a si e a irmã até que o velho rei morresse, mas, como foi dito, isso se antecipou.

Entre as festividades que celebravam a vitória que mencionamos, havia provas de natação de que ele participou – vencendo todos os competidores –, mas, acidentalmente, a serpente vermelha tatuada em sua cintura foi vista e começaram a correr boatos que acabaram chegando aos ouvidos do velho Alastor, fazendo com que Sirius fosse levado até ele.

Quando se revelou toda a verdade, houve uma cena violenta, e Alastor obrigou Ursa a emitir uma ordem de execução de Sirius, que foi posto na prisão e vigiado de perto. Entretanto, o choque da revelação tinha sido tão grande para Alastor que ele não se recuperou do golpe e morreu em poucos dias.

Ursa então tornou-se rei. Tinha decidido que o filho mais velho, Sirius, seria o herdeiro do trono em lugar de Pollux, que sempre demonstrara um caráter fraco e dissoluto. Entretanto, havia uma dificuldade, pois o novo rei não podia anular o decreto que o pai o obrigara a assinar. Decidiu então tratar ele próprio de retirar Sirius da prisão.

A mulher dele, Hesperia, de alguma forma ficou sabendo de suas intenções, ou talvez apenas suspeitasse delas; de qualquer modo, começou a vigiá-lo de perto, decidida a opor-se a ele em benefício de seu próprio filho, Pollux.

A prisão onde estava Sirius era um curioso labirinto de paredes de pedra, com um círculo dentro do outro, e cada abertura que levava de um a outro era cuidadosamente vigiada. Sirius, como prisioneiro de estado, estava numa cela bem no centro. Ursa disfarçou-se e saiu em segredo do palácio, à noite. Chegando ao primeiro guarda, de fora da prisão, subornou-o com uma pequena jóia, e o guarda concordou em afastar-se por alguns momentos, deixando o rei entrar na prisão.

Enquanto isso, a ciumenta Hesperia tinha descoberto a ausência do marido, e, cheia de desconfiança, correu imediatamente para a prisão. Vendo que o primeiro guarda estava ausente, suas suspeitas se confirmaram e ela entrou pela porta que Ursa deixara aberta. Ele havia entrado, e ao chegar ao segundo guarda, golpeou-o antes que pudesse dar alarme; depois de furiosa luta, conseguiu abatê-lo. Logrou esgueirar-se do terceiro guarda, mas teve outra luta com o quarto; venceu mas ficou ferido. Finalmente penetrou na cela central e encontrou o filho, a quem disse que deixaria escapar são e salvo, com a condição de que fosse embora – guardando absoluto silêncio sobre sua identidade e história – e nunca mais voltasse. Sirius, sem reconhecer o pai sob o disfarce, respondeu que não poderia prometer isso, pois estava preso à promessa que fizera à mãe no leito de morte, de que retornaria para reclamar sua posição. Ursa implorou-lhe que fosse, sob qualquer condição ou até sem condição alguma, mas que fugisse enquanto havia tempo.

Algo fez com que Sirius suspeitasse de sua identidade, então arrancou o disfarce do rosto do pai, e reconheceu-o. Nesse exato momento Hesperia chegou: tinha encontrado o guarda morto e se apossara do punhal dele, demorando por ter tido que conversar com o terceiro guarda, que não queria deixá-la passar, até que descobriu o rosto e usou de sua autoridade como rainha. Atirou-se então sobre o marido como louca, e seguiu-se uma luta terrível, na qual pai e filho ficaram feridos. Finalmente, quando ela percebeu que não podia vencê-los, num ímpeto furioso optou por cravar o punhal no próprio peito.

Pai e filho discutiram então o que seria melhor fazer. De início, o pai sugeriu que fugissem os dois juntos e abandonassem o reino à sua própria sorte, mas Sirius opôs-se com firmeza, oferecendo-se para desaparecer, mesmo quebrando a promessa feita à mãe. Ursa não concordou, e eles seguiram discutindo o caso durante as longas horas da noite. Sirius sugeriu que, quando da morte de Ursa, o reino fosse dividido entre ele e Pollux, ou, se isso fosse inviável, que seu irmão recebesse um alto posto no governo. Ursa não aprovou a idéia, e finalmente decidiu que a honestidade era a melhor atitude, e que chegara o momento de consertar o que fizera de errado em sua vida, tanto quanto possível.

Voltaram juntos para o palácio, e Ursa chamou Pollux e contou-lhe tudo, dizendo que não devia mais ter esperança de subir ao trono. Pollux recebeu mal a notícia, e saiu correndo da presença do pai, extremamente irado.

Ursa então chamou seus comandantes, contou-lhes tudo a respeito de sua vida e apresentou-lhes o verdadeiro herdeiro do trono. A maioria aceitou de imediato Sirius como tal, apesar de seu nascimento irregular; dali em diante ele passou a usar o colar de ouro que indicava sua condição.

Pollux deixou o país e tentou reunir um exército que o auxiliasse a reivindicar o que achava ser seu direito. Não conseguiu levantar esse exército entre as pequenas tribos vizinhas, então foi a Poseidônis e tentou atrair o interesse do soberano tolteca para o caso. Corona aceitou abraçar a causa, devido à questão dos tributos e também porque Ursa havia, pouco tem-

As Vidas de Alcyone

po atrás, vencido seu exército; contudo, ele não tinha condições de se envolver muito porque havia uma rebelião em outra parte de seus domínios.

Entrementes, Sirius, que fora reconhecido publicamente como herdeiro do trono, pôde ir a Mercúrio e contar-lhe a verdadeira história de sua vida, pedindo novamente a mão de Alcyone. Nessas condições, Mercúrio concordou. Não há dúvida de que o sacerdote gostara do rapaz, e por isso e pelo grande amor de Sirius por Alcyone, inclinou-se a deixar de lado as circunstâncias algo constrangedoras de sua origem.

Alcyone casou-se então com grande pompa, e embora fosse bem jovem ocupou seu lugar entre as grandes damas do reino. Foi muito feliz nesse início de vida conjugal; orgulhava-se do marido e de sua história,em vez de aborrecer-se com ela. Essa felicidade durou por uns três anos, durante os quais nasceram duas lindas crianças: um menino, Urano, e uma menina, Hércules. Depois, a guerra irrompeu novamente, e seu marido teve que partir, assumindo seu papel nela.

Contudo, o imperador tolteca não estava tendo grande empenho na guerra, e apesar de seu exército ser mais bem treinado e muito superior em número, as vitórias se alternavam de forma mais ou menos equivalente entre os dois lados: a guerra se arrastou por muito tempo sem uma vitória decisiva de nenhum deles. Ursa, agora rei, tinha o hábito de consultar Mercúrio quando precisava de conselhos e tinha muito respeito por ele. Por essa época, Mercúrio passou-lhe informações sobre uma vida anterior dele e as relações que tivera com o filho, Sirius, naquela existência. Isso teve grande impacto sobre Ursa, que acabou tendo uma dramática explicação com o filho, e ao final decidiu abdicar em favor dele e retirar-se do mundo para viver uma existência de ermitão.

Sirius tomou as rédeas do governo, e embora muito jovem, saiu-se bem: pedia conselhos com freqüência ao pai, e ainda mais a Mercúrio, nas dificuldades que encontrava.

Alcyone foi alçada à mais alta posição no pequeno país, e assumiu bem o papel. O novo rei continuou a guerra com vitórias ocasionais, e certa vez escapou por muito pouco de perder a vida em conseqüência de uma traição.

Havia na corte uma mulher, Thetis, que fingia ser leal à causa de Sirius, mas em realidade estava do lado de seu meio-irmão. Ela conseguiu, de forma escusa, descobrir planos do rei, especificamente sobre uma pequena incursão que ele iria conduzir para conseguir informações importantes sobre a situação dos exércitos toltecas. Conseguiu informar disso os toltecas, para que preparassem uma emboscada, crendo que o rei seria morto.

Esse plano maligno foi abortado por um sonho ou intuição que o pai-eremita de Sirius teve. Deixou sua caverna, foi ao encontro do filho, que estava a caminho nessa incursão, e pediu-lhe que o deixasse comandar o grupo. O filho recusou, dizendo que seria loucura que seu pai, naquela idade, se expusesse a tais riscos. Porém Ursa insistiu, e por fim Sirius foi obrigado a concordar. O velho rei-eremita conduziu então o grupo, e logrou obter as informações necessárias e enviar um mensageiro com elas, antes de cair na emboscada que fora preparada para seu filho, e onde foi morto. A vida de Sirius foi poupada, mas ele sofreu muito com a morte do pai, inda mais que Mercúrio, através da intuição, contou-lhe do sonho que ele tivera, e que sabendo do perigo que o filho corria dera a própria vida para salvá-lo.

Esse fato marcou muito Alcyone e Sirius, e este foi consultar Mercúrio para saber que atitude devia tomar em relação à guerra. O conselho que recebeu foi que, já que o país estava sendo devastado por aquele conflito incessante e nada podia ser feito para o bem do povo enquanto continuasse, ele deveria tentar chegar a um acordo com o imperador tolteca, mesmo que para isso fosse necessário pagar um tributo maior.

Por sorte, pouco depois Sirius conseguiu infligir uma derrota esmagadora ao exército tolteca, e expulsou os sobreviventes do reino. Logo em seguida, enviou uma embaixada ao imperador tolteca para dizer que, embora estivesse vitorioso naquele momento, desejava fazer a paz, e para evitar mais derramamento de sangue desejava fazer um acordo. O imperador, cansado daquele conflito inútil numa região distante do império, foi mais razoável do que seria de se esperar, e, tendo acertado o pagamento de um tributo ligeiramente superior, Sirius pôde dispensar suas tropas e empregá-las em trabalhos muito mais necessários.

Alcyone foi uma eficiente colaboradora do marido, com muitos planos para melhorar as condições do povo. Teve início então uma época de paz e prosperidade para o rei e para o país. Os dois soberanos tiveram outros filhos, e eram felizes juntos.

Aqui aparece outro de nossa lista de personagens – Cygnus, que era o administrador de terras que pertenciam a Sirius, a quem ele serviu fielmente durante muitos anos.

O outro pretendente ao trono, Pollux, embora abandona-

As Vidas de Alcyone   295

do pelo imperador tolteca, não cessava de tentar obter o que pretendia. Seu maior objetivo era assassinar Sirius, e por duas vezes quase o conseguiu. Da segunda vez, foi Alcyone quem salvou o marido, pois teve um sonho nítido que a fez enviar um aviso urgente a ele – que estava naquele momento efetuando julgamentos –, informando que ia ser atacado. Sua descrição do atacante foi tão precisa que o rei pôde reconhecer o homem quando chegou diante dele, e de imediato ordenou que fosse preso e revistado: encontraram a arma com a qual pretendia matar o rei. Como não pôde dar uma explicação adequada, o caso foi resolvido sumariamente.

Sob a inteligente condução de Sirius, e com a paz estabelecida, o reino rapidamente progrediu. Por sugestão de Mercúrio, já extremamente idoso, Sirius mandou chamar o meio-irmão e tentou chegar a um acordo com ele. Disse-lhe com franqueza que entendia ser o reino um encargo que lhe era destinado, e não podia transferi-lo para ninguém, mas ofereceu-lhe o governo de uma parte do país, sob a sua tutela. Pollux não quis aceitar, dizendo que só ficaria satisfeito com o poder absoluto.

Contudo, ao longo dos encontros que teve com Sirius, Pollux acabou apaixonando-se por Alcyone; para ficar perto dela, finalmente disse que aceitaria não o governo de uma província distante, mas da capital. Sirius prontamente concordou.

Quando Mercúrio soube disso, alertou Sirius para que não confiasse demais na aparente amizade do seu meio-irmão. Chegou o momento em que Pollux se aproveitou de sua situação para fazer avanços indevidos sobre Alcyone, que o rejeitou prontamente; ela não sabia se devia contar ao marido, porque ele estava muito satisfeito de ter (como imaginava) terminado com a longa inimizade do meio-irmão. Como este prometeu emendar-se, ela escondeu o fato por algum tempo, mas por fim, a paixão de Pollux o venceu e deu-se uma cena que não foi mais possível ocultar de Sirius. Ele ficou extremamente irado, destituiu o irmão do cargo e o colocou na prisão, onde morreu pouco depois.

Por essa época, uma grande tristeza atingiu Sirius e Alcyone: a morte do pai que veneravam, Mercúrio, já em idade avançada. Sentiram muito sua perda, e com razão, pois nunca mais teriam um conselheiro tão sábio.

Nesse ínterim, o imperador tolteca também tinha morrido, e seu sucessor, Ulisses, decidiu-se por uma política agressiva; desejava submeter toda a ilha a seu comando direto, em vez de ser apenas o soberano oficial acima de diversos reis das primeiras sub-raças. Após muito esforço para unificar todos em um só reino, apenas os montanheses tlavatlis não admitiam a perda de sua liberdade, por isso ocorreram constantes confrontos. Sirius foi morto em combate, tentando preservar a liberdade de seu povo, no ano 13000 a.C.

Alcyone mergulhou em profundo sofrimento, e permitiu-se abrigar amargos pensamentos de vingança contra o novo imperador tolteca. Esse infortúnio alterou o seu temperamento, e ela que era doce e carinhosa transformou-se numa vingadora decidida e incansável, com uma idéia fixa. Vestiu-se com a armadura do marido, colocou-se à frente do que restava de seu povo e foi para o recesso das montanhas, pois as hostes toltecas tinham ocupado o país. O administrador de Sirius, Cygnus, que sempre a admirara muito, tornou-se um dos mais aguerridos combatentes, distinguindo-se nas lutas.

Durante alguns anos, ela chefiou uma luta de guerrilha, passando as maiores dificuldades, mas nem por um momento desistiu de seu objetivo. Não podia, com seu punhado de montanheses, enfrentar os toltecas num combate em campo aberto, mas atormentava-os constantemente, e, graças aos conhecimentos que adquiriu das montanhas, sempre se esquivou às tentativas de capturá-la. Nunca diminuiu o seu ódio do imperador, cuja ambição causara a morte de seu amado esposo.

Fez os filhos jurarem que não descansariam até acabar com o imperador e seu poder; enviou um deles, Aurora, disfarçado, à Cidade das Portas de Ouro, para tentar matá-lo. Após muitas aventuras, o rapaz chegou à cidade, e logo conseguiu unir-se a uma das muitas facções de insatisfeitos, e quando tiveram oportunidade, ele foi um dos que atacaram o imperador e o mataram. Ele retornou para junto da mãe com a notícia da queda do tirano, exibindo com orgulho o punhal com que o executara. Ela o recebeu com orgulho, como o vingador do pai. Contudo, a partir dali, pela primeira vez uma dúvida se insinuou em sua mente: seu marido e seu pai mortos teriam aprovado o que ela fizera?

A dúvida cresceu e aumentou até transformar-se num pesadelo. Então ela começou a fazer uma invocação do marido morto, dizendo que não deixaria de chamá-lo até que lhe dissesse o que pensava. Continuou noite e dia com essa estranha invocação, até que por fim, exausta, adormeceu. Viu então em sonho Sirius e Mercúrio, que vinham até ela e diziam que, embora de acordo com os costumes da época o seu ato de vingança fosse aceitável e até louvável, de um ponto de vista mais ele-

As Vidas de Alcyone

vado todo o retorno das ações era prerrogativa da Lei Maior.

– Minha filha – disse Mercúrio –, erraste, embora eu compreenda os motivos. Tuas razões pareciam suficientes, mas não há razão que faça o que é errado ficar certo, nem justificar a violência. Esse ato que cometeste irá trazer sofrimentos no futuro, para ti e para o fiel instrumento que utilizaste, mas com o sofrimento irás adquirir sabedoria, e num futuro distante irás conduzir para a luz aquele cuja existência ceifaste prematuramente – e nessa época eu ajudarei e guiarei a ambos, como fiz nesta vida.

Alcyone, embora sofresse com a desaprovação do pai, ficou por outro lado reconfortada com a visão, por ter encontrado novamente aqueles que mais amara neste mundo. E assim voltou a ser o que era antes. Conservou os trajes masculinos somente até colocar o filho mais velho, Urano, no trono que fora de seu pai, e depois abandonou-os, voltando a ser a doce e carinhosa Alcyone de outrora.

Agora que o tirano estava morto, o reino se dividiu novamente em suas partes anteriores, e não houve mais ataques contra os montanheses do Sul. Urano reinou com sabedoria, tendo por trás a rainha-mãe, Alcyone, pensando sempre no que Sirius faria em cada ocasião e no que Mercúrio aconselharia. E durante muito tempo eles realmente a inspiraram, embora ela não tivesse muita consciência disso; foi por sua influência que ela tomou as sábias decisões que tomou, ou antes, influenciou o rei a tomar.

Conquanto ela agora olhasse a época de sua vingança com arrependimento e desgosto e a julgasse até uma espécie de obsessão, o povo a aplaudia, considerando-a de um extraordinário heroísmo. Era, pois, muito honrada e admirada, e sua influência em muitos sentidos era ainda maior que a do rei.

Sobreviveu por uns 30 anos após a morte do marido, e por fim partiu serenamente, com 82 anos, amada e pranteada por todo o povo e pelos muitos filhos que tinha criado tão bem, exceto por aquele período sombrio, em que o choque de um grande sofrimento a tinha feito apartar-se dos ensinamentos da lei do amor.

Urano viveu mais alguns anos depois disso, e, lembrando dos conselhos da mãe, reinou bem e com sabedoria. Como os toltecas nunca tiveram força suficiente para ocupar as montanhas do Sul, a dinastia continuou durante séculos e seu povo desenvolveu-se extraordinariamente.

Foi uma existência boa, a de Alcyone, de modo geral, e bastante progresso foi feito, apesar daquela única recaída no erro que tinha sido a nota dominante de uma vida anterior. Pelo menos, pode-se ver que desta vez o sentimento de vingança não foi despertado apenas por razões pessoais, e sim pelo ataque a um ser amado. Como veremos por fim, em vidas futuras mais distantes, todo sentimento de vingança será abandonado sob a influência do grande envolvimento de amor e compaixão.

A filha mais velha de Alcyone, Hércules, casou-se com Aldeb e mudou-se para um outro reino de condições semelhantes, também tlavatli. Mais tarde seu marido herdou o trono desse reino, e ela também tornou-se rainha. Era reconhecida por sua sabedoria, e era bem inspirada, pois o marido às vezes a consultava, quando em dúvida sobre algum assunto, e ela respondia de forma que superava seu próprio conhecimento.

Mizar desposou Irene: foi o mais tardio dos casamentos. Quando sua mãe ficou idosa, Mizar e o marido voltaram a viver com ela. Vajra saiu cedo de casa e viajou bastante, permanecendo por muito tempo com Aldeb e Hércules. Era realmente de temperamento aventureiro, e fez várias incursões para explorar as montanhas da região. Demeter era muito sensível, embora não exatamente com dons psíquicos. Netuno, que era muito afetuoso e sensato, desposou Bella. Selene teve uma vida tranqüila e estudiosa.

Vida XXXII
(12877 a.C. – Índia)

A maioria dos arianos fanáticos da Ásia Central continuava a crescer e multiplicar-se, e como a terra cultivável às margens do Mar de Gobi era limitada, vaga após vaga migratória partiu dali, e a grande maioria delas acabou na Índia.

Muito mais tarde alguns grupos penetraram na Pérsia, mas nessa época o império que ocupava essa região era poderoso demais para que se animassem a atacá-lo. Contudo, um exército ou uma tribo de emigrantes circundou o Norte da Pérsia e chegaram ao Cáucaso, de onde mais tarde se disseminou pela Europa. Durante alguns milhares de anos, houve muitas vagas migratórias menores que se dirigiram para a Índia.

De modo geral, as incursões dos arianos pareciam-se muito com as invasões dos godos e vândalos no Império Romano. Encontramos o mesmo tipo de civilização muito avançada, mas de certa forma exaurida. Os invasores arianos, embora muito

As Vidas de Alcyone

menos civilizados no que tangia a artes e ciências, eram uma raça mais vigorosa, mais fanática e menos filosófica. Seus líderes os tinham convencido de que essas conquistas eram uma guerra santa. Referiam-se aos atlantes como *dasyas*, os consideravam ímpios a serem exterminados a qualquer preço e desprezavam sua avançada civilização e suas artes, embora não o seu ouro e jóias, ao que parece. Os soldados atlantes eram bem treinados, mas na maioria dos casos não conseguiam resistir às investidas violentas dos rudes bárbaros do Norte.

Existiam outras raças ali, aparentemente de origem lemuriana. Havia uma grande população negra, totalmente separada da maioria tlavatli morena e da raça vermelha tolteca, em cujas mãos geralmente estava o governo. Às vezes os toltecas eram chamados de *nagas* e alguns dos povos mais escuros, de *takshaks* – um povo que usava flechas envenenadas com pontas de ferro.

Os arianos tinham um porte físico mais avantajado, e os homens, de olhos penetrantes e nariz aquilino, não eram muito diferentes dos afegãos de hoje. No confronto homem-a-homem eles suplantavam facilmente os atlantes, que eram mais débeis – embora algumas grandes cidades fortificadas destes resistissem aos ataques durante séculos. Os arianos, em geral, eram um povo inteligente e feliz, embora estivessem longe de viver de forma ideal. Nessa época, a maioria era carnívora; pelo menos é certo que algumas tribos grandes comiam carne de gado. Também havia muito alcoolismo entre eles, sendo a bebida mais comum o suco de uma planta da ordem das asclepíades, que eles misturavam com leite. Algumas tribos, quando se estabeleceram nas regiões do Norte da Índia, começaram a cultivar trigo e cevada, e tornaram-se praticamente vegetarianas.

Os pais de Alcyone pertenciam a um desses grupos nômades, e ele nasceu no caminho, em algum lugar da região montanhosa próxima do atual Afeganistão, no ano de 12.877 a.C.

Esse grupo se deslocava lentamente para o Punjab, na Índia, que já estava nas mãos dos arianos. Esses invasores e saqueadores estavam sempre dispostos a lutar, tanto com os de sua própria raça como com outros, para obter o que quisessem. Em alguns casos, os reis arianos já estabelecidos por ali tinham a sensatez de alegar seu parentesco com esses novos grupos e conseguiam que se fossem; outros, que já estavam ali havia séculos, consideravam seus irmãos como selvagens e resistiam vigorosamente a eles – geralmente acabavam vencidos.

A família de Alcyone acabou se estabelecendo num lugar

300   C. W. Leadbeater

chamada Arupalu, não longe de onde se situa hoje Amritsar. Deve-se dizer que, embora os invasores arianos geralmente expulsassem ou massacrassem os atlantes, em alguns lugares conviviam amigavelmente com eles, e embora a maioria dos arianos fosse extremamente intolerante e fanática e rejeitasse tudo que lembrasse a cultura avançada da Atlântida, havia alguns de mente mais aberta, mais dispostos a aprender. A religião dos atlantes era um tipo de culto do Sol, mas acompanhado de um extraordinário sistema filosófico. Seus templos eram de pedra, de um branco ofuscante, e em forma de estrela.

As lembranças mais remotas de Alcyone eram do deslocamento incessante da tribo, e a primeira divindade a quem ele foi ensinado a rezar era o Guia, a quem toda a tribo fazia seus pedidos para que encontrasse um caminho para eles e os guiasse a uma terra aprazível. Traziam muitas tradições estranhas e interessantes da sua terra natal. Segundo elas, seriam um povo semibárbaro, que vivia nos limites de um território dominado por outros, cuja constante expansão pressionou-os a migrar.

O pai de Alcyone nessa encarnação foi Algol, e sua mãe, Teseu, que morreu logo depois de seu nascimento. O pai era um homem fanático, que se opunha a tudo, bom ou ruim, que viesse dos atlantes, e esse sentimento se intensificou, ao invés de diminuir, pelo fato de que, na região onde se estabeleceram, os arianos e atlantes viviam juntos em relativa harmonia. Alcyone cedo começou a duvidar da sensatez das posições do pai, pois muitas coisas da cultura atlante o atraíam enormemente, e desde criança fez amizade tanto com crianças arianas como atlantes. Na verdade, seu companheiro preferido era Psyche, filho de um rico dignitário atlanate, Orfeu, mas o fanatismo de seu pai era tão grande que ele nunca ousou convidar o amigo para ir a sua casa, nem mesmo deixar que o pai soubesse a respeito dele. Conseguiu, por acaso, ter uma educação muito melhor do que seu pai poderia dar-lhe, porque aprendeu através do amigo muita coisa do que era ensinado a este.

Tudo isso influenciou bastante sua vida futura, pois as visitas a seu amigo continuaram durante anos, até que ambos se tornaram moços. A situação se complicou então, porque Alcyone se enamorou da irmã do amigo, Mizar. O sentimento era recíproco, mas as perspectivas para eles não eram animadoras. Era impossível sequer pensar em propor tal casamento ao pai de Alcyone, e o dignitário atlante, por sua vez, dificilmente aceitaria uma relação que o unisse a alguém que se opunha tão ferozmente a sua raça. Dessa forma, os dois jovens se achavam

As Vidas de Alcyone

num dilema – não podiam fazer nada sem contar aos pais, e ao mesmo tempo não tinham como fazer isso.

Esse nó górdio foi desatado quando, em função de certos falatórios, chegou aos ouvidos do pai de Alcyone a denúncia de que ele andava visitando uma família atlante. Isso desencadeou uma tempestade de vitupérios sobre ele. Alcyone admitiu francamente que era uma amizade de anos, e anunciou sua intenção de casar-se com Mizar. O pai imediatamente o expulsou de casa, mas felizmente esqueceu de avisar seus amigos atlantes. Alcyone de imediato os chamou, contou tudo a seu amigo e a Mizar, e deixou-a paralisada propondo que fugisse com ele imediatamente, antes que a notícia da atitude de seu pai chegasse aos ouvidos da família dela. Após certa hesitação inicial, Mizar finalmente concordou, e com a ajuda de Psyche e uma boa soma de dinheiro emprestada por ele, os dois jovens enamorados partiram juntos.

Seu projeto de fuga era unirem-se a um dos grupos de arianos que estavam por acaso atravessando a região, pois tinham certeza de que seria o último lugar onde iriam procurá-los, e também de que um grupo de invasores arianos não iria entregá-los, mesmo que fossem procurados. Deram a desculpa de uma visita a alguns amigos ou parentes para manter o pai de Mizar longe de seu rastro até que o grupo tivesse atravessado a região. Quando ele se deu conta da verdade, era praticamente impossível encontrar os fugitivos; isto é, ele conseguiu descobrir que eles tinham se unido ao bando de arianos, mas não pôde encontrá-los ou ter qualquer outra notícia deles.

Os grupos arianos estavam se dirigindo para o Leste. Embora muita coisa de seu modo de vida desagradasse o jovem casal, eles foram bem tratados, à sua maneira sincera e rude. Continuaram com o grupo por algum tempo, mas sempre com a intenção de separar-se dele quando se sentissem a salvo de qualquer perseguição.

Alcyone, tendo sacrificado tudo por amor, agora tinha que pensar em como sustentar a si e à jovem esposa. Como eram de povos diferentes, teriam que encontrar uma ocupação e construir um lar em alguma parte do país onde as duas raças vivessem juntas amigavelmente.

Alcyone teve a sorte de prestar um serviço a Vesta, um dos líderes do grupo, com um ato de bravura, durante um ataque noturno que foi feito a uma parte daquele exército improvisado. (Contudo, embora daquela vez Alcyone lhe tivesse salvado a vida, o destino de Vesta era deixar este plano, pois pouco tempo depois ele foi morto num combate, mais a Leste.) Em recompensa pelo que fizera, Vesta fez Alcyone aceitar uma grande quantidade de ouro e jóias que obtivera num assalto a uma cidade atlante no início da marcha. Ele quis saber a história de Alcyone, e, quando soube que ele desejava abandonar aquela vida errante assim que pudesse e arranjar uma ocupação, ofereceu-lhe duas alternativas: continuar com eles para conquistar a remota e desconhecida região do Leste (provavelmente Bengala) ou estabelecer-se logo de imediato, com uma recomendação a Draco, um parente seu que chegara ao país alguns anos antes com um grupo anterior e conseguira estabelecer-se não longe do lugar onde estavam. Como Mizar estava prestes a ser mãe e achava muito penosas a marcha contínua e a vida dura e rude dos acampamentos, Alcyone preferiu a segunda alternativa.

Com a ajuda do parente de Vesta, finalmente ele conseguiu ficar de posse de uma terra num lugar chamado Dhramira, perto de onde é hoje Saharanpur. A mulher de Draco, Cássio, foi muito bondosa para Mizar, e cuidou dela enquanto esperava a criança.

Começou então uma vida feliz e sem maiores acontecimentos. Graças à recomendação que tinham recebido do líder ariano, puderam fazer bons amigos, mas eram tão ligados um ao outro que o mais importante para eles era sua vida em família. Logo nasceu um menino, Fomal, e sua felicidade teria sido perfeita não fosse por um acidente que aconteceu a Alcyone e causou-lhe bastante sofrimento – na verdade, nunca se recuperou totalmente dele.

Ele sempre teve uma mente curiosa e inquisitiva, e quando um amigo atlante rico, Aletheia, importou da Atlântida uma das suas estranhas naves aéreas, Alcyone aceitou prontamente o convite para fazer um vôo de teste com ele. Um erro ao lidar com o sistema de propulsão fez com que um dos tubos direcionais[34] ficasse emperrado num momento crítico e o aparelho caiu, sendo os passageiros lançados para fora com violência. Os dois ficaram gravemente feridos, e, embora Alcyone acabasse se recuperando totalmente, ficou mancando até o fim da vida, devido a uma lesão do quadril que não pôde ser tratada com sucesso pelas técnicas cirúrgicas primitivas da época.

Suas terras produziram bem, e com o passar dos anos ele

---

34 Uma descrição detalhada dessas naves aéreas atlantes consta da primeira parte da obra *Entre dois mundos - história da Atlântida e da Lemúria perdidas*, de Frederick S. Olivier e Scott Elliott, **EDITORA DO CONHECIMENTO**.

se tornou rico e respeitado. Interessava-se muito pelo estudo da filosofia atlante, e ele e Mizar sempre mantiveram a mais amigável relação tanto com os sacerdotes arianos como com os atlantes, embora fossem mais ligados ao templo em forma de estrela do Deus-Solar.

As migrações arianas continuaram a passar por ali periodicamente, mas eles felizmente conseguiram lidar diplomaticamente com esses bandos errantes, e Alcyone, em memória de seu amigo Vesta, sempre lhes ofereceu ampla hospitalidade, ficando em boas relações com eles. A maior dessas levas migratórias estava sob o comando de Marte, que conduziu um grande contingente de guerreiros através de Amritsar, a caminho da Índia Central, onde acabou erigindo um império. Seu irmão Mercúrio vinha junto com ele, como sumo sacerdote. Alcyone sentiu grande admiração por Hércules, a filha de Marte, e ficou triste ao separar-se dela.

Tanto Alcyone como a esposa viveram até idade avançada e eram muito respeitados; ele era considerado um entendido em filosofia, alguém que podia harmonizar os preceitos conflitantes das duas religiões. No final da vida, Mizar sofreu muito de reumatismo, e ficou praticamente retida no leito durante anos até morrer, com a idade de 75 anos. Alcyone viveu ainda mais cinco anos, partindo em12795 a.C.

Embora houvesse poucos acontecimentos marcantes nessa existência, que teve muitos anos prósperos e tranqüilos, o caráter de Alcyone não deixou de progredir, desenvolvendo a coragem e a decisão e demonstrando considerável habilidade administrativa, aprendendo também a arte de lidar sabiamente com as pessoas – uma habilidade que viria a ser muito valiosa em sua próxima encarnação.

Vida XXXIII
(12093 a.C. – Peru)

Doze mil anos antes da era cristã existiu na região que hoje denominamos de Peru, uma das mais notáveis civilizações que o mundo já conheceu. Não cabe aqui dar uma descrição completa dela; isso pode ser encontrado na obra *O Homem – de onde vem e para onde vai*. É suficiente dizer que numa autocracia absoluta, onde o soberano reinava por direito divino, encontramos funcionando plenamente tudo de mais inteligente que existe nas idéias propostas pelos socialistas de hoje. Em conseqüência disso, a pobreza era totalmente desconhecida e o nível geral de saúde e felicidade do povo era sem contestação mais elevado do que em qualquer país da atualidade. Sua organização era tão perfeita que a morte ocorria quase que exclusivamente por velhice ou acidente, ninguém precisava trabalhar depois dos 45 anos e não havia praticamente leis a não ser a opinião pública – e nenhuma pena, exceto a expulsão da comunidade de quem, por um comportamento incivilizado, fosse considerado indigno do privilégio de continuar pertencendo a ela.

Essa magnífica civilização permaneceu inalterada durante milhares de anos, como aconteceu com a do Egito; mas por fim esgotou-se, como acontece a todas as raças após um lapso de tempo suficiente, e os descendentes já degenerados dessa cultura notável foram conquistado por outro povo muito menos evoluído. Os conquistadores, embora inferiores em muitos aspectos aos que tinham vencido, tiveram condições de reconhecer as vantagens daquela forma ideal de governo e tentaram mantê-la o quanto puderam. Mas faltava-lhes a educação, a energia e a inteligência dos antecessores, e foi apenas um pálido reflexo do esplendor original daquele poderoso império que os bárbaros cristãos encontraram ao invadir o país há 400 anos, perpetrando ali talvez o mais sórdido crime que a história registrou.

Encontramos Alcyone nascido em 12093 a.C., filho de Urano e Hesperia, e assim intimamente ligado à família real, pois Urano era irmão do Inca Marte. Alcyone era o irmão mais moço de Sirius, e era uma criança muito bonita, de cor acobreada, cabelos negros ondulados e brilhantes olhos negros. Quando pequeno, usava um curioso colar duplo de magníficas esmeraldas, as maiores que já vi. Nascera próximo de Cuzco, em uma casa grande de pedra avermelhada, construída na encosta de uma colina, talhada com terraços[35] que desciam até o rio, sobre o qual existia uma magnífica ponte com enormes pilares.

A educação que ele recebeu era extremamente prática, embora diferisse totalmente dos padrões modernos. Aprendeu a ler a escrever, e na época dava-se muita importância à arte da caligrafia Havia dois tipos de escrita: a cursiva, da vida quotidiana, e a que era chamada de escrita dos templos, feita com uma precisão de entalhe e que tinha um belo aspecto, sendo executada como uma espécie de iluminura de várias cores –

---

35 Esses terraços de cultivo, os andenes, foram herdados pelos incas e até hoje existem no Peru, em cujas regiões montanhosas são a única forma de cultivo possível (N. do T.).

As Vidas de Alcyone

vermelha, azul, preta e dourada. Alcyone era extremamente hábil nessa escrita: desde criança era chamado para executar manuscritos para alguns dos principais templos de Cuzco, e orgulhava-se de ser escolhido para tal. Tanto quanto consegui ver, parece que não era atribuído um sentido oculto à ordem das cores, mas era costume escrever determinados textos sempre com as mesmas cores e manter a mesma ordem.

Os antigos habitantes do Peru não possuíam uma Aritmética no sentido que damos a esse termo, e seus cálculos eram feitos por meio de cordas e nós,[36] em cuja manipulação eram muito hábeis.

A Astronomia era seu estudo principal; todas as estrelas tinham nomes próprios, embora fossem agrupadas de maneira muito diversa da que usamos hoje. Eram estudadas também do ponto de vista astrológico, e acreditava-se que cada uma tinha uma influência particular. Dava-se muita atenção a isso e ao momento exato em que determinadas atividades seriam iniciadas.

A Geografia era conhecida de forma imperfeita, e a História que conheciam era predominantemente a local, e mesmo assim só era estudada por alguns especialistas, não como uma matéria comum. Eram comuns os relatos populares dos feitos dos antigos deuses e heróis, e alguns deles eram baseados em fatos da história atlante. Existia também uma vaga noção de que uma nova raça estava se formando no outro lado do mundo, mas não possuíam informações precisas sobre o assunto.

Possuíam um elaborado sistema de cultura física, com uma série de exercícios não muito diferentes do moderno jiujitsu dos japoneses, cujo conhecimento se limitava à classe dirigente. Tornava-os capazes de executar o que pareciam milagres aos olhos do povo em geral e das tribos selvagens. A Química era amplamente estudada, mas apenas do ponto de vista prático, relacionada, por exemplo, com a criação de adubos e plantas alimentícias de todos os tipos. Possuíam muitos tipos de máquinas, embora muitas delas nos parecessem, na atualidade, toscas.

A pintura e a música eram ensinadas como matéria de estudo para as classes mais altas; contudo, Alcyone não demonstrava nenhum interesse especial por elas, dedicando-se quase inteiramente à produção dos belos escritos dos templos.

36 Os *quilpus*, como eram chamados, eram uma forma engenhosa de registro, com cordas de várias cores e nós a intervalos específicos. Foram herdados pelos incas e até hoje são estudados com a hipótese de constituírem um sistema de armazenamento de dados bem mais sofisticado do que parecem ser, à primeira vista (N. do T.).

A pintura era curiosa, sendo executada com rápidas pinceladas que secavam instantaneamente e não podiam ser retocadas. Possuíam cores excepcionalmente belas, mais brilhantes e puras do que as que temos hoje; na verdade, a cor tinha um papel preponderante naquela cultura. As roupas das pessoas eram de cores vivas, mas harmoniosas e de bom gosto. Alcyone, por exemplo, quase sempre usava da cabeça aos pés um belíssimo tom de azul claro. O próprio alimento que comiam era colorido, pois as classes mais altas, pelo menos, viviam quase exclusivamente de uma espécie de bolos feitos de uma farinha muito semelhante à de trigo, e esses bolos tinham sabores diferentes e eram coloridos de acordo com o sabor, de vermelho, azul, amarelo ou enfeitados com listas. Havia uma extraordinária abundância de frutas, e grande número delas era consumido mesmo pelos mais pobres.

Os livros em que Alcyone escrevia eram compostos de finas folhas de algum tipo de metal esmaltado; a superfície era quase como de porcelana, mas as lâminas eram flexíveis. As letras eram pintadas, em vez de escritas, e depois a lâmina toda era submetida a grande calor, para que a escrita ficasse indelével – queimada. Esses livros, naturalmente, eram de vários tamanhos, mas o tipo mais comum tinha cerca de 18 polegadas por seis, e a escrita se estendia, na página, da esquerda para a direita, como num manuscrito de folha de palmeira. As folhas eram unidas pelos cantos superiores, e quando não estavam sendo usadas eram guardadas numa caixa rasa de metal. Essas caixas de metal eram muitas vezes enfeitadas com entalhes de chifre, embutidos de forma curiosa, aderindo ao metal sem rebites ou cola. Esses livros às vezes eram de ouro, um metal que parece ter sido extremamente comum no Peru, naquela época e nas futuras.

O santuário interno dos templos era geralmente coberto de placas de ouro, e também nos templos era comum encontrar-se baixos-relevos com uma fina cobertura de ouro. Os templos eram enormes, mas, para nossos padrões, geralmente baixos em relação às outras dimensões. Havia também uma quantidade de pirâmides de degraus, com pequenos templos no topo. Nessa época, não eram feitos sacrifícios animais de qualquer espécie no país – usavam apenas flores e frutos. Honrava-se muito o Sol como a manifestação da Divindade, mas não se fazia preces a ele, pois entendia-se que a Divindade sabia do que suas criaturas necessitavam. Acreditavam numa outra existência após a morte, cujas condições dependeriam das ações do

As Vidas de Alcyone

homem durante a vida, e se considerava errado chorar pelos mortos, porque a Divindade não gostava de ver seus filhos sofrerem. A reencarnação não aparecia claramente em suas crenças, embora houvesse textos que constituíam provavelmente referências a ela, ou pelo menos ela seria sua interpretação mais natural.

Alcyone tinha muitos amigos dos dois sexos, mas sempre gostara mais do que todos de alguém que conhecera em outras vidas – Mizar, a filha de Vesta e Mira. Era uma jovem tímida e retraída, embora afetuosa e fiel. Ela, por sua vez, adorava Alcyone, e quando se casaram, com a satisfação das duas famílias, constituíram um casal muito unido. Como pertenciam à classe dirigente, a opinião pública esperava deles uma atividade permanente em benefício da comunidade, e sua vida era definida pela circunstância de seu nascimento.

A atividade dessa classe dirigente era sempre a de governar – mas inteiramente no interesse do povo; assim, a carreira usual para um jovem era começar sendo um governante auxiliar em pequena escala, num pequeno povoado ou na quarta parte de uma cidade. Depois disso, gradualmente ascendia, atuando como assistente de um governador ou outro posto mais elevado, até que por fim recebia o governo de um povoado ou outra função. Alcyone teve que seguir essa rotina como todos, e trabalhou como assistente, durante certo tempo, de seu pai, Urano, e depois de seu irmão mais velho, Sirius. Trabalharam juntos em estreita amizade, na maior compreensão mútua. Alcyone tinha uma inclinação especial pelo segundo filho de Sirius, Vega, de quem gostava mais do que dos outros. A família era grande e unida, e havia algumas preferências entre eles, mas todos se davam bem.

Alcyone trabalhou sob as ordens de Sirius durante muitos anos, enquanto este era transferido de um posto a outro, mas por fim ofereceram-lhe a oportunidade de assumir uma função própria e sua longa experiência como auxiliar o ajudou bastante. Rapidamente ele alcançou o comando de uma extensa província na fronteira, da qual se tornou o *tlecolen*, isto é, governador e juiz. O governo dessa região fronteiriça era um encargo difícil, pois incluía não apenas a administração da província como as relações com as tribos mais ou menos selvagens de além-fronteira, sobre as quais tinha um certo domínio ou jurisdição ampla.

Desde que começou a exercer a função, Alcyone concebeu a idéia de civilizar essas tribos selvagens adjacentes, anexando-as ao império, e isso se tornou em grande parte o objetivo

308   C. W. Leadbeater

de sua vida. Exigia-lhe grande esforço, porque além de cuidar de sua província tinha que viajar constantemente a essas tribos, fazendo estreita amizade com seus chefes, e aos poucos tentando acostumá-los ao modelo do império inca, fazendo-os assimilar conceitos como a responsabilidade dos líderes para com o bem-estar de seu povo. E assim acabou constituindo um grande grupo de jovens, que já não eram mais bárbaros, e confiou-lhes a tarefa de preparar o seu povo para a revolução que pretendia concretizar.

Na verdade, ele já tinha proposto havia muito a anexação formal da nova província ao império inca; já tinha preparado toda uma estrutura administrativa para funcionar de acordo com o modelo central. Assim, quando chegou o momento, a transição se fez com facilidade. Fez do chefe principal uma espécie de subgovernador, mas ficou atento para controlar qualquer arbitrariedade. A incorporação dessa nova província foi considerada uma grande realização, e conferiu a Alcyone muito prestígio na corte. O inca o convocou especialmente, e agradeceu-lhe de público pelo que fizera.

O grande e visível progresso que ocorreu nas condições de vida na nova província atraiu o interesse de outras tribos mais selvagens que viviam além dela, e alguns chefes vieram em grupo oferecer sua subordinação ao governador, pedindo que os mesmos benefícios fossem oferecidos a seu povo. Alcyone recebeu-os com grande pompa, de forma a causar-lhes a maior impressão. Usava um traje magnífico, o que usaria para apresentar-se diante do imperador, feito de um tecido coberto de pequenas escamas de ouro, que cintilavam à luz do sol com um brilho ofuscante. Montaram um aparato tecnológico com o qual o governador ficou cercado de lampejos de luz intensa, o que fez os selvagens se prostrarem diante dele, obviamente tomando-o por um ente sobrenatural ou uma espécie de divindade. Esse mecanismo elétrico tinha sido preparado para ele por Cygnus, que se dedicava a estudos dessa natureza. Era aparentado com Alcyone pelo casamento, e ligara-se a ele, partilhando sua trajetória. Quando ele se tornou governador, colocou Cygnus a dirigir a cidade principal de província, como uma espécie de prefeito, função que exerceu com eficiência.

O interesse de Alcyone pela educação era tão grande que, quando atingiu a idade em que um governador podia retirar-se da função, solicitou ao inca que lhe permitisse transferir-se para a casta sacerdotal, para dedicar-se inteiramente às tarefas educacionais. O comum é que os governadores trabalhassem até idade avançada, ou até a morte, mas tinham toda a liberdade de deixar a função ao chegar aos 60 anos. Seu pedido foi atendido, e ele se transferiu para o departamento dirigido por seu tio Mercúrio, sob cujas ordens tivera o privilégio de trabalhar durante alguns anos. Seu entusiasmo foi tão grande que foi indicado como sucessor dele no alto posto de Diretor Geral da Educação do império. O sucessor natural de Mercúrio seria seu filho Surya, mas ele e o irmão tinham sido enviados pelo inca numa importante missão à Cidade das Portas de Ouro, e, convidados pelo imperador, tinham ficado na Atlântida, nomeados para altos cargos.

Alcyone inventou diversos métodos novos de educação, sobretudo empregando objetos e combinações de blocos de armar e desenhos – uma espécie de jardim da infância primitivo. Também insistiu muito no uso das cores, em diversas formas, treinando os olhos das crianças para distinguir tonalidades. Nos ensinamentos religiosos havia um princípio de que a beleza das formas e cores era agradável à Divindade, e que a criação de objetos belos era uma oferenda que Ele aceitaria. Alcyone baseou-se nisso e estimulou esse princípio, fazendo da beleza um valor sagrado.

Conservou uma energia notável até os últimos dias antes de sua morte, em 12003 a.C. Sua esposa, Mizar, tinha partido quatro anos antes, em 12007 a.C., com 84 anos. Foi uma existência valiosa, em que ele trabalhou bastante pelos outros e fez bastante progresso.

Vida XXXIV
(11.182 a.C. – Índia)

A próxima vida nos leva de volta à Índia, e apresenta em vários sentidos um grande contraste com a anterior.

Nosso herói nasceu no ano de 11182 a.C., num lugar chamado Ranthambhor, em Rajputana. Era filho de um chefe ária que possuía uma boa extensão de terras e era muito considerado; um homem de caráter forte, mas um tanto áspero. Ainda não existiam castas, mas a família de Alcyone era uma das mais influentes, e diversos de seus membros haviam se tornado sacerdotes de vários templos; portanto podemos considerá-los brâmanes. Sua mãe era uma mulher eficiente e boa dona-de-casa, mas sempre ocupada com pequenas coisas e com pouca inclinação espiritual.

Quando pequeno, Alcyone era ativo e sagaz, mas de temperamento reservado. Era mais ligado a seu tio Percy que ao pai ou à mãe – o que é compreensível, porque Percy tinha sido seu filho mais velho no Peru, e os pais não tinham tido qualquer relação com ele. O tio morava com eles, e teve bastante influência na formação da mentalidade de Alcyone. Percy tinha uma mentalidade curiosa e perquiridora, e interessava-se bastante por todo tipo de influências ocultas e pesquisas a respeito. Embora não recordasse seu parentesco com Alcyone no Peru, sempre se sentiu muito ligado a ele, e isso se fortaleceu mais ainda quando descobriu que o menino era um grande sensitivo e reagia melhor que ele próprio a algumas atuações ocultas que ele tinha aprendido a evocar.

Tentou algumas experiências mesméricas com Alcyone e conseguiu um êxito inesperado; descobriu que quando o colocava em transe, várias entidades podiam falar através dele, e também podia usá-lo como instrumento para investigações clarividentes. Embora ele mesmerizasse Alcyone constantemente, nunca permitiu que alguém mais o fizesse, e também ensinou Alcyone a mesmerizar outras pessoas e a invocar espíritos da natureza. Fez com que praticasse a vidência com bola de cristal e escrita automática com caneta. Dessa forma, ele recebia freqüentemente comunicações de diversas pessoas desencarnadas, e também encarnadas, e após algum tempo não o usavam apenas para escrever mas também como médium, falando através dele.

Os dois, tio e sobrinho, viviam essas práticas sozinhos, pois os pais de Alcyone, embora soubessem de tudo, não mostravam muito interesse por esses fatos, e os consideravam inúteis e sem propósito, embora ficassem bem satisfeitos em aproveitar quando a clarividência de Alcyone descobria algo útil, como ocorreu uma ou duas vezes. Diversos outros fenômenos se produziram, muitos deles semelhantes aos que se vê no espiritismo moderno, e eram vistos por alguns que tomavam conhecimento deles com certas restrições e suspeita, e por outros com respeito. Ocasionalmente o jovem Alcyone caía num transe que permitia materializações.

Tudo isso era dirigido por um espírito-guia que dava o nome de Narayan, por quem tinham grande respeito, considerando-o uma manifestação divina. Essa entidade prometeu cuidar sempre do médium, protegê-lo e desenvolvê-lo, e falava da perspectiva de grandes realizações quando o menino crescesse. Entre outras coisas, ele sugeriu a prática da psicometria,

As Vidas de Alcyone

311

e em vista disso eles fizeram grande esforço para encontrar artigos adequados, como fragmentos de pedra, pequenos objetos de várias espécies e qualquer coisa que se acreditasse que tivesse tido contato com antigas civilizações. Alcyone logo demonstrou sua capacidade na matéria. Fizeram muitas experiências, e aos poucos adquiriram um vasto conjunto de informações sobre épocas recuadas da história do mundo, sobre tribos montanhesas, homens primitivos e animais pré-históricos. Por meio de objetos trazidos da Ásia Central, encontraram pistas daquela antiga civilização da quinta raça, e através de outros objetos vindos da Atlântida Alcyone teve visões da grande Cidade das Portas de Ouro e também de uma série de cenas da história atlante. Na verdade, aos poucos eles compilaram livros de história dos três lugares – a Índia Ancestral, a Ásia Central e a Atlântida. A entidade que dava o nome de Narayan comentava o que era visto, e às vezes lhes dava explicações. Dessa forma eles produziram aos poucos uma quantidade enorme de escritos, e Narayan dizia que Percy não tinha outro objetivo na vida que prosseguir com esses estudos.

Muitas pessoas que vinham pedir auxílio ou conselhos sofriam de diversas enfermidades, e Narayan receitava para eles com grande êxito, com um pequeno arsenal de plantas medicinais que em geral funcionava bem. Suas prescrições tinham um tom moderno, pois sempre insistia com veemência na necessidade de ar puro e limpeza e na observação de regras de higiene. Seus conhecimentos anatômicos e cirúrgicos eram limitados, mas evidentemente ele conseguia enxergar o que se passava, podendo diagnosticar as condições dos órgãos internos e portanto tratar deles com êxito ou dizer quando não podiam ser curados. Porém havia certa incerteza no processo pelo fato de que algumas vezes Narayan não aparecia quando solicitado, e em certos casos recusava-se a receitar, ou pelo menos não dava qualquer opinião.

Ao crescer, Alcyone engajou-se definitivamente no templo que freqüentavam, para realizar os rituais. Certa ocasião, quando um grupo de peregrinos estava ali, Narayan atuou sobre ele para que se dirigisse ao povo, numa espécie de fenômeno mediúnico. Narayan não se incorporou exatamente, pois Alcyone manteve um certo grau de consciência, e podia mover-se à vontade, mas não podia prever o que ia ser dito a seguir; as palavras eram ditas através dele, e não simplesmente por ele. A palestra que fez aos peregrinos impressionou e agradou muito ao sumo sacerdote do templo, Adrona, que por acaso a

312

C. W. Leadbeater

escutou. Ele percebeu de imediato que Alcyone possuía uma faculdade especial, que podia ser muito valiosa para aumentar a fama do templo, e estimulou-o a entregar-se à influência de Narayan, embora seja de duvidar que ele acreditasse nas elevadas exortações do guia.

Dali em diante, o jovem Alcyone assumiu uma posição de importância no templo, e com freqüência eram feitos palestras e sermões através dele, embora nunca se soubesse com certeza quando isso ocorreria. Além desses sermões públicos, muitas mensagens particulares eram dadas a pessoas que vinham de todo o país, para fazer consultas diversas ou pedir graças de toda espécie. Algumas respostas eram dadas no estilo misterioso peculiar aos oráculos, mas outras eram bem claras, com informações explícitas que às vezes ajudavam realmente as pessoas a encontrar objetos perdidos, descobrir pessoas que procuravam etc.

Apesar de todas essas atividades, públicas e semipúblicas, realizadas no templo, Percy e Alcyone continuavam, sempre que possível, com suas sessões particulares, onde ocorriam fenômenos notáveis. Em diversas ocasiões foram-lhes trazidos pequenos objetos que dizia-se virem de grandes distâncias. Também se apresentavam luzes do invisível, e havia o transporte de objetos. As materializações, embora não muito freqüentes, também aconteciam, e dessa forma começaram a conhecer diversos espíritos. Nunca houve qualquer prejuízo à saúde de Alcyone. As sessões, os sermões e a psicometria prosseguiram durante alguns anos, e enquanto isso Alcyone consolidava sua posição no templo.

Sua fama na produção de todos esses fenômenos se espalhou, e vinham pessoas de toda a parte do país visitar o templo, aumentando assim a receita deste. Certa vez, o rei do país mandou chamar Alcyone, para pedir através dele uma consulta sobre uma dolorosa enfermidade que o acometera após um acidente numa caçada. Felizmente Narayan se apresentou nessa ocasião, e embora o rei não gostasse do que ele recomendou, seguiu as prescrições, sob protesto, e logo ficou totalmente curado, o que naturalmente aumentou ainda mais o prestígio de Alcyone.

Muitas vezes eram transmitidas através de Alcyone comunicações de pessoas falecidas, embora o guia mantivesse rígido controle sobre isso e muitas vezes não permitisse qualquer tentativa nesse sentido. Entretanto, algumas vezes acontecia o que hoje se poderia chamar de comprovações, e certa ocasião

As Vidas de Alcyone

313

um valioso tesouro desaparecido foi encontrado mediante as informações de Narayan.

As sessões particulares com Percy e a psicometria continuaram, embora as oportunidades agora fossem mais raras. Numa das sessões manifestou-se uma presença nova, que imprimiu outra orientação a seus trabalhos.

Mencionamos que às vezes eram trazidos a eles pequenos objetos transportados de outros lugares. Certa ocasião um lindo sinete esculpido apareceu dessa maneira, e Narayan disse, através de Alcyone, que recebera ordem de trazê-lo e que Alcyone devia fazer a psicometria dele. O resultado foi surpreendente, pois o sinete vinha do Peru, e era um dos que tinham sido usados por seu tio Mercúrio na vida anterior. A finalidade de sua vinda era evocar, com a maior nitidez possível, inicialmente uma ou duas cenas daquela encarnação, e depois toda ela, praticamente. Alcyone levou muitas horas, dia após dia, revivendo os acontecimentos mais importantes daquela existência.

Em todas as cenas, a figura de Mercúrio era a mais notável, e a forte ligação de Alcyne com ele e sua profunda reverência fizeram com que essas imagens se tornassem mais reais para ele do que a própria existência que estava vivendo. Até então sua tendência sempre fora consultar o guia espiritual, Narayan, e aceitar-lhe a orientação sempre que tinha que tomar decisões; mas nessas cenas que a psicometria lhe mostrava, de Mercúrio, havia a presença de alguém com tanta sabedoria e uma postura tão mais elevada e pura diante de tudo que ele sentia vontade de consultar seu tio da vida anterior em vez de seu guia atual. Mas, evidentemente, as imagens daquela vida, embora extremamente vívidas, eram apenas imagens, e os personagens delas apenas repetiam as cenas que tinham vivido 800 anos antes.

Apresentou-se então um problema algo difícil que dizia respeito ao uso da influência do templo no processo de sucessão ao trono do país. O sumo sacerdote apoiava abertamente alguém que não era o herdeiro legal, porque contava com o apoio dele em determinados projetos seus. Por sua vez, Alcyone sentia que usar a influência do templo em favor de alguém que decididamente não era um homem bom seria não somente indevido, mas moralmente incorreto, e por isso achava-se em sérias dificuldades. A orientação de Narayan era de que atendesse aos desejos do sumo sacerdote, pois assim a direção do templo obteria mais poder, porém Alcyone sentia-se profundamente insatisfeito com isso; desejava muito poder receber uma orientação para o caso daquele tio de cuja sabedoria tinha aprendido tanto, naquela vida no Peru. Deve-se entender que, ao analisar pela psicometria aquelas cenas, ele não as via apenas como imagens, mas podia revivê-las novamente, com toda a intensidade; ao fazer isso, ficava de posse de uma consciência dupla, pois a realidade de sua vida atual permanecia-lhe na mente.

Durante esse período de indecisão, Alcyone continuou retornando àquela vida anterior, e fazia constantes apelos a seu tio para que o aconselhasse no dilema atual, ou talvez que o apoiasse na decisão que lhe parecia a correta. De repente, em resposta a seu apelo, aconteceu o inesperado: de uma imagem daquelas cenas brotou e se fez presente uma figura real, que se transformou diante dele na pessoa de um indiano imponente, materializado para se tornar visível tanto a Percy como a ele, e respondeu enfaticamente a seu apelo.

Disse Mercúrio que tinha sido de fato seu tio no Peru, mas que agora renascera numa região distante da Índia. E deu-lhe orientações – primeiro sobre o caso em questão. Disse que sua intuição estava certa, e que a influência do templo só deveria ser usada em favor do herdeiro legal; mandou que Percy transmitisse essa mensagem ao sumo sacerdote, com a maior ênfase possível. Depois, disse a Alcyone que não devia mais ficar sob a dependência da vontade de Narayan, e que só usasse as faculdades que pudesse exercer em plena consciência, sem entregar seu corpo para ser utilizado por outras entidades; que teria uma grande tarefa a cumprir num futuro longínquo, e que para isso teria que ser bastante sensitivo, mas de forma totalmente ativa; que o treinamento que tivera tinha sido necessário, mas de agora em diante não o era mais.

Alcyone aceitou as orientações prontamente e com satisfação, mas perguntou ao seu novo mentor como poderia fazer essa mudança – como, depois de tantos anos com Narayan, poderia agora resistir-lhe. Mercúrio respondeu que ele entendia desses fatos e o auxiliaria; que embora fosse impossível vir encontrá-lo em corpo físico, dar-lhe-ia a assistência necessária. Declarou que iria colocá-lo num transe que duraria alguns anos, e faria com que seus veículos se fortalecessem de forma que somente ele pudesse comandá-los. Voltando-se então para Percy, deu-lhe minuciosas instruções sobre o que fazer com o corpo de Alcyone durante esse longo repouso, e encarregou-o de tomar conta dele com todo o cuidado. Então, fixando em Alcyone o olhar penetrante, fez alguns passes sobre ele; Alcyone imediatamente caiu em profundo transe, mas tendo na face um sorriso de inefável felicidade.

As Vidas de Alcyone

Nesse curioso transe o seu corpo físico permaneceu durante sete anos, exatamente como Mercúrio havia dito, e durante todo esse tempo suas instruções foram seguidas cuidadosamente por Percy, que velou para que todos os detalhes fossem cumpridos exatamente como lhe fora ordenado. Esse transe, naturalmente, foi considerado pelos dirigentes do templo um milagre dos maiores, que indiretamente teve por efeito aumentar muito as doações ao templo, pois o fato se espalhou por toda parte e centenas de peregrinos vinham de lugares distantes para ver o monge adormecido.

Durante esse transe, a consciência de Alcyone ficou quase totalmente no plano mental; sua consciência maior ficou em estreito contato com a de Mercúrio, ambas sob a influência de outra consciência ainda mais elevada, que estava guiando ambas para algum objetivo até agora não revelado.

Enquanto isso, o corpo físico de Alcyone repousava em perfeito estado, com todas as suas partículas transformando-se gradualmente ao longo do tempo, enquanto os corpos astral e mental eram firmemente moldados sob a ação das influências mais elevadas.

Ao terminar esse longo sono, ele despertou da maneira mais natural, no dia exato que fora previsto por Mercúrio; em consciência física, ele não recordava nada do que se passara, lembrando apenas do aparecimento de Mercúrio e de suas palavras, como se isso tivesse acontecido na noite anterior.

Quando Percy lhe contou quanto tempo havia transcorrido, a princípio não acreditou; somente aos poucos, com provas convincentes, conseguiu aceitar o incrível acontecimento. Dali em diante, sua mediunidade cessou por completo, embora a sensibilidade e a habilidade de psicometria continuassem. Não estava mais acessível à influência de Narayan, com o qual aliás nunca mais entrou em contato. As pessoas continuavam a procurá-lo buscando a cura de várias enfermidades, que não era mais feita através dele. Por meio de cuidadosas tentativas, ele descobriu que em muitos casos ele mesmo podia, com sua própria intuição, diagnosticar e curar as enfermidades.

Naturalmente sua fama era maior do que nunca, depois do longo transe; mas quando, por solicitação urgente do sumo sacerdote, teve que voltar a fazer as pregações no templo, deu-se conta de que agora tinha que prepará-las e fazê-las totalmente sozinho, apesar de sentir um poder mental e capacidade de expressão muito dilatados.

Voltou repetidas vezes a fazer a psicometria do sinete peruano, e conseguiu reviver toda aquela existência anterior tão claramente quanto antes; porém nunca mais a amada figura de seu tio se transmutou em sua atual imagem indiana, tampouco conseguiu entrar em contato com ele no plano físico.

A mensagem que Percy levara ao sumo sacerdote, sete anos antes, fizera com que este usasse o prestígio do templo em favor do herdeiro legal, Orfeu, que em conseqüência tinha assumido o trono. Naturalmente, depois disso, manteve-se uma estreita relação entre o templo e o palácio; o novo rei, consciente do que devia a Alcyone, sempre lhe testemunhou o seu favor. Quando o sumo sacerdote morreu, em idade avançada, Alcyone foi de imediato indicado como seu sucessor e dirigiu o templo até o dia de sua morte.

Ele tinha se casado, aos 22 anos, com uma boa jovem, Cygnus, que sempre foi boa e dedicada a ele, embora não tivesse nenhuma característica especial a ser ressaltada. Deu-lhe nove filhos, que naturalmente brincavam de praticar psicometria; um deles, Osíris, era ainda mais habilidoso nisso que o pai. Todos sobreviveram a Alcyone e se encaminharam bem na vida.

Alcyone morreu no ano de 11111 a.C., com 71 anos, reverenciado por grande número de pessoas.

Mercúrio estava encarnado nessa época, mas numa região distante ao Sul da Índia, onde a maioria de nossos personagens estava encarnada também, junto dele. Não se encontrou com Alcyone no plano físico nessa existência.

Vida XXXV
(10429 a.C. – Índia)

Alcyone nasceu em 10429 a.C. numa cidade litorânea da Índia, chamada Kanura, a alguns quilômetros de Puri.

Seu pai, Brihat, tinha sido um grande líder ariano, mas agora que os grupos de imigrantes tinham chegado à costa, tinha fama de ser um homem sábio e devoto. A mãe de Alcyone nessa vida era Urano, uma mulher determinada e devota. As duas primeiras filhas deles eram gêmeas, Netuno e Siwa, e tiveram grande influência sobre Alcyone. Mizar era a irmã menor dele, quatro anos mais moça, a quem ele amava e protegia; era muito ligada a ele.

Alcyone era decidido, vivo e muito impressionável. Correspondia imediatamente a uma afeição sincera, mas ficava paralisado quando o tratavam mal. Admirava muito o pai, a mãe e as irmãs mais velhas. Era sensitivo, e, quando jovem, psíquico e clarividente – o suficiente, pelo menos, para enxergar os espíritos da natureza e às vezes ouvir vozes, em especial uma que às vezes lhe dava conselhos em momentos difíceis.

Gostava muito do mar, e estava sempre nadando ou andando de barco. Quando era pequeno, nada lhe agradaria mais do que ser marinheiro. Em certa ocasião, quando estava um pouco distanciado da costa, num pequeno barco com uma vela desajeitada, foi cercado por um forte temporal. Os que olhavam da costa achavam que ele estava perdido, mas no momento crucial aquela voz lhe disse que ficasse calmo e orientou-o no que devia fazer; assim conseguiu voltar são e salvo com o barco – nem o mais experimentado marinheiro teria feito melhor, com uma manobra que a poucos teria ocorrido.

Ele se interessava muito por todos os rituais religiosos, e os imitava com perfeição e solenemente. Seu pai, vendo isso, teve esperança de que tivesse vocação religiosa, que era o que mais desejaria para o filho. Este ficou encantado com a idéia, e as irmãs também o estimularam: acabou se tornando noviço e orgulhava-se disso. A vida no templo era agradável para ele, pois os sacerdotes simpatizavam com suas maneiras agradáveis e todos o ajudavam e facilitavam suas tarefas.

A religião consistia basicamente na adoração do Sol, e é curioso notar que se referiam à Divindade como "O Sol nascido do mar".

Quando Alcyone cresceu, desposou Ajax, e ao longo dos anos teve 12 filhos.

Na cidade vizinha de Puri ainda existia um grande centro de um dos tipos da antiga religião atlante do culto negro – a adoração de uma entidade que exigia sacrifícios humanos, e em troca disso produzia uma série de manifestações de vários tipos que eram popularmente tidas como milagres. Por causa disso, às vezes, membros do grupo de Brihat eram levados a seguir os sacerdotes desse culto de magia negra, o que entristecia muito o líder, que considerava os integrantes do grupo que trouxera para a Índia seus filhos. Esse templo negro era uma fonte de desgosto para ele e seus auxiliares mais próximos.

Alcyone, que tinha uma mente inquisitiva, era curioso em relação a todos os fenômenos, e certa vez decidiu ir visitar esse templo, por ocasião de uma festa. Sua fisionomia e aparência atraentes despertaram a atenção de um dos sacerdotes dali, o qual passou a envidar insistentes esforços para influenciá-lo; mas Alcyone resistiu a eles, com a ajuda e os conselhos do pai.

318
C. W. Leadbeater

A voz que às vezes o ajudava devia ser de um espírito familiar. Diversas vezes indicou-lhe matérias para investigar e o colocou na pista de todo tipo de coisas inusitadas. Certa vez, a voz lhe deu a surpreendente informação de que havia seres que viviam no interior da terra, e quando ele ficou interessado nisso, ofereceu-se para dar-lhe provas concretas, levando-o a uma determinada caverna através da qual ele poderia chegar ao local onde habitavam – ou melhor, ao que parece, a *um* dos lugares que habitavam. Ele aceitou prontamente, mas havia uma condição: que ele não contasse a ninguém dessa ida. Ele teve dúvidas sobre se seria sensato empreender tal incursão, mas finalmente decidiu-se a empreendê-la para conferir a verdade, mas contanto que um íntimo amigo seu, Demeter, pudesse acompanhá-lo.

Demeter era também um jovem sacerdote, filho de um dos sacerdotes principais do templo; a afinidade entre eles começara devido ao fato de que Demeter também enxergava os espíritos da natureza, a podia ouvir o mesmo tipo de voz interior.

Esse pedido de Alcyone criou um impasse durante certo tempo, mas finalmente a misteriosa voz interior concordou – mas somente com a condição de que eles não contassem a ninguém de sua ida nem mostrassem a quem quer que fosse o caminho que lhes seria indicado. Para isso, eles tiveram que dizer que iriam partir numa peregrinação a determinados santuários ao Norte; isso não deixou de ser verdade, pois eles de fato visitam os santuários, mas o verdadeiro objetivo da expedição só era conhecido dos dois. A viagem era longa, para os padrões da época, e levou vários meses, mas finalmente após vários incidentes eles chegaram perto do local que lhes fora indicado.

A voz oculta não lhes permitiu levar criados junto nessa última etapa, e ordenou que levassem alimentos para vários dias e também uma quantidade de tochas para iluminar o caminho. Com muita dificuldade encontraram a entrada de uma caverna que parecia desconhecida das tribos da vizinhança. Entraram nela com bastante apreensão, não querendo perder-se nos meandros, pois parecia um verdadeiro labirinto. Durante algum tempo foram prosseguindo para o coração da montanha, sem nenhuma descida maior; finalmente, a passagem em arco que foram orientados a tomar ia diretamente para baixo, e tiveram que descer por bastante tempo, o que foi bastante penoso e perigoso, carregados como estavam com feixes de tochas e pacotes de alimentos.

Quanto desceram, não tinham como avaliar, nem puderam calcular o tempo que levaram, mas essa jornada subterrânea deve ter durado alguns dias. Sofreram bastante com a pressão atmosférica, que era grande a essa profundidade, o que os assustou bastante, pois não compreendiam o que se passava. A temperatura também aumentava levemente, mas não tanto que impedisse o seu avanço, embora o caminho fosse extremamente penoso. Algumas vezes escaparam por pouco de sérios acidentes. Embora não tivessem a menor noção, é provável que estivessem seguindo um tipo de falha ou fissura, talvez resultante de um terremoto ou de uma erupção vulcânica muito antiga. Por sorte, havia em geral bastante água, embora uma ou outra vez eles sofressem com sua falta na atmosfera fechada e quente.

Depois de longo tempo avançando lentamente, começaram a perceber uma pálida e inexplicável luminosidade na pesada atmosfera que os cercava, e por fim atingiram uma caverna tão vasta que não conseguiram perceber-lhe os limites. Era totalmente aclarada por essa pálida luminosidade, com a qual podiam ver o suficiente para dispensar as tochas. Precisaram acostumar os olhos àquela estranha claridade, e durante algum tempo não conseguiam calcular a distância dos objetos, o que resultou em algumas quedas. Tudo era estranhamente pesado, e cada movimento parecia um violento esforço.

Descobriram em seguida que a enorme caverna era habitada não apenas por animais como por seres humanos, embora estes não se parecessem com quaisquer outros que conhecessem. Tiveram a impressão de que os habitantes desse estranho mundo subterrâneo teriam, num remoto passado, vivido na superfície.

As criaturas que encontraram tinham uma aparência rude; eram de certa forma indescritivelmente estranhas e inumanas. Pareciam ser uma comunidade numerosa, e em muitos aspectos inexplicável aos dois exploradores. Não se comunicavam a não ser por gestos, mas ficou óbvio que a chegada deles despertou grande espanto. Se esses estranhos cavernícolas tinham tido qualquer relação com a humanidade da superfície devia ter sido muito tempo antes, pois suas características eram totalmente diversas de qualquer raça conhecida.

A estranheza de tudo isso atemorizou o espírito dos dois jovens, e apesar da curiosidade naturalmente grande muitas vezes desejaram não ter se metido na aventura. Aquelas formas de vida eram totalmente incompreensíveis para eles. A voz oculta só os orientava de vez em quando, e não tinham como obter informações sobre dezenas de coisas que estavam ansiosos por saber. Não tinham como saber a natureza daquela claridade difusa que enchia a vasta caverna. Os vegetais que cresciam ali e os animais que cruzavam por eles lhes eram totalmente estranhos.

Os humanos pareciam o que chamaríamos de selvagens, pois não tinham habitações de qualquer tipo e nem os viam trabalhar no que quer que fosse, como por exemplo o cultivo do solo. Alimentavam-se em parte da carne de certos animais meio répteis que pegavam e em parte de um enorme tipo de fungo que crescia em abundância, uma espécie de cogumelo gigante.

Os dois aventureiros ficaram horrorizados com a ingestão dos répteis, que as criaturas comiam crus – na verdade, não havia nada que indicasse que eles conheciam o fogo sob qualquer forma. Mas como seu estoque de alimentos estava diminuindo e eles não podiam confiar em achar outros, começaram a comer os cogumelos e os acharam nutritivos, embora longe de palatáveis. Tiveram o curioso efeito de produzir uma sensação de alegria, quase de intoxicação, em seus organismos não habituados.

As criaturas, evidentemente, ficaram estupefatas ao enxergarem os dois, e a princípio fugiram deles, atemorizadas, mas por fim se encorajaram a aproximar-se e examiná-los mais de perto. Não usavam qualquer roupa, e a cor de sua pele era de um estranho tom lívido, decerto resultante da curiosa luz difusa. Havia mulheres e numerosas crianças. Poderiam ser remanescentes de alguma raça lemuriana ancestral, pois tinham várias características daqueles povos azulados de cabeça ovóide, que em certa época ocuparam uma considerável extensão do continente lemuriano. Entre outras coisas, eram mais baixos que as pessoas comuns, embora largos e fortes, enquanto os antigos lemurianos de que eles poderiam descender fossem nitidamente mais altos e de talhe mais avantajado que os homens das raças posteriores. Mas, se eram descendentes deles, deviam ter sofrido consideráveis alterações durante as longas eras de permanência naquelas condições inumanas. Ou poderiam pertencer a uma outra evolução, ou serem talvez de uma ronda anterior, e nesse caso poderiam oferecer a oportunidade de uma encarnação humana aos animais individualizados, para os quais não existe agora uma raça suficientemente primitiva na superfície da terra.

Essas criaturas ainda existem nos dias de hoje. Existem

As Vidas de Alcyone   321

muitas dessas cavernas, e algumas são habitadas por tribos muito mais adiantadas que aquelas que nossos exploradores encontraram. O corpo mental dessas criaturas não se encontra muito desenvolvido. Sua fala é uma mistura de estalidos e grunhidos, auxiliados por muitos gestos desajeitados. Não se observava nenhum ritual entre eles. As uniões eram muitas vezes entre um homem e uma mulher, mas nem sempre. Não havia classes nem qualquer espécie de governo – na verdade, não havia nada a governar. Às vezes havia brigas, mas pequenas. Possuíam algumas espécies de armas. A maioria não vestia nada. Não existia ali dia nem noite: eles geralmente dormiam depois de se alimentarem. As crianças às vezes se divertiam dançando. Havia muitos rios, e as pessoas nadavam neles de forma semelhante aos cães.

Nossos amigos permaneceram entre essas criaturas extraordinárias por um tempo que, medido em dias e noites, seria talvez de umas duas semanas. Tinham muitas dificuldades, e grande parte do dia tinha que ser dedicada ao sono, pois eles nunca dormiam todos ao mesmo tempo, ficando sempre um de vigia. Os selvagens não demonstravam intenções hostis para com eles, e na verdade pareciam temê-los, embora com muita curiosidade. Porém não podiam confiar neles; e é certo que alguns dos répteis ali eram carnívoros, e provavelmente venenosos. Havia uma boa quantidade de vegetação, especialmente perto da água; nada muito alto, a não ser o que se poderia chamar de um capim gigante, uma espécie de bambu que não podia ficar ereto e caía sobre o solo. Também havia umas plantas espinhosas e diversas espécies de cactos, juncos e caniços, todos de um estranho tom descorado, alguns escuros, mas nenhum realmente verde.

Depois que eles tinham se acostumado àquele ambiente tosco e desconfortável, a voz ordenou a Alcyone e ao amigo que continuassem andando para a frente na caverna, durante horas e em linha reta, afastando-se da parede de rocha. Eles a perderam de vista naquela curiosa claridade difusa e sentiram-se perdidos naquele mundo de pesadelo, sem ter certeza de que poderiam sair dali. Mas continuaram andando, apesar da dificuldade da atmosfera, e finalmente encontraram um outro tipo de criaturas, que em comparação com as primeiras se poderia dizer avançadas. Tinham lugares para morar, embora fossem apenas buracos nas rochas. Teciam uma espécie de esteiras. Não conheciam o fogo, mas pode-se dizer que tinham animais domésticos. Tinham uma espécie de cabra, cujo leite tomavam. Moravam ao redor de algumas fontes de água quente – gêiseres –, e nessa água fervente cozinhavam a carne das cabras e de alguns animais parecidos com tartarugas. Poderiam pertencer à mesma raça do grupo anterior, mas certamente num estágio mais avançado. Sabiam desenhar, de certa forma, e gravavam ou riscavam sinais nos rochedos num esquema primitivo, que consistia de marcas arredondadas (como de copos) colocadas de forma que significava alguma coisa – tantos numa linha significava uma coisa, tantos colocados em ângulos, outra coisa. Não eram letras, mas ideogramas ou símbolos que significavam algo.

Também faziam uma espécie de cordão ou corda de junco, e as mulheres começavam a usar pedras coloridas. Os dois rapazes chegaram a um local onde havia uma espécie de bolsão de pedras preciosas, e as levaram – belos exemplares, esplêndidas gemas, que ao retornarem viram que eram muito raras.

Essas criaturas, que se pode classificar de mais evoluídas, às vezes se pintavam com cores, pois existia uma lama colorida junto das fontes de água quente. Notamos que havia uma espécie de cor rosa, verde e amarelo (que podia ser de enxofre); eram parecidas com os "potes de tinta" do Parque Yellowstone. Usavam pedras chatas para raspar a lama.

Por fim, nossos amigos conseguiram voltar, com grande dificuldade, ao lugar onde haviam penetrado na caverna. Ainda tinham um pouco dos alimentos trazidos, embora duros e secos, e levaram também alguns cogumelos. Fizeram um novo estoque de tochas de bambu, mas não eram muito boas, pois apagavam com freqüência, mas podiam acendê-las novamente, pois levavam com eles o primitivo instrumento de fazer fogo – um bastão com um fio e um copinho. Por fim, conseguiram com grande dificuldade escalar até a superfície e chegaram à luz do dia ofuscados e confusos. Na verdade, tiveram que permanecer na caverna por mais de um dia, a fim de habituar gradualmente os olhos à luz outra vez. Sentiam um estranho mal-estar, oriundo, ao que parecia, da alteração da densidade atmosférica, que durou algumas horas, mas eles se sentiam felizes por estarem de volta.

A voz disse a Alcyone que essa experiência tinha sido necessária para ele, que agora ele tinha uma visão mais ampla das perspectivas da vida e da evolução, e assim poderia compreender e ter mais empatia, e que mais tarde ele iria saber mais sobre tudo aquilo. Mas no momento precisava voltar para casa e para a família e preparar-se porque outra grande prova iria acontecer.

As Vidas de Alcyone 323

Os dois amigos decidiram nada dizer de sua experiência nos lugares por onde tinha passado, e só falar quando chegassem a casa. Lá contaram tudo ao pai de Alcyone e à família. O pai observou:

– Existe uma tradição, não nossa, mas dos atlantes, sobre essa raça de homens sob a terra.

Demeter contou alguma coisa a outras pessoas, que acharam que era mera invenção. A família, naturalmente, sabia que era verdade, e entendeu que fora uma extraordinária experiência.

Alcyone deu-se bem no templo, e exerceu algumas funções importantes para alguém tão jovem. Com o passar do tempo, passou a colaborar cada vez mais no trabalho do pai, o qual passou a apoiar-se mais nele, e o afeto mútuo deles cresceu.

Em 10387 a.C. o grande sofrimento de sua vida se aproximou. Ele ia empreender uma viagem para visitar alguns santuários distantes, ao Sul, nos locais que hoje se chamam Rameshwaram e Srirangam. Seus dois filhos, Hélios e Aquiles, que eram então dois belos jovens de 20 anos, pediram para ir junto, e Alcyone e Ajax concordaram, achando que a experiência seria interessante para eles. Embarcaram num navio mercante, grande para época, e assim teve início uma tranqüila viagem ao longo da costa, com paradas em diversos portos.

A viagem era muito interessante, e pai e filhos aproveitavam; mas depois de algumas semanas de viagem, ergueu-se uma terrível tempestade que durou vários dias, arrastando-os para longe da rota, por mares desconhecidos, e destroçando o navio, que fazia água intensamente.

Andaram à deriva durante vários dias, nas piores condições possíveis, só conseguindo que o barco flutuasse com trabalho contínuo, e todos – tripulação e passageiros – estavam extenuados. Quando se achavam no último grau de exaustão, avistaram terra à frente, o que os animou a fazer um último esforço para manter o barco flutuando e alcançá-la. Estavam sendo arrastados para o Norte da terra avistada, que era simplesmente uma ilha não muito grande. Consideraram a idéia de se lançarem à água, mas estavam muito cansados para nadar, e alguns tubarões já estavam rondando o navio. Tiveram a idéia de arrancar uma parte do barco e fazer uma espécie de remo tosco, mas enquanto tentavam debilmente fazer isso, perceberam uma flotilha de canoas deixando a praia. Em seguida estavam cercados por uma horda de selvagens ululantes, que os receberam com uma chuva de flechas, e depois subiram a bordo e massacraram os exaustos indianos com porretes. Os

324   C. W. Leadbeater

filhos de Alcyone foram mortos diante dele, que também foi golpeado, mas ficou apenas inconsciente. Quando voltou a si, os selvagens estavam saqueando o navio; quando perceberam que ele estava vivo, um deles correu para matá-lo, mas outro, que parecia ser o chefe, se interpôs, e o manietaram com uma corda e o colocaram em uma das canoas.

De início, ele achou que era o único sobrevivente, e ao pensar na morte dos filhos, desejou ter sido morto com eles; mas por fim descobriram outro sobrevivente, um marinheiro que foi também amarrado e posto junto com Alcyone na canoa. Alcyone sempre tinha sido amável com os marinheiros, e era tido por eles como um homem santo, e o marinheiro ficou entristecido por vê-lo naquela situação. Não podia dar-lhe muitas esperanças, pois embora não soubesse exatamente onde estavam tinha quase certeza, pela direção em que os jogara a tempestade, que tinham caído nas mãos de uma tribo de canibais dos mais sanguinários e ferozes que se conhecia.

Os selvagens decidiram arrastar o navio até a ilha, o que fizeram devagar, em meio a uma tremenda gritaria. Conseguiram levá-lo até a entrada de uma pequena enseada, onde finalmente afundou, e ficou encalhado na areia com o convés logo acima d'água. Os selvagens, bons mergulhadores, conseguiram retirar dele tudo que acharam de valor.

Assim que descansaram, iniciaram os preparativos para uma festança. A boa notícia da captura de grande quantidade de comida foi passada a outras partes da ilha, ao que parece por sinais de fumaça, e apareceu uma grande quantidade de selvagens. Os corpos dos indianos mortos tinham sido retirados do navio, e os selvagens acenderam uma enorme fogueira e começaram a cozinhá-los. A quantidade que conseguiam ingerir era incrível, e ao final do segundo dia do festim estavam todos num estado de letargia.

Haviam, entretanto, tido o cuidado de deixar Alcyone e o marinheiro presos, antes de caírem no sono. Eram vigiados de perto, mas não os maltrataram, e deram-lhes bastante alimento – um tipo de inhame selvagem. Ambos estavam dolorosamente conscientes de que estavam sendo reservados para um outro festim, e que o único modo de salvarem a vida seria fugir o quanto antes. Viram que nunca haveria melhor ocasião que nesse momento em que os selvagens estavam entregues a um sono pesado. Um guarda armado vigiava a choupana onde estavam, mas ele também tinha comido a valer, e tinham esperança de que tivesse caído no sono como os demais. Infeliz-

As Vidas de Alcyone

325

mente estavam amarrados com firmeza, desde sua captura, e os soltavam um pouco apenas na hora de comer. Estavam nus e sem qualquer tipo de arma, pois lhes haviam tirado tudo.

Alcyone não se importava muito em viver, depois da morte dos filhos, e se estivesse sozinho provavelmente não teria feito nenhum esforço para escapar de seu destino, mas quando comentou algo nesse sentido o marinheiro – embora meio hesitante e respeitosamente – tentou animá-lo e indagou se não tinha outros entes queridos por quem valeria a pena viver. Isso o fez pensar no pai e na mãe, na mulher e em Mizar, e lembrar como sofreriam se ele morresse; por eles, então, animou-se a escutar o plano que o companheiro propunha.

Antes de tudo tinham que se livrar das amarras, que eram bastante dolorosas, e tinham que fazê-lo em silêncio, pois o guarda estava a poucos passos de distância. O marinheiro tinha várias alternativas, mas todas incluíam avançar sobre o guarda, imobilizá-lo ou matá-lo, e correrem para a praia, pegando o primeiro bote que encontrassem; ambos concordavam em que era impossível escapar por terra, pois não tinham como se manter nem esconder-se dos selvagens.

Antes de se lançarem à aventurosa jornada de bote, seria necessário obterem um estoque de provisões e também bastante água, mas não tinham a menor idéia de onde conseguir, e dificilmente teriam tempo de procurar.

De qualquer modo, a primeira coisa a fazer seria livrarem-se das cordas. Como o guarda vinha vê-los a intervalos freqüentes, isso seria uma empresa nada fácil. Mas finalmente os intervalos foram se espaçando, até que ele desapareceu por tanto tempo que o marinheiro se pôs em ação para roer a corda que o prendia à parede da choça. Depois de um esforço incrível, conseguiu rompê-la. Alcyone tentou fazer o mesmo, mas não conseguiu grande coisa. O outro então arrastou-se até ele e começou a roer a corda que lhe atava as mãos. Depois de bastante tempo e angústia teve sucesso, às custas de muito sofrimento. Alcyone então pôs mãos à obra para desatar as amarras do companheiro, e assim que o conseguiu eles se libertaram rapidamente, embora tivessem os membros inchados e doloridos, e mal pudessem usá-los.

Depois de massageá-los um pouco, espiaram para fora com cautela e viram o guarda amontoado à frente da porta, mergulhado em profundo sono. Não viram ninguém mais por ali, e com infinito cuidado, passo a passo, saíram. Alcyone pegou a lança que tinha caído da mão do vigia. Os selvagens jaziam

326   C. W. Leadbeater

deitados por ali, perto das cinzas da fogueira, como corpos num campo de batalha, e tanto quanto puderam ver não havia ninguém de guarda.

Não conseguiram encontrar nada de comer em parte alguma, e então entraram numa das choças em busca de provisões. Mas por infelicidade, ao fazê-lo acabaram acordando uma mulher, que soltou um grito de aviso. Dois homens surgiram à porta da choupana, impedindo-os de sair, mas ainda estavam estremunhados de sono, e antes que pudessem fazer qualquer coisa, Alcyone enfiou a lança em um deles, enquanto o marinheiro se jogava sobre o outro, derrubando-o, e depois o golpeou com seu próprio porrete.

Entretanto, os gritos da mulher estavam acordando outros, e nossos heróis lançaram-se a toda velocidade em direção à praia. Apenas um dos canibais conseguiu interpor-se entre eles e seu objetivo, e o marinheiro o abateu com o porrete que ainda carregava. Atingiram a praia, empurraram rapidamente para a água a menor das canoas que encontraram por ali, jogaram-se dentro e começaram a remar febrilmente. Uma canoa se lançou em perseguição deles, mas tinham uma boa dianteira e ambos eram bons remadores, e conseguiram manter distância até chegarem ao mar aberto. Os perseguidores continuaram a segui-los por algum tempo, mas por fim, vendo que não conseguiriam alcançá-los, desistiram da perseguição com gritos de desgosto, e enviaram uma chuva de flechas de despedida, uma das quais atingiu o marinheiro na perna.

A fuga estava consumada, mas eles, sem água e sem comida, estavam no meio do oceano numa pequena canoa, sem qualquer noção de para onde dirigir-se. Sabiam apenas que a Índia ficava a Oeste, mas a muitas centenas de quilômetros, e o vento e as ondas os estavam levando decididamente para Leste. Concordaram que sua única esperança seria encontrar em seguida alguma ilha deserta, porque naquela região habitantes significavam canibais. Mas não havia nenhuma ilha à vista, a não ser a que tinham deixado, e à qual não se atreviam a voltar. Já começavam a sentir uma sede terrível.

Percebendo que havia muitos peixes por ali, o marinheiro ficou à espreita no costado do barco, e após algumas tentativas conseguiu fisgar um com a lança que Alcyone tirara do guarda. Ofereceu a presa a Alcyone, com deferência, mas ele recusou, pois jamais em sua vida tinha comido nenhum ser vivo. Quando se convenceu de que ele não ia aceitar mesmo, o marinheiro devorou o peixe cru.

As Vidas de Alcyone

Pouco depois ele começou a queixar-se de dores agudas nas pernas, e de uma estranha lassidão; por fim pousou o remo e caiu no fundo da canoa. Alcyone ficou angustiado, mas nada podia fazer, e dentro de uma hora mais ou menos o marinheiro estava morto. Obviamente a flecha que o atingira devia estar envenenada. Alcyone sentiu muito a perda do companheiro que, naqueles poucos dias de aventuras, tinha se tornado de fato um amigo. O corpo inchado e tumefato logo mostrou sinais de que o espírito o tinha finalmente deixado; então Alcyone o jogou pela borda, e ele flutuou até que foi dilacerado pelos tubarões.

A noite caiu, o ventou aumentou e ele teve grande dificuldade para evitar que a canoa virasse com as ondas. Finalmente amanheceu; o barco se mantinha à tona, e o mar se acalmara um pouco, mas o tormento da sede era terrível. O dia passou lentamente e o vento continuava parado. O calor do sol era intenso, e, embora ele molhasse constantemente a cabeça e o corpo, o dia foi de grande sofrimento. A noite caiu novamente, e refrescou, por fim. Como o mar estava tranqüilo, ele conseguiu dormir um pouco, mas estava fraco e exaurido quando o segundo dia raiou. Quando o sol se ergueu, viu ao longe uma pequena mancha de terra, mas ao Sul: essa visão lhe deu forças para remar naquela direção. Sofreu bastante com o sol e com o violento esforço de remar naquelas condições, mas conseguiu avançar decididamente para o objetivo, e finalmente, por volta de três horas da tarde, num último esforço, atracou a canoa na praia da pequena ilha e jogou-se na areia.

Após curto descanso, o sol implacável o forçou, embora exausto, a erguer-se novamente e ir em busca de água. Não a encontrou de imediato, mas viu alguns coqueiros e conseguiu abrir alguns cocos caídos para beber sua água. Isso o reanimou e pôde prosseguir, antes colocando a canoa em segurança na praia. Encontrou uma pequena fonte e algumas árvores com frutas – uma espécie de banana e algumas maçãs silvestres. Deixou-se cair à sombra da fonte e dormiu um sono de total exaustão.

Quando acordou, a noite passara, e amanhecia outra vez. Sentia-se muito melhor, e começou a explorar a ilha. Era pequena, mas densamente coberta de vegetação, e havia uma fonte de água fresca; sentiu-se com sorte, em especial porque parecia totalmente deserta.

Porém em seguida deu-se conta de que só havia frutas suficientes para se alimentar por alguns dias, e começou a perguntar-se o que fazer. Seus conhecimentos náuticos lhe diziam que a Índia ficava a Oeste, e que seria impossível chegar lá, não só devido à grande distância, mas também porque naquela época do ano os ventos e as correntes marítimas eram desfavoráveis. Só podia prosseguir para Leste, e lembrava-se vagamente de ter ouvido de amigos marinheiros a respeito daquelas ilhas de canibais, e de que se localizavam mais para Leste, e não nas costas da Índia. Não tinha a menor idéia de quanto tempo levaria para chegar ao continente, então concluiu que devia partir quanto antes para que as provisões pudessem, talvez, durar até o fim da jornada.

Decidiu colher todas as frutas, colocá-las no barco e partir na manhã seguinte, aproveitando mais uma boa noite de sono. Teve a sorte de encontrar alguns inhames, que aumentaram suas parcas provisões, e então decidiu permanecer por mais um dia a fim de fazer uma vela tosca para a canoa, com folhas de palmeira. Estando totalmente despido, não tinha nenhuma faca, mas com grande dificuldade conseguiu arrancar um galho que serviria de mastro e amarrá-lo na canoa com fibras de coqueiro. A tosca vela foi atada a ele da mesma forma, e o conjunto ficou precário, mas ao testá-lo viu que poderia impelir a canoa com a mesma eficácia dos remos e portanto, enquanto o vento fosse moderado, poderia descansar-lhe os braços, ou ajudar a aumentar a velocidade.

O maior problema era não ter vasilha para levar água. Só o que podia fazer era levar quantos cocos conseguisse, mas não podiam ser muitos, porque a canoa não podia carregar muito peso. Levou então todas as frutas e inhames que pôde encontrar na pequena ilha, e mais tantos cocos quantos achou possível, carregando a canoa até que a borda mal ficou acima da água.

Partiu ao amanhecer do dia seguinte, e viu que a vela funcionava melhor do que o esperado, mas tinha plena consciência de que à primeira rajada de vento forte a coisa toda viria abaixo. Remava a intervalos, durante mais ou menos uma hora de cada vez, desejando adiantar-se quanto possível, mas ao mesmo tempo economizar as forças, porque não sabia quanto tempo iria durar a jornada nem o tipo de recepção que poderia encontrar na chegada. Durante o dia ele conseguiu o que lhe pareceu, naquelas condições, um bom avanço, e o vento estava tão suave e constante que conseguiu cochilar bastante durante a noite.

Na manhã seguinte, a pequena ilhota amiga já não estava à vista, e ele se achava inteiramente isolado no centro do vasto horizonte. Durante todo o dia prosseguiu, sem qualquer incidente para quebrar a monotonia, mas seu estoque de comida e cocos diminuía de forma alarmante.

As Vidas de Alcyone

Passaram-se mais três dias e três noites sem qualquer novidade, e a essa altura restava-lhe pouco alimento e água, e não havia qualquer evidência de que estivesse se aproximando do continente. Na noite seguinte, estava cochilando, como de hábito, quando foi despertado pelo balanço da canoa, e no instante seguinte viu a vela sendo arrancada do mastro e voando pelos ares. Foi um pé de vento que durou apenas alguns minutos, seguido de uma chuva forte, mas de um só golpe lhe havia tirado seu principal meio de avançar. Continuou remando a intervalos, quando se sentia em condições, mas não se forçou demais, porque afinal não tinha certeza da direção que devia seguir.

No dia seguinte, sofreu muito com o sol; a vela o tinha protegido de certa forma nos dias anteriores, e à medida que os dias passavam e a água e a comida terminaram, ele acabou caindo numa espécie de torpor, devido à fraqueza. Estava por demais entorpecido para angustiar-se, mas tinha uma pequena esperança, porque todo aquele sofrimento era cármico, e ele certamente acabaria se salvando. Isso o encorajava; deu-lhe forças para agüentar mais dois dias e ao final disso ele perdeu totalmente a consciência.

Quando a recobrou, viu-se a bordo de um pequeno navio mercante, fraco e desfigurado, porém vivo; com grande dificuldade podia mover-se e falar um pouco. Ninguém no navio falava qualquer língua que ele entendesse, e se perguntava como teria ido parar ali – pois não conseguia lembrar de nada de seu passado, nem do próprio nome. Os tripulantes do pequeno barco o trataram com bondade, à sua maneira rude, e partilharam com ele sua tosca alimentação, e aos poucos ele foi se recuperando, mas não recobrava a memória.

Era um fenômeno curioso, pois em razão do prolongado sofrimento, parecia que seus corpos astral e etérico tinham se deslocado, e todos os seus esforços para tentar recordar-se eram inúteis. Não entendia nada do que falavam, e tentava comunicar-se por meio de gestos com os bondosos marinheiros.

Após alguns dias chegaram a um porto. Era uma cidade algo importante, mas era-lhe totalmente desconhecida, e ali se falava aquela estranha língua que ele não compreendia. O povo não era indiano; pareciam ser de uma raça mongol, com alguns poucos de pele mais escura que teriam provavelmente restos de sangue lemuriano. Ele era, portanto, um estranho numa terra estranha. Seus bons amigos marinheiros o levaram a alguém que era uma autoridade local, e explicaram o seu caso, mas não lhe disseram o que pretendiam fazer com ele. Evidentemen-

330   C. W. Leadbeater

te fizeram-lhe muitas perguntas, mas ele só sacudia a cabeça; sentia que mesmo que pudesse entender a língua, não teria podido dizer nada de si mesmo.

Naturalmente não sabia o que estava acontecendo, mas depois compreendeu que tinha sido entregue praticamente como uma espécie de escravo a um homem que o levou para executar trabalhos leves em suas terras. Ele fez de boa vontade o que lhe mandaram, grato pela alimentação e alojamento recebidos, tendo consciência de que, a menos que pudesse recobrar a memória, teria que aceitar o que a vida lhe trouxesse. Talvez falar em "recobrar a memória" fosse demais, porque na realidade ele não se dava conta de que devia ter um passado, como as outras pessoas; isso simplesmente não existia para ele.

Mas de repente voltou a existir – de súbito, no meio da noite, enquanto ele estava dormindo com os outros trabalhadores numa espécie de cabana grande ou barracão. Acordou e viu seu pai, e com isso veio uma torrente de recordações de sua casa e de toda sua vida pregressa. O pai falou com ele, pedindo-lhe que voltasse para a família, que estava sofrendo, e dizendo que ele próprio estava ficando velho e precisava de sua ajuda. Alcyone ergueu-se de um salto e correu para abraçar o pai, mas naturalmente não havia ninguém ali.

Ficou muito emocionado com o súbito retorno da memória, e ansioso para voltar de imediato para casa, mas a língua totalmente diversa das pessoas tornava impossível explicar uma história tão estranha e complicada. Só conseguia dizer desajeitadamente que tinha vista seu pai e precisava ir embora.

Nem os companheiros nem o dono da fazenda fizeram qualquer objeção à sua partida, mas encontrou sérias dificuldades pelo fato de não poder se comunicar, não sabendo a quem apelar para pedir ajuda. Conhecia muito pouco da geografia da região. Tinha se dado conta de que havia uma ligação por terra mais ao Norte, e que talvez pudesse retornar à Índia por ali, mas não conhecia as distâncias, sabia apenas que eram grandes; nem tinha qualquer idéia a respeito da região a percorrer ou de seus habitantes.

Saiu da fazenda e dirigiu-se novamente ao porto, e ali, durante algum tempo, viveu de forma precária executando serviços avulsos junto aos navios. Pensava que, como conhecia um pouco o trabalho de marinheiro, talvez pudesse encontrar um navio que se dirigisse a algum porto da Índia, e então chegar a algum lugar perto de sua casa. Foi a vários navios, mas nenhum ia naquela direção.

As Vidas de Alcyone

331

Contudo, encontrou um capitão amistoso que conhecia um pouco de sua língua, e interessou-se bastante por ele, tentando ajudá-lo. Alcyone contou-lhe um resumo de sua história, e o capitão disse-lhe que poderia ter que esperar anos até encontrar um navio que fosse até sua terra, que ele conhecia vagamente, de ouvir falar. Aconselhou-o a que tomasse qualquer navio que subisse a costa para o Norte, e seguisse com ele até onde fosse, e depois tomasse outro que o levasse um pouco mais adiante. Dessa forma, disse que em duas ou três etapas com certeza ele poderia alcançar algum porto da Índia, e até quem sabe encontrar um barco que passasse perto de sua cidade.

Alcyone viu que era uma sugestão sensata; o capitão ofereceu-se para ir com ele e servir de intérprete para tentar encontrar-lhe um lugar em algum navio que estivesse partindo para o Norte, e ele sentiu-se grato. O capitão conseguiu-lhe um lugar num pequeno navio mercante, que, embora lentamente, o conduziu centenas de quilômetros para o Norte. Ao final desse percurso deixou o navio e conseguiu embarcar noutro semelhante, que ia ainda mais para o Norte; e assim, decorrido um ano, ele finalmente conseguiu chegar à foz do Ganges. Quando se viu entre gente que falava uma variante de sua língua, sentiu-se próximo de casa, e sem muita dificuldade conseguiu embarcar num navio que passaria no porto de onde tinha embarcado para aquela infortunada viagem, três anos antes.

Sua esposa e toda a família receberam o viajante desaparecido com a mais intensa alegria. Eles o tinham dado por perdido, mas seu pai, Brihat, sempre afirmava que ele estava vivo e bem, e que voltaria para casa, pois o tinha visto claramente em duas ocasiões – a primeira, num pequeno bote, no mar aberto, e a segunda vestido como camponês, entre vários outros, dormindo numa espécie de barracão.

Depois daqueles três anos de uma vida totalmente diversa, ele precisou de algum tempo para se acostumar à rotina da vida sacerdotal, mas estava feliz de retornar a ela e estar de volta entre aqueles que o tinham chorado como morto. A história de suas aventuras logo se espalhou, e ele teve que contá-la de novo muitas vezes, para grande quantidade de pessoas. Ninguém sabia o que pensar de sua perda de memória, embora alguns já tivessem ouvido falar vagamente de casos semelhantes.

Essas extraordinárias aventuras o tornaram conhecido, e seus netos nunca se cansavam de fazê-lo repetir a história. O relato chegou aos ouvidos de Orfeu, o soberano daquela região, que mandou chamar Alcyone para ouvir diretamente o seu relato. Ficou muito impressionado, e lhe concedeu uma pensão como uma espécie de compensação por seus sofrimentos.

O restante de sua vida não requer maiores comentários. Seu pai, Brihat, morreu em 10378 a.C., e Alcyone foi nomeado seu sucessor. Isso naturalmente o conduziu a uma série de rituais religiosos, e sob essa influência, por diversas vezes ouviu novamente a voz que o guiara durante a juventude, e que parecia tê-lo abandonado durante a época de suas aventuras e por alguns anos depois. Manifestou-se raramente, nesses últimos anos, mas entre outras coisas previu o dia exato de sua morte, que ocorreu em 10356 a.C.

Vida XXXVI
(9.672 a.C. – Poseidônis)

Nossa história nos leva de volta agora à grande ilha atlante, Poseidônis, onde Alcyone nasceu num corpo masculino, entre a sub-raça branca que habitava as montanhas ao Norte da ilha. Foi no ano de 9672 a.C., um pouco antes da derradeira catástrofe em que ela afundou.

O país, de modo geral, estava imerso na maior degradação, e a maioria da população, as raças dominantes que habitavam as planícies, vivia de forma dissoluta e egoísta, praticando largamente a magia negra. Nas montanhas ao Norte, porém, ainda existia uma sociedade patriarcal, e a vida era muito mais sadia do que lá embaixo. As pessoas tinham muito menos recursos, como artes e refinamento da civilização, mas eram sem dúvida mais puras e nobres que os habitantes das cidades.

Algumas das tribos que habitavam os diversos vales da grande cadeia de montanhas mantinham uma sujeição formal ao rei tolteca da planície; outras tinham os seus próprios reis. Mas em qualquer caso o possuidor do vale era seu senhor inconteste; a submissão era apenas formal, quer fosse a um monarca de sua própria quinta sub-raça, ou ao soberano tolteca.

Eram mais ou menos freqüentes as disputas entre o governo tolteca e os montanheses sobre o valor dos tributos a serem pagos. Devido à grande dificuldade de deslocar um exército naquela região acidentada, dificilmente valeria a pena para o soberano tolteca exigir pela força o que pretendia; de vez em quando, porém, eram enviadas tropas que conseguiam devastar um ou dois vales isolados, massacrando os homens e levando embora as mulheres e os rebanhos.

O pai de Alcyone era Netuno, e sua mãe Hércules. Sua irmã mais velha, Mercúrio, entrou ainda bem jovem como noviça num templo das montanhas, e depois tornou-se sacerdotisa, o que não influiu em seu casamento e vida familiar. A religião consistia na adoração do Sol, e todas as grandes festas eram determinadas pelos solstícios e equinócios.

A vida dos montanheses era pura e saudável, em flagrante contraste com a extrema degeneração das grandes cidades das planícies. Netuno vivia nos moldes patriarcais, em suas extensas propriedades; ele possuía praticamente um vale inteiro. Tinha muitos servidores, que, embora o respeitassem, ao seu modo independente, eram tidos mais como amigos que como empregados.

Formavam um grande grupo de pessoas que vivam felizes e praticamente isoladas. Às vezes visitaram os vizinhos dos vales próximos, e recebiam visitas deles, mas geralmente para assuntos sérios; isso exigia certo esforço, porque era preciso escalar as cristas entre os vales. Devido à topografia da região, às vezes era preciso fazer um desvio de muitos quilômetros para chegar a uma casa que distaria um quilômetro se houvesse um túnel que atravessasse a montanha. De modo geral, os vales eram protegidos dos ataques vindos de baixo, a não ser que se tratasse de grandes tropas, que fechassem previamente todas as saídas.

Eles possuíam livros, embora não fossem muitos; costumavam recitar poemas dos bardos e narrar muitas lendas. A mãe de Alcyone, Hércules, tinha um notável repertório delas, que faria um folclorista de hoje ficar verde de inveja. As pessoas acreditavam nos espíritos da natureza, e muitos já os tinham enxergado.

A vida era muito semelhante, sob vários aspectos, ao que conhecemos da vida na Inglaterra na Idade Média. Tecia-se e costurava-se em casa, e havia muito trabalho doméstico e no campo. As donas de casa estocavam muita roupa branca e plantas medicinais. Os homens viviam a cavalo, em um tipo de pôneis montanheses de andar seguro, que se pareciam um pouco com mulas.

Muitos vales costumavam se unir sob as ordens de um chefe, e alguns desses chefes, como foi dito, pagavam um tributo oficial aos toltecas, enquanto outros eram independentes; entre estes estava o rei ao qual pertencia o vale de Alcyone.

Os toltecas os atacavam periodicamente, mas raramente com êxito, devido à situação do local. Fora essa ameaça eventual, eles viviam em paz e felizes, com suas festas da semeadura

334   C. W. Leadbeater

e da colheita, onde havia corridas e competições esportivas. Essas festas eram as grandes ocasiões de encontro dos habitantes dos diversos vales, e o pessoal de Netuno confraternizava especialmente com os vizinhos mais próximos – os vassalos de seus irmãos Naga e Yajna, que dividiam o vale vizinho, de um lado, e os de Ivy, que habitava do outro lado, num pequeno vale isolado, bem ao alto. Era uma vida limitada, mas harmoniosa. A educação era simples, dada principalmente em casa, pois na maioria dos vales não havia qualquer tipo de escola.

Alcyone cresceu feliz, um menino forte e saudável. Admirava muito o pai e a mãe, mas a coisa mais importante em sua infância era o amor pela irmã mais velha, Mercúrio. Quando era pequeno não podia separar-se dela, e não fazia nada sem consultá-la; e enquanto viveu, ela foi quem exerceu a principal influência sobre ele.

Numa festa da colheita, quando ele tinha 10 anos, encontrou pela primeira vez Vega, que viria a ser sua esposa. Gostou dela imediatamente, e não quis brincar com mais ninguém. A garota, que tinha mais ou menos a mesma idade, ficou lisonjeada com esse interesse e retribuiu-lhe o afeto. Ele nunca a esqueceu, embora ao crescer se tornasse mais tímido para expressar os sentimentos. Com 16 anos, ela se tornara singularmente bonita, e tinha vários pretendentes disputando sua mão – entre os quais Albireo, irmão mais velho de Alcyone, que era o herdeiro das terras paternas, e portanto poderia oferecer-lhe uma posição melhor que Alcyone. Este ficou muito preocupado com a situação; amava o irmão e não desejava ser um empecilho para ele nem impedir que Vega se tornasse a senhora do vale, o que iria acontecer se ela desposasse Albireo, mas ao mesmo tempo não conseguia desistir dela.

Como de hábito, contou tudo a Mercúrio, que lhe deu apoio, e disse que a questão tinha que ser decidida por Vega, cuja preferência podia não ter nada a ver com propriedades ou rebanhos. Alcyone ficou na retaguarda, e deu todas as chances a Albireo; só quando Vega o recusou em definitivo é que ele se animou a apresentar-se em lugar dele. Vega o aceitou, feliz, e eles casaram logo ao completar 20 anos, e foram extremamente felizes juntos. Albireo aceitou a decisão de Vega, embora sofresse muito no início. Alguns anos depois, consolou-se desposando outra moça, Concord, mas não tiveram filhos. Pouco tempo depois Albireo foi morto ao enfrentar um dos assaltos dos toltecas; portanto, Alcyone acabou se tornando o herdeiro.

Alcyone e Vega tiveram muitos filhos; Sirius, a última menina e a mais moça de todos, nasceu quando Alcyone já tinha 54 anos. Por essa época, Netuno morreu, e Alcyone herdou as extensas propriedades, que administrou muito bem, pois enquanto cuidava do governo do vale, decidindo tudo pessoalmente, deixava o cuidado direto das terras com seus irmãos mais moços, Psyche e Leo, que eram até melhores para cuidar de detalhes que ele. Durante 32 anos exerceu suas funções, vigoroso, ativo e lúcido até o fim, sobrevivendo à maioria de seus contemporâneos.

Os dois irmãos que o auxiliavam com eficiência partiram muito antes dele, e seu lugar foi preenchido pelo filho mais velho de Alcyone, Ulisses, que se revelou um administrador capaz.

Ao longo de todos esses anos a vida correu tranqüila e feliz; as únicas alterações eram colheitas boas ou más, anos bons ou ruins, com rumores eventuais de ataques toltecas. Seus filhos cresceram e se casaram, e ele viu nascerem os netos e bisnetos, sendo sempre o melhor amigo e conselheiro de todos eles.

Os grandes sofrimentos de sua vida foram as mortes de Mercúrio e Vega; esta, felizmente, partiu muito pouco tempo antes dele.

A invasão tolteca longamente temida, que durante anos tinha atingido outros vales, finalmente caiu sobre eles no ano de 9586 a.C. Embora idoso, Alcyone reuniu seus homens e foi à frente deles enfrentar o inimigo. Graças à posição vantajosa, conseguiram deter os toltecas durante dois dias e matar muitos deles, mas chegaram reforços da planície e Alcyone e seus fiéis companheiros foram vencidos pelo número. Ele foi morto, assim como todos os homens e as mulheres idosas da tribo, e as mulheres jovens foram levadas como escravas. Sirius, que tinha 32 anos, foi uma delas.

Foi levada para o harém de um rico tolteca, e lançada numa vida de escravidão das mais odiosas. Sofreu bastante, mas tentou aceitar filosoficamente, sem perder a esperança. Cerca de um mês depois, Orion, que vivia num vale próximo, foi capturada de forma idêntica e trazida para ali, encontrando-se pela primeira vez com Sirius naquela vida. Orion era menos conformada, e se indignava muito, protestando com veemência contra os ultrajes que sofrera.

Passada uma semana, ela estava semitranstornada com os horrores da situação, e tentara matar-se por duas vezes. Sirius sentiu muita pena dela, tentou protegê-la e fazer com que suportasse melhor a situação.

Naturalmente, seu maior desejo era fugir, embora parecesse impossível. Sirius acabou concebendo um plano que, embora audacioso, não era totalmente impossível. A primeira dificuldade era escapar da casa, mas mesmo se o conseguissem, a cor da pele as denunciaria como escravas, e não andariam 30 metros sem serem vistas e presas. Portanto, era necessário que se disfarçassem. Sirius conseguiu se apossar de uma pintura para o rosto própria das mulheres toltecas, e que lhes emprestaria o tom de pele mais escuro que as faria passar por toltecas. E um dia ela conseguiu pegar um traje masculino de um visitante. Rapidamente, aplicou a pintura no rosto, mãos e braços, e pintou Orion. Colocou o traje masculino, vestiu Orion com roupas toltecas femininas, com um véu a cobri-la; tomou-a pela mão e atravessou a área social da casa, misturando-se com os convidados, e caminhou com naturalidade porta afora.

Com essa audaciosa e bem-sucedida manobra, chegaram à rua; como pareciam um casal tolteca, ninguém as incomodou. Não tinham dinheiro algum, mas Sirius tinha algumas jóias de pouco valor, que lhe tinham sido tiradas, e achou que tinha o direito de pegar de volta antes de fugir. Vendendo-as, conseguiram algum dinheiro, e mais tarde obtiveram um pouco mais vendendo os trajes elegantes e trocando-os por roupas comuns de trabalhadores. Passando toda sorte de dificuldades e aventuras, conseguiram dirigir-se às montanhas onde fora o seu lar, e agradeceram ao ver-se novamente entre gente de sua própria raça, embora fossem apenas as tribos ao sopé da mon-

As Vidas de Alcyone

337

tanha, que há muito tinham se sujeitado aoa governo tolteca. Mas pelo menos ali puderam retirar a horrenda pintura que lhes dera tanto trabalho para refazer constantemente.

Para ficarem definitivamente a salvo, elas teriam que ou chegar a alguma região das montanhas em que o povo não estivesse submetido aos toltecas, ou buscar refúgio num mosteiro. Isso porque, quando o país tinha se rendido aos toltecas, fora estabelecida uma condição: que eles não interfeririam nas instituições religiosas e os santuários continuariam com seus direitos. Como Orion sentia-se fraca e nervosa, foram praticamente forçadas a adotar a segunda alternativa, e foram falar com Hélios, a abadessa de um grande monastério que ficava ao largo da estrada. Contaram-lhe toda sua história, e ela imediatamente as aceitou e garantiu-lhes proteção. Ali viveram felizes durante muitos anos.

O afundamento de Poseidônis fora previsto pelos sacerdotes daquela raça, e embora muitos não acreditassem nem dessem atenção a isso, muitos o fizeram. Quando se aproximou o momento, a abadessa reuniu todas as monjas e descreveu dramaticamente o que ia acontecer. Disse também que, como em breve o dinheiro não serviria mais para nada, os grandes recursos do convento estavam ao dispor daquelas que desejassem abandonar o país, e todas tiveram inteira liberdade para decidir o que quisessem. Quanto a ela, declarou que não se preocupava muito com a própria vida, e não desejava começar tudo de novo em uma outra terra, porque já era muito idosa, e por isso decidira ficar e desaparecer

com sua terra, segurando até o fim o estandarte de sua ordem. Sirius e Orion, que gostavam muito dela, e contagiadas por seu entusiasmo, decidiram ficar junto, assim como muitas outras monjas. Mais da metade, contudo, decidiu aproveitar o oferecimento, e 11 navios grandes foram preparados para conduzi-las a outras terras.

Quando a hora final chegou, a abadessa chamou as monjas e pediu a Orion, que era boa musicista, que tocasse para elas – tocasse como nunca o fizera. A jovem nervosa e trêmula transfigurou-se; foi tomada por uma sensação de êxtase e tangeu as cordas com gestos elegantes, produzindo um volume de som como harpa nenhuma jamais fizera. Tão grande foi o poder daquela música divina que, quando o oceano invadiu o local e carregou a todas, nem um só grito se ouviu, porque todas estavam tão desligadas deste mundo que a passagem para o outro se deu sem sentir.

Outro de nossos personagens, Erato, que também nascera num corpo feminino nas montanhas, passara pela mesma situação de ser capturada e levada como escrava para a cidade grande. Nesse caso, porém, aconteceu que Ursa, o filho do patrão, Alastor, apaixonou-se por ela e a tomou como esposa. Embora fosse um hedonista, semelhante aos demais daquela época dissoluta, era bom para sua jovem esposa, a seu jeito despreocupado, e ela era grata a ele por tê-la salvo do destino de escravidão. Quando se aproximou o momento do cataclismo, ela foi avisada pelos sacerdotes de seu povo, e contou da previsão ao marido. Ele achou a idéia ridícula, mas como muitos estavam indo embora, disse-lhe que poderia ir com eles, e que em um ou dois anos voltaria e o encontraria vivendo do mesmo jeito e no mesmo lugar. Ela agradeceu mas não aceitou, dizendo que se ele decidira perecer junto com sua terra, considerava seu dever ficar ao lado dele. O marido ficou satisfeito, embora não acreditasse ao mínimo que algo fosse de fato acontecer. Quando veio o cataclismo, viu que ela tinha razão, e lamentou não lhe ter dado ouvidos. Ambos morreram juntos.

No que diz respeito a Erato, vemos nessa existência o fechamento de um ciclo menor de evolução espiritual, como o triunfo final de uma experiência evolutiva. Em uma vida anterior na Caldéia, ele viveu em condições tais que seria totalmente previsível que fosse uma pessoa boa. Nascido na casta sacerdotal, só recebeu bons exemplos; todos esperavam dele uma vida virtuosa, que lhe foi fácil em todos os sentidos. Errar seriamente teria sido difícil: seria como virar as costas a toda uma situação confortável. Seria necessário ter uma séria propensão à maldade, que nosso herói felizmente não possuía. Portanto, seguiu seu destino, e foi uma pessoa boa. Na segunda encarnação depois dessa, foi testado na bondade a que se habituara na vida anterior. As condições eram bem menos favoráveis que na Caldéia; o ego seria capaz de mostrar-se forte para superá-las? Ele conseguiu; atravessou a prova e venceu, e com isso fortaleceu o caráter. Na terceira vida foi-lhe aplicado um teste ainda mais difícil, e mergulhou numa civilização tão inferior em todos os sentidos, que viver de modo correto naquelas condições seria ainda mais difícil que ser mau na vida de sacerdote caldeu. Não teve força suficiente para tal: viveu como uma pessoa de seu tempo, como os que o cercavam. Para eles pode ter sido natural, mas para ele foi uma falha, porque já tinha muito mais conhecimento.

Em conseqüência, a próxima vida mostra uma queda evi-

As Vidas de Alcyone

339

dente. Houve bastante sofrimento físico, que sem dúvida lhe fortaleceu o íntimo, ao mesmo tempo em que o libertava de parte de seu pesado débito cármico. Na encarnação seguinte passou por muitos sofrimentos morais. De modo geral passou bem por ela, e saiu purificado e fortalecido. A vida no Peru foi uma evidente oportunidade pra testar suas capacidades recém-adquiridas, sob os auspícios mais favoráveis, dessa forma não só as potencializando como criando o hábito de utilizá-las – criando um movimento no sentido do bem. Depois de conseguir isso e obter os resultados que se esperavam de uma encarnação chinesa, voltou novamente à cena de seu fracasso original, em Poseidônis, para passar novamente por aquele tremendo teste. Mas as últimas vidas não tinham passado em vão; tinham produzido seu efeito. Dessa vez ele passou no teste e venceu; não apenas viveu uma vida correta em meio à iniqüidade geral, mas também sacrificou-a por um sentimento de dever quase exagerado. Assim, o objetivo das forças evolutivas foi atingido, e ele pôde passar ao desenvolvimento de outra faceta de seu caráter.

Voltando aos vales das montanhas onde a história desta vida começou, vamos encontrar Ulisses, o filho mais velho de Alcyone. Embora dado por morto no campo de batalha, ele acabou se recobrando; reunindo alguns homens que tinham conseguido escapar para as montanhas, tentou recuperar as terras devastadas. Todos os rebanhos tinham sido levados, e as colheitas, destruídas, mas ele conseguiu recomeçar aos poucos. Embora vivesse só mais alguns anos, dois filhos seus, Cetus e Pyx, que ele tinha escondido, continuaram a tarefa, e conseguiram cultivar uma parte das terras novamente, antes da época do afundamento da ilha. Eles foram dos que acreditaram no aviso dos sacerdotes e fugiram de Poseidônis a tempo, antes da destruição final.

Um bom número de crianças tinha escapado do massacre. Algumas, como Cetus e Pyx, ficaram escondidas em cavernas que os saqueadores nunca descobriram; outras foram mandadas para longe aos primeiros rumores da invasão, para um vale afastado do qual os soldados das planícies nem tinham conhecimento. Outrora, Alcyone tinha enviado seu sobrinho Fides em uma missão ao chefe daquele vale, e o chefe, agradando-se dele, e vendo que lhe poderia ser muito útil e ensinar muitas coisas a sua gente, pediu-lhe que mandasse buscar sua família e se estabelecesse ali. Fides concordou, após pedir autorização a Alcyone; e assim, quando os rumores de guerra começaram a se espalhar, as crianças puderam ter um refúgio para ficar

340   C. W. Leadbeater

entre seus parentes, desde que seus pais quisessem. Sirius, por exemplo, deixou ali suas duas filhas pequenas, Ájax e Elsa, que assim cresceram como filhas adotivas de Fides e Urano, e mais tarde casaram e foram felizes.

Quando os sacerdotes e astrólogos da sub-raça das montanhas avisaram da iminente destruição do continente, Fides, embora já fosse idoso àquela época, reuniu aqueles, dentre os que adotara, que queriam deixar o país, e liderou-os numa grande migração por mar até a África do Norte. Foi bem-recebido ai, e seu grupo foi convidado a estabelecer-se no Monte Atlas, em um vale que não era diferente daquele de seu antigo lar. Ali, entre os kabyles, ainda se encontram ainda alguns descendentes deles, embora naturalmente tenham ocorrido miscigenações durante os milênios transcorridos.

Um de nossos personagens, Spica, teve a honra de ser a primeira criança nascida na nova terra, no mesmo dia em que ali chegaram. Fides previu-lhe uma existência afortunada, e distinguiu o recém-nascido com o título de "pai da nova terra", tomando-o sob sua proteção.

Vida XXXVII
(8775 a.C. – Índia)

Sempre que não era levado para outro lugar por absoluta necessidade de serviço ou evolução, nosso herói gravitava naturalmente na direção da grande terra-mãe – a Índia. Aí vamos encontrá-lo, renascido em 8775 a.C., num local chamado Dorasamudra (atual Halebida), ao Norte de Hassam, em Mysore. Seu pai era Proteu e sua mãe Mercúrio, uma mulher santificada, com grande reputação de sabedoria.

Recebeu o que era considerado à época uma boa educação, que consistia basicamente na memorização de imensa quantidade de textos em versos sobre os mais diversos assuntos: religião, lendas, leis, medicina e até matemática. Sua mãe tinha um notável conhecimento de todos esses temas, e sua influência foi valiosa para ele em todos os sentidos. Havia uma enorme quantidade de ritos desnecessários, mas a mãe tinha uma perspectiva eminentemente sensata a respeito, e afirmava-lhe que uma vida virtuosa era mais importante que centenas de rituais, e que a verdade, a honra e a bondade eram as oferendas mais agradáveis à divindade.

O pai ensinou-lhe muitas invocações sagradas, que ele

aprendeu com sucesso, conseguindo obter respostas das diversas entidades que evocava. Sua força de vontade, em criança, era notável, embora nem sempre a empregasse com sensatez; certa vez, por exemplo, foi descoberto no ato de arrancar uma unha do próprio dedo, apenas para ver se o podia suportar. Novamente, como no Peru, adquiriu fama pela execução de manuscritos dos templos e também pelo extraordinário número de versos que sabia, em proporção à sua idade – o que era, naturalmente, devido à influência da mãe.

Quanto tinha cerca de 20 anos, casou-se com Urano, filha de outro sacerdote. Embora ainda não existisse a essa época uma classe sacerdotal de brâmanes propriamente dita, havia uma classe sacerdotal que já tendia a manter-se separada, e era natural que o filho de um sacerdote casasse com a filha de outro, embora não fosse obrigado.

O pai de Urano era um sacerdote de razoável importância, embora não igual à de Proteu, que detinha bastante poder por ser responsável pelo templo principal, um magnífico edifício de pedra polida com elaboradas esculturas. O rajá local, Castor, freqüentava e mantinha esse templo, e a posição de Proteu, como seu conselheiro espiritual, era de grande relevância no país. Castor prestava obediência a uma autoridade maior, Marte, que governava um reino bem maior, mas na prática era independente, exceto nas relações exteriores.

Logo após o casamento de Alcyone, um outro elemento apareceu em cena, com a chegada do norte de um homem – Áries – com grande fama de mago, não de todo imerecida, porque ele realmente havia estudado muito e adquirira controle sobre algumas entidades astrais, e também conhecia alguns fenômenos da química e da eletricidade, o que lhe permitia realizar coisas que, para as pessoas da época, pareciam milagres extraordinários. Também tinha certo poder hipnótico. E com a utilização dessas diversas habilidades, logo adquiriu completa ascendência sobre Castor e tornou-se um grande antagonista do ortodoxo Proteu, cuja influência e prestígio declinavam à medida que os dele aumentavam.

Áries nunca se colocou em conflito aberto com Proteu, e não era no íntimo um homem mau, embora, é verdade, nunca perdesse uma oportunidade para tirar vantagem. Talvez fosse impelido menos pelo anseio de lucro que pelo de poder, e pelo prazer de exibir suas notáveis experiências e ver a grande impressão que causavam nas pessoas. Proteu, como é de imaginar, ficava bastante desgostoso com a diminuição da renda do templo e com o decréscimo de seu prestígio, e estava absolutamente persuadido de que a atuação de Áries era perniciosa.

Esse estado de coisas perdurou durante alguns anos, e o atrito ficou pior com o passar do tempo. Castor construiu um grande templo para Áries, e pode-se dizer que os dois templos tinham uma rivalidade explícita. Proteu acreditava que Áries era culpado de exercer várias formas condenáveis de magia, e não hesitava em dizê-lo. Isso em parte foi a causa de Áries adquirir uma reputação indesejável e, embora seus inegáveis poderes fossem admirados, ele era também bastante temido.

Castor perturbava um pouco Áries, porque queria sempre participar de seus rituais ocultos, compreender a ação das forças utilizadas e até mesmo efetuar novas experiências com elas. Como seus conhecimentos eram, em última análise, algo limitados, Áries sempre ficava muito nervoso com essas experiências, e por fim seus temores se concretizaram, pois Castor produziu uma explosão que o matou.

É claro que essa morte foi atribuída inteiramente à magia, e Proteu, como se imagina, usou ao máximo o incidente e acusou o rival de haver planejado intencionalmente a morte do rei; não há dúvidas de ele realmente acreditava nisso. Áries rechaçou a acusação, indignado, e declarou que aquilo acontecera porque Castor não dera atenção a seus avisos, provocando a cólera dos espíritos que o serviam. O infeliz acontecimento exasperou os ânimos hostis entre as duas seitas rivais, cujos líderes começaram a se odiar e conspirar um contra o outro, cada um sentindo-se amparado pelas melhores intenções e acreditando que o sucesso do rival significaria um desastre para o país.

Como Castor não tinha herdeiro, Marte enviou seu próprio filho Ulisses para assumir o trono vago, e as duas seitas imediatamente começaram a fazer planos para obter o apoio do novo rei. Os ostensivos milagres de Áries preponderaram, e Ulisses, que era extremamente atraído por esse tipo de fenômenos, tornou-se um dedicado discípulo do magista.

O sucesso do rival irritou Proteu enormemente, e foi sobretudo devido a essa decepção e ira frustrada que ele adoeceu e morreu pouco depois, embora seus seguidores atribuíssem o fato, unanimemente, à atuação mágica de Áries. Se havia algo de verdade nisso, é difícil dizer. Não há dúvida de que Áries, convencido firmemente de que Proteu era um homem perigoso, utilizou forças hipnóticas e elementais e acelerou a sua morte. Alcyone, de qualquer modo, acreditava nisso.

Embora fosse bem jovem, Alcyone sucedeu ao pai na fun-

As Vidas de Alcyone   343

ção de sumo sacerdote no grande templo, e é certo que sabia que ao fazer isso estava assumindo a luta contra Áries e seus seguidores.

Entrementes, a situação de Áries não era em absoluto confortável. Seus prosélitos naturalmente aceitaram sua versão sobre a morte de Castor, mas entre a maioria do povo havia dúvidas e suspeitas, e as pessoas o temiam e desconfiavam dele mais do que nunca. Ulisses também lhe trazia problemas, embora não da mesma forma que Castor. Não que ele quisesse realizar experiências pessoalmente; mas estava sempre exigindo que o distraísse com novos fenômenos, e não acreditou quando Áries lhe afirmou que tinha exaurido seu repertório. Por causa dessa pressão constante, Áries era forçado a exibir experiências com as quais não estava bem familiarizado, e provocou dúvidas no rei.

Para recuperar sua posição, Áries utilizou todas as artes mágicas que sabia, até aquelas que constituíam explicitamente magia negra. Por esses meios, teceu uma espécie de fascinação hipnótica em torno de Ulisses, de modo que este acabou se transformando num joguete em suas mãos, praticamente sem vontade própria. Mas embora obtivesse assim total ascendência sobre o rei, não estava tranqüilo; para produzir determinados fenômenos, ele tinha recorrido a artifícios, e um de seus subordinados, Scorpio, que sabia disso, ameaçou denunciá-lo ao rei e ao povo, e assim conseguiu ter poder sobre Áries, que usava sem piedade. Infelizmente seus objetivos eram mais egoístas e menos inocentes que os de Áries, e este muitas vezes se viu envolvido em situações que lhe pareciam odiosas.

Entre elas houve um complô muito complicado, que não é necessário detalhar. Um dos pontos principais era que Áries (de acordo com o plano a que devia obedecer) teria que apoderar-se de Mizar, irmão mais moço de Alcyone, e introduzi-lo em alguns mistérios da magia negra. Os conspiradores conseguiram obter certa influência sobre Mizar em razão de alguns pequenos deslizes de juventude cometidos por ele, que eles ameaçaram divulgar; além disso, ele estava deslumbrado pelas maravilhosas perspectivas de sucesso e poder que eles lhe descortinavam. Porém Mercúrio estava determinada a não deixar que nenhum filho seu caísse sob tais influências, e pediu a Alcyone que tomasse uma atitude no caso com urgência, e assumisse uma luta aberta, se necessário.

Ele fez um apelo a Ulisses a respeito, e insistiu tanto que embora este se encontrasse num estado de certo estupor sob o

344   C. W. Leadbeater

efeito da obsessão de algumas entidades comandadas por Áries, achou difícil não dar atenção a certas colocações de Alcyone. Porém Áries, vendo-se em perigo, fez apelo ao lado mais fraco de Ulisses, propondo-lhe uma espetacular exibição de magia, na qual ele iria finalmente vencer Alcyone e suas pretensões de conhecimento. Ulisses, que gostava enormemente de exibições teatrais de qualquer tipo, concordou imediatamente, porque aquilo tinha uma aparência de disputa leal, e também o liberava de ter que tomar uma atitude. E assim, na ocasião combinada, os dois contendores se reuniram diante dele e sua corte, no que praticamente seria uma disputa pública de magia.

Parecia um conflito desigual, pois Áries era um homem de grande fama, bem provido de conhecimentos científicos no plano físico, e também com eficientes ajudantes do astral – um homem de aspecto imponente, no vigor da idade. Alcyone, por sua vez, era jovem e relativamente inexperiente; não possuía conhecimentos científicos, e seus mantras, embora eficazes a seu modo, eram somente do tipo ortodoxo. Porém sua vontade era forte, e ele estava absolutamente determinado a salvar o irmão. Tinha se aconselhado com Mercúrio, que o aconselhou a aceitar o desafio e lhe prometeu que seria vitorioso apesar de todas as aparências. O contraste entre os dois contendores era salientado pelas esplêndidas vestes que Áries trajava e pela circunstância de que se fazia cercar de todos os servidores de seu templo, enquanto Alcyone viera sozinho, e simplesmente vestido no traje branco dos sacerdotes de seu templo.

Ulisses achava-se, como de hábito, num estado de obsessão parcial; falava de forma confusa e hesitante ao iniciar o encontro chamando seu amigo e mestre Áries para apresentar-se. Áries mandara vir uma trípode, uma espécie de altar portátil no qual queimou grandes quantidades de um incenso especial, contando com seu efeito entorpecente. Realizou vários de seus melhores "milagres" e levou os assistentes a um estado de grande excitação e entusiasmo, embora deva-se dizer que alguns se achavam extremamente amedrontados. Por fim, concluiu com uma longa invectiva, chamando Mizar, que estava entre os seus seguidores, e o colocou a seu lado, pedindo que lhe jurasse obediência, o que Mizar, que estava visivelmente sob influência hipnótica, fez. Áries invocou o testemunho de Ulisses e dos cortesãos para o fato, e depois, voltando-se para onde estava sentado Alcyone, no lado oposto do estrado sobre o qual se achava o trono do rei, projetou sobre ele toda a sua força hipnótica e magística, e intimou-o a aproximar-se, ao seu

As Vidas de Alcyone

345

comando, e tornar-se seu escravo. A corrente de energia projetada sobre ele fez a cabeça de Alcyone rodar por um instante, mas quando sua visão clareou novamente, ele enxergou o rosto da mãe diante de si. Ergueu-se então e exclamou:

– Irei, mas não como teu escravo!

Inclinando-se profundamente diante de Ulisses, confrontou Áries, parando diante dele, face a face, desafiando seu poder hipnótico. Áries ergueu o braço como para amaldiçoá-lo, e começou a pronunciar encantamentos. Alcyone nada disse, nem uma só palavra; manteve o olhar ardente fixado no de Áries, e colocou toda sua força de vontade numa sólida resistência. Durante alguns minutos permaneceram assim, encarando-se, em meio a um silêncio total. Então Alcyone sentiu que a força de Áries diminuía; com um grande esforço de vontade ergueu o braço e, apontando diretamente para Áries, exclamou com toda a intensidade:

– Que o poder de que abusaste te abandone!

Ao mesmo tempo Áries, sentindo-se vencido, caiu ao chão, desacordado. Alcyone então dirigiu sua vontade para Ulisses, e exclamou:

– Desperta, ó rei! Ergue-te, livra-te desse poder maléfico e dos maus espíritos que tomaram conta de ti! Sai das trevas para a luz!

O rei ergueu-se num salto e desceu os degraus do trono até ficar face a face com Alcyone, e disse:

– O que fizeste comigo? Sinto uma grande mudança!

Alcyone respondeu:

– Eu nada fiz, ó rei; mas o poder divino se manifestou, e foste liberto da prisão em que esse homem te mantinha.

Ulisses replicou, dirigindo-se aos cortesãos:

– Em verdade, isso que ele diz é real; sinto como se tivesse escapado de um calabouço escuro, e onde quer que estivesse antes, agora estou livre! – disse, voltando-se para Alcyone – E a ti, que fez isso para mim, transfiro todos os proventos desse cuja astúcia venceste; e peço que me instruas nessa magia tão poderosa, que derrotou com tanta facilidade o maior mago que já vi.

– Não há qualquer magia nisso, ó rei – replicou Alcyone –, apenas uma vontade forte, o coração puro e a noção do que é certo; mas agradeço a tua dádiva, e se assim for de tua vontade, auxiliar-te-ei com satisfação a desfazer o mal que foi feito. Antes, porém, deixa-me chamar meu irmão.

Com um olhar, chamou o irmão para junto de si. Mizar

346   C. W. Leadbeater

veio prontamente, pois a queda de seu antigo chefe provocara nele um choque que lhe permitiu libertar-se da influência hipnótica, e já não sentia a menor atração pela magia negra que antes o seduzira tanto. E enxergou também diante de si o rosto de sua mãe. Uniu-se a Alcyone, satisfeito, sem entender como tinha podido afastar-se dele.

Ulisses dispensou a assembléia, e, chamando Alcyone, de imediato começou a combinar uma série de encontros com ele para ser instruído. Desse momento em diante, transferiu todo seu interesse e apoio para o grande templo dirigido por Alcyone. Com a orientação de sua mãe, Alcyone aos poucos conseguiu levá-lo do interesse por fenômenos mágicos ao estudo das grandes verdades sobre a vida e a morte e ao intenso desejo de colocar os pés na senda da perfeição. Assim se cumpriu a previsão feita por Mercúrio na 31ª vida de Alcyone, cinco mil anos antes.

Ulisses passou a sentir muito afeto e gratidão por Alcyone, e cumulou-o de honrarias. Embora Alcyone fosse bem jovem, sua vitória conferiu-lhe praticamente o maior poder dentro do reino, pois Áries eclipsou-se inteiramente e deixou de participar da vida pública. Seus nervos ficaram abalados, e ele não conseguiu mais comandar as entidades com que trabalhava. Seus conhecimentos de química e eletricidade o abandonaram. Como se o tremendo esforço de vontade feito no confronto com Alcyone houvesse rompido algo em seu cérebro, dali em diante sua memória se tornou falha e incerta. A maioria de seus companheiros oportunistas o abandonou, e os amigos, agora com uma perspectiva totalmente nova, não se interessaram em ajudá-lo. Essa perda parcial de memória pode ser considerada misericordiosa, pois sua vida seria lamentável se pudesse dar-se conta de fato da mudança que ocorrera em sua sorte. Sua confusão mental aumentou com o passar dos anos, e por fim ele mergulhou num estado quase animalizado. Desde que Ulisses adotara Alcyone como conselheiro, começou a ter contato freqüente com Mercúrio, por quem tinha a maior consideração; e por intercessão dele, foi concedida a Áries uma pequena pensão, com a qual ele pôde viver o restante de sua vida sem preocupar-se com moradia e alimentação.

Ulisses enviou a seu pai, o marajá, um relato colorido de tudo que tinha acontecido, e Marte ficou tão interessado que de imediato ordenou a Ulisses que enviasse Alcyone e Mercúrio à sua presença, na capital. Assim foi feito, e Marte os recebeu com grande pompa, e após uma série de encontros com eles quis que

As Vidas de Alcyone

347

Alcyone fosse estabelecer-se na capital, oferecendo-lhe a direção de um dos principais templos dali. Era difícil recusar essa magnífica oferta, mas depois de conversar longamente com sua mãe, Alcyone pediu respeitosamente ao marajá que lhe permitisse retornar a seu templo, esclarecendo que considerava o seu trabalho ali um dever que tinha para com seu falecido pai, e enfatizando também seu desejo de ajudar e orientar Ulisses, para com o qual sentia uma grande responsabilidade. Marte lamentou a decisão, mas por fim concordou, levado pela grande consideração que sentia por Mercúrio. Nascera entre eles uma imediata e estreita compreensão, e embora Marte desejasse manter a ambos junto dele, não quis contrariar o desejo expresso daquela por quem sentia profundo respeito. Finalmente Mercúrio e Alcyone voltaram para casa, mas dali em diante o marajá e Mercúrio mantiveram uma assídua correspondência, e o marajá mais de uma vez foi a Dorasamudra para vê-la.

A influência de Alcyone sobre Ulisses foi definitivamente positiva; sem ela, o jovem rei certamente teria caído numa vida dissoluta. Seu caráter tinha duas facetas, ambas muito fortes. Seu interesse pelos poderes e fenômenos ocultos, e pelo bem de seu povo, era sem dúvida genuíno e forte, mas ao mesmo tempo havia nele um viés de sensualidade que o levava a esquecer os direitos alheios e os deveres de sua posição. Os conselhos de Alcyone e sua influência o equilibraram bastante e minimizaram as explosões eventuais ocorridas, e de modo geral o rei se manteve dentro de limites razoáveis. O caráter de Ulisses mudou para melhor sob essa orientação, e ele concebeu e concretizou muitos projetos para o bem do povo, com Alcyone e Mercúrio a influenciá-lo, e finalmente aquele pequeno reino tornou-se um dos mais prósperos em todo o Sul da Índia.

Passaram-se assim muitos anos, e por fim Mercúrio morreu, para grande tristeza de Alcyone e Ulisses. O marajá sobreviveu a ela alguns anos somente, e então Ulisses, por sua vez, teve que repetir o convite que seu pai fizera, pedindo a Alcyone que o acompanhasse à capital, argumentando que assim como tudo que realizara em Dorasamudra tinha sido com os conselhos e orientações dele, não poderia assumir essa tarefa tão mais pesada sem o seu auxílio. Alcyone resistiu por um bom tempo, mas como seu filho mais velho, Siwa, agora estava crescido, e não apenas capaz de tomar conta do templo como desejoso de fazê-lo, finalmente Alcyone acedeu ao pedido de Ulisses e viajaram juntos para assumir a nova função.

Alcyone acabou sendo designado como sumo sacerdote do

principal templo da capital, tarefa que exerceu com dignidade e eficiência. Embora ele e o novo marajá sentissem falta a toda hora dos sábios conselhos de Mercúrio, conseguiram sair-se bem aplicando as diretrizes que ela lhes deixara.

A amizade de Ulisses com Alcyone durou até a morte deste, ao cabo de uma vida honrada, digna e útil, quando foi sucedido nas funções pelo irmão Mizar. Apesar de tudo isso, Alcyone com freqüência sentia uma nostalgia irracional da vida movimentada do mundo, um desejo de acompanhar Ulisses em suas campanhas eventuais e de viver uma vida de soldado, em vez daquela de sacerdote e estudioso. Não obstante, sua vida foi feliz, e nela muito bom carma foi gerado. Partiu serenamente com a idade de 83 anos, deixando uma reputação de sabedoria e santidade de vida.

Após a morte de Mizar, o filho mais velho de Alcyone, Siwa, foi convidado a dirigir o templo principal da capital. Ele aceitou, e trouxe consigo seu filho mais velho, Brihat, como assistente, deixando o antigo templo de Alcyone nas mãos de seu segundo filho, Naga, que com a ajuda da esposa, Hércules, já havia adquirido fama de ótimo administrador.

Vida XXXVIII
(7852 a.C. – Índia)

Voltamos novamente à Índia. Alcyone nasceu desta vez no distrito de Peshwar, no ano de 7852 a.C., na casta que parece corresponder à *kshattrya* (dos guerreiros), embora se chamasse então *rajan*.

Percebo à época a existência de apenas três castas: *brahman*, *rajan* e *vis*. Parece que originalmente eram três raças bem distintas: *brahman* era a dos arianos quase sem mistura, *rajan*, a dos arianos misturados com a antiga raça dominante dos toltecas e *vis*, a dos arianos misturados com outras raças atlantes, especialmente mongólica e tlavatli, às vezes com participação das últimas raças lemurianas. Naquela época, tinham permissão para casar entre si, embora não com alguém de fora das três castas; já começava a ser considerado melhor e mais conveniente o casamento dentro da própria casta.

Alcyone era filho de Aurora, um pequeno chefe de bastante fama como guerreiro. Sua mãe era Vajra, mulher corajosa e algo viril. A única atividade dessa casta era a luta, que era buscada com empenho. Havia muito derramamento de sangue desnecessário. A região de que estamos tratando era dividida em diversos pequenos principados que lutavam permanentemente entre si. Às vezes surgia alguém mais forte, entre os príncipes, e vencia vários outros, tornando-se o soberano durante algum tempo, mas com sua morte o reino se esfacelava e o mesmo círculo vicioso de lutas contínuas se repetia.

A grande massa da população não era tão afetada por isso como se imaginaria. O comércio e a agricultura prosseguiam de certa forma sem interrupção, e apenas os soldados profissionais lutavam, via de regra – embora, é claro, ninguém estivesse realmente seguro. Era uma situação bastante curiosa, em que o povo era em certo sentido altamente civilizado, e ao mesmo tempo a vida era tão insegura. Não existia de fato lei nem ordem constituída, mas uma luta sem fim – cercos e incursões bélicas constantes.

Os arianos ainda não estavam totalmente estabelecidos; na realidade, pode-se dizer que a última migração ainda estava forçando a entrada. Por volta de 9700 a.C., os últimos arianos haviam deixado seu reino na Ásia Central, em torno do Mar de Gobi, mas a Índia já estava ocupada e esses últimos grupos não eram em absoluto bem-vindos. Durante 200 anos eles foram empurrados para o Afeganistão e o Baluquistão, e a maioria deles só conseguiu penetrar nas planícies gradualmente, de forma individual e pacífica. Às vezes, entretanto, alguns grupos organizados faziam ataques, e ocasionalmente havia incursões de mongóis de vários tipos, que massacravam todo mundo. Sem dúvida, nessa época, a região era extremamente turbulenta. Um reino maior, tal como referimos antes, tinha se desintegrado recentemente, e havia lutas acirradas pelo poder.

As crenças da época não eram iguais, em certos aspectos, às do moderno hinduísmo. Havia uma trindade, mas era constituída por Agni, Indra e Surya, e a concepção mais elevada de Brahma, Shiva e Vishnu ainda não era conhecida. Eram tristemente comuns os sacrifícios em larga escala, e o *ashwamedha*, ou sacrifício de cavalos, era muito apreciado. Dizia-se mesmo que com uma centena de sacrifícios desses um homem se tornaria maior do que Indra.

Alcyone e seus pais mantinham estreita amizade com uma família brâmane, que teve grande influência sobre sua vida. Os cabeças dessa família eram Saturno e sua esposa, Mercúrio; os filhos eram Brihat e Naga; as filhas, Netuno, Orfeu e Urano. A estreita amizade com essa família constituiu o lado salvador dessa vida de Alcyone. Por mais que fosse necessária para

350   C. W. Leadbeater

a evolução de seu ego, não é daquelas que se tem prazer em contemplar. Lembremos que na existência anterior Alcyone, embora tendo grande influência como um líder espiritual, costumava às vezes sonhar com a vida movimentada de soldado; provavelmente, esta encarnação de agora seja uma conseqüência direta daqueles desejos, que lhe foi dada para curar o ego de uma vez por todas dessa insatisfação, concedendo-lhe as glórias efêmeras do campo de batalha.

Ele se iniciou com um pouco de entusiasmo na vida militar, mas em seguida cansou-se dela, e então teria ficado feliz de voltar àquela condição com que, 800 anos antes, não se sentia satisfeito. Quando ainda bem jovem, sentia-se cansado daquela matança incessante; era corajoso e capaz, mas não possuía a crueldade necessária aos grandes líderes militares; tinha piedade dos feridos e dos que sofriam, fossem de seu lado ou do inimigo. Às vezes falava disso com sua mãe, mas ela desencorajava outras confidências, taxando seus escrúpulos de afeminados.

Ele se voltou então para os amigos Brihat e Naga, os quais, como brâmanes, compreenderam inteiramente os seus sentimentos a respeito da inutilidade e perversidade dessa matança organizada. Brihat levou-o a conversar com a mãe deles, Mercúrio, que era sempre afetuosa e dava sábios conselhos, e Alcyone teve uma série de longas conversas com ela. Mercúrio não cometeu o equívoco de desencorajar ou ridicularizar Alcyone; afirmou de imediato que sua atitude era correta, e aliás concordava inteiramente com ela. Ponderou, entretanto, que ele não tinha nascido na casta *rajan* por acaso, mas em conseqüência de pensamentos ou ações anteriores, e sua opinião era que, embora tudo aquilo fosse desagradável para ele, deveria manter a honra da família e cumprir os deveres de sua posição até que os deuses achassem por bem liberá-lo disso, o que poderiam fazer facilmente se o quisessem – e acreditava e esperava que assim fariam quando chegasse o momento.

Assim, ele continuou por muitos anos entre toda espécie de cenas tormentosas, horríveis, cansado de tudo aquilo e ansiando por uma vida de estudo e meditação, até que, com 50 anos, perdeu o braço direito numa batalha, e ficou tão mutilado em outros sentidos que se tornou impossível continuar lutando. Quando se recuperou, por insistente convite de Mercúrio e Brihat, foi morar com eles, e pode-se dizer que praticamente passou a fazer parte da casta dos brâmanes – mudança que era perfeitamente possível à época.

Assim teve início o período realmente feliz de sua vida, e

As Vidas de Alcyone
351

ele sentiu mais gratidão do que outra coisa pelo acidente que o forçara a abandonar o campo de batalha. Sua experiência na vida militar produziu-lhe um desagrado definitivo por ela, que nunca mais o atraiu em qualquer vida futura; embora às vezes tivesse que desempenhar tais funções por dever, e o fizesse com honra e coragem, nunca mais sentiu o menor prazer com isso.

Sua amizade por Mercúrio era muito grande, e quando ela morreu, ele a pranteou longa e sinceramente. Continuou vivendo com Brihat e Naga, participando dos rituais do templo e estudando com interesse a filosofia existente.

Em 7774, quando já tinha chegado aos 78 anos, os tártaros lançaram-se novamente sobre a região, espalhando a morte e a destruição por toda parte. Contra uma barbárie dessas Alcyone achou que seria certo lutar; quando, depois de um cerco de vários dias e de terríveis massacres, tornou-se claro que a cidade iria cair nas mãos daqueles nômades selvagens, ele se dirigiu ao forte e, embora idoso e mutilado, ofereceu-se para partilhar a sorte de seus antigos companheiros, e morrer – já que todos morreriam – lutando como pudesse. Entretanto, quando o forte foi tomado e a morte ficou iminente, os *rajans* evitaram a desonra da derrota pelo suicídio coletivo, e foi assim que Alcyone morreu. Seus filhos Percy e Mizar morreram com ele.

Vida XXXIX
(6986 a.C. – Egito)

Nosso herói já tivera sete vidas sucessivas em corpos masculinos, e então houve uma mudança de sexo. Dessa vez, encontramos Alcyone nascido no ano de 6986 a.C., no poderoso reino do Egito.

Seu nome era Sebek-neferu-ra, e seu pai, Sirius, era o governador de uma província e um homem importante do reino; pertencia a uma família tradicional e desfrutava de uma posição elevada na corte e na confiança do faraó, Marte, cujo filho Hércules foi o melhor amigo de Sirius durante toda a vida.

Após a morte de Lútea, a quem Hércules desposara na juventude, o herdeiro do trono escolheu como sua segunda esposa Naga, a irmã mais velha de seu grande amigo Sirius. Assim, mais tarde Naga tornou-se rainha do Egito, e Sirius e Alcyone ficaram próximos do trono. A mãe de Alcyone, Ursa, era de raça branca – filha de um chefe que vivia próximo do Monte Atlas, mas como ele era uma pessoa meio inculta, não se

352   C. W. Leadbeater

costumava fazer referência a essa origem familiar.

Ursa tinha pouco afeto por Alcyone, porque ela desejava um filho e ficara muito decepcionada com o nascimento de uma menina; porém o pai a amava muito. Quando nasceu um menino (Egeria), 18 meses depois, a mãe envolveu-se inteiramente com ele e abandonou de certa forma a filha, mas com isso o pai e a filha ficaram ainda mais unidos.

Ursa era muito despótica e impulsiva, mas estava sem dúvida tentando controlar-se e melhorar. Sirius, por outro lado, era tranqüilo e equilibrado.

Alcyone teve uma boa educação. Tinha uma mente ágil e era afetuosa, sensível e observadora, mas tímida. Quando cresceu, o pai a mantinha bastante junto dele. Ela pediu para ser sua secretária, e era bastante eficiente na função. Quando ela tinha 15 anos, o pai teve uma longa enfermidade, e ela continuou realizando a maior parte das tarefas dele com muita eficiência, tomando decisões sensatas, mesmo quando ele estava muito mal para ser consultado, atuando corajosamente em seu nome. Negou-se, porém, a aplicar a pena de morte em qualquer circunstância, embora exercitasse todos os outros poderes atribuídos a seu pai, usando seu selo oficial. Quando se recuperou, Sirius confirmou todas as suas decisões, quando necessário, e elogiou-lhe as atitudes.

Dois anos mais tarde sua mãe morreu após uma longa enfermidade e imenso sofrimento. Alcyone cuidou dela com dedicação, enquanto Egeria, o filho por quem Ursa deixara a filha de lado, ficava ausente a maior parte do tempo e só raramente vinha vê-la. Durante essa doença, Ursa reconheceu que fora injusta com Alcyone, e se deixara cegar pelo intenso afeto pelo filho.

Mais tarde, um jovem de sua classe pediu Alcyone em casamento; ela não desgostava dele, mas sentia que não suportaria deixar o pai, e Sirius por sua vez também sentia que a sua vida ficaria vazia sem ela. Contudo, insistiu para que ela aceitasse o jovem, que parecia à altura e sinceramente apaixonado. Ela aceitou obedientemente, e de modo geral sua vida de casada foi feliz, embora ela sempre recordasse a infância como uma época ideal.

Os rituais religiosos da época a impressionavam profundamente, e pareciam-lhe extremamente reais. Os elaborados ritos egípcios, as magníficas procissões ao longo do Nilo, os hinos e danças em louvor aos deuses e deusas, a magia que os sacerdotes faziam, e a materialização eventual das divindades – tudo isso exercia profundo efeito em sua sensibilidade, e desempenhou um grande papel em sua vida.

As Vidas de Alcyone

353

Teve 11 filhos, a quem foi extremamente dedicada; todos eram bonitos e era uma bela cena vê-los reunidos em torno dela. Vivia principalmente para eles, e achava aborrecidas as obrigações sociais porque a afastavam dos filhos, embora quando necessário exercesse seu papel de grande dama, e era justa e generosa para os que dependiam dela.

Como era muito bonita, muitos apaixonados fizeram avanços de vários tipos, mas ela invariavelmente os rejeitava, permanecendo fiel ao marido.

Certo dia apareceu um velho, Thetis, um mercador ambulante, que sabia algo da vida da mãe dela quando jovem, que era um tanto desairosa. Ursa fora uma jovem impulsiva e obstinada; recusara-se a aceitar um marido que seu pai lhe destinara, e em vez disso tinha fugido com outro homem. Infelizmente, o seu escolhido revelou-se um sujeito desprezível, que já era casado, e acabou por abandoná-la. Esse vilão, Thetis, que localizara Alcyone por meio de bisbilhotices, ameaçou contar essa história. Alcyone, sem saber como seu marido reagiria a isso (pois era uma pessoa convencional), num momento de fraqueza concordou em dar dinheiro ao chantagista, e dessa forma ficou em poder dele, que era tão implacavelmente ganancioso que ela teve que vender jóias suas para atendê-lo.

Entretanto um de seus filhos, Hélios, que tinha 14 anos, escutou por acaso uma conversa dela com o chantagista, e, ferido por uma observação grosseira deste, jogou-se sobre ele e o matou. Alcyone ficou chocada e assustada, embora por outro lado também aliviada. Foi um sério problema dar destino ao corpo, e por fim mãe e filho conseguiram, à noite, jogá-lo no rio. O receio de ser descoberta pesou durante algum tempo no coração de Alcyone, embora não no de seu filho, ao que parece. O caso terminou ali, pois o corpo do chantagista não foi encontrado, e imaginaram que ele tivesse viajado como costumava.

Quando Alcyone tinha 37 anos seu pai, Sirius, morreu. Foi um grande sofrimento para ela, e em conseqüência disso perdeu um filho que estava esperando. Porém um outro filho seu, Demeter, revelou-se médium, e conseguia enxergar e falar com o pai falecido, o que trouxe grande consolo para Alcyone. Através desse filho, Sirius pôde dar-lhe muitos conselhos e fazê-la aceitar a sua partida do plano físico.

Enquanto vivera, ele sempre tinha se interessado muito pelos rituais religiosos e mágicos. Sempre conversara bastante com ela sobre esses assuntos, e mesmo depois de sua morte continuaram tratando disso. O marido de Alcyone não se interessava por esses assuntos nem os compreendia, embora fosse normalmente bondoso e se orgulhasse da esposa. Era um homem importante e bastante influente; seus interesses eram mais mundanos e menos religiosos que os de sua esposa, embora muitas vezes confiasse na opinião dela sobre certos casos, achando que ela possuía um tipo de intuição.

Não houve acontecimentos marcantes a registrar nessa encarnação; ela experimentou as alegrias e tristezas comuns da via, cumprindo honradamente e com firmeza um papel não isento de dificuldades. Evitou os manejos e conspirações políticos e sociais que eram comuns à época, e tornou-se respeitada e considerada. Viveu até os 77 anos, à frente de um clã de filhos, netos e bisnetos, conservando todas as faculdades e a capacidade de amar até o fim. Seu marido tinha partido alguns anos antes.

Parece que, assim como a insatisfação daquela existência de brâmane tinha conduzido Alcyone a uma existência de batalhas constantes, seu intenso desgosto com a inutilidade daquelas lutas constantes a conduziu a outra vida com uma característica doméstica plácida e sem maiores acontecimentos. É bem verdade que o desejo intenso atrai sua realização.

Foi nesta vida que Netuno e Atena atravessaram o mar e foram à Grécia para encontrar o Mahaguru em sua encarnação como Orfeu, na qual ensinou a Lei aos gregos por intermédio de sua divina música.

Vida XL
(5964 a.C. – Índia)

Após um período de quase mil anos, Alcyone reaparece em 5964 a.C. como uma menina, numa família brâmane em um lugarejo chamado Atmapura, perto de Ujjain, num reino chamado Malwa.

Seu pai tinha grande fama como astrólogo, e muitas pessoas vinham de grandes distâncias para consultá-lo. Parecia ter grande margem de acertos, e em geral dava bons conselhos, mas era extremamente ditatorial e tirânico, e se uma pessoa alguma vez deixasse de seguir as suas recomendações nunca mais a recebia, não importando o que lhe oferecesse. Juntou muito dinheiro, mas era caridoso – não era um homem mau, mas fanático e difícil de conviver, porque pretendia determinar todos os detalhes da sua vida e da vida dos outros astrologicamente.

As Vidas de Alcyone

Certa vez deixou toda a família sem comer durante o dia inteiro, porque as influências não eram favoráveis para cozinhar; noutras ocasiões, acordava-os no meio da noite por causa de um mau aspecto estelar cuja influência só podia ser neutralizada por meio de preces e rituais. Fazia horóscopos para os filhos e esperava que vivessem de acordo, o que às vezes tornava-se difícil.

Decretou que nossa heroína nascera para ter uma vida de extrema austeridade religiosa, a fim de expiar um suposto crime do passado, e também (de uma forma que não estava clara em sua mente) para obter o favor dos deuses para o reino e preparar-se para um futuro vagamente glorioso.

A menina tentava honestamente apreciar uma vida de preces incessantes e semi-inanição, mas achava difícil, e às vezes desejava não ter uma missão, como as crianças comuns. Outras vezes, porém, ela acreditava nas previsões do pai e partilhava de seu entusiasmo; em algumas ocasiões em que estava psiquicamente sensível tinha visões maravilhosas, e esses momentos pareciam compensar tudo. Porém era fisicamente débil, e quando tinha 17 anos, durante um jejum de sete dias, pegou uma febre e morreu. Seu pai sentiu, mas penso que ficou mais indignado com o fracasso de suas previsões.

Foi uma pequena e estranha vida, sem qualquer relação aparente com as precedentes e as seguintes. Deve ter servido para expiar uma boa quantidade de mau carma. Sua relação com o pai-astrólogo provavelmente foi o encerramento de algum carma, pois desde então não mais entraram em contato, e nem o farão na presente existência,[37] já que o astrólogo faleceu antes do nascimento de Alcyone.

Vida XLI
(5635 a.C. – Índia)

Após essa curta existência na solidão, separada dos amigos habituais, Alcyone voltou para o meio de seu grupo – para o centro dele. Novamente iria sentar-se aos pés de Mercúrio, casar-se com Mizar, e, pela segunda vez nas vidas que registramos, ela e Sirius seriam irmãos gêmeos.

Nasceram no ano de 5635 a.C., em Girnar, Kathiawar, e eram filhos do rajá, Corona. Alcyone tinha uma ligação extraordinária com o irmão; sempre sabia o que estava se passando

---

37 Do século vinte (N. do T.).

com ele e às vezes lhe previa coisas.

Certa vez, quando era bem pequeno, Sirius caiu de um cavalo, bateu a cabeça e ficou desacordado por alguns minutos. No mesmo instante, em casa, a quilômetros de distância, Chandrakirti (Alcyone) gritou: "Ele está caindo!" – e desmaiou também. Em outra ocasião, ele desapareceu, e sua mãe, Leo, ficou muito angustiada, pois suspeitava-se que ele tivesse caído num poço, e começou a repreender um criado por não ter cuidado bem dele. Mas a irmãzinha balbuciou: "Está tudo bem, mãe, não é preciso ralhar com Biru. Meu irmão está na montanha, e muito cansado. Eu também estou cansada como ele, e quando ele chegar nós dois vamos deitar, mas ele está bem".

Os dois irmãos adoeciam e se recuperavam ao mesmo tempo, e um parecia saber o que o outro estava pensando – ou antes, pareciam pensar juntos, sempre gostando das mesmas coisas e das mesmas pessoas. Ao crescerem, talvez a identidade não fosse perfeita em todos os detalhes; tinham as mesmas idéias, mas um dava ênfase a algumas delas mais que o outro. As pessoas diziam que eles tinham uma só alma, mas na realidade tinham evoluído em direções diferentes. Eram extremamente parecidos no físico; Sirius era apenas um pouco mais alto. Uma das brincadeiras preferidas de Alcyone era vestir-se com as roupas do irmão e ver por quanto tempo podia enganar os criados dele, fazendo-os pensar que era o jovem senhor. Fazia isso tão bem que em nove de 10 tentativas o conseguia, e em diversas ocasiões até saiu para longos passeios a cavalo com os criados, sem ser descoberta.

O temperamento deles, porém, era bem diferente: o irmão era mais calmo e estável, enquanto ela era brilhante e impulsiva, e às vezes colérica e impaciente. Ela fez questão de receber a mesma educação que o irmão e aprender tudo que ele aprendia, e assim adquiriu conhecimentos um tanto incomuns para uma jovem indiana.

Quando, aos 14 anos, ele ia ter sua primeira experiência de ir a um campo de batalha, ela pediu para ir também. Naturalmente o pai deles não o permitiu, e Sirius, todo orgulhoso em sua armadura nova, disse que não ficava bem uma moça lutar, e que além disso ele não poderia lutar direito sabendo que sua querida irmã estava em perigo.

Ela ficou indignada, e foi fechar-se no quarto, muito zangada, mas secretamente estava decidida a ir de todo jeito. E fez isso, disfarçada com os trajes de um rapaz, Mizar (filho de Andrômeda, um nobre de alta estirpe da corte) que estava ir-

As Vidas de Alcyone

357

remediavelmente apaixonado por ela, embora sem esperança, e por isso fazia tudo que pedisse. Tinha sido amigo de infância dos dois gêmeos, e sempre tinha adorado a pequena Alcyone, sem ousar pretender a mão da filha do rei.

Quando Alcyone se viu em meio à batalha, ficou visivelmente nervosa, mas procurou ficar o mais perto que podia do irmão, e teve a sorte de poder salvar-lhe a vida, pois enquanto ele lutava com um homem, outro jogou-se em sua direção, por trás. Alcyone viu isso, e com um grito colocou-se entre eles, com isso fazendo o atacante cair ao chão, caindo junto com ele. Num instante ele se levantou, com a espada em riste para matá-la, mas Sirius reconhecera a voz dela no momento em que estava liquidando o inimigo anterior. Virou-se como um raio, e com o mesmo giro da espada cortou o braço do outro, que empunhava a espada, no momento exato. Ordenou então a alguns de seus homens que protegessem a irmã, terminou a batalha (que venceu) e voltou para casa em triunfo com ela cavalgando a seu lado.

Sirius não podia repreendê-la pelo que tinha feito, pois afinal tinha salvado a sua vida, assim como ele a dela; porém a fez prometer que nunca mais faria aquilo, contando do choque terrível que fora para ele ouvir sua voz e perceber que ela estava em perigo, o que lhe tirara as forças – embora, como ela retrucou de imediato, "lhe sobrasse o suficiente para decepar o braço do homem".

Contudo, ela manteve a promessa, e depois disso nunca mais se meteu num campo de batalha atrás dele. Isso embora em tais ocasiões sofresse mais do que se estivesse ao lado dele, pois pressentia quando um perigo o ameaçava, e não estava fisicamente ali para defendê-lo.

Quando Alcyone chegou à idade de casar, houve uma proposta do filho de um rajá vizinho, mas ela recusou-se firmemente a deixar o irmão. O pai ficou aborrecido, mas Sirius uniu suas súplicas às dela, e por fim chegaram a um acordo. O pretendente seria recusado, com a condição de que Alcyone desposasse Mizar, filho mais velho de um nobre importante do reino. Naturalmente ele ficou mais do que feliz, e Alcyone ficou satisfeita, pois estipulou que o marido viria morar com ela numa das alas do palácio para que não ficasse separada do irmão.

Cygnus, um irmão mais moço de Mizar, também nutria um amor impossível por Alcyone, e dedicou a vida a seu serviço, permanecendo solteiro até a morte dela; depois disso acabou casando com Egeria.

Alguns anos mais tarde Sirius também se casou, mas felizmente Alcyone aprovou a noiva (Orion) que veio de Amer, no estado de Jaipur. Os anos que se seguiram foram felizes, embora Alcyone ficasse ansiosa quando o esposo e o irmão se ausentavam em batalhas. Finalmente o rajá (Corona) morreu, Sirius tornou-se rei e mais do que nunca ficava envolvido em assuntos de estado. Orion e Alcyone tornaram-se amigas íntimas, e estava sempre juntas. Costumavam ser chamadas de "as duas rainhas".

Ambas gostavam muito de um maravilhoso templo que se erguia na montanha ao lado de Girnar. Era uma construção maravilhosa, como um vasto castelo medieval de mármore, com um pátio após outro, uma sala após outra, em desconcertante confusão, com esculturas inigualáveis e belíssimos ornamentos. Fora construído no flanco de uma montanha escarpada, e a única entrada era através de um estreito portal, numa pitoresca garganta acidentada. Os ângulos de inclinação eram tão agudos que dificilmente duas salas ficavam no mesmo nível, e quando se olhava do alto da montanha para o enorme edifício, lá embaixo, tinha o curioso aspecto de uma floresta de cúpulas de mármore branco cintilante, erguendo-se precariamente, montanha acima e montanha abaixo, por mais de meio quilômetro na encosta íngreme.

O magnífico templo exercia uma fascinação total sobre as "duas rainhas". Faziam-se transportar constantemente até lá em seus palanquins, e quando seus amados esposos estavam longe de casa, lutando em algumas daquelas pequenas guerras da época, passavam mais tempo lá do que em seu próprio palácio – embora ali ocupassem apenas, em vez dos aposentos palacianos de mármore, um pequeno quarto de hóspedes escavado na rocha, mas que oferecia, de sua pequena janela, uma vista de mais de 50 quilômetros da planície. E foi ali que a Rainha Orion quis ficar (para consternação dos médicos da corte) quando ia nascer seu primeiro filho; e ali, no pequeno quarto de pedra, Alcyone a atendeu no parto.

Alcyone gostava imensamente desse templo, e construiu, de seu próprio bolso, um novo santuário para ele e uma linda sala de mármore com muitas colunas. Saturno dirigia o grande templo, e tinha como oficiantes Mercúrio, Brihat, Vajra e Hércules. Hélios, Naga e Aquiles eram noviços, mas Hélios morreu cedo. Mercúrio era o conselheiro das "duas rainhas" e também de Sirius. O piedoso exemplo das duas damas foi bastante imitado em todo o reino, e assim foi estimulado o cultivo da religião.

As Vidas de Alcyone

359

Sirius teve muitos problemas com o filho mais velho, Gamma, que era desobediente e de más tendências. Alcyone não tinha paciência com ele e achava que devia ser refreado com severidade, mas o pai era geralmente bondoso e indulgente com ele, e bem ao final de sua vida essa atitude se justificou – embora, antes disso, ele causasse contínuos problemas e acabasse sendo o responsável pela morte do pai. Ao ver certas ações desairosas suas descobertas, ele fugiu da corte e foi juntar-se a um exército inimigo que estava invadindo o país. Numa batalha que se seguiu, Gamma feriu gravemente o pai, mas fugiu horrorizado ao vê-lo cair. Sirius fez com que o colocassem numa liteira e comandou o resto da batalha, que venceu.

Gamma foi capturado, e ficou profundamente arrependido pelo que fizera. Mais tarde, quando os mesmos inimigos reuniram novo exército e atacaram o reino, o arrependido Gamma liderou as tropas contra eles, e venceu-os de uma vez por todas, mediante um gesto de coragem desesperada em que liderou um destacamento numa manobra extremamente arriscada que os levou à morte, embora vencendo a batalha.

Quando Sirius, ferido por Gamma, caíra do cavalo naquela outra batalha, Alcyone, em casa, também havia caído, exclamando: "Ele está ferido! Vai morrer!".

Sofreu junto com o irmão, durante vários meses, e por fim morreu no mesmo dia que ele, sem outro motivo a não ser a empatia. Não quisera perdoar nem ver o sobrinho, Gamma, que fora o causador da morte do pai, e mesmo quando ele morreu bravamente num esforço para expiar o que fizeram ela disse que isso era o mínimo que podia fazer, e que não reparava nem metade do mal que causara.

Alcyone teve sete filhos, para os quais foi uma mãe boa e carinhosa.

Vida XLII
(4970 a.C. – Índia)

Chegamos agora a uma série de quatro existências, das quais três passadas na Índia, dedicadas a expiar o carma passado. Os Grandes Seres, embora não ficassem longe, não tiveram uma participação tão grande quanto nas vidas anteriores. De modo geral, penso que se pode considerar essas quatro encarnações principalmente como uma preparação para as quatro que se seguiram a elas.

Alcyone nasceu desta vez no ano de 4970 a.C., filha de uma família nobre e tradicional, num pequeno reino chamado Tirganga, que era um protetorado do marajá de um reino maior chamado Sravasthi.

O nome de Alcyone era Manidevi. Seu horóscopo previa que ela iria sofrer muito, e também que seria mãe de um rei. Quando pequena, ela era impulsiva. Sua educação foi limitada, pouco mais do que aprender a ler e escrever e decorar inumeráveis textos, mas também aprendeu a costurar e cozinhar e diversas tarefas domésticas, assim como a conhecer ervas e a fabricação de ungüentos e pomadas para ferimentos e remédios em geral.

Ela não desejava em absoluto casar-se, mas seus desejos não foram levados em conta; seus pais viam nisso uma possibilidade de ver cumprir-se a previsão. Quando ela teve um belo menino (Hélios), houve alguma esperança nesse sentido, embora nada indicasse que ele pudesse vir a ser herdeiro do trono.

Alguns anos após nasceu uma filha, Rigel, e depois um segundo filho, Hector; logo em seguida seu marido morreu, e com isso suas esperanças diminuíram. Em termos objetivos, isso praticamente anulava a possibilidade de cumprir-se a previsão, mas Alcyone ainda conservava no íntimo a idéia de que de alguma forma os deuses realizariam sua vontade; assim, fez o filho aprender a montar e a usar a espada e tudo mais que o tornasse uma pessoa de valor, no conceito geral.

Por fim o velho rajá, Cetus, que parecia que não ia morrer nunca, partiu de repente, e seu filho, Câncer, que o sucedeu, revelou-se um soberano fraco e ineficiente. Sua mulher, Alastor, a nova rainha, era uma pessoa ambiciosa e maquinadora, e como não tinha filhos, olhava com maus olhos para o belo filho de Alcyone, como um possível candidato futuro à sucessão. Alcyone tinha que manter-se em silêncio, porque Alastor era desconfiada e sem escrúpulos e só esperava um pretexto para prejudicá-la. Não obstante, as esperanças de Alcyone tinham voltado, pois embora o novo rajá, que ainda era moço, pudesse vir a ter um filho, era tão fraco fisicamente quanto de vontade, e nem ele nem a rainha eram benquistos. Achou que então, nalguma volta do estranho caleidoscópio daquelas cortes indianas, pudesse surgir uma oportunidade para seu filho.

Entretanto, quando ele tinha 18 anos, todas essas esperanças caíram por terra, de forma totalmente inesperada.

Alcyone era muito religiosa, e quando Hércules, um homem santo de grande fama no país, estava passando pela cidade, ela ofereceu-se para hospedá-lo. Ele ficou durante algumas semanas na casa dela, que sentiu grande respeito e afeto por ele. A sua vida elevada e a beleza de seus ensinamentos impressionaram tanto a Hélios que ele rogou ao santo homem que o aceitasse como discípulo, e sua mãe, que lhe permitisse ir com ele.

Alcyone viveu uma grande luta interior: isso significaria o fim do grande sonho de sua vida. Mas, por outro lado, sabia que isso era uma grande honra, pois o homem santo concordara em aceitar seu filho, dizendo que ele se daria bem e iria longe, e que tinha laços de outra vida com ele. O sacrifício de todas as suas carinhosas aspirações foi um grande desafio, mas depois de alguns dias ela acabou por concordar, e Hélios seguiu com o santo homem em sua jornada para as montanhas. Depois de despedir-se dele, Alcyone encerrou-se para chorar e não quis saber de consolo.

Após alguns dias, o filho mais moço, Hector, resolveu finalmente romper aquele isolamento, dizendo que, embora seu irmão tivesse partido para um destino mais alto, ele ainda restava e tentaria preencher o seu lugar. Alcyone, embora boa e carinhosa com ele, nunca tinha pensado em Hector daquela forma; estivera sempre tão absorvida pelo mais velho e pela previsão que sempre pensara em Hector apenas como uma criança.

Alastor sentiu uma satisfação maldosa quando soube que o belo filho de Alcyone havia ingressado na vida de asceta. Por essa época, ela decidiu que era imprescindível que tivesse um filho; para isso concebeu um plano e apresentou como se fosse seu o filho de uma criada (Hesperia), comprando o silêncio dela. Para isso teve que montar um plano complicado mas, embora tivesse êxito, dali em diante nunca mais deixou de ser tomada por suspeitas e ansiedade.

Agora que tinha conseguido um herdeiro para si, desejou mais do que nunca afastar de qualquer modo todos os possíveis rivais. Sentindo-se insegura a respeito de Alcyone, engendrou vários planos para prejudicá-la, e certa noite tentou matar pessoalmente o segundo filho dela, Hector, mas por engano terminou matando sua irmã Rigel. Fugiu sem ser reconhecida, embora Alcyone suspeitasse dela.

Tendo falhado essa tentativa, Alastor acusou Alcyone de conspiração, e conseguiu fabricar provas contra ela, que acabou sendo exilada da cidade junto com o filho. Alcyone sabia que não apenas isso mas também a morte de sua filha eram culpa de Alastor, e sentiu muito ressentimento dela; num momento de cólera desejou vingar-se um dia. Ao ser exilada, foi viver num reino vizinho, em grande pobreza, ganhando a vida para si e o filho fazendo doces.

Assim se passaram alguns anos, com Alcyone guardando amargos sentimentos contra Alastor. Câncer finalmente morreu, e Alastor conseguiu ver seu suposto filho no trono, mas ele se revelou dissoluto e intratável. Entre outras péssimas atitudes, violou uma jovem, Thetis, que – embora ele não soubesse – era sua própria irmã. A verdadeira mãe dele, Hesperia, irada, denunciou sua verdadeira origem. A rainha naturalmente negou tudo, e mandou envenenar Hesperia, mas o boato se espalhara e teve aceitação geral.

Houve muito falatório e revolta entre o povo, e a história acabou chegando aos ouvidos de Marte, o suserano em Sravasthi, que veio investigar pessoalmente o caso. Deparando com provas conclusivas da acusação, depôs do trono o filho da criada, Scorpio, e mandou procurar Alcyone. Com alguma dificuldade a encontraram, e seu filho Hector foi então colocado no trono. Ela precisou então cuidar dele e aconselhá-lo, o que fez com dignidade, empreendendo um esforço decidido para conter sua antiga impulsividade e ser sempre paciente e gentil com ele. Durante algum tempo ela praticamente governou o pequeno reino, com sabedoria e notável prudência, e o tornou próspero e feliz.

Ainda existia, porém, um grande grupo dos que participavam da antiga corte corrupta, que, tendo sido depostos, intimamente se opunham à nova situação e sempre que possível contradiziam as medidas justas de Alcyone.

O jovem rei acabou casando-se com Regulus, uma esposa que não se revelou boa. Era muito ambiciosa e tinha inveja da influência de Alcyone sobre o rei. Começou a agir contra ela, tentando solapar sua influência, seduzindo o esposo para tomar atitudes que sua mãe desaprovava. Essa situação incômoda perdurou por alguns anos, e a nova rainha procurava criar um partido próprio.

Até que um dia ela teve uma longa e séria enfermidade, após o nascimento de um dos filhos. Alcyone cuidou dela durante todo esse tempo, e velou com tanta dedicação por seus filhos pequenos que Regulus principiou a conhecê-la melhor e acabou por gostar dela. Quando se restabeleceu, sua antiga oposição tinha desaparecido, e em conseqüência disso tudo passou a ser melhor.

A antiga rainha, Alastor, pretensa mãe do rei deposto, que fora exilada, retornou em segredo e urdiu um plano para fazer

As Vidas de Alcyone

retornar ao trono o seu suposto filho. Mas foi descoberta, presa e conduzida ao rajá, que chamou sua mãe, Alcyone, e disse:

– Eis aí a tua antiga adversária, de quem desejava vingança pela morte de minha irmã. Eu a entrego a ti. O que irás fazer com ela?

O plano que fora abortado era tão abjeto que Alcyone não pôde nem se sentir irada, e disse:

– A inferioridade e o fracasso dela já são castigos suficientes. Eu a perdôo. Deixem-na ir.

Mas logo em seguida a mulher veio e pediu para falar com Alcyone, e, jogando-se a seus pés, chorou, lamentando todo o mal que tinha feito, e disse:

– Agora vou morrer, pois quando soube que ia ser entregue a tuas mãos, imediatamente tomei veneno, achando que jamais irias perdoar-me e mandaria torturar-me por tudo que te fiz sofrer.

– Não – disse Alcyone –; já que te arrependeste, não morrerás – e mandou chamar os médicos da corte e pediu um antídoto para o veneno. Eles o administraram a Alastor, e, embora já estivesse fazendo efeito, com longos e intensos cuidados conseguiram salvar-lhe a vida. Depois disso, ela se dedicou a uma existência monástica de meditação e obras de caridade, para expiar o que fizera.

Um dia, Hércules, agora idoso e fraco, chegou a Tiraganga trazendo dolorosas notícias para Alcyone – a morte de seu filho mais velho, aquele a quem, no coração, sempre amara mais. Hércules contou-lhe, com indisfarçável tristeza, como gostava do jovem, dos progressos que este fizera no crescimento interior e como por fim tinha morrido heroicamente, defendendo seu mestre do ataque de um bando de ladrões. Embora Alcyone tivesse renunciado ao filho muito tempo atrás essa notícia foi um grande choque para ela e causou-lhe grande sofrimento. Hércules a consolou falando da nobreza da vida do filho, de sua coragem e devoção, e explicando-lhe que uma vida e uma morte como as dele haviam criado um bom carma que auxiliaria sua evolução futura.

Hércules imaginava que talvez a notícia que trazia o fizesse ficar malvisto por Alcyone; ao invés disso, ela ficou ainda mais ligada a ele e rogou-lhe que ficasse morando em Tiraganga. Convenceu o filho a proporcionar-lhe uma situação modesta, como a que ele desejava – e não precisou insistir para isso, porque o rei também tinha grande respeito por Hércules. Alcyone o visitava diariamente e aprendeu muito com ele, confiando em sua orientação para educar os netos – ao que ela se dedicou em especial nos últimos anos de sua vida.

O rei e a rainha eram-lhe reconhecidos pelo seu cuidado e carinho, e esses últimos anos de vida transcorreram calmos e felizes: ela era muito considerada por todos, com afeto e gratidão. Ao final partiu, serenamente, no inverno do ano de 4901 a.C., com 69 anos.

Vida XLIII
(4035 a.C. – Egito)

Encontramo-nos novamente naquela que foi a mais extraordinária das antigas civilizações que floresceram às margens do Nilo. Foi no reinado do Faraó Unas, o último soberano da quinta dinastia que reinou sobre os afortunados filhos da terra de Khem, que Alcyone nasceu, filha de Ájax e Bellatrix. Seu nome era Hatshepu.

Seu pai morava ao lado de um alto oficial da corte, chamado Anarseb (Markab), e o filho mais velho deste era Sirius, cujo nome à época era Menka. A amizade das vidas anteriores logo se manifestou, e Sirius e Alcyone, companheiros de brincadeiras, tornaram-se muito unidos.

O irmão mais velho de Alcyone, Urano, era gentil com eles, e ensinava-lhes muitas coisas. Demeter, outra menina da mesma idade, prima de Alcyone, também era muito amiga deles – ela tinha uma certa clarividência e maravilhosas visões. Sirius e Alcyone gostavam de ouvir as descrições do que ela via, e Alcyone muitas vezes conseguia ver as mesmas coisas, ao tocar em Demeter. Sirius não conseguia, e as meninas lhe diziam que os meninos não eram feitos para tais privilégios, porque eram muito rudes.

Eles brincavam juntos nos maravilhosos jardins que eram famosos no Egito – possuíam colinas artificiais, vales e lagos. Havia muitas bacias de água por toda parte, cercadas em geral por escadas de mármore ou granito polido e colunas; flores cresciam pela grama e pendiam dos muros, e os enormes botões de lótus cobriam muitos tanques. As crianças sentiam-se à vontade tanto na água como em terra, e divertiam-se muito sob o cálido sol do Egito.

Naturalmente Sirius e Alcyone desde muito haviam combinado casar-se assim que tivessem crescido, mas infelizmente um obstáculo inesperado surgiu. Havia, entre os sumo sacerdo-

As Vidas de Alcyone

tes da cidade, um homem de quem poucos gostavam e a quem todos temiam – contra quem nada havia sido provado, mas muito se suspeitava. Qualquer pessoa que o ofendesse ou se opusesse à sua vontade invariavelmente morria pouco tempo depois, mas as mortes nunca puderam ser atribuídas diretamente a ele. Tinha um filho, Scorpio, que se assemelhava ao pai; tinha todas as características desagradáveis dele e ainda era vulgar e agressivo.

Quando Alcyone se tornara uma bela jovem de uns 15 anos, Scorpio veio a encontrar-se com ela e apaixonou-se por sua beleza; fez alguns avanços que ela rejeitou com desprezo. Ele se afastou, calado, mas com um olhar maldoso. Essa rejeição intensificou seus desejos malévolos e ele decidiu que a possuiria a qualquer custo, mesmo se tivesse que casar com ela. Logo deu-se conta de que o casamento seria a única forma pela qual poderia realizar seu intento, e urdiu um plano bem elaborado. Trabalhou nele durante longo tempo, até ficar diabolicamente engenhoso e perfeito. Apossou-se de algumas cartas do pai de Alcyone, e com uma cuidadosa falsificação e interpolações as transformou em provas de sua cumplicidade numa conspiração contra o faraó.

Buscou então um encontro com Alcyone, e contou que esses documentos lhe tinham caído nas mãos e que o dever lhe ordenava entrega-los ao faraó, com o que obteria grande reconhecimento e recompensa; mas, devido a seu grande amor por ela, estava pronto a correr o risco de eliminar as cartas se ela, entregando-se a ele com seus bens, o compensasse pela perda dessas recompensas, unindo-o à família. Entretanto, se ela dissesse uma só palavra a respeito a seu pai ou qualquer outra pessoa, ele imediatamente colocaria os documentos no devido lugar.

Isso perturbou enormemente Alcyone, pois os selos e assinaturas de seu pai eram inquestionavelmente genuínos; ela sabia que ele tinha o costume de ter opiniões bastante revolucionárias e, embora tivesse dúvidas às vezes, temia que as cartas fossem realmente dele. Ao mesmo tempo, isso era a oportunidade de fazer algo realmente heróico, como muitas vezes ela, Demeter e Sirius costumavam conversar – salvar a honra da família ao preço do que para ela era mais caro que a vida. Achou que não devia consultar mais ninguém, e não viu outra forma de escapar; então concordou com a proposta desse homem, e comunicou a sua espantada família que desejava casar-se com ele. Mas não confiava nele, e determinou que devia ter em mãos as cartas antes da cerimônia do casamento.

Tudo isso foi horrível para ela, especialmente quando sua mãe inquiriu se realmente gostava daquele homem, e ela teve que fingir que sim, enquanto no íntimo só sentia repugnância.

Sirius também ficou altamente chocado e sofreu muito quando soube, e disse que, embora ele nunca pudesse amar mais ninguém a não ser Alcyone, desejava que ela se casasse com quem de fato desejasse, se fosse o melhor para ela, mas não podia crer que ela cometesse a afronta ao bom gosto de casar com tal criatura. Insistiu em ouvir a decisão dos próprios lábios dela, e mesmo então declarou que não podia acreditar nisso, e achava que ela devia estar sendo vítima de um feitiço. Quase chegou a adivinhar a verdade, o que assustou muito Alcyone, fazendo com que ela tentasse convencê-lo mais ainda.

O irmão mais velho dela, Urano, estava longe de casa por essa época, se não, é provável que tivesse resolvido o caso . Mas, dentro das circunstâncias, ela cumpriu com o acordo e decidiu levar tudo da melhor forma possível. Nunca foi realmente feliz, embora em termos materiais tivesse tudo. O marido não gostava de Sirius e tinha ciúmes dele, portanto quase não podia ver seu antigo amor.

Em 4017 a.C. a mãe de Sirius morreu, por ocasião do nascimento de um filho (Vega). Pouco tempo depois Markab também morreu, e Sirius assumiu o encargo da família; tendo herdado também algumas das funções do pai, ficou imerso em atividades. Continuava fiel à memória de Alcyone, e negava-se a considerar a hipótese de outro casamento, embora surgissem diversas oportunidades vantajosas.

Alcyone teve dois filhos, Taurus e Virgo, e sentia algum consolo em seu amor por eles, mas sempre teve receio de que pudessem vir a ser parecidos com o pai. A vida dela, na verdade, foi um longo martírio, pois nunca deixou de amar Sirius e nunca conseguiu gostar do marido, embora cumprisse seus deveres para com ele. Quando seu irmão Urano voltou, ficou estarrecido e indignado com o casamento; interrogou-a minuciosamente e discutiu o caso com Sirius, chegando perto de suspeitar a verdade. A irmã rogou que não a pressionasse mais, já que o fato estava consumado e não podia ser desfeito, e tinham que tentar aceitá-lo da melhor maneira.

Alcyone teve outros filhos, mas morreram, e a sua vida melancólica arrastou-se por 20 anos. A paixão ardente do marido se extinguira havia muito, mas ele nunca a tratou mal, e ela preferia a indiferença às atenções dele, e não se importava com os outros casos em que se envolvia. Agora que ele não se preocupava mais com o que ela fazia ou aonde ia, era possível encontrar-se com Sirius com muito mais freqüência.

A vida deste sofrera algumas alterações em decorrência de uma incursão militar feita às longínquas regiões do Sul, em que um jovem nobre chamado Ramasthenes (Mercúrio) fora feito prisioneiro. O jovem cativo ficou hospedado sucessivamente com vários dos capitães egípcios, e permaneceu dois anos na casa de Sirius. Tinha grande interesse por filosofia e conhecimento oculto, e, como Urano, Sirius e Alcyone, também gostavam muito disso – conversavam muito a respeito. Castor, um oficial egípcio que estava com Sirius quando Mercúrio fora feito prisioneiro, o apresentou aos dirigentes de um dos principais templos. O pai de Castor tinha sido um dos mais generosos patronos desse templo e lá ocupara algumas funções laicas; Castor o sucedera, e portanto tinha grande influência entre os sacerdotes, e sua recomendação abriu para Mercúrio uma ampla aceitação ali. Ele tornou-se um estudioso entusiasta dos Mistérios, a que se dedicou durante anos, sem deixar de manter contato com os amigos.

Em 3998 a.C., com a morte do marido, Alcyone libertou-se da longa penitência, e naturalmente Sirius quis imediatamente casar-se com ela. Alcyone resistiu, alegando que não tinha mais condições, estava maculada pelo contato com o ex-marido, mas a persistência de Sirius venceu seus escrúpulos e afinal ela concordou em desposá-lo assim que terminasse o ano de viuvez que devia transcorrer (conforme o costume).

Sirius ficou feliz com essa perspectiva, mas novamente seus sonhos caíram por terra. Seu irmão mais moço, Vega, envolveu-se em sérias complicações: tivera uma relação com uma mulher de baixa estirpe, descobrira que ela o traía e matou-a e o amante, fugindo para escapar às conseqüências. Sirius deixou todas as suas atividades e dedicou-se a procurar Vega, e depois de longo tempo conseguiu encontrá-lo numa cidade distante, doente e em situação de penúria. O faraó tinha expedido uma sentença de morte contra ele, e foi com grande dificuldade e alegando com muito constrangimento seus próprios serviços prestados que Sirius conseguiu que a pena fosse comutada em multa – tão pesada que ele precisou vender a propriedade da família para pagá-la. Ficou reduzido a uma situação de relativa pobreza, mas resgatou Vega, que se transformou por completo: passaram a viver juntos satisfeitos e com simplicidade.

Nessas condições, Sirius não podia mais pedir a Alcyone

que se casasse com ele, pois para isso ela seria obrigada legalmente a desistir da pequena pensão que era tudo que o marido lhe tinha deixado. Ela queria partilhar da pobreza de Sirius, mas receava sobrecarregá-lo; ambos acharam que, como por duas vezes esses obstáculos imprevistos se haviam colocado entre eles, talvez os deuses não desejassem o seu casamento.

Alcyone ligou-se ao templo e estudou com Mercúrio, que fizera extraordinário progresso nos conhecimentos místicos, enquanto Sirius se dedicava à inusitada tarefa de ganhar dinheiro para recomprar a propriedade da família. Levou quase 20 anos, mas por fim conseguiu, e então, já com 60 anos, voltou a falar com Alcyone de casamento. Ela tinha se dedicado, fazia muito tempo, aos trabalhos do templo e ao estudo, nos quais fizera grandes avanços, e para casar-se teria que desistir das funções que exercia no templo; assim, depois de refletir cuidadosamente e consultar Mercúrio e Urano, ambos concordaram que, embora com uma ponta de pesar, iriam continuar a oferecer suas vidas separadamente em sacrifício aos deuses, como tinham feito até ali.

Cygnus, um dos estudantes do templo, tinha se apaixonado por Alcyone muito tempo atrás, e diversas vezes a tinha pedido em casamento, sem sucesso.

Vega casou-se com uma amiga de infância, Ursa, filha de um rei indiano que tivera que abandonar o reino e viera refugiar-se às margens do Nilo. Foram felizes e tiveram dois lindos filhos, Andrômeda e Draco. Sirius e Alcyone ocupavam-se deles como se fossem seus filhos.

Uma turma de estudantes trabalhava sob a direção de Mercúrio, e esse foi o principal interesse da última fase da vida de Alcyone.

Sirius morreu em 3967 a.C., e Alcyone chorou muito por ele, até que um dia ele apareceu-lhe e disse que fazer isso não era digno de uma estudante da Sabedoria Oculta, e recordou-lhe os ensinamentos dos Mistérios sobre a passagem para o além. Embora tivessem falado muito sobre isso antes, ele a fez compreender pela primeira vez realmente quão pouca importância tem a morte, e como a vida e a morte são uma única coisa.

Isso a animou bastante, e muitas vezes ela conseguiu sentir claramente a presença dele a seu lado, embora só o visse de fato por duas vezes: aquela acima descrita e outra logo antes de sua morte, em 3960 a.C., com 79 anos. Sirius lhe disse então que havia feito um horóscopo, ou cálculo, sobre o futuro distante, e descobrira que, como ambos tinham se sacrificado nessa vida

As Vidas de Alcyone

369

por dever, iriam encontrar-se mais uma vez aos pés de Mercúrio, depois de transcorridos cerca de seis mil anos, e depois disso não se separariam mais; ela então partiu feliz e em paz.

Orion também apareceu nessa vida, com o nome de Kepheren, filho de Aquiles, outro vizinho do rei indiano e da família Anarseb; na infância, brincara sempre com Vega, o irmão de Sirius. Ele tinha oito anos quando Ramasthenes viera morar na casa de Sirius, e costumava sentar-se aos pés do estrangeiro e escutá-lo. Entrou como estudante externo do templo, e por fim tornou-se aluno de Ramasthenes. Infelizmente, porém, fez algumas amizades indesejáveis e foi arrastado para a vida desregrada da cidade, que passou a preferir à do templo. Quando ficou evidente que ele desistira da vida no templo, o Faraó Unas ofereceu-lhe sua filha Hélios em casamento, e a cerimônia se realizou com muita pompa. Orion amava profundamente sua jovem esposa, contudo deu-se conta de que errara ao afastar-se do templo, e nunca deixou de lamentar isso. Sua esposa morreu jovem, deixando três filhos, dos quais o mais velho, Ptah-hotep (a quem conhecemos como Selene) foi um jovem extremamente estudioso. Mais tarde tornou-se um homem culto e escreveu uma obra muito conhecida – *A Sabedoria do Egito*. Viveu até uma idade avançada, 110 anos, e era muito respeitado por sua grande erudição.

Os últimos dias de Orion foram meio solitários, pois todos os amigos de quem gostava tinham partido antes dele. No final da vida ele empobreceu. Evidentemente essa vida no Egito, em condições excepcionalmente favoráveis, deveria ser o clímax preparado por muitas encarnações anteriores. Mas a escolha de cada um é livre, e Kephren escolheu mal, e assim protelou essa realização.

Erato também apareceu nessa vida, embora tenha nascido bem longe, em Ajmere, Rajputana (Índia), filho do chefe Deneb, e casou-se com a filha do suserano, Marte. Quando jovem, ele foi para a guerra com o pai, e por fim foi enviado com ele numa importante delegação ao Egito. Entre os oficiais que os receberam estavam Sirius e Castor, com os quais Erato inicou uma amizade. A delegação foi alojada à margem do Nilo, nas proximidades do grupo de amigos que temos referido, e Erato foi admitido ao convívio deles. Ao retornar à Índia, continuou participando das guerras constantes da época, e um dia teve a infelicidade de matar acidentalmente seu próprio irmão mais moço, numa batalha. Esse triste acontecimento o levou a abandonar a mulher e os filhos e tornar-se um asceta. Vagueou por longo tempo nas florestas, até que por fim encontrou um velho, Spica, que vivia numa caverna, e o abrigou e instruiu. Sob sua influência, Erato tornou-se calmo e resignado, e nessa caverna morreu, com 49 anos.

Rhea esteve presente nessa vida como esposa de Kallesarthon, o oficial que comandou a expedição em que Ramasthenes foi feito prisioneiro. Este havia sido discípulo de Júpiter, um ancião que foi morto naquela incursão. Alceste também foi feita prisioneira naquela ocasião, e mais tarde foi desposada por Castor, embora este já possuísse duas outras mulheres.

Vida XLIV
(3059 a.C. – Índia)

Desta vez, Alcyone retorna a sua amada terra natal, a Índia, e também ao sexo masculino, depois de cinco encarnações femininas.

Nasceu em uma cidade chamada Narsingarh, próximo às Montanhas Vindhya, em 3059 a.C. Seu nome era Shivarshi, e nasceu numa família antiga e nobre, bastante empobrecida mas orgulhosa. Grande tradições passadas de pai para filho mantinham as recordações de sua antiga grandeza e impunham a obrigação de manter as aparências. Ainda possuíam muitas terras, mas não tinham meios para cultivá-las ou criar animais, e tinham sido dadas em garantia de empréstimos.

O pai de Alcyone, Taurus, era de bom coração, mas rígido e orgulhoso; a mãe, Virago, era fraca e queixosa, embora bem–intencionada. A vida deles era de algumas privações, porque tudo devia ser sacrificado ao orgulho da família. Não podiam mais prodigalizar a caridade como antigamente, mas uma pequena mostra tinha que ser dada; as aparências tinham que ser mantidas, mesmo que o alimento escasseasse. Viviam em um antigo castelo, do qual apenas uma pequena parte era habitável e cuja maior parte necessitava urgentemente de reparos.

Alcyone era o segundo filho, e o mais velho era Pollux; eram muito parecidos fisicamente, mas no íntimo, absolutamente diferentes. Quando cresceram, Alcyone mostrou-se profundamente religioso, responsável e diligente, enquanto Pollux era descuidado e dissoluto, fonte de muitos problemas para a família.

Não obstante, foi do filho mais velho que o pai teve que receber amparo às finanças da família, e não por iniciativa dele, mas por um feliz acaso. Pollux tinha nascido, sob uma determinada conjunção de planetas, no dia do rajá local, e a conselho dos astrólogos deste foi-lhe concedida uma boa dotação, embora o rei só o tivesse visto quando pequeno e pouco soubesse de sua vida depois disso.

Alcyone, porém, teve que se sacrificar de todas as formas por causa de Pollux. Quando cresceram, Alcyone apaixonou-se e quis casar-se, mas não pôde fazê-lo por causa de Pollux; este, sendo o mais velho, tinha que se casar para dar continuidade à família, e tinha que haver uma grande cerimônia de casamento – e não havia dinheiro para duas.

Assim, Pollux casou-se com Adrona, mas não permaneceu fiel a ela por muito tempo; envolveu-se em negócios escusos e finalmente desapareceu com outra mulher (Melpo). O pai achou que essas atitudes de Pollux e seu desaparecimento tinham que ser ocultados a todo custo do rajá, para que este não suspendesse o seu auxílio; então ordenou a Alcyone que se fizesse passar por Pollux (o que ele podia fazer facilmente, porque eram muito parecidos), e embora com muito desagrado, ele teve que obedecer.

Fizeram constar que Alcyone é que tinha partido de viagem, e que em razão disso Pollux tivera que alterar seu modo de vida, ficando mais em casa. Alcyone evitou encontrar-se com os amigos de Pollux e ir aos lugares freqüentados por ele, e assim não foi descoberto. Ficou no lugar de Pollux durante alguns anos, e aos poucos granjeou para ele uma fama melhor do que possuíra. Contudo, recusou-se a viver com a mulher do irmão, como o pai queria que fizesse. Quando Pollux retornou, sem um tostão e sem a infeliz mulher, eles o perdoaram e ele retomou seu lugar na família – enquanto todos pensavam que Alcyone é que tinha voltado de viagem. Pollux, porém, não se portou à altura da reputação que Alcyone tinha construído, e causou grandes problemas com isso.

Acabou cometendo um grave crime, e, pela honra da família e pelo dinheiro do rajá, Alcyone sacrificou-se e assumiu a culpa. Em conseqüência, foi condenado e posto na prisão. A família, reconhecendo seu heroísmo, fez o que pôde por ele; mesmo assim, ele passou por uma terrível experiência. A prisão era horrível, em vários sentidos; ele tinha que ficar junto a criminosos de verdade e os prisioneiros geralmente não recebiam comida que prestasse ou em quantidade suficiente. Era costume que eles ficassem em turnos atrás de uma grade e pedissem comida aos que passavam, e dessa forma podiam prorrogar sua precária existência. O pai conseguia mandar diariamente um pouco de alimento para Alcyone, embora fosse muitas vezes insuficiente em casa, mas mesmo esse miserável quinhão Alcyone não podia tomar só para si, ao ver o sofrimento ainda maior de alguns prisioneiros mais debilitados.

Essa situação horrível arrastou-se por algum tempo. Enquanto isso, Pollux continuava com seus desatinos e envolvia-se em novas complicações. Até que por fim Aqua, uma irmã mais nova de Alcyone a quem ele sempre tratara com especial carinho, não agüentou mais essa situação de tremenda injustiça: saiu de casa sem dizer nada ao pai, foi ao rajá e contou-lhe toda a verdade. Isso resultou em grande e pública desgraça para a família; o velho pai cometeu suicídio, de vergonha; Pollux foi exilado e o rajá tirou Alcyone da prisão e nomeou-o para um cargo público a seu serviço.

Com o pai morto e o irmão mais velho longe, Alcyone tornou-se o chefe da família, herdando suas tradições e compromissos e também seus débitos e dificuldades. O salário de sua função era suficiente para evitar a fome e manter a casa de forma modesta, mas de forma nenhuma capaz de restaurar as glórias havia muito perdidas da família. Alcyone pensava muito sobre isso, e no que poderia fazer para realizar o sonho da vida de seu pai, que considerava um compromisso sagrado que lhe cabia.

Decidiu então ir consultar Netuno, o brâmane que dirigia um templo próximo, que tinha fama de santidade de sabedoria. O brâmane ouviu-o com simpatia, e depois de refletir bastante aconselhou-o a fazer uma peregrinação a um santuário bem conhecido e fazer uma série de orações e meditações à divindade dali. Ele aceitou a sugestão; fez os rituais necessários e rogou intensamente à divindade que o auxiliasse, não por causa do dinheiro, mas por causa de seu pai.

Durante esses dias ele teve que ficar no templo e dormir ali, o mais perto possível da imagem do deus. Na última noite de sua estadia, teve um sonho extraordinariamente vívido, em que lhe diziam que voltasse a seu castelo, descesse a um calabouço em desuso nos porões, retirasse as pedras do piso e cavasse até certa profundidade. Voltou para casa em dúvida se devia dar atenção a sonho; por fim, como era um sonho extremamente vívido, achou que poderia lhe ter sido enviado pelo deus em resposta a suas preces, e de todo modo não lhe custaria muito fazer essa busca.

Seguiu cuidadosamente as instruções recebidas e descobriu sob o piso do calabouço um magnífico tesouro composto de vasos de ouro e pedras preciosas, presumivelmente enterrado por algum antepassado numa ocasião de perigo, como era comum na história da Índia. Esse esplêndido achado resolveu seus problemas, pois o valor era mais do que suficiente para permitir-lhe liberar suas terras, cultivá-las e colocar rebanhos nelas; sobrou ainda muito mais, com o que ele construiu um templo c fez muitas procissões para agradecer à divindade que lhe enviara o sonho.

O resto de sua vida ele passou em sua cidade natal, afastando-se apenas para fazer algumas peregrinações. Era um homem profundamente religioso, do tipo devocional, bom e amável com sua família e servidores e caridoso com os pobres. Assim que o achado do tesouro o aliviou das preocupações financeiras, voltou-se para o estudo e dedicou a ele um certo período por dia: acabou sendo conhecido como uma pessoa culta e santificada.

Quando seu filho mais velho cresceu e mostrou-se um administrador sábio e capaz, Alcyone abdicou de suas funções e retirou-se para passar o resto de seus dias em estudo, discussões religiosas e exercícios – não na floresta, mas em uma cabana de madeira no meio de um grande jardim, em suas próprias terras. Ali morreu serenamente, numa idade avançada.

Vida XLV
(2180 a.C. – Índia)

Continuando fiel à Índia, nosso herói nasceu em 2180 a.C., em uma pequena cidade chamada Mopa, no reino de Wardha, no que é hoje o distrito de Nagpur. Seu nome era Bhrojagohallamarshi, e seu pai, Albireo, era um brâmane da espécie mais elevada – um homem muito bom, sério, sereno, perseverante e caridoso. Sua mãe, Leo, era uma companheira à altura dele, e portanto Alcyone podia considerar-se afortunado.

Sua educação foi bem cuidada, e era de um tipo mais moderno do que nas encarnações anteriores. Ainda tinha que decorar um número enorme de versos; ainda bem jovem, ganhou o título de *Dwivedi*, e mais tarde o de *Trivedi*, por saber de cor dois e três dos Vedas, respectivamente – uma façanha estupenda. Mas também aprendeu gramática, geografia, astrologia, aritimética e medicina – esta, de um tipo notável.[38] Era

38 Provavelmente, medicina ayurvédica (N. do T.).

374   C. W. Leadbeater

considerado um rapaz muito promissor, e mais tarde tornou-se um homem excepcionalmente culto. Falava quatro línguas: o antigo sânscrito e alguns dialetos derivados dele.

Quando cresceu casou-se com uma bela moça, Algol, e escolheu a profissão de professor, na qual foi extremamente bem-sucedido. Era sempre bom e amável com os meninos, e era adorado por eles, que fariam qualquer coisa para agradá-lo; por sua vez, ele não media esforços para fazê-los compreender tudo o que ensinava. Gostava muito de seu trabalho, e, como sua vida familiar também era feliz, esta encarnação pode ser considerada boa em sua fase inicial, embora terminasse desastrosamente e com imerecido sofrimento.

Em 2150 a.C., quando ele contava apenas 30 anos e ainda tinha filhos pequenos, o reino foi invadido por um rei vizinho. Alcyone não gostava em absoluto de lutar, e considerava tudo aquilo uma ridícula perda de tempo; apesar disso, assumiu seu lugar nas fileiras do exército e cumpriu corajosamente o que tinha que ser feito. Mas o exército de Wardha foi vencido, e Alcyone foi forçado a pegar sua família e fugir para escapar ao massacre. Vaguearam no exílio durante três anos, às vezes sofrendo grandes privações; mas ao cabo desse tempo, os invasores foram atacados por outro lado e uma revolução vitoriosa restaurou a antiga monarquia de Wardha, e Alcyone pôde voltar para sua querida escola.

A devastação da guerra trouxera privações; seus antigos alunos tinham se dispersado e só metade deles pôde ser reunida outra vez. Seguiu-se outro período tranqüilo, no qual ele aumentou gradualmente a escola até superar o tamanho anterior, e ficou muito feliz ao ver que seu filho mais velho, Libra, tinha herdado seu dom de ensinar e seu amor pela profissão, tornando-se um hábil assistente.

A sombra que iria escurecer sua vida começou a desdobrar-se sobre ele em 2127 a.C. Sua filha mais moça, Mizar, a quem ele amava ternamente, tinha 15 anos, e um pretendente indesejável à sua mão se apresentou na pessoa de nosso velho conhecido, Scorpio – um homem com mais do dobro da idade dela, já conhecido por uma vida de libertinagem e por um temperamento dos mais violentos e vingativos. Mas era rico e poderoso, e de uma família a quem não convinha ofender; assim, embora Alcyone estivesse absolutamente decidido a não conceder sua filha a ele, a recusa não podia ser tão abrupta e definitiva como ele gostaria. O indesejável pretendente não aceitava em absoluto uma resposta negativa, e persistia em forçar sua presença o tempo todo à pobre menina, até essa perseguição se tornar um pesadelo para ela. Alcyone por fim foi obrigado a dizer-lhe em termos claros que sua proposta não seria aceita de forma alguma, e o proibiu de entrar em sua casa. O homem ficou extremamente indignado e jurou, em termos ofensivos, que não apenas ficaria com a jovem, apesar de seu pai, mas que sua vingança por ter ousado insultá-lo não seria pouca. Alcyone ficou muito preocupado, porque, embora não pudesse ter agido de outra forma, sabia muito bem que um homem rico e inescrupuloso é sempre um inimigo perigoso.

Entretanto, nada mais se soube durante algum tempo, e Alcyone teve esperança de que o indesejável tivesse sido atraído por algum outro objeto de suas fantasias.

Uma noite, porém, ele ouviu gritos vindos do quarto da filha, e, pegando um punhal, saiu correndo, semidespido; encontrou o vilão, auxiliado por outros dois, no momento de carregar sua filha. Embora estando sem outras armas, e sendo um só contra três, ele se jogou contra o raptor e feriu-o no coração. Os outros fugiram, mas um deles feriu Alcyone de passagem.

Ele não podia se arrepender muito do que fora forçado a fazer; mas sabia que matar um membro de família rica e poderosa era um perigo, não importando qual fosse o motivo. Então achou prudente ir assim que amanhecesse, carregado numa liteira, à presença do rajá, para expor-lhe o caso antes que houvesse qualquer acusação contra ele.

Contou toda a história ao rei, exatamente como acontecera. O monarca não teve dificuldade para acreditar, porque o caráter do morto era conhecido, e Alcyone tinha uma boa reputação. O rajá deu-lhe apoio e assegurou-lhe que a lei não iria puni-lo pelo acontecido, que ele considerava totalmente justificável. Mas ao mesmo tempo preparavam-se perigosos inimigos, de cuja vingança sutil nem ele, o rei, seria capaz de protegê-lo.

O rajá tratou de prevenir queixas ou críticas fazendo divulgar a morte do raptor, as circunstâncias em que ocorrera e o perdão integral dado a Alcyone, expressando sua convicção de que nenhum homem corajoso poderia ter agido de outra forma. Depois disso, não havia mais nada a dizer, e a maioria do povo aprovou sinceramente o manifesto. A família ofendida achou diplomático fingir que concordava com a opinião geral, mas ao mesmo tempo fizeram elaboradas cerimônias fúnebres para o falecido e deram a entender de várias maneiras sutis que de forma alguma pretendiam esquecer e perdoar a mancha que recaíra sobre o seu nome.

Daí em diante a vida de Alcyone não cessou de ser crivada de intrigas e acusações e ele não demorou a se dar conta de que isso não se devia somente à perseguição de uma família poderosa, no plano físico, mas também, e sobretudo, a uma tentativa explícita vinda do plano astral, para causar-lhe a ruína. O homem morto lhe apareceu muitas vezes em sonho, sempre ameaçando-o com absoluta convicção de que iria destruí-lo. Alcyone era corajoso, mas essa contínua pressão de origem indeterminada começou a afetar-lhe os nervos. Ele não sabia o que iria acontecer, mas sabia com certeza que iria suceder algo desagradável e que o acometeria vindo de onde menos esperasse. Começaram a acontecer prejuízos misteriosos; alunos eram retirados da escola com as desculpas mais triviais, e começou a sentir que em breve estaria em sérias dificuldades financeiras.

Ele possuía um tio idoso e sem filhos (Câncer) que tinha uma fama de muito sovina. Como Alcyone era seu parente mais próximo, e sempre ficara implícito que seria seu herdeiro, lembrou-se de procurar o desagradável ancião e pedir auxílio financeiro. O velho recusou e ofendeu-o, afirmando que jamais, de maneira alguma, lhe poria nas mãos uma só moeda. Alcyone naturalmente ficou indignado com esse tratamento e talvez tenha se expressado irrefletidamente, mas com certeza não guardou rancor do velho, e ficou horrorizado quando, na noite seguinte, sentiu uma forte e quase irresistível sugestão lhe tomando a mente, para que fosse matar seu indigno parente, resolvendo seus problemas com os recursos do avarento.

Uma sugestão dessas a se insinuar em sua mente com tanta força deixou-o confuso, e não podia compreender o que se passava, até que de repente ele em parte viu e em parte sentiu por trás daquilo a figura do ex-pretendente morto, e compreendeu que a diabólica sugestão era mais uma manobra dele para tentar destruí-lo. Quando compreendeu isso, pôde afastar imediata e definitivamente a sugestão, e não pensou mais nisso, até que de súbito recebeu a notícia de que seu velho tio pão-duro havia desaparecido misteriosamente – e um pouco depois, que seu corpo tinha sido encontrado, mostrando sinais evidentes de homicídio.

A notícia seguinte que recebeu foi trazida pelos representantes da lei, que o vieram prender por ter cometido o crime. Ele protestou sua inocência, mas eles apenas riram e disseram que podia explicar isso ao juiz, mas não acreditavam que pudesse convencê-lo.

Ficou preso durante algum tempo e depois levado a julga-

As Vidas de Alcyone

377

mento. A acusação apresentada contra ele o confundiu totalmente: seu próprio punhal fora encontrado no quarto do tio, e os ferimentos apresentados no corpo eram obviamente feitos por ele, ou outro similar. Dois homens juraram que o tinham visto entrando na casa do tio naquela noite, e o criado deste afirmou que o tinha feito entrar, e mais tarde ouvira ruídos de luta e gemidos altos atrás da porta, que estava fechada de maneira que não se podia abrir; quando horas depois tinha conseguido entrar, não encontrou ninguém, embora houvesse sangue e sinais evidentes de luta.

Outro homem testemunhou que tinha visto claramente Alcyone carregando um pesado fardo num saco, que poderia muito bem ter sido um corpo, algumas horas mais tarde na mesma noite, e que o vira dirigir-se ao local onde o corpo tinha sido encontrado depois. O criado identificou o corpo como o de seu amo; como estivera embaixo d'água o rosto tinha sido comido pelos peixes, e não era possível reconhecê-lo, mas não havia dúvidas quanto às roupas e o formato e a aparência do cadáver.

Em face de tais evidências, o juiz dificilmente podia hesitar; quando, no último instante, pensando na reputação inatacável de Alcyone, demorava-se para pronunciar a sentença, apareceu outra testemunha que, ao passar sob a janela do quarto do morto, dizia ter ouvido uma furiosa altercação, e reconhecera as vozes de Alcyone e do tio, este pedindo misericórdia e o outro iradamente recusando. A testemunha declarou que tinha esperado um pouco para ver o que ia acontecer, e vira Alcyone sair carregando um saco nos ombros, como já fora dito, tendo uma expressão de temor no rosto, e manchas de sangue nas vestes. Um manto de Alcyone com manchas de sangue foi apresentado. O juiz, com relutância, pronunciou então a sentença de morte, acrescentado seu profundo pesar pelo fato de alguém tão respeitado durante longos anos haver, num momento de vingança, se tornado capaz de ato tão bárbaro. Alcyone, naturalmente, afirmou o tempo todo sua inocência, mas ao se acumularem as provas ficou estupefato, e ao final pôde dizer apenas: "Não acredito que meu tio esteja morto, mas seu desaparecimento vai me matar".

Foi levado de volta à prisão e condenado a morrer no dia seguinte, ao amanhecer. Naquela noite, em sua cela, recebeu a visita de um sacerdote estrangeiro que havia passado pela cidade dois anos antes, fazendo uma peregrinação aos principais santuários da Índia. Alcyone tinha oferecido hospitalidade ao visitante, que permanecera duas ou três semanas em sua casa. O nome dele era Sarthon (mas o conhecemos como Mercúrio) e era um iniciado nos Mistérios egípcios. Ele e Alcyone haviam conversado muitas vezes sobre temas religiosos, e Alcyone aprendera muito com ele, ficando bastante interessado pela semelhança, de acordo com as explicações de Sarthon, entre duas religiões externamente tão diversas como a egípcia e a hindu.

Nessa última noite de sua vida, Sarthon, que estava passando pela cidade de volta ao Egito, veio vê-lo e, após confortá-lo, transmitiu-lhe uma mensagem especial que disse ter sido dada por Alguém em posição muito mais elevada dentro dos Mistérios que ele. Dizia que, embora sua condenação parecesse injusta, na verdade não era, pois não estava sendo morto pela suposta morte de um velho (que na realidade ainda estava vivo), mas por outros atos cometidos em longínquo passado; que devia pagar com satisfação e coragem aquele antigo débito, pois dessa forma seu caminho seria liberto de muita coisa que o obstruía, e dali por diante a Senda Oculta e o Trabalho Oculto ficariam abertos diante dele. E disse mais:

– Eu próprio, a quem ofereceste hospitalidade, te levarei pela mão e te conduzirei por esse Caminho; essa tarefa me é confiada por Aquele a quem todos obedecem. Portanto, não temas, pois tudo está certo, embora pareça tão ruim; e aqueles que amas não irão sofrer após a tua morte.

Dizendo isso, deixou-o com um gesto de despedida; no dia seguinte, ao alvorecer, Alcyone foi decapitado.

Não se tinham passado três dias, e a suposta vítima foi capturada por guardas do rajá e trazida à presença dele. Então tudo foi descoberto. Porém o velho tio afirmou até o fim que não fora sua culpa, que o ex-pretendente morto lhe havia aparecido e lhe dissera para esconder-se e arranjar tudo para parecer que a culpa era de seu sobrinho.

O rajá (Orfeu), ao ouvir isso, mandou prender todas as testemunhas, mas não mandou matá-los porque, ouvidos em separado, todos, sem conivência, contaram a mesma história, e todos afirmaram que tinha sido forçados a fazê-lo pelo falecido, a quem todos conheciam bem.

O rajá ofereceu oferendas especiais aos deuses para expiar o fato de haver sido condenado à morte um inocente, e concedeu uma boa pensão à viúva de Alcyone e uma dotação especial à filha em razão de quem tudo acontecera. Portanto, cumpriu-se a predição de Mercúrio de que, no que se referia a dinheiro, aqueles que amava não ficariam prejudicados por sua morte. Mas foi um grande sofrimento para seus filhos, que consideraram a família do raptor responsável por tudo, e em conseqüência começou um litígio entre eles que durou muitas gerações.

A outra parte da previsão de Mercúrio também se cumpriu, pois, a partir dessa existência que terminou com uma execução injusta, começou para Alcyone um rápido progresso na Senda da Iluminação e do Trabalho Oculto, que culminou nesta atual existência com a entrada na corrente que fez de Alcyone membro da Grande Fraternidade Branca que existe para beneficiar o mundo. E Mercúrio ainda o conduz, cumprindo aquela promessa feita milhares de anos atrás.

Orfeu, o rei, prestava vassalagem a outro monarca, Rama, neto e sucessor de Marte. Rama havia casado com a tia de Alcyone, Osíris. É provável que, se tivesse apelado para os laços familiares, Alcyone teria conseguido outra condição para seu caso; ele achava, porém, que por uma questão de princípios não devia usar essa influência. Seu pai, Albireo, quando jovem tivera sérias diferenças com outros membros da família, e se afastara aos poucos deles. Alcyone achava que não seria cabível fazer apelo a esse parentesco agora, só porque estava naquela situação difícil e injusta.

Vida XLVI
(1528 a.C. – Pérsia)

Chegamos agora às vidas mais importantes desta longa série – e às quais todas as outras o vieram conduzindo. Mesmo aqui ainda veremos bastante sofrimento – a libertação final do carma que restava. Porém os Grandes Seres estarão em contato estreito e permanente com nosso herói – e nunca mais o deixarão através dos tempos, pois aquele que faz parte da Grande Fraternidade Branca nunca mais estará só.

Nesta 46ª vida e na próxima nós o veremos tendo uma participação singela na fundação de duas das grandes religiões do mundo; ao estudar essas vidas, poderemos ter uma visão rápida e fascinante de dois dos mais importantes momentos da história.

Os remanescentes do grande império persa, que havia durado tantos anos, tinham sido derrotados pelas tribos mongóis, e seu território fora devastado. Outra tribo ariana, porém – os que falavam o zend –, desceu das montanhas da região de Susamir e ocupou o território assolado, reunindo a seu redor os refugiados que tinham escapado do massacre que se seguira à vitória das tribos tártaras selvagens.

Foi nessa região, ainda bastante despovoada, que Alcyone nasceu, num local chamdo Drepsa, na Bactrânia. No ano de 1528 a.C. Seu nome era Maidhyaimaongha (devo dizer que os nomes comumente usados por esse povo são os mais incríveis que já vi – ainda mais notáveis, penso, que os dos atlantes, que antes achávamos que ganhavam o prêmio de mais longos e impronunciáveis). Ele era filho de um homem de família ilustre, chamado Arsati (Hector), que era irmão de Purushaspa (Siwa).

Sua mãe (Bee) morreu quando ele ainda era jovem, e ele ficou aos cuidados de sua tia Dughda (Vajra), a esposa de Purushaspa, a qual teve muita influência em sua formação. O melhor amigo de Alcyone era o filho dela, Zarathushtra, dois anos mais velho que ele, e a quem Alcyone admirava muito. As duas famílias eram abastadas – a de Arasti talvez mais. Possuíam extensas terras, na maior parte destinadas à agricultura. A religião era um fator primordial na vida das duas famílias. Pode-se dizer que Dugdha e Zarathushtra foram as principais influências na vida de Alcyone, além do preceptor deles, Barzinkarus (Urano), um homem de caráter firme e muito culto.

O rei daquela região chamava-se Duransaran (Aurora), mas o de toda a Báctria era Loharsp. O seu primeiro ministro era um homem chamado Jamaspa (Castor), que juntamente com seu irmão Phrashaostra (Aldeb) exercia grande influência no país. Eram amigos íntimos dos irmãos Siwa e Hector – na verdade, pertenciam à mesma grande família ou clã.

A situação no país era bastante curiosa. Grande parte dele estava semipovoada; havia agricultores, mas a maioria das regiões ainda era ocupada por tribos nômades. Os interesses dessas duas comunidades em geral eram conflitantes, e com o passar do tempo eles tenderam a se separar.

Suas crenças religiosas também diferiam bastante. Ambas tinham se desenvolvido, de forma curiosa, em direções opostas, partindo de uma origem comum. Séculos atrás, alguns dos arianos primitivos, talvez um ramo da primeira sub-raça original da nossa quinta raça-raiz, haviam adorado ou reverenciado dois tipos de entidades, que chamavam de devas e asuras. Os asuras de início eram considerados mais elevados e espiritualizados, e Varuna, o seu chefe, era a divindade principal deles. As tribos participantes das grandes migrações que se dirigiram para o Leste, para a Índia, aos poucos mudaram ou modificaram essas crenças, e eles começaram a usar o termo *deva* para todos os chefes das entidades extrafísicas, mas geralmente do tipo positivo – enquanto consideravam os asuras violentos e maus. Gradualmente foram deixando Varuna de lado e o substituíram por Indra.

Ao contrário, a tribo que, depois de séculos de reclusão no Vale de Susamir, desceu e ocupou a Pérsia conservava sua devoção por Varuna e os asuras, e acabaram por considerar os devas espíritos maus ou de qualquer modo inferiores e materializados. Foi dado mais enfoque aos devas do tipo inferior, até que se tornaram meras personificações das forças da natureza, adorados com sacrifícios animais.

Sem dúvida, nesse período da Pérsia que estamos examinando a adoração dos asuras havia se unido com o que restara dos ensinamentos dados pelo Zoroastro original, milhares de anos antes, e incluía noções mais espiritualizadas do que a crença dos adoradores dos devas. Estes eram constituídos, nessa época, principalmente pelas tribos nômades que matavam e consumiam animais, enquanto os adoradores dos asuras eram sobretudo agricultores que consideravam a vaca um animal sagrado e sua morte, um grave crime. Eles costumavam fazer oferendas de frutas, flores, óleo ou manteiga e uns bolos curiosos. A concepção de Indra na Pérsia era sem dúvida mais material e a da Varuna, mais espiritual. Os adeptos dos asuras diziam que os adoradores dos devas degradavam a idéia da divindade, enquanto estes diziam que os primeiros a estavam transformando numa mera abstração, e portanto eram ateus. Dessa forma, uma séria divergência religiosa se colocava, acentuando as diferenças oriundas dos interesses distintos.

O domínio de Loharsp sobre o país não era muito definido, e Aurora era praticamente independente. O filho de Lohrasp, Vishtaspa (Ulisses) era mais ou menos da mesma idade de Alcyone, e como costumava ficar numa extensa propriedade que Lohrasp possuía em Drepsa, era amigo íntimo dos dois primos, Alcyone e Zarathushtra, a quem ele costumava se impor. Uma pequena prima órfã de Alcyone, uma menina encantadora chamada Thraetaina (Mizar), veio viver na casa dele, e naturalmente os três garotos se apaixonaram por ela.

Ulisses era arrogante e achava que ninguém podia contrariá-lo porque era o filho do rei; Zarathushtra era impulsivo, impaciente, lírico, cheio de ardor, mas muitas vezes, numa reação contrária, mergulhava em profundo desânimo; Alcyone era tímido e reservado, sabendo amar menos egoisticamente talvez que os outros, mas não conseguindo expressá-lo tão bem. Todos tinham grande respeito e afeto pelo preceptor, Urano, e Alcyone idolatrava Zarathushtra, com toda a dedicação que um menino pequeno pode ter por outro um pouco mais velho.

Zarathushtra era bonito, forte, admirável em todos os sentidos – cheio de vitalidade, mas também uma criança que tinha transes e sonhos. Desde bem pequeno ele via sempre, nesses sonhos, um homem de aspecto imponente e de energia sobrehumana, sempre cercado por uma chama brilhante – o grande Zoroastro, o fundador do culto ao Sol e dirigente de uma das grandes linhas da evolução humana. Ele seguidamente inspirava Zarathushtra, e pelo menos em uma ocasião se materializou e foi visto por Alcyone, que ficou muito impressionado, tomando-o por um dos grandes anjos estelares de que falava a religião deles. Isso reforçou ainda mais sua convicção de que seu primo estava destinado a ser um grande homem; essa visão o encheu de ardente entusiasmo pela vida espiritual e de uma convicção plena da realidade do mundo invisível, que nunca mais o abandonou.

Ao crescerem, o amor de Alcyone por Zarathushtra aumentou, e eles costumavam falar sobre os problemas religiosos da época. Zarathushtra era um partidário entusiasta do culto espiritual dos asuras, que se contrapunha aos adeptos mais materializados dos devas; embora Alcyone se inclinasse a ver o que havia de bom nos dois lados, sempre acabava por concordar com Zarathushtra. Não é de se admirar que desde pequeno a eloqüência deste lhe granjeasse a fama de predestinado entre as famílias dos sacerdotes, tampouco que tenha conquistado o coração da jovem Mizar.

No fundo, Mizar amava mais Alcyone, como ser humano comum; mas a grandeza de Zarathushtra a deslumbrava e atraía, embora a atemorizasse um pouco. Ela tivera uma certa preferência por Ulisses, baseada, na realidade, em sua posição, e isso teria levado a algo se o pai dele não ficasse sabendo. Como Lohrasp tinha outros planos para o filho, tratou de afastá-lo dessa perigosa fascinação, e assim que possível o fez casar com uma princesa que escolhera para ele, chamada Hutaosa (Bella), também muito bonita, mas orgulhosa; a princípio se mostrou reservada, mas logo percebeu os lados bons do marido e sensatamente deixou passar seus defeitos, tornando-se muito dedicada a ele.

Mizar ficou então reduzida a dois pretendentes. Estava meio triste e meio alegre, pois embora sonhasse com a posição

As Vidas de Alcyone

383

de rainha de Bactria, de quem ela menos gostava dos três era Ulisses. Um dia Zarathushtra, num momento de confidência, contou a Alcyone de seu intenso amor por Mizar, e para o pobre Alcyone isso foi como uma sentença de morte. Seu coração pertencia a Mizar, mas ele amava e adorava Zarathushtra. Conseguiu disfarçar o mal que isso lhe fizera, e começou uma luta interior. Sabia, no íntimo, que a mente de Zarathushtra estava tomada por grandes idéias, e que para ele amor e casamento eram na verdade coisas secundárias, portanto não amava Mizar de todo o coração como ele; porém, depois de longa e dolorosa luta interna, decidiu fazer a qualquer preço o que considerava seu dever em relação ao amigo. Retirou-se por completo de cena e foi fazer uma visita de dois meses a um amigo; quando voltou, o casamento de Mizar e Zarathushtra estava decidido.

O casamento se deu no ano de 1510 a.C., e foi razoavelmente feliz. Mizar era totalmente dominada pela personalidade de Zarathushtra, admirava-o profundamente e só vivia para cuidar dele e facilitar-lhe a vida. Logo teve um lindo menino (Ajax), a quem deu o nome de Isatvastra, e depois três filhas, sendo a última Purochista (Demeter). Infelizmente, com o nascimento desta, em 1505, ela contraiu uma moléstia fatal. O casamento de Zarathushtra foi de curta duração, e ele ficou com quatro crianças pequenas para criar. Entregou-as aos cuidados de sua mãe, Dughda (Vajra), que gostava imensamente de crianças e ocupou-se muito delas, especialmente com a pequena Purochista.

Zarathushtra parece ter sentido muito a morte da esposa, mas estava cada vez mais repleto de idéias e teorias religiosas e cheio de projetos para a reforma da velha religião iraniana. Sentindo-se de certa forma liberado pela morte da mulher, ou talvez encarando-a como uma mensagem divina, recolheu-se a uma vida de eremita numa caverna de uma região deserta e entregouse a essa existência singular durante 10 anos, no que parece ter sido uma sucessão contínua de maravilhosas visões e êxtases.

Nesse período recebia quase diariamente instruções de Zoroastro, que lhe ensinou as verdades que deveria transmitir ao povo. Continuou sendo partidário dos asuras contra os devas; com o passar do tempo, começou a dar cada vez mais realce à crença nos asuras, ou *ahuras*. O nome que dava à suprema divindade era tirado desse termo, acrescida da palavra *Mazda*, que parecia significar sabedoria. Assim compôs o nome de *Ahura-Mazda*, que significa o Espírito de Suprema Sabedoria.

384　　　　　　　　　　　　　　　C. W. Leadbeater

Não nos parece que nessa época ele concebesse uma personificação do mal com o nome de Ahriman, que agora tem um lugar de destaque no zoroastrismo. Ele personificou o mal, ou pelo menos a oposição ao bem, nos atos e no culto dos devas. Dhruj representava a matéria, e na sua teoria o espírito e a matéria disputavam o homem, e cada ação humana reforçava um ou outro. O contraste entre suas teorias e as do culto aos devas parece análogo ao que existia entre a filosofia de Pitágoras e o culto popular das divindades como Apolo e Diana.

Ele admitia a existência dos bons espíritos, a quem chamava de *ameshapentas*, mas é uma concepção algo nebulosa, pois parece que em parte constituiam personificações de princípios éticos. Sabia que a reencarnação era um fato, mas não se ocupou muito disso; o lado prático de seu projeto era principalmente o estabelecimento de uma espécie de comunidade devota, ou um estado agrícola, em que a frugalidade e a cultura organizada da terra eram as grandes virtudes sociais.

Durante seus 10 anos de estada no deserto, Alcyone ia vê-lo sempre, e cuidava de atender suas necessidades. Zarathushtra era grato por isso, e certa vez disse a Alcyone que o vira, numa visão profética, como auxiliar na pregação de sua reforma. Alcyone dava-lhe notícias das crianças, e às vezes as levava para vê-lo, mas Zarathushtra vivia tão absorvido em suas extraordinárias visões que mal as notava e elas acabaram ficando mais ligados a Alcyone que ao pai.

Ao final desses 10 anos, em 1495 a.C., Zarathushtra recebeu ordem do Grande Ser que aparecia em suas visões para que retornasse ao mundo, assumisse as funções de sacerdote e transmitisse ao povo as verdades que lhe tinham sido ensinadas. Foi-lhe dito que ele iria difundir a fé em todo o grande império da Pérsia, mas que antes de começar a viajar deveria aguardar a chegada de alguém que viria ao seu encontro do Ocidente, e recebeu alguns sinais pelos quais devia reconhecer esse ilustre estrangeiro. Enquanto isso, deveria retornar ao ofício de sacerdote em sua terra, na Báctria. Seu retorno foi algo dramático, pois assim que ele deixou a caverna ocorreu uma erupção vulcânica que a destruiu, e as chamas da erupção e o terremoto que a acompanhou foram vistos pelo povo como relacionados com a volta dele à vida comum.

Por essa época, Lohrasp tinha abdicado em favor de seu filho, Vishtapa (Ulisses), o velho amigo de Zarathushtra. Após a morte de sua mulher, Vishtapa havia se desentendido com o pai, e num assomo de cólera abandonou o país. Dirigiu-se para

As Vidas de Alcyone

385

a região ocidental da Pérsia, fez amizade com um rei da região, casou-se com a filha dele e voltou a seu país à frente de um exército. Praticamente forçou o pai a abdicar e fez mudanças na administração do reino. Teve, porém, a sensatez de manter o primeiro– ministro de seu pai, Jamaspa (Castor), o que transmitiu certa segurança ao povo e o fez aceitar algumas de suas atitudes, que de outra forma seriam contestadas.

Ulisses recebeu Zarathushtra com satisfação e o designou para a função de zaohta, e mais tarde conferiu-lhe o título de Dastur-I-Dastur. Isso lhe conferiu grande prestígio e ele começou a pregar sua reforma com grande eloqüência e extrema dedicação. Como tinha o total apoio do rei, multidões de discípulos o cercaram, e já tinha um considerável número de seguidores quando o inesperado visitante do Ocidente chegou, em 1489 a.C.

Embora Zarathushtra tivesse retornado ao sacerdócio, não reassumira a vida familiar. Durante todo aquele tempo seus filhos tinham crescido sob os cuidados de Alcyone, que era agora o chefe da família. Todos os filhos de Zarathushtra tinham se criado bem, sob a tutela cuidadosa de Alcyone. Seu carinho maior sempre se dirigira à menor, Puruchista, que agora tinha 16 anos e era fisicamente a imagem exata da mãe. E como no passado tinha amado Mizar, Alcyone agora trazia Puruchista no coração. Sonhava em fazê-la sua esposa, mas reprimia-se ao considerar a grande diferença de idade entre eles. A beleza dela atraiu muitos pretendentes, mas ela os rejeitou a todos, dizendo a Alcyone que nunca poderia amar ninguém mais além dele.

Durante algum tempo ele desconsiderou essas declarações, receando aproveitar-se de sua juventude, gratidão e inexperiência. Mas um dia, por fim, seus sentimentos falaram mais alto e ele perguntou-lhe, hesitante, se era verdade que ela queria unir sua vida jovem com a de um homem já chegando à meia-idade como ele. Ela aceitou prontamente, com alegria, e parecia que finalmente sua felicidade chegara. Mas o estranho carma que vinha pairando sobre ele por diversas vidas se apresentou mais uma vez. Quando eles foram de mãos dadas falar com Zarathushtra, esperando receber sua bênção, ele lhes disse calmamente que tinha acabado de combinar o casamento de Puruchista com Jamaspa Kherami (Mira), filho do velho primeiro-ministro Castor, e que esse casamento era absolutamente necessário para o sucesso de sua reforma e a difusão dela.

Naturalmente isso foi um tremendo golpe para os dois apaixonados. De início, tiveram um forte impulso de revolta, mas a obediência era, para ambos, vista como um dever religioso, e acharam que esse sacrifício era exigido a eles por Ahura Mazda. Dessa forma, só havia uma coisa a fazer, e Puruchista tornou-se esposa de Mira, embora com pouca esperança de ser feliz. No entanto, seu jovem esposo, que de início fora atraído apenas por sua beleza incomum, logo aprendeu a amá-la por si mesma, e revelou-se dedicado, honrado e corajoso – afinal o destino dela não foi tão infeliz como imaginara, e depois de algum tempo foi capaz de retribuir pelo menos em parte o profundo sentimento de seu esposo.

Mas Alcyone não teve esse consolo, e durante muito tempo sofreu intensamente. O consolo lhe foi trazido por Mercúrio, o estrangeiro vindo do Ocidente, que Zarathushtra entregara a seus cuidados.

O estrangeiro os tinha surpreendido de diversas maneiras. Em vez de um venerável pregador, apareceu-lhes sob o aspecto de um moço, vestido como um pescador grego; em vez de aceitar a hospitalidade principesca que Alcyone estava pronto a oferecer-lhe, insistiu em manter a si próprio trabalhando diariamente no ofício de joalheiro.

Contou-lhes uma história incrível: que, até um ano atrás, tinha sido o sumo sacerdote de um templo – o templo de Pallas, em Agade, na Ásia Menor. Quando a cidade fora arrasada pelos bárbaros, aquele seu corpo tinha sido morto e ele tinha passado a ocupar esse veículo de um jovem pescador local, que tinha se afogado tentando escapar do massacre.

Com a chegada de Mercúrio, Zarathushtra sentiu-se duplamente inspirado, e começaram a preparar-se para a viagem que fora prevista há tanto tempo, para fazer sua pregação.

Zarathushtra mantivera sempre a amizade com o Rei Vishtaspa (Ulisses), e este agora estava tão ansioso quanto o próprio Zarathushtra para que o seu profeta, como o chamava, se tornasse o líder religioso de toda a Pérsia. Zarathushtra subordinava tudo ao que considerava as necessidades de sua missão, e de forma alguma deixava de utilizar todos os possíveis contatos materiais que achava que lhe pudessem ser úteis. Em função disso, não apenas casara a filha com o filho do primeiro-ministro, mas ele próprio, pelos mesmos motivos, casara-se com Kavihusrava (Aquiles), uma prima do rei, e dela tinha dois filhos, Hvarechithra e Urvatatnara. Essa segunda esposa, contudo, não viveu muito, e Zarathushtra acabou casando uma terceira vez, consolidando ainda mais suas relações com a família de Castor, desposando Hvoghvi (Pindar), a irmã mais moça do primeiro-ministro.

As Vidas de Alcyone

A dor de Alcyone foi tão intensa com essa segunda e terrível desilusão, ficou tão tomado de desespero e desencanto pela vida, que pensou seriamente em suicídio, e já tinha se decidido a cometê-lo quando a chegada de Mercúrio mudou a sua vida. Desde o início ele sentiu por Mercúrio um misto de afeto e reverência, que parecia estranho vindo de um orgulhoso nobre persa para alguém que era aparentemente um humilde pescador grego. Quase de imediato, Mercúrio lhe falou da grande tristeza que lhe pesava na alma, e descreveu toda a história de sua vida. Então ele se ergueu, e sua imagem se transformou: diante de Alcyone estava uma figura radiosa, aquele ser benevolente que conhecemos tão bem, e falou-lhe com palavras candentes e de profundo amor:

– Grande tem sido o teu sofrimento, sim, e não apenas agora, mas em muitas outras vidas; contudo, ainda falta um pouco, pois aquele que avança mais rápido precisa pagar o preço desse avanço, mas será grande também tua alegria. Tua será a felicidade que não pode ser descrita, pois através de ti os povos do mundo serão abençoados. Esta vida de sacrifício é o coroamento de muitas outras; por isso, já na próxima existência terá início a tua recompensa, e irá assumir o compromisso que não pode ser quebrado. A Senda está aberta diante de ti, e nela a minha mão te guiará e minha bênção estará contigo na vida e na morte, até que estejamos na presença do Rei.

Foi tão profundo o efeito causado em Alcyone por essa extraordinária previsão que a partir desse momento seu desespero desapareceu; embora às vezes ele ainda lembrasse com tristeza da mãe e da filha a quem amara tanto, voltava o pensamento para aquela promessa de que, por meio daquele sofrimento, elas e toda a humanidade um dia se beneficiariam. Com essa fé ele viveu e trabalhou durante aquela época conturbada – as guerras do Rei Vishtspa, a invasão dos tártaros que o Príncipe Isgandehar (Deneb) repeliu, o reinado de Vsishtaspa, que foi seguido pelo de seu neto Baman, os 40 anos de pregações e viagens de Zarathushtra. Essa fé o sustentou mesmo quando, após 10 anos de intenso labor, Mercúrio os deixou e foi para a Índia, deixando atrás de si o mito de Paishotan, o instrutor que nunca morre, que voltará para criar uma nova raça e conduzir seu povo ao paraíso.

Essa fé o ajudou a ter coragem durante os momentos sombrios de desânimo que assaltavam com freqüência a alma de Zarathushtra, quando o profeta lamentava a tibieza de seus seguidores, agasalhava dúvidas sobre o êxito de sua missão ou mesmo sobre a autenticidade de suas visões e falava em deixar o país devido à oposição do Príncipe Bendva, do clã Grehma ou dos seguidores das velhas crenças. E ainda o sustentou quando recebeu a notícia de que seu herói da vida inteira, Zarathushtra, tinha sido morto enquanto oficiava diante do altar do grande templo de Balkh, quando a cidade foi assolada pelos tártaros em 1449 a.C.

Uns dois anos antes, Alcyone deixara de lado as viagens e pregações constantes, por já não conseguir manter esse ritmo. Durante os últimos 10 anos de sua vida, foi bem– cuidado por duas das crianças a quem tinha amado tanto – Phrem e Thrity (Rigel e Betel) –, as duas filhas de Zarathushtra e Mizar, irmãs de Ajax e Demeter. Esta tinha morrido pouco depois que o marido, Mira, fora morto em luta contra os tártaros. Haoshyagha (Fomal), que também se parecia incrivelmente com Mizar, o amor de sua juventude, vinha também com freqüência vê-lo e alegrá-lo. Estava à sua cabeceira quando ele partiu, em 1441 a.C. No momento da morte Mercúrio apareceu de novo materializado diante dele, na mesma forma radiosa, sorrindo-lhe amorosamente.

Alcyone uniu as mãos numa saudação reverente, e as últimas palavras que proferiu foram aquelas finais da predição: "Até que estejamos na presença do Rei".

Vida XLVII
(630 a.C. – Índia)

Na 46ª vida de nossa série, Alcyone experimentou muito sofrimento moral, mas ao mesmo tempo teve grandes benefícios de seu estreito relacionamento com Mercúrio e Zarathushtra. Na existência seguinte, a 47ª, de que agora vamos tratar, os benefícios serão ainda maiores; embora as condições de seu nascimento não tenham sido nem um pouco favoráveis. Nasceu no ano de 630 a.C. – 2472 da Kali Yuga[39] –, o quarto ano do reinado do Rei Schattranjas, próximo da cidade de Rajgriha.

É verdade que seu pai, Jagannadha, era um brâmane, e rico, mas seu caráter deixava muito a desejar. Era um homem ganancioso e usava todas as formas possíveis para fazer dinheiro, algumas beirando perigosamente o limite da desonestidade. Ele possuía um templo junto com outros brâmanes, e tinham

---

39 Kali Yuga, a Idade Negra, extremo do arco descendente da evolução da humanidade (N. do T.).

As Vidas de Alcyone

uma combinação pela qual cada um deles sucessivamente tomava conta do templo e o dirigia por um determinado período, durante o qual todas as oferendas dos peregrinos e outros devotos lhe pertenceriam. Esse curioso sistema levava a astuciosas práticas por parte dos brâmanes; por exemplo, Jagannadha possuía asseclas que se colocavam ao longo das principais estradas da Índia, com instruções para avisá-lo antecipadamente quando algum rico peregrino, ou um grupo particularmente grande de peregrinos estivesse a caminho dali. Ao receber essas notícias, ele dava um jeito de fazer com que os peregrinos chegassem na época em que ele estaria na direção do templo, fazendo seus asseclas buscarem pretextos para apressar ou retardar os viajantes. Dessa forma ele conseguiu juntar grande fortuna, embora de forma contrária às normas de sua casta. Também possuía muitas terras e gozava do favor do rei, a quem ocasionalmente oferecia presentes com intenções políticas.

Jagannadha não era mau, e deu uma boa educação aos filhos; infelizmente, assim que cresceram ensinou-lhes cuidadosamente seus métodos peculiares de aumentar a fortuna da família.

A mãe de Alcyone era bondosa e amável, muito dedicada aos afazeres domésticos, mas com pouco interesse por outras coisas. Cumpria os deveres religiosos de forma comum, mas não era capaz de entender de metafísica ou filosofia. Teve vários filhos, mas apenas Alcyone (cujo nome, dessa vez, era Shivashankara), e sua irmã Muli tinham sobrevivido. Jagannadha tinha adotado um outro menino, Mizar, filho de um primo seu, que ficara órfão em tenra idade. Seu nome era Nirvana, e era dois anos mais moço que Alcyone.

O afeto entre os dois meninos não poderia ser maior se fossem irmãos mesmo, embora fossem de temperamentos diferentes. Alcyone era sonhador e romântico, com elevados ideais, e Mizar era perspicaz e prático, mas nem sempre muito escrupuloso. A mãe de Alcyone morreu quando eles ainda eram pequenos, e ficaram bastante entregues a si mesmos, pois Jagannadha estava sempre ocupado com seus planos, ou tão preocupado com eles que não conseguia falar de outra coisa, o que fazia Alcyone considerá-lo uma companhia tediosa. Mizar participava mais dos planos do pai, e às vezes até fazia interessantes sugestões para aumentar seus lucros.

Com 18 anos, Alcyone desposou Irene, uma mulher bondosa e com inclinações espirituais, e dentro de um ano tiveram um filho. Um ano depois seu pai morreu, e Alcyone em conse-

390   C. W. Leadbeater

qüência tornou-se o chefe da família e herdou os deveres e bens do progenitor. Tinha então que assumir o lugar que lhe cabia, administrando o templo e fazendo os sacrifícios. Ele detestava essa última tarefa, embora por algum tempo a executasse como um dever, como seu pai tinha feito. Implicava em grande matança de animais, cuja oferta à divindade era considerada altamente meritória. O sacrifício de cavalos era tido como especialmente agradável aos deuses; cabras também eram oferecidas, mas não eram tão bem-vistas.

Os sentimentos de Alcyone se revoltavam contra essa matança, e intimamente ele duvidava que isso pudesse agradar a um deus bom. Ao mesmo tempo, desagradavam-lhe os métodos de seu pai para atrair peregrinos ao templo. Achava bom que viessem muitos peregrinos durante o seu período na direção, mas seu pai usava estratagemas e mentiras deslavadas para consegui-lo, e Alcyone tinha grande repugnância por isso. Recusou-se a utilizar esses recursos. Em conseqüência disso, não tinha o mesmo retorno financeiro de seu pai.

O primo Mizar não concordava com ele a esse respeito. As idéias do pai tinham se impregnado nele, que via tudo isso com olhos um tanto invejosos e considerava com algum desdém os escrúpulos de Alcyone, pensando muitas vezes como ele saberia conduzir muito melhor as coisas se fosse o cabeça da família. Insistia com Alcyone para que seguisse o exemplo do pai, e declarava que não fazer isso implicava uma crítica desrespeitosa ao pai, que não era adequada a um brâmane. Alcyone só dizia que Mizar podia agir como preferisse, mas que ele pessoalmente não tinha condições de continuar com os velhos hábitos. Não se preocupava muito com dinheiro e ostentação; absorvia-se com os assuntos domésticos. Mizar, ao contrário, embora bem intencionado e de boa índole, achava que era seu dever dar continuidade aos planos de Jagannadha, e considerava seu dever primordial conseguir para a família o máximo de dinheiro possível.

Por essa época Mizar casou-se com Thetis, e ela infelizmente não era uma mulher de boa índole. Exercia uma grande fascinação sobre ele, e estimulou-lhe o descontentamento, pois era essencialmente intrigante – uma mulher ambiciosa, com sede de riqueza e poder. O casal conversava bastante sobre isso, e ambos concordavam em que conseguiriam acumular riquezas muito melhor se estivessem à testa da família. Naturalmente a mulher de Alcyone, Irene, sempre tinha precedência sobre Thetis, que sentia muita inveja disso, e com o tempo achou que

As Vidas de Alcyone

391

não podia mais suportá-lo, sem ter oportunidade para mostrar o que ela própria podia ser e fazer, embora Irene fosse sempre boa e amável com ela.

Além disso, Thetis tinha um filho, e queria dar um jeito para que no futuro ele pudesse herdar a direção do templo e sua renda, em vez do filho de Alcyone. Ruminou tudo isso, e por fim começou a urdir um plano para concretizar seus desejos.

Sempre havia muitas intrigas na corte, pois o rei podia conceder ou retirar os bens que quisesse das pessoas, e tudo era dependente de seu favor. Thetis começou então a semear astuciosamente boatos de vários tipos contra Alcyone e Irene, procurando denegri-los aos olhos do rei. Também criou vários problemas na família, conseguindo com tramas engenhosas causar atritos entre os dois primos, e até, às vezes, colocá-los em luta aberta.

Os outros brâmanes que partilhavam o templo não viam Alcyone com muito bons olhos, em razão de sua atitude em relação aos sacrifícios e aos métodos de arrancar dinheiro dos peregrinos; portanto, estavam predispostos a dar ouvidos aos boatos que Thetis semeara. Quando o rei, após ouvir tais coisas repetidamente, começou a achar que isso merecia uma investigação, os outros brâmanes se apressaram a expressar dúvidas e pintar Alcyone como um caráter algo duvidoso. Tudo isso foi manejado astutamente por Thetis, e foi tal a rede de intrigas constantes tecidas em torno de Alcyone e sua mulher que finalmente eles e o filho acabaram sendo banidos da corte e da cidade. Isso aconteceu em 598 a.C., quando Alcyone já tinha 30 anos.

Thetis ficou triunfante com o resultado de seus planos. Mizar não sabia de nada, e ficou bastante angustiado com o exílio do primo, mas com certeza achava que podia dirigir o templo e seus ganhos muito melhor que Alcyone; com relação a isso, ficou um tanto satisfeito pela oportunidade que se lhe oferecia. Teve que assumir o lugar de Alcyone – junto com a mulher realizou seu desejo havia muito acalentado, e ficaram felizes com isso, embora Mizar nunca deixasse de lamentar o banimento de Alcyone, e apresentou várias petições pedindo o seu retorno.

Alcyone sentiu-se muito prejudicado, especialmente porque a casa no campo para onde fora banido era um lugar insalubre e com malária. Seu filho teve uma febre maligna, e ficou longo tempo enfermo. Finalmente se curou, mas nunca mais ficou saudável como antes, pois a moléstia acarretou-lhe uma fraqueza do pulmão. Alcyone e Irene sempre culparam Mizar e Thetis por isso; Irene ficou com ressentimento de Thetis, e não deixava de remoer isso no íntimo.

Quatro anos mais tarde, em 594 a.C., o Rei Kshttranjas morreu e Bimbisara subiu ao trono. Alcyone, que o conhecera bem quando era um jovem príncipe, imediatamente solicitou sua reabilitação. O novo rei a concedeu, e Alcyone foi então reconduzido a seu lugar no templo, voltando para sua antiga casa e à sua posição anterior. Houve uma grande cena entre os dois primos, e Mizar pela primeira vez ficou sabendo de algumas coisas que sua mulher havia dito e feito, e ficou terrivelmente chocado. O antagonismo entre as duas famílias conseguiu ser superado um pouco, e Alcyone permitiu que Mizar e a mulher continuassem a viver com ele na casa da cidade. Contudo, as duas mulheres desconfiavam muito uma da outra, e mesmo Alcyone não podia esquecer que Thetis tinha sido autora do banimento que resultara na saúde precária de seu filho.

Porém Thetis não estava satisfeita, e continuava secretamente a arquitetar todo tipo de planos para conseguir que seu filho fosse o herdeiro, em vez de Alcyone. Esperava que este morresse; mas como isso não aconteceu, concebeu um plano para matá-lo aos poucos por envenenamento lento, para que não suspeitassem dela. Começou a colocar veneno cautelosamente em seu alimento, aumentando aos poucos a dose. Antes que o nefando plano se consumasse, Alcyone um dia o descobriu e ficou violentamente irado.

Sua primeiro idéia foi denunciar tudo, entregando Thetis ao julgamento do rei, seu amigo. Mas Mizar, embora horrorizado com a descoberta, suplicou-lhe que não o fizesse. Finalmente Alcyone acedeu em não dizer nada, mas declarou que jamais se sentiria seguro na mesma casa com Thetis, e decretou que Mizar, a mulher e o filho se retirassem para a casa de campo para onde ele fora banido antes. Mizar agradeceu e aceitou, como algo comparativamente satisfatório e mais do que poderia esperar após a traição de Thetis.

Infelizmente a descoberta de tudo chegou tarde demais para salvar o filho de Alcyone, que definhou por algum tempo mas não pôde ser curado pelos médicos da época, e finalmente acabou morrendo, no ano de 590 a.C. Alcyone ficou inconsolável, desesperado, às vezes odiando Thetis, e perdeu o gosto pela vida, não se importando mais com nada.

No primeiro ano do reinado de Bimbisara, o Senhor Buda foi a Rajgriha, e o rei pediu-lhe que pregasse ali, mas ele não quis fazê-lo e continuou em sua jornada para atingir a Iluminação. Depois que se tornou o Buda, o Senhor Gautama lembrouse do amável pedido do rei, e foi pregar em Rajgriha, no ano de 588 a.C. Tinha então 39 anos, tendo nascido no ano de 623 a.C. Alcyone foi ouvi-lo e ficou profundamente tocado, libertando-se de seu desencanto e depressão. O Senhor Buda falou a respeito do sofrimento e do carma, e o que ele disse aplicou-se exatamente ao caso de Alcyone, aliviando extraordinariamente a dor de seu coração.

Voltou várias vezes para ouvir aquelas maravilhosas prédicas, e certa vez o Buda falou intensamente da necessidade de se ter bondade e compaixão. O homem que quisesse entrar na Senda devia afastar de si até a menor sombra de ira ou de ódio, e mostrar a seus amigos e inimigos apenas um amplo amor. Alcyone pensou muito sobre isso, e a conseqüência foi que se dirigiu à casa de campo para trazer de volta Mizar, sua mulher e filho. Falou com Thetis, a quem antes se recusava até a ver, e disse-lhe que lamentava os sentimentos que tivera em relação a ela, pois sabia que em tudo que fizera tinha sido apenas o instrumento de seu próprio carma. Ela ficou totalmente vencida por essa bondade inesperada, e assim ambos, Mizar e ela, foram levados de volta para partilhar a casa que ela tinha enlutado.

Na primeira oportunidade Alcyone levou Mizar para ouvir uma prédica do Senhor Buda. Era uma cena inesquecível. Umas duas mil pessoas estavam reunidas entre as árvores, a maioria sentada na relva, alguns recostados nos troncos, homens e mulheres, e crianças pequenas sentadas junto deles ou correndo entre os grupos de pessoas. O Buda assentou-se numa plataforma ligeiramente mais alta – uma elevação coberta de relva no meio do jardim, cercado por um grupo de seus monges de mantos amarelos, e com sua voz maravilhosa e musical fez-se ouvir sem esforço por toda a multidão, mantendo todos fascinados dia após dia, quando vinham para ouvi-lo. Era incontestável que, como já foi dito de outro Grande Ser, "nenhum homem falara como esse homem".

A influência de seu magnetismo sobre o povo era incalculável. Sua aura envolvia todo o jardim, de modo que a vasta multidão estava sob sua atuação direta – realmente nele, por assim dizer. O esplendor de sua aura atraia grandes hostes dos mais elevados devas, que também ajudavam a agir sobre a audiência, e assim não é de se surpreender quando lemos nos livros sagrados que muitas vezes, ao término de uma única prédica, centenas ou até milhares de pessoas atingiam o nível de Arhat. Muitos que estavam então encarnados naquela região da Índia eram os que o tinham seguido em encarnações anteriores em terras distantes e tinham nascido na Índia a fim de terem a inestimável oportunidade de ter um contato direto com ele após sua iluminação.

Aqueles cuja visão se limitava ao plano físico, enxergavam apenas um bondoso príncipe de figura imponente e maneiras cativantes, que lhes falava com uma clareza e integridade a que não estavam habituados pelos brâmanes. Estes, havia muito tempo, pregavam apenas a necessidade de constantes oferendas para eles e sacrifícios para os deuses, naturalmente incluindo pesados tributos aos sacerdotes. E agora vinha esse Instrutor muito mais elevado, que lhes dizia na linguagem mais simples e direta que o único sacrifício agradável aos deuses era o de uma vida pura e amorável – e o que devia ser morto e abandonado não eram os animais, mas os vícios, e que a maior necessidade não era de ouro para os templos, mas de pureza e bondade entre os devotos.

Nessa ocasião, em que os dois primos foram ouvi-lo, ele usou como imagem o fogo. Apontou para um fogo que estava aceso ali perto, e disse-lhes que era um símbolo da ilusão, porque as chamas pareciam o que não eram; pareciam sólidas, e não eram, queimando o homem que as tocasse. Então explicou como todas as paixões e desejos eram como a chama viva – que com elas, como o fogo, não adiantavam meias-medidas, pois nunca se estaria seguro a respeito do fogo até que fosse totalmente extinto; nunca se teria certeza de que não se ergueria de novo, causando destruição, até que não houvesse uma única centelha dele. Assim, disse, a ira, a paixão, o desejo e a ilusão devem ser destruídos no coração humano. Só então se poderia obter a paz, só então o homem poderia entrar na Senda.

O efeito produzido nos dois primos foi indescritível. Alcyone imediatamente declarou sua intenção de abandonar tudo e dedicar-se a seguir o Buda. Sua mulher, Irene, concordou de imediato com ele, e Alcyone propôs transferir a Mizar sua participação no templo, a direção da família e todas as suas posses materiais. Mizar, porém, recusou-se a aceitar, e disse que se Alcyone fosse dedicar-se à vida monástica ele faria o mesmo, e até mesmo Thetis aprovou isso, embora dissesse que não ousava oferecer-se para tal depois de tudo que acontecera. Alcyone achava que a família devia ter uma continuidade, e a função no templo devia prosseguir, devido à promessa feita a seu pai. Por fim, ambos foram à presença do Buda, contaram-lhe tudo que havia acontecido, do início ao fim, e colocaram-se sem reservas em suas mãos.

As Vidas de Alcyone

O abençoado Senhor ouviu a história, e disse a Alcyone:

– Estás certo de que não resta mais nenhuma mancha de ódio em teu coração – que perdoaste completamente, até a morte de teu filho, e que sentirás por todas as criaturas vivas somente amor, para sempre, mesmo por aqueles que te ferirem?

E Alcyone respondeu:

– Senhor, assim é; se a mulher de meu primo me feriu, eu a perdoei. Dei a ele todos os meus bens, porque não preciso mais deles. Agora só tenho um desejo em minha vida, e embora leve mil vidas, faço um voto, aqui a teus pés, que nunca deixarei de me esforçar para cumprir. Prometo segui-te, e me doar como fizeste, para auxiliar a humanidade sofredora. Libertaste-me do sofrimento, me deste a paz perpétua. A ela eu quero trazer o mundo, e a isso hei de consagrar minhas vidas futuras, até que venha a ser um dia o que és, o salvador do mundo.

O Senhor Buda acenou com a cabeça e respondeu:

– Como disseste, assim seja feito. Eu, o Buda, aceito o voto que jamais pode ser quebrado, e numa época distante ele se cumprirá.

E estendendo a mão abençoou-o, e Alcyone caiu prostrado a seus pés.

Então, voltando-se para Mizar, o Buda disse:

– Tu me seguirás, mas não agora. Ainda tens muito que fazer. Aceita o encargo que meu novo discípulo te entregou. Aceita o que ele te dá; ele não necessita mais disso, pois as riquezas da Boa Lei excedem todas as outras. Sê justo e misericordioso, e não te esqueças de que a tua hora logo chegará.

E despediu-o com uma bênção. Alcyone, porém, permaneceu com ele e o seguiu desde então em suas peregrinações por toda a parte, naquela região do Norte da Índia.

Mizar retornou a casa para cumprir seu dever, como o Senhor Buda lhe dissera; mas em virtude dos ensinamentos dele, de misericórdia para com todos os seres, recusou-se firmemente a partir dali a matar animais para o sacrifício ou utilizar os recursos ardilosos com que Jagannadha acumulara tanta riqueza. Dessa forma, deixou de ganhar muito dinheiro, e ficou malvisto pelos outros brâmanes do templo, em especial porque diversas vezes declarou de público que concordava com as palavras de Buda de que um brâmane que não vive como um brâmane deve viver não é realmente um brâmane, não importando se é de alto nascimento, enquanto até mesmo um shudra que viver como um verdadeiro brâmane merece o respeito que é devido a um deles. Os outros brâmanes então conspiraram contra

396   C. W. Leadbeater

ele, para diminuir ainda mais os seus ganhos. Contudo, como o rei era declaradamente budista, não podiam tentar afastar Mizar, embora sempre apresentassem queixas contra ele.

Ele era bem visto pelo povo, por sua bondade, apesar das histórias que os brâmanes constantemente espalhavam a seu respeito; com o passar dos anos, ficou cada vez mais benquisto, embora mais pobre. Foi uma grande vitória para ele quando o Rei Bimbisara, levado por uma eloqüente prédica do Buda, decretou que não haveria mais matança de animais para sacrificar. Os outros brâmanes, embora extremamente enraivecidos com essa ordem, não ousaram desobedecer, e em face de sua firme adesão anterior a essa idéia Mizar ficou nas graças do rei. Mas ainda havia muitos que desconfiavam dele, pois os brâmanes haviam sabido de uma versão distorcida da história do envenenamento do filho de Alcyone e naturalmente a usavam o mais que podiam.

Mizar ainda utilizava parte da antiga organização de Jaggannadha para trazer grandes grupos de peregrinos durante o seu período à testa do templo, agora não mais para ganhar dinheiro deles, mas para poupá-los da ganância de seus colegas – o que naturalmente aumentava o ódio deles. Sua posição sempre foi precária, pois embora tivesse o favor do rei e a gratidão de muitos, tinha que enfrentar intrigas constantes e a maldisfarçada malevolência em todas as pequenas questões cotidianas. Apesar disso, conseguiu prosseguir com sua tarefa por mais de 20 anos, e nesse ínterim introduziu muitas reformas úteis na administração do templo, cercado por muita oposição. Era um seguidor declarado de Buda e vivia de acordo com seus ensinos, embora continuando a ser um brâmane – o que não era estranho, pois o Buda não fazia as pessoas abandonarem a antiga religião, e ninguém, a não ser os que adotavam o manto amarelo, se ligava exclusivamente a ele.

O final de vida de Mizar, de um ponto de vista material, foi desafortunado. Em 566 a.C. Bimbisara foi morto por seu desnaturado filho, Ajatshatru, que então subiu ao trono. Esse plano havia se concretizado com a ajuda dos brâmanes; ele deu apoio a eles e sua religião, e se opôs abertamente ao budismo. Assim, quando os brâmanes do templo fizeram uma queixa contra Mizar, o novo rei deu-lhes ouvidos e o destituiu, confiscando a maior parte de seus bens. Restou-lhe uma pequena propriedade, aonde ele se retirou, e viveu dela, em relativa pobreza e obscuridade, até sua morte, em 562 a.C., com a idade de 66 anos.

Enquanto isso, Alcyone ligara-se ao Senhor Buda e nunca

As Vidas de Alcyone

mais o abandonou até morrer. Viajou com ele por todo o Vale do Ganges durante muitos anos, bebendo sempre mais da fonte de sua sabedoria, e partilhando os ensinamentos particulares que ele dava apenas a seus monges. Teve uma estreita mas respeitosa amizade com um monge mais velho, chamado Dharma-jyoti, que foi muito bondoso com ele e o auxiliou bastante no caminho da paz. Esse monge é conhecido por nós como Urano; foi depois Aryasanga, e agora é o Mestre Djwal-kul. O nome escolhido por Alcyone ao colocar o manto amarelo foi Maitri-baladasa, que significa: "o servo do poder da bondade". O Buda disse a ele: "Escolheste bem; esse nome é profético. Pois Maitreya é o nome do Bodhisattva que sucedeu ao Senhor Buda em sua função – o Cristo que deve vir; assim, o nome também pode ser traduzido como 'o servidor do poder de Maitreya'".

Acompanhando o trajeto do Senhor Buda, Alcyone naturalmente participou de muitas cenas interessantes e históricas. Por exemplo, estava presente quando, no ano de 580 a.C., Chatta Manavaka (Selene) foi chamada pelo Buda e recebeu os belos versos imortalizados para nós nos livros sagrados.

Sempre que as viagens do Grande Mestre o conduziam a Rajgriha, Mizar invariavelmente vinha ver Alcyone, e o afeto entre os dois primos cresceu ainda mais com o passar dos anos. Alcyone morreu em 559 a.C., com 71 anos, 16 anos antes da partida do Buda em 543 a.C. A última parte de sua vida transcorreu em inalterável paz e felicidade.

Um ano após a morte de Alcyone, o grande Rei Marte veio ouvir a prédica de Buda. Trouxe com ele o filho, Hércules, que após ouvir o Senhor passou a segui-lo, e após a morte dele tornou-se um de seus grandes missionários, levando a sua palavra para a Birmânia e para o Leste. Hércules por sua vez teve muitos discípulos entusiastas – seu próprio filho, o contestador Capri, e seus sobrinhos: o impaciente e determinado Polaris, Capella, o impulsivo e precipitado Gêmini e Adrona, sempre sorridente.

Adrona separou-se de Hércules por causa da influência de um brâmane milagreiro, Cetus, que era o sumo sacerdote da corte de outro rajá, Orfeu, cuja filha tinha se casado com Hércules. Seguiu-se uma completa desagregação da situação religiosa daquele pequeno estado, pois, quando Adrona se ligou definitivamente a Cetus, Hércules conseguiu converter o Rei Orfeu e seu filhos Siwa e Mina. Cetus ficou irado com isso, e foi asilar-se num reino vizinho, que tentou sem êxito colocar em guerra contra Orfeu. O primeiro e mais chegado servidor de Hércules foi seu sobrinho, Ivy, com o qual sempre teve uma forte e especial ligação que vinha de relações íntimas de um passado distante.

O Rei Orfeu queria seguir o Buda, mas este lhe disse que tinha um dever a cumprir com seu reino, e deveria fazê-lo em seu nome. Os dois reis, Marte e Orfeu, haviam combinado que seus filhos deveriam casar-se, e o fizeram, na medida do possível. Nessa família real composta, não foi só Hércules quem ficou profundamente tocado por Buda; seu irmão Rama e sua irmã Naga também, e ambos quiseram seguir o Buda – não apenas eles, mas suas famílias inteiras, todos os filhos e filhas. A mulher de Rama, Diana, concordou de coração com ele, mas o marido de Naga, Myna, retrocedeu e não desejava fazer um sacrifício tão grande. Finalmente o ardente amor da esposa superou sua resistência e as duas famílias foram lançar-se aos pés do Buda. Marte pediu apenas que seu neto Theo ficasse, para sucedê-lo no trono, e o Buda ordenou que assim fosse feito.

As conseqüências dessa encarnação sobre o o caráter de Alcyone e Mizar foram imensas – como se esperaria, por terem obtido a graça de estarem vivendo na Terra ao mesmo tempo que o Buda, ficando sob sua benéfica influência. Todos os resquícios de raiva e vingança foram varridos do coração de Alcyone, e as qualidades de compaixão, perdão e verdadeiro amor foram desenvolvidas ao máximo nele. Quão profundo e essencial foi o resultado que essa abençoada vida produziu pode ser notado pelo fato de que o intervalo médio entre suas vidas foi totalmente alterado. Antes disso, a média era de cerca de 700 anos, e desde então passou a ser de 1.200 anos.

Mizar também foi intensamente afetado, pois no começo ele ainda tinha um pouco de ardilosidade e egoísmo. Agora, a maior parte disso desaparecera para sempre, substituído pela seriedade e o amor. Laços valiosos se forjaram, cujo resultado será conhecido no futuro. No caso de Mizar, porém, o intervalo médio entre as encarnações não se alterou, e portanto ele não aparece na 48ª vida.

Vida XLVIII
(624 d.C. – Índia)

A maravilhosa influência do Senhor Buda alterou o intervalo entre as encarnações de Alcyone, mas não a sua tendência de renascer na Índia. Vamos encontrá-lo novamente nessa terra sagrada, nascido no 19º ano do reinado do Rei Harsha – em

624 d.C., ou 3726 da Kali Yuga, próximo de Karyakubja, hoje Kanauj, no Ganges. O Rei Harsha também foi chamado de Siladitys, e subiu ao trono no ano de 606 d.C.

Alcyone era filho de um brâmane chamado Jayasekara (Ant); a família era de religião budista, mas de ascendência bramânica.

Nessa época, grande número de pessoas de todas as castas tinham abraçado em definitivo o budismo, e portanto não admitiam mais castas; sem embargo, aqueles que eram descendentes da casta bramânica ainda continuavam sendo socialmente considerados como tais pelos outros que permaneciam na antiga religião. Os vínculos de casta eram fortes, contudo as restrições não eram tão desagradáveis como hoje, pois esses brâmanes, que se tornavam budistas, não perdiam por isso a sua casta, embora passassem a receber e comer junto com pessoas de outras castas também adeptas do budismo. As famílias brâmanes que ainda seguiam a religião hindu casavam-se sem problemas com as brâmanes que tinha adotado o budismo, e cada um dos cônjuges mantinha sua religião, sem interferir na do outro. Contudo, os brâmanes budistas, ao que pude ver, não pareciam desposar representantes de castas mais baixas, embora se relacionando socialmente com eles muito bem.

Era uma época curiosa, pois em vários sentidos tinha características de uma cultura fraca e esgotada. Tudo era muito especializado, havia bastante luxo, e não se via mais a energia que tinha caracterizado a raça à época do Buda. Todos observavam regras para as menores coisas do quotidiano; ainda era uma cultura nobre e boa, mas as pessoas faziam as coisas mais por hábito do que movidas por verdadeira bondade. O Rei Harsha era um homem de muita energia, um grande conquistador; tentou reconstituir o império de Ashoka, mas só o conseguiu em parte. Foi, porém, um grande protetor do budismo, e fez enormes doações a seus monastérios e templos.

O nome de Alcyone nessa vida era Upasena, embora fosse mais conhecido pelo de Dhammalankara, que adotou mais tarde, ao tomar o manto amarelo. Sua mãe era uma mulher boa e religiosa, e sua primeira educação foi muito importante para Alcyone. Ele tinha uma forte inclinação religiosa, e quando pequeno estava sempre imaginando o que faria pelo budismo no futuro. Outra faceta sua, que parece de certa forma incongruente, é que ele tinha uma curiosa habilidade mecânica, e inventou diversas máquinas úteis para uso doméstico.

Era costume à época que os pais pensassem em dedicar seus filhos à vida monástica, e louvavam-se muito os jovens que

400   C. W. Leadbeater

se decidiam por ela; mas a estranha artificialidade da época se refletia no fato de que, embora quase todos os rapazes de famílias budistas adotassem o manto amarelo por um ano ou dois, vivendo nos monastérios, o número dos que o assumiam para toda a vida era proporcionalmente pequeno. No caso de Alcyone, porém, sua mãe era muito religiosa e entusiasta da vida monástica: desde bem pequeno ela contagiou o filho com esse entusiasmo, e ele prometeu-lhe que essa seria sua vocação.

Essa promessa o manteve firme no momento de um grande desafio. Ele mal tinha completado 15 anos quando ficou profundamente enamorado de Ajax – uma jovem encantadora que era sua prima e lhe correspondia aos sentimentos, pois Alcyone era um rapaz extremamente bonito. Seu amor era profundo, verdadeiro e apaixonado, e depois de o confessarem mutuamente, e das costumeiras promessas de amor eterno, certamente teria tomado o rumo habitual não fosse pela promessa que ele fizera à mãe.

Alcyone nada disse aos pais sobre isso, mas sofreu uma longa e terrível luta consigo mesmo, porque embora visse claramente qual era seu dever, seus sentimentos lhe diziam que talvez não tivesse o direito – embora estivesse pronto a sacrificar-se – de exigir o mesmo sacrifício de Ajax. Custou muito a tomar uma decisão, passando muitos dias em enorme angústia, mas finalmente decidiu que, por mais que lhe custasse, sua verdadeira vocação tinha que ser seguida, e devia manter a promessa feita à mãe, e que ao lado da desilusão da prima, se tomasse essa decisão, colocava-se a desilusão ainda maior de sua mãe, se tomasse a outra.

Assim, falou com Ajax e contou-lhe tudo. A princípio, com muitas lágrimas, ela tentou dissuadi-lo, mas quando viu que era impossível, decidiu sacrificar-se também, e declarou que se ele tinha decidido seguir a Sangha, ela também seguiria a vida religiosa e se tornaria monja, já que nunca poderia esquecê-lo ou amar outro. E fez isso, mantendo-se fiel à sua promessa.

Embora muito jovem, esse romance teve uma enorme influência em sua vida, e o fez amadurecer de muitas maneiras. Depois que trocaram juras de perpétua fidelidade – embora também de perpétua separação – e se despediram, ele foi direto à mãe, contou-lhe a história toda, e disse que só poderia manter sua promessa se lhe fosse permitido tornar-se de imediato um *samanera*, ou noviço, e entrar no monastério. A mãe compreendeu, e embora sentisse pelo sofrimento que o filho tinha passado, ao mesmo tempo alegrou-se pelo fato de que fora suficientemente forte para aquele grande gesto de renúncia, e agora estivesse realmente decidido a dedicar a vida ao mais nobre dos objetivos. Então Alcyone foi junto com ela falar ao pai, e mais que pedir permissão, anunciou-lhe sua intenção de adotar o manto amarelo. O pai elogiou a decisão, embora ele próprio estivesse longe de desejar imitá-lo, e a grande cerimônia do *upsampada*, ou consagração, realizou-se assim que possível.

O elaborado ritual era bem diferente da cerimônia simples mas marcante com a qual o próprio Senhor Buda o tinha aceito na encarnação anterior. Daquela vez, ele tinha simplesmente se inclinado diante do Buda, respondera a algumas perguntas e fizera algumas promessas, depois fora levado por Dharmajyot, e retirando seus trajes comuns, envergara o manto amarelo daqueles que se dedicam a servir o mundo. Vestido com o símbolo de sua nova vida, ele voltara e se prostrara aos pés do Buda, que o abençoou solenemente como seu discípulo, dizendo-lhe que fizesse por merecer, na nova vida, o manto que usava agora.

Assim fazia o Buda. Porém desta vez, tudo se tornara um elaborado ritual, que incluía uma grande festa, para a qual todos os amigos da família eram convidados. O candidato era vestido magnificamente, usando todas as jóias da família, uma coroa de príncipe e trajes que imitavam as vestimentas oficiais do rei. Vestidos com todos esses adereços desconfortáveis, ele participava de uma recepção de despedida, a que todos os seus amigos compareciam, congratulando-se com ele e oferecendo-lhe presentes, e ele tinha que presidir à festa durante vários dias, recebendo todas as honras.

Upasena passou por tudo isso porque era seu dever, mas em meio a tudo aquilo só sentia profundo tédio e a maior impaciência para que tudo terminasse. Um fato que lhe causou muito sofrimento foi que a prima a quem amava tanto era obrigada, pelos costumes familiares, a tomar parte nos festejos e dar-lhe congratulações junto com os demais.

Finalmente chegou o dia da cerimônia da ordenação, em que ele se colocou diante do dirigente do monastério, Aldebaran, que estava sentado com todos os monges em torno para recebê-lo. Alcyone então retirou uma por uma as jóias, a coroa e os magníficos trajes, e os depositou aos pés do abade, declarando que renunciava a eles para sempre e a tudo que representavam. Inclinando-se diante do abade, vestido num simples traje branco, teve que ouvir uma longa e cansativa doutrinação e a recitação de uma grande quantidade de textos, mas por fim os votos da Ordem lhe foram conferidos e pôde ir junto com o instrutor que escolhera (pois todos os noviços deviam escolher, entre os monges mais velhos, um que seria seu instrutor e responsável) a uma espécie de vestiário, onde retirou até o traje branco e trocou-o pelo belo manto de Sangha.

Este, pelo menos, não tinha mudado durante os séculos de sua permanência no plano espiritual; quando ele tomou os três mantos que seriam dali por diante tudo o que possuiria na matéria, o ato pareceu-lhe estranhamente familiar e veio-lhe uma meia-lembrança daquela gloriosa Presença diante de quem ele um dia realizara o mesmo gesto simbólico. Retornou então ao grande salão do monastério e prostrou-se aos pés do abade, assim como 1.200 anos antes fizera diante do próprio Buda, e mais uma vez adotou a vida de asceta, embora dessa vez com 15 anos, em vez de 42.

Mergulhou nos novos estudos com fervor, para esquecer seu amor – ou por outra, não esquecer mas santificá-lo, elevá-lo a um nível mais alto. O monastério onde estava era vasto e rico, e entre outras coisas era conhecido por sua magnífica biblioteca. Dhammalankara dedicou-se a ela, muito além do que seus estudos requeriam. Gostava de livros, e pediu ao bibliotecário para arrumar os livros e mantê-los em ordem, e num período surpreendentemente curto ficou sabendo o título e o local exato de cada livro na enorme biblioteca.

Passaram-se alguns anos de intenso trabalho, e sua mãe vinha vê-lo com freqüência, embora, como monge, ela agora não pudesse nem tocar-lhe as mãos. Sentia um pouco de tristeza maternal por não poder mais abraçar o filho, mas essa era superada pela solene satisfação de vê-lo ingressar no caminho da realização e ver seus próprios sonhos realizados. Antes era ela quem o abençoava, agora ficava feliz de receber a bênção de suas mãos, e gostava de recitar os preceitos diários que ele ditava.

Embora não pudesse abraçá-lo, nenhuma lei a impedia de olhá-lo quando passava pelas ruas, sem notar o seu olhar amoroso. Contemplava-o com alegria e orgulho talvez algo justificáveis, pois sem dúvida era o monge mais bonito do monastério. O pai vinha vê-lo às vezes, mas não tinha muito a falar além de trivialidades, embora também se sentisse gratificado com a aparência do filho e com o conceito de dedicação e santidade que ele já adquirira.

Infelizmente havia outras pessoas, além de sua mãe, que admiravam-lhe o belo rosto, entre eles Scorpio, uma mulher bastante conhecida em seu meio e com uma reputação duvidosa – ou nada duvidosa. Ela o viu passando e foi tomada de uma atração pecaminosa por ele; foi ouvi-lo pregar e tentou

As Vidas de Alcyone

captar-lhe o olhar, sem sucesso. Foi então pedir-lhe uma consulta particular, para aconselhar-se, mas ele a encaminhou aos monges mais velhos, não dando atenção às diversas insinuações lançadas por ela.

Vendo que isso fora inútil, ela o convidou para ir a sua casa para recitar textos sagrados para uma pessoa doente – um pedido a que ele não podia recusar-se. Quando estava lá, ela tentou de diversas formas envolvê-lo, tentando-o explicitamente para que quebrasse os votos. Mas ele, com aversão, tratou de retirar-se assim que pôde. Então a paixão de Scorpio transformou-se em ódio, e ela decidiu causar sua desgraça e ruína.

Tinha vários homens presos às suas redes e dispostos a ajudá-la nas maquinações. Urdiu então um plano extremamente engenhoso, fazendo com que uma jovem acusasse Alcyone, e ela própria (fingindo muito relutância) depôs contra ele, e trouxe vários homens para confirmar as acusações de diversas formas.

Naturalmente Alcyone negou tudo com indignação, mas o caso foi levado ao abade. Ele, porém, sendo um homem sagaz, fez algumas perguntas astutas, que mostraram contradições na história dos acusadores. Logo descobriu o suficiente para levar o caso diante do Rei Harsha, que imediatamente fez uma sindicância, pôs a descoberto o plano malévolo e baniu a mulher e seus asseclas, confiscando-lhes os bens, que foram doados ao templo de Alcyone.

O abade, embora convencido da inocência de Alcyone, achou prudente afastar o jovem e atraente monge por algum tempo dali, onde tais manejos podiam ser facilmente armados, e enviou-o a fazer uma peregrinação aos grandes santuários do budismo, o que lhe tomou cerca de um ano.

Um ano ou dois antes disso, quando ele tinha apenas 20 anos, o monastério tinha hospedado um ilustre peregrino vindo da China, Hiuen Tsang, que fora recebido como um visitante distinto, credor de todas as honrarias. Naquela ocasião, Alcyone foi um dentre as centenas de monges que participaram de uma grande procissão organizada pelo próprio rei. Foi uma procissão notável; muitas partes dela não devem ter parecido nada religiosas aos assistentes. Embora estivessem presentes os monges e os elefantes do templo, belamente enfeitados, havia também homens fantasiados de animais selvagens, outros dançando e encenando um curioso tipo de duelo com longas varas, com extrema destreza, e outros ainda vestidos como as tribos ancestrais, montanheses e estrangeiros, alguns simulando gregos e romanos, com os rostos pintados de branco.

404   C. W. Leadbeater

O rei dirigiu-se com grande pompa a Prayag (hoje Allahabad) e ali realizou um curioso ritual de renúncia, ou inusitada caridade, doando aos pobres ou aos templos todas as suas jóias, e até seus trajes reais. Infelizmente, poucos anos depois, em 648, o Rei Harsha morreu, e o grande império que ele tinha construído laboriosamente e às custas de tanto derramamento de sangue desintegrou-se rapidamente.

Imediatamente após sua morte, o primeiro-ministro, um homem chamado Arjuna, tomou o poder, mas só conseguiu impor-se a uma pequena parte do reino que fora de Harsha; em menos de dois anos foi sumariamente destituído por um exército mongol. Depois disso, houve diversos pretendentes ao trono, e por fim um príncipe chamado Vasudharman reinou por algum tempo – não sobre todo o império de Harsha, mas sobre uma parte muito menor, uma subdivisão chamada Panchala. No meio de todas essas perturbações, a cidade de Kanyakubja surpreendentemente foi pouco afetada; seus templos, pelo menos, não foram atingidos e não sofreram qualquer problema a não ser eventuais flutuações em seus ganhos. Os templos budistas ou hinduístas recebiam maiores benefícios de acordo com a religião do soberano que reinasse na ocasião.

Quando Alcyone foi enviado naquela peregrinação, visitou todos os santuários budistas importantes ao Norte da Índia, e portanto, em grande parte, refez a trajetória de sua última encarnação, embora não o soubesse.

Por duas vezes, contudo, ele teve curiosas visões relacionadas com as cenas mais marcantes de sua vida anterior. A primeira vez foi em Buda Gaya, onde, meditando em êxtase devocional sob a árvore Bo, teve uma imagem clara e vívida da maravilhosa cena da Iluminação. A outra ocasião foi no jardim perto de Rajgriha, onde, em dois dias sucessivos, conseguiu recordar cenas do passado – sua solene promessa de realização futura, feita ao Buda, e aquela ocasião em que levou pela primeira vez o primo Mizar para ouvir a pregação do Buda.

Visitou também Sarnath e encontrou ali uma magnífica coluna com um leão de granito cinza, erigido no lugar onde o grande Mestre costumava pregar. A coluna erguia-se no centro de um enorme semicírculo de outras colunas em face do grande *dagoba*, e atrás delas, além do semicírculo, estavam agrupados os enormes edifícios do monastério.

Alcyone lamentou a morte do Rei Harsha, que fora um bom amigo e protetor de seu monastério; mas, como foi dito, os problemas e perturbações políticos dos anos seguintes influ-

As Vidas de Alcyone 405

íram pouquíssimo nos templos e monastérios. É verdade que sentiram falta da ostensiva proteção do rei, mas as multidões de peregrinos iam e vinham, apesar das guerras, e até mesmo o exército mongol tinha o mesmo respeito pelos templos do Buda que os habitantes comuns do país.

Uns seis anos após a morte do Rei Harsha, o velho amigo que ajudara Alcyone, Dhamajyoti, visitou o monastério, mas dessa vez ele era o célebre instrutor e pregador Aryasanga. Ficou algum tempo em Kanyakubja, atraindo enormes multidões por sua eloqüência. Eles gostariam mesmo é que ele ficasse ali permanentemente, mas em seu coração ele decidira levar os ensinamentos do Buda às regiões montanhosas do Tibete e não queria retardar sua ida.

Naturalmente a antiga ligação se fez sentir de imediato, e Alcyone não sabia a razão do intenso sentimento que o atraiu instantaneamente e à primeira vista para o grande pregador. Aryasanga sorriu para o jovem monge e logo estabeleceu um estreita amizade com ele; quando, dentro de alguns meses, chegou o momento de sua partida para as montanhas, Alcyone foi um dos que ele escolheu para acompanhá-lo. O bom abade Aldebaran também se interessava muito por Alcyone, mas prontamente o deixou ir.

Viajaram por muitos dias, subindo as montanhas do jeito tranqüilo que era comum naquela época, fazendo pausas de semanas em diversos monastérios do caminho, Aryasanga sempre pregando para os monges e para o povo, contagiando-os com seu zelo e entusiasmo. Diversas vezes, nessas ocasiões, ele indicou Alcyone para falar ao povo, e ele sempre desempenhou bem. A primeira estadia mais longa foi num monastério situado num lindo vale do Nepal, e ali Aryasanga e seu grupo permaneceram por quase um ano, instruindo os monges, organizando o budismo numa vasta extensão do país e fazendo daquele monastério uma espécie de quartel-general de sua fé. Foi ali que Aryasanga deixou para seus sucessores a extraordinária obra chamada O Livro dos Preceitos de Ouro, que começava com as Estâncias de Dzyan e continha muitas citações dos escritos do grande Nagarjuna, do qual, numa vida anterior na Grécia, ele fora um dedicado discípulo, quando era Kleineas e Nagarjuna era Pitágoras.

Depois de uma permanência de cerca de doze meses ali, Aryasanga prosseguiu para as montanhas de Lhasa e deixou Alcyone no monastério para auxiliar e orientar os estudos da comunidade que tinha reorganizado; foi Alcyone quem preparou e acrescentou àquela obra os registros dos discursos de Aryasanga, três dos quais Madame Blavatsky traduziu para nós em *A Voz do Silêncio*. Portanto, devemos a Alcyone, a seu empenho e anotações, essa obra inestimável, assim como na presente encarnação lhe devemos o primoroso *Aos Pés do Mestre*.[40]

Alcyone ficou por uns dois anos nesse monastério, e depois voltou para o seu, em Kanyakubja, em 657. O idoso abade não escondeu a alegria ao vê-lo, recebendo-o com grandes honrarias. Embora ainda fosse bem moço, Alcyone era visto com grande respeito devido a seu estreito relacionamento com o venerável Aryasanga. Aos poucos ele conquistou uma grande reputação própria, por seu conhecimento e intuição. As pessoas vinham de grandes distâncias para consultá-lo, e depois de ouvir seus problemas (se o caso fosse difícil e sobrepujasse sua capacidade de julgamento) ele mergulhava em profunda meditação, da qual retornava com alguma intuição do que deveria dizer-lhes. Seus conselhos eram sempre corretos e sábios, e causavam grande impressão nos visitantes. Ele ainda conservava seu amor pelos livros, e, além das demais atividades, exerceu durante alguns anos a função de bibliotecário do monastério.

Em 667 veio procurá-lo uma delegação do templo do Nepal, rogando que fosse para lá assumir a função de abade, pois não havia ninguém entre os monges que se sentisse capaz de fazê-lo. Alcyone ficou dividido, e hesitou por muito tempo; amava seu trabalho e seus livros em Kanyakubja, e não podia deixar de sentir que era útil aos que vinham consultá-lo. Mas ao mesmo tempo, o monastério das montanhas era o trabalho de seu grande amigo e mestre Aryasanga, e parecia-lhe um dever ajudá-los. Após longas conversas com o abade, que continuava sendo seu maior amigo, Alcyone decidiu aceitar o pedido. O velho abade abençoou-o, entristecido, mas sentindo que era dever dele ir.

E assim novamente ele voltou àquela magnífica região das montanhas, e permaneceu durante 10 anos no solitário monastério, dirigindo as atividades, mantendo viva a organização de Aryasanga e orientando e animando os fiéis daquela grande província montanhesa. Nesse ínterim, porém, um de seus objetivos principais foi preparar os monges para dirigirem seu monastério. Escolheu desde o início Fênix, a quem julgou mais capaz, e o preparou para assumir o seu lugar, para que pudesse retornar à Índia assim que possível. Mas havia muito a fazer, e

---

40 Instruções recebidas do Mestre, que ele escreveu aos 16 anos. Publicado no Brasil pela Ed. Pensamento, é um precioso livro (N. do T.)

foi somente em 677 que ele finalmente voltou para o Sul. E mesmo então, foi embora somente devido a uma mensagem urgente de Aldebaran, que já tinha 90 anos e mandara dizer que já não se sentia em condições de administrar as complexas atividades do grande monastério, e não tinha ninguém mais a quem pudesse confiar o seu posto a não ser o seu amado pupilo.

Dessa forma, Alcyone empossou como abade do monastério nepalês o sucessor que vinha cuidadosamente preparando; deixando-lhes uma solene bênção de despedida, abandonou pela última vez aquela maravilhosa cordilheira nevada e dirigiu-se às regiões mais cálidas da planície.

Foi recebido com aclamações pelo povo, e tratado por todos com a maior reverência. O velho abade saudou-o com lágrimas de alegria e queria transmitir-lhe de imediato o seu posto. Porém Alcyone preferiu fazer com que, embora ele próprio desempenhasse todo o trabalho e assumisse as responsabilidades, seu velho mestre permanecesse oficialmente no posto enquanto vivesse. O ancião ainda sobreviveu por alguns anos felizes, mas Alcyone praticamente é quem dirigia tudo, com sabedoria e eficiência; portanto, quando Aldebaran morreu, não houve nenhuma alteração.

Alcyone continuou, ao envelhecer, tão entusiasta como sempre fora, mas ficou mais suave que nos dias de sua juventude, e embora pregasse constantemente contra o luxo excessivo da época, o fazia sem se indispor com os ouvintes, porque não atacava ferozmente essa atitude nem a qualificava como iníqua, como muitos outros pregadores, mas simplesmente lembrava aos ouvintes, com bondade e persistência, que tudo aquilo também passaria, e que o apego aos objetos materiais sempre conduz ao sofrimento. Consolidou e ampliou a influência do templo, que fora conseguida por seu mestre Aldeberan, e tornou-o um poderoso catalisador para o bem, não apenas na cidade, mas em todo o reino de Panchala.

A época era conturbada e havia muitas perturbações, mas a influência de Alcyone e de seu antecessor auxiliaram bastante a manter o equilíbrio de uma grande parte da população da cidade.

Muitas vezes o líder de uma das facções rivais o procurava para defender a sua causa como a mais justa e pedir a bênção de Alcyone para suas lutas; a resposta dele era sempre a mesma – que nenhuma causa, por melhor que fosse, transformaria o mal em bem, nem justificaria a matança e a tirania, e que o ensino do Buda era claro: que os homens deviam viver em paz e amor, pouco importando quem governasse o país, desde que seus habitantes vivessem conforme os preceitos da Boa Lei.

E assim ele morreu, com uma aura de santidade, no ano de 694; embora entre os seus sucessores houvesse poucos tão devotos como ele, a fama que ele e seu mestre haviam dado ao monastério cercou-o como uma aura durante muitos séculos, e até mesmo os invasores bárbaros vindos do Norte costumavam poupar a vida de seus monges, embora às vezes roubassem os tesouros do templo.

Século 20

Na atual existência, Alcyone[41] nasceu outra vez no Sul da Índia, e com 13 anos foi adotado pela presidente da Sociedade Teosófica.[42] Poucos depois disso o Mestre o admitiu como seu discípulo em probação, e apenas cinco meses depois (o mais curto período probatório que se conhece) o passou para o segundo estágio, o de discípulo aceito. Após alguns dias apenas nesse grau, ele foi recebido na condição ainda mais próximo do terceiro estágio, o de "filho do Mestre", e ao mesmo tempo deu o passo mais importante que um ego pode dar – "entrou na corrente": recebeu a primeira das Grandes Iniciações, o que não apenas faz com que o homem fique salvo para sempre,[43] mas também o admite como membro da Grande Fraternidade Branca que dirige os destinos do mundo. Qual será o futuro de uma vida que se inicia dessa forma? A Sociedade Teosófica pode se contar feliz de ter sido considerada digna de receber em seu seio alguém assim.

O fiel Mizar é hoje o irmão mais moço de Alcyone, como já foi tantas vezes antes. Muitos daqueles que foram mencionados neste relato congregaram-se em torno dele para auxiliar e serem auxiliados;[44] embora nesta vida poucos estejam ligados por laços consangüíneos, estão unidos pelos laços muito mais estreitos: os de seu amor pela Teosofia e por ele.

Fim

---

41 Com o nome de Jiddu Krishnamurthi, ele nasceu em 1895 e deixou a matéria em 1986, nos Estados Unidos.

42 Annie Besant.

43 Da ilusão da matéria – maya – que retém a alma em sua teia.

44 Leadbeater, que era um dos pilares da Teosofia, grande clarividente e autor de alguns de seus maiores textos, foi o patrono e guia do jovem Alcyone nessa existência do século 20. Aos leitores atentos, será fácil deduzir suas personalidades do passado, pelo amor e pela proximidade que sempre mateve com Alcyone ao longo dos 70 mil anos descritos nesta obra. Em sua obra anterior, *O Homem, de Onde Veio e para Onde Vai*, é dito textualmente que foi Sirius. (N. do T.).

Habitantes dos Mundos Invisíveis é uma obra de grande importância e significado para todos os espiritualistas, pesquisadores e interessados nos assuntos transcendentais. Versa sobre os moradores dos mundos invisíveis que rodeiam a Terra, destacando-se por sua clareza, objetividade, profundidade e rigor conceitual, dificilmente encontrados em obras do gênero, sendo notável também pelo universalismo e ausência de preconceitos. O autor, Edilson Pedrosa, baseou-se em sua experiência investigativa e nos seus vastos conhecimentos de teosofia já demonstrados em livro anterior, *Um Olhar sobre a Filosofia Esotérica*, mas manteve como pano de fundo pesquisas de clarividentes altamente qualificados, como Geoffrey Hodson e C. Jinarajadasa, que perscrutaram por si mesmos o mundo oculto e o descreveram com narrativas instigantes.

O leitor deve estar ciente de que não se trata de um livro sobre magia prática, sendo antes a fundamentação teórica da existência, descrição e classificação dos mais conhecidos seres dos planos acima do material. Desse modo, este trabalho vem completar o conhecimento que devemos ter de nós mesmos e do mundo que nos cerca. Por seu intermédio, poderemos ter uma visão mais aprofundada a respeito de diversos moradores de grande elevação espiritual situados além do mundo material, ainda que umbilicalmente ligados à Terra, como os anjos e os nirmanakayas, bem como dos elementais: fadas, gnomos, duendes e de outros espíritos da natureza, bons ou maus.

Com a edição de mais esta obra, a Editora do Conhecimento, que já conta com um catálogo considerável de obras teosóficas, vem ampliar a disponibilidade ao público de livros do gênero, publicados em seu selo "Teosofia – a Força da Verdade".

Habitantes dos Mundos Invisíveis
EDILSON ALMEIDA PEDROSA
Formato 14 x 21 cm • 128 p.

Antes do advento do espiritismo, em meados do século XIX, as referências sobre a vida após a morte só eram encontradas nos livros de ocultismo e magia, estudados nos fechados círculos das escolas iniciáticas. Posteriormente, as novelas esotéricas, que se assemelhavam aos romances espiritualistas atuais, utilizaram-se dos termos e conhecimentos da teosofia, e, com suas fortes e ricas narrativas, contrubuíram sobremaneira para divulgar os mistérios do "outro lado da vida".

O lançamento do *O Livro dos Espíritos* acabou por popularizar o tema, favorecendo a edição das demais obras. Foi então que se percebeu a similaridade de idéias altruístas entre as novelas esotéricas e a literatura espírita: a natureza humana é retratada em suas diversas facetas com um realismo impressionante, em que o teatro da vida não consegue esconder o que se situa por trás da mascara das personalidades; a ausência das camadas de verniz da hipocrisia revela características surpreendentes de pessoas "acima de quaisquer suspeitas", numa época em que os aspectos exteriores equilibram os relacionamentos humanos.

Estes e outros enfoques são encontrados em *Viagem Astral*, onde exemplos de outra época se mostram tão presentes em nossa realidade. A descrição dos cenários astrais e o relacionamento entre os que ali convivem são retratados detalhadamente nesta obra, e ainda vemos o poder das forças negativas, que, por meio dos magos negros e seus asseclas, influenciam a sociedade em seus vários segmentos, tirando proveito do excesso de materialismo em que está mergulhado o homem. Belíssima obra!

Viagem Astral
MME ERNEST BOSC
Formato 14 x 21 cm • 256 p.

ctoplasma é, sem sombra de dúvida, um livro ímpar por relatar a experiência de um médico psiquiatra ao descobrir, após anos de observações e estudos, que a origem de diversos sintomas apresentados por seus pacientes eram decorrentes da influência de uma substância fluídica ainda desconhecida pela medicina clássica, denominada ectoplasma. Mais que um ousado e competente cientista do corpo e da alma, Luciano Munari disponibiliza nesta obra uma efetiva contribuição em favor do estabelecimento de novas fronteiras etiológicas para as doenças, bem como pretende suscitar discussões mais amplas a respeito da bioquímica do ectoplasma, sua origem, produção e influência na saúde do corpo físico, dando continuidade a estudos iniciados por Charles Richet, cientista francês do início do século 20, e interrompidos por seus sucessores há mais de oito décadas.

O autor descreve e analisa patologias como úlcera, artrite, enxaqueca, labirintite, fibromialgia, TPM, depressão, síndrome do pânico, transtorno da somatização (a "bola" na garganta), entre outras, esclarecendo ao leitor de forma clara e objetiva de que maneira o ectoplasma e sua produção excessiva pelo fígado colabora para a formação desses sintomas físicos e psíquicos tão comuns nos dias de hoje. E mais: como a alimentação adequada, o exercício da paranormalidade direcionado para o bem, e uma reformulação do comportamento psíquico podem colaborar para o controle dos sintomas ectoplasmáticos e conseqüente cura de enfermidades.

Com quase 30 anos de estudos, que incluem experiências em Terapia de Vida Passada, Luciano Munari nos oferece o que há de mais interessante na área. Seu livro trará nova luz à ciência médica, ampliando os horizontes da terapêutica e a mente dos mais ortodoxos, além de esclarecer e orientar pessoas predestinadas a trabalhar com cura espiritual.

Ectoplasma
LUCIANO MUNARI
Formato 14 x 21 cm • 168 p.

Nesta obra, Ramatis desvenda o mecanismo oculto que desencadeia, a partir dos corpos sutis do ser humano, as enfermidades do corpo físico. A origem e causa das moléstias, detida pelo conhecimento iniciático milenar, é transposta em linguagem clara e acessível, que abre extraordinários horizontes de compreensão do binômio saúde-enfermidade.

A etiologia, as raízes cármicas, o tratamento e a cura do câncer são analisados desde sua verdadeira origem no mundo oculto das causas e em suas relações com a extinta Atlântida.

Analisando a homeopatia, Ramatís elucida o verdadeiro processo de atuação das doses infinitesimais, a amplitude de sua atuação nos corpos sutis e na raiz dos processos patológicos, suas infinitas possibilidades terapêuticas ainda não inteiramente exploradas, e as condições requeridas para o êxito integral do tratamento homeopático.

O capítulo "A Alimentação Carnívora e o Vegetarianismo" já se tornou um clássico sobre o tema, tendo desencadeado uma nova visão e postura comportamental em milhares de leitores, que assim se preparam para credenciar-se à cidadania terráquea do Terceiro Milênio.

A atuação do álcool e do fumo, como agentes patogênicos nos corpos energéticos e físicos, é analisada por Ramatís sob a ótica do mundo oculto, incluindo as conseqüências que se seguem à morte física, e o processo simbiótico dos "canecos vivos".

Fisiologia da Alma
RAMATÍS / HERCÍLIO MAES
Formato 14 x 21 cm • 352 p.

Entre as civilizações perdidas do planeta, não há outra que desperte mais fascínio que a Atlântida, seguida de perto pela Lemúria.

Esta obra contém dois livros que constituem a mais autêntica e fascinante descrição, já reunida, da Atlântida. Não se trata de pesquisas convencionais, ou especulações, mas de depoimentos reais de um clarividente de reconhecida seriedade, e de um ex-habitante de Poseidônis, a última ilha atlante.

O texto de W. Scott-Elliot é um clássico: o mais abrangente e esclarecedor sobre a totalidade da civilização atlante, a quarta raça-raiz planetária. Sua descrição das sub-raças, suas características, localização e expansão; a cronologia exata, pela primeira vez devidamente esclarecida, dos quatro sucessivos afundamentos do continente atlante; os mapas que caracterizam cada um dos períodos respectivos; as migrações que vieram a originar culturas tão diversas como a dos egípcios, gregos, maias, incas, peles-vermelhas, e as inúmeras informações sobre a magia e a decadência daquela grande raça etc., tudo permite qualificá-lo como o painel definitivo mais importante da literatura espiritualista sobre a civilização atlante. O autor é um clarividente inglês reconhecido no meio teosófico, e sua pesquisa foi feita diretamente nos registros akáshicos (a memória da natureza), uma garantia de autenticidade e sobriedade.

Entre Dois Mundos
FREDERICK S. OLIVIER / W. SCOTT-ELLIOT
Formato 14 x 21 cm • 288 p.

O texto do espírito Phyllos traz o depoimento real e emocionante de um atlante da última fase; um habitante de Poseidônis que relata suas aventuras e desventuras, amores e dramas em paralelo à mais preçisa e detalhada descrição do último reino atlante – seus costumes, tecnologia, sistema educacional e político, arquitetura e urbanismo, espiritualidade, naves aéreas, suas colônias americanas – e sua decadência e catástrofe derradeira. Essa obra, inspirada a um jovem sensitivo de 17 anos, tornou-se um clássico da literatura da nova era de língua inglesa, e pela primeira vez surge no Brasil.

O espiritismo constitui-se de um conjunto de doutrinas filosóficas reveladas por inteligências desencarnadas que habitaram a Terra. Esses conhecimentos nos ajudaram a desvendar e a compreender uma série de fenômenos psicológicos e psíquicos antes contestados. Portanto, o espiritismo chegou em boa hora, e trouxe consigo a convicção da sobrevivência da alma, mostrando sua composição, ao tornar tangível sua porção fluídica. Assim, projetou viva luz sobre a impossibilidade da compreensão humana a respeito da "imortalidade", e, numa vasta síntese, abrangeu todos os fatos da vida corporal e intectual, e explicou suas mútuas relações. Em *Evolução Anímica*, Gabriel Delanne nos apresenta um generoso estudo sobre o espírito durante a encarnação terrestre, levando em consideração os ensinamentos lógicos do espiritismo e as descobertas da ciência de seu tempo sobre temas como: a vida (entendida organicamente), a memória, as personalidades múltiplas, a loucura, a hereditariedade e o Universo. E nos afirma categoricamente que ela (a ciência), embora ampla, não basta para explicar o que se manifesta em território etéreo, mas terá de se render cedo ou tarde.

Embora antiga, *Evolução Anímica* é indiscutivelmente uma obra tão atual que subsistiu ao tempo e à própria ciência, tornando-se uma pérola que vale a pena ser reapresentada ao público através desta série Memórias do Espiritismo.

Evolução Anímica
GABRIEL DELANNE
Formato 14 x 21 cm • 240 p.

A MORADA DO FILHO DO SOL
DANIEL MEUROIS GIVAUDAN

O rio do tempo permite a alguns raros viajantes cruzarem sua correnteza na contracorrente da história dos homens, e de lá trazerem à tona memórias esquecidas, vidas que foram suas e de outros.

Daniel Givaudan é um desses viajantes do tempo. Suas antenas psíquicas são daquelas que permitem viajar ao passado e resgatar, como neste extraordinário relato de milênios findos, histórias que guardam o frescor e o realismo de quem as viveu. E ele o faz num estilo envolvente e lírico, que nos imanta desde as primeiras linhas e transporta com ele às velhas paragens da antiga Síria, e sobretudo às margens do Nilo – onde revive nada menos que sua existência como médico na corte do faraó Akhenaton. E é a odisséia do grande Filho do Sol que ele faz reviver, erguendo das brumas dos milênios, intacta e luminosa como o disco solar sobre a antiga Terra de Kem. Não apenas um relato externo, com aventuras, paixões, descobertas e embates entre homens e visões, mas a dimensão espiritual, profunda, da luminosa revolução, inédita no planeta, daquele que é chamado de o primeiro monoteísta da História.

Nesse contexto, as aventuras de Nagar-Thet, o médico e instrutor de almas, seus amores e trajetória em busca da luz interior, voltam a viver em uma narrativa sedutora, que transporta o leitor a cada cena em pleno Egito antigo – um mergulho no rio do tempo.

AS VIDAS DE ALCYONE
foi confeccionado em impressão digital, em agosto de 2024
Conhecimento Editorial Ltda
(19) 3451-5440 — conhecimento@edconhecimento.com.br
Impresso em Luxcream 70g - StoraEnso